DETALLES
IMPORTANTES

DETALLES
IMPORTANTES

163 FORMAS DE ALCANZAR
LA EXCELENCIA

TOM PETERS

HarperCollins *Español*

Editora en Jefe: *Graciela Lelli*
Traducción: *Eugenio Orellana*
Adaptación del diseño al español: *Grupo Nivel Uno, Inc.*

ISBN: 978-0-71808-955-9

Impreso en Estados Unidos de América

18 19 20 21 22 LSC 6 5 4 3 2 1

A Warren Bennis

MENTOR, COLEGA Y AMIGO

La cortesía de un carácter pequeño y trivial es lo que golpea más profundo en el corazón agradecido y que valora.

—Henry Clay, estadista estadounidense (1777-1852)

Contenido

xvii   **INTRODUCCIÓN**

PEQUEÑO

1   1.   ¡Lo esencial son los baños!

3   2.   Los «detalles importantes» importan. ¡Y mucho!

3   3.   ¡El poder de las flores!

4   4.   Domine el buen arte de la... ¡incitación!

EXCELENCIA

9   5.   Si no es la Excelencia, ¿entonces qué?
              Si no es la Excelencia, ¿entonces cuándo?

12   6.   ¿A dónde va la Excelencia? O: Dormido al volante.

14   7.   «Calidad»: Lo sabrá cuando la vea.

14   8.   La Excelencia es...

16   **SECCIÓN ESPECIAL: PIFIAS DE GURÚ**

CRISIS

25   9.   Lo que sube, sube y sube, no sube más y
              más y más por siempre y por los siglos de los siglos.

28   10.   Las cosas buenas (¿especialmente
               en los tiempos malos?) llegan de a tres.

30   11.   ¡Tenga en cuenta a China! ¡Tenga en cuenta a la India!

OPORTUNIDAD

33   12.   ¿Tiempos difíciles? ¡Oportunidad sin igual!

34   13.   ¡Lo aburrido es hermoso! (O al menos *puede* serlo).

37   14.   Lo «viejo» prevalece. (Sí, incluso en la «Era de la Internet»).

39   15.   Construya ecológicamente ahora mismo. (¡No hay excusas!).

41   16. La clave en las malas épocas: Obsesiónese con la línea *superior*.

RESILIENCIA

45   17. Zambullida de cisne: Una guía para seguir con el seguir.

50   18. El empleo de por vida está muerto. Su carrera no.

52   19. El fracaso: ¡celébrelo!

54   20. El peor consejo del mundo (por favor ignórelo).

SECCIÓN ESPECIAL: LA RECESIÓN 46

57   Cuarenta y seis «secretos» y «estrategias»
para lidiar con la dolorosa recesión de 2007 ++

YO

63   21. Usted es su producto, desarróllelo.

66   22. Tarea principal: ¡Diviértase a sí mismo!

68   23. Poder de aptitud = poder de permanencia.

68   24. La urgencia de la gimnasia mental.

69   25. ¡Usted es su historia! ¡Así que trabaje en ella!

74   26. Desarrolle su PVN8 ¡tan pronto como sea posible!

OTROS

77   27. ¡La amabilidad es gratuita!

79   28. ¡Cortés! ¡Cortés! ¡Cortés!

82   29. Escuche a Ann, y «actúe en consecuencia».

83   30. «Estar ahí». O: Cómo aprendí los primeros
principios de los últimos ritos de mi abuelo).

85   31. Apreciando la gran batalla: Un caso para su consideración.

88   32. La consideración es gratis (o casi).

CONEXIÓN

93   33. Conéctese simplemente...

95   34. Ellos apreciaban a Ike (porque Ike los apreciaba a *ellos*).

97   35. Siempre haga que sea personal.

100   36. Haga «actos de mejora deliberada en las relaciones».

ACTITUD

103   37. Ponga en su menú el «factor del brillo en los ojos».

105   38. Agradable, solidario y comprometido, ¡a las 6 a. m.!

107   39. Contrate personas «alegres». O: ¡Ese dichoso tipo promedio!

108   40. ¿Qué «bandera» está agitando usted?

DESEMPEÑO

113   41.   ¡Es hora del espectáculo! ¡Todo el tiempo!

116   42.   Trabaje (como un demonio) en sus primeras impresiones.

119   43.   Trabaje (como un demonio) en sus últimas impresiones.

121   44.   Trabaje en sus habilidades de presentación. O: ¡17 minutos pueden cambiar el mundo!

TRABAJO

125   45.   Sobre el hecho de ser un «profesional».

126   46.   «Todo pasa a través de las finanzas». (Y usted también debería hacerlo).

128   47.   ¿Qué hay en la agenda? ¿Por qué no lo decide?

130   48.   Todos estamos en ventas. Punto.

INICIATIVA

133   49.   ¡Haga esa «llamada de tres minutos»! ¡Hoy! ¡Ya!

136   50.   ¡Asista! (Es un comienzo).

138   51.   Levántese más temprano que el tipo de al lado (en este caso).

139   52.   Haga un esfuerzo público descomunal.

LIDERAZGO

143   53.   Liderar es ayudar a otros a tener éxito hasta cierto punto.

144   54.   Al servicio de ellos.

145   55.   ¿Ha «acogido» últimamente a buenos empleados?

146   56.   Una confianza sagrada.

148   57.   La psicología de las ratas prevalece. O: Utilizando el poder increíble del refuerzo positivo.

PALABRAS

153   58.   «¿Qué opina usted?».

154   59.   «Gracias».

155   60.   «Lo siento».

159   61.   Palabras ciertas por parte de un escritor de ficción.

ESTABLECER CONTACTOS

161   62.   Una línea de código: La distancia más corta entre el «crítico» y el «campeón».

164   63.   «Vaya abajo» para tener éxito.

167   64.   Fórmula para el éxito: C(I)>C(E).

170   65.   ¿Cómo se mide su «juego interior»?

ALMORZAR

173   66.   A través de la junta: La colaboración multifuncional es prioritaria.

174   67.   Cómo llevarse bien e ir a almorzar: *Solucionando* el problema de la cooperación multifuncional.

SECCIÓN ESPECIAL: LAS ECUACIONES

177

SÍ

183   68.   ¡Simplemente diga sí! O: Una lección de mi suegra.

184   69.   ¡Por la gloriosa diversión de hacerlo 24/7!

NO

189   70.   Los para «no hacer» son más importantes que los «para hacer».

191   71.   Algunas cosas que vale la pena hacer, vale la pena hacerlas no particularmente bien.

CLIENTES

195   72.   Son las 11 a. m. ¿Ha llamado a un cliente hoy?

196   73.   ¡No hay nada, pero nada mejor que un cliente enojado!

198   74.   Lo que tenemos aquí es que no hemos logrado comunicar excesivamente.

ACCIÓN

201   75.   «Aventurando mi ¡respuesta condenadamente más incorrecta!».

203   76.   ¡No basta con que le importe!

205   77.   Capitán «Día» y Capitán «Noche»: Una historia de dos despliegues y de dos sugerencias.

207   78.   Si quiere encontrar petróleo, deberá perforar pozos.

CAMBIO

211   79.   El zen y el arte de lograr un cambio donde ya existe.

214   80.   El camino de la demostración.

216   81.   Un cambio significativo. ¡Todo de una vez!

219   82.   Un gran cambio... en poco tiempo.

221   83.   ¿Inteligente? ¡Nunca!

SECCIÓN ESPECIAL: USTED, YO, Y LA GUERRA DE CHARLIE WILSON

226

PASIÓN

237   84.   ¡Secundo esa emoción!

238   85.   ¡Una regla! ¡¡Mucho oro!!

241   86.   Aproveche los momentos.

PRESENCIA
245   87.   Gerenciar deambulando: ¡Todo está a su alrededor!
248   88.   ¡Todos los sentidos! ¡O ningún sentido!
250   89.   Deje su billetera (o su cartera) en casa.
251   90.   Bájese de su pedestal, ¡y tenga cuidado con el sonido de la risa!
253   91.   ¿Un gran plan? No; pasos pequeños (pasos *en el suelo*).

TALENTO
261   92.   Contrataciones: ¿Las aborda usted con un fanatismo flagrante?
262   93.   Promoción: ¿Está construyendo usted un legado de «dos por año»?
263   94.   Desarrollo: ¿Está usted encontrando y cultivando supervisores de primera línea que sean de primera categoría (¿«semejantes a Dios»?).
266   95.   Personas que lideran personas: Usted = historial de su desarrollo.

LA GENTE
271   96.   Todo (¡TODO!) consiste en... la calidad de la fuerza laboral.
275   97.   ¡Sea generoso con la gente! ¡Aumente el presupuesto de su gente!
277   98.   Valore a los que van por el último 2 %.
279   99.   El axioma del entusiasmo y el corolario de las personas.

GÉNERO
281   100.   ¡Pronombre de poder! O: El cliente es «ella».
283   101.   ¡Las mujeres lideran! ¿Los hombres pueden aprender a aceptar esto?
285   102.   Hombres, «entiendan los hechos»: Las mujeres son diferentes.
288   103.   ¿Está vestido para el éxito? O: lo que la historia del movimiento por el sufragio femenino me enseñó acerca de insistir e insistir.

INNOVACIÓN
295   104.   La audacia de... ¡la investigación!
297   105.   Adhocracia: Ámela o déjela.
299   106.   Más allá de la Excelencia: «El estándar desquiciado».
300   107.   Fuera de las sombras: *Skunk Works*, Revisitado.
304   108.   EV (No, no es un tipo de camión).
305   109.   ¿Qué ha convertido en un prototipo últimamente?
307   110.   El infierno no conoce la furia: Celebre a los «perturbadores de la paz».
310   111.   La innovación15: Lo que sabemos hasta ahora...

ESCUCHAR

315   112.   ¡Ahora oiga esto! Escuchar es «la competencia fundamental» por Excelencia.

319   113.   ¿Es usted un gerente de «18 segundos»?

320   114.   Obtenga la historia. Conceda el respeto.

324   ## SECCIÓN ESPECIAL: CITAS 34

CURIOSIDAD

331   115.   Si tiene que preguntar... Entonces pregunte (y pregunte y pregunte).

333   116.   Recompense el NS (No sé).

334   117.   Trabaje la fuente de agua. O: ¿Chismea usted lo suficiente?

APRENDER

337   118.   Alcanzando el nivel: El aprendizaje de toda una vida es una misión-declaración obligatoria.

339   119.   ¡Estudie más que ellos!

340   120.   ¡Lea más que ellos!

341   121.   ¡Escriba más que ellos!

343   122.   Tiempo de inscripciones: La maestría en administración de negocios de la gente.

EL TIEMPO

347   123.   Puede ser que sea más tarde de lo que piensa.

348   124.   Saque tiempo para un comportamiento inteligente.

349   125.   Tiempo para... ¡Soñar despierto!

351   126.   Domine el arte de los hitos.

EL DISEÑO

355   127.   El diseño está... ¡En todas partes!

359   128.   ¿Quiere «lamerlo»?

360   129.   Señal de diseño: ¿Puede ir allá desde acá?

363   130.   Amor + odio = Poder del Diseño.

DETALLES

367   131.   El caso del caramelo de dos centavos.

370   132.   Si el sobre no encaja, ¡olvídese de él!

372   133.   Todo consiste en el barro.

374   134.   Piense en el letrero del cartel. «Nos importa». «No nos importa».

BASURA

377   135.   El enemigo interior. O: No hay costo más alto que el de la rigidez.

379   136.   ¡Conviértase en un derviche de la descentralización!

383   137.   Juegue el... ¡gran juego de la remoción de basura!

385   138.   La rutina del porcentaje del 1 %: Elimine un mundo de «bazofia» en tan solo 45 minutos.

387   139.   Objetivo: Hacer «que el sentido común» sea más común.

EMPRESA

389   140.   Una organización es «la gente sirviendo a la gente». (¡Punto!).

392   141.   El Mandato FSP: «Un trabajo que vale la pena pagar».

394   142.   No deje que el «enemigo» dirija su vida.

396   143.   Ame a sus competidores.

SECCIÓN ESPECIAL: LOS 50 «HA» PRINCIPALES

399

RE-IMAGINANDO

409   144.   ¡Cree una «catedral»! (Si no, ¿qué?).

411   145.   Posibilite sueños. (Si no, ¿qué?).

413   146.   Lance el «proyecto Ray».

415   147.   ¿Realismo? ¡No en mi reloj!

GUAU

419   148.   Si no hay un Guau, entonces... Nada.

421   149.   ¿Qué lo hace a usted tan especial. O: lo «único» supera a lo «mejor».

425   150.   ¿Es digno de un jadeo?

428   151.   El extremismo en la defensa del GUAU no es un vicio.

AHORA

431   152.   Bienvenido a la era de la gestión metabólica.

433   153.   Paredes de los «ayeres». Paredes de los «mañanas».

434   154.   Desperdiciando su vida: Le guste o no, ¡el trabajo es vida!

IMPACTO

437   155.   Olvídese de la longevidad. Piense en el «frenesí dramático».

440   156.   ¿Qué tal reemplazar su lista de «Me gustaría que fuera» por otra que diga «Hazlo ahora»?

443   **SECCIÓN ESPECIAL: EL ALMA DE LA ESTRATEGIA EMPRESARIAL**

ÉXITO

465   157.   El «modelo 3H» del éxito.

467   158.   Un «manifiesto de la Excelencia», completo, de cinco palabras y cinco puntos.

469   159.   Nelson completo. O: Trece lecciones para «navegar» por la Excelencia.

474   160.   Una hoja de trucos para tiempos difíciles (y, también, para otros tiempos).

IMPORTANTE

477   161.   Jubilarse apesta.

478   162.   ¡Piense en su legado!

481   163.   ¡No olvide por qué está aquí!

483   **DEDICATORIA**

485   **AGRADECIMIENTOS**

491   **ÍNDICE**

511   **ACERCA DEL AUTOR**

Introducción

El 28 de julio de 2004,

hice mi primera entrada de blog en tompeters.com. El tema era el discurso del entonces senador por el estado de Illinois, Barack Obama, en la Convención Demócrata de 2004 en Boston. En un escrito apolítico, dije que había sido un discurso genial, que lo decía alguien que conoce un buen discurso cuando lo oye (yo). Desde entonces he subido más de 1.700 entradas, y con la ayuda de muchos amigos, el blog ha prosperado, ¡ganando incluso una designación en «los 500 mejores» en 2007!

El 18 de septiembre, seis semanas después de comenzar mi aventura de blogs, pasé por la sucursal de una cadena de tiendas particularmente desordenada en el centro comercial Natick, afuera de Boston. Seguí la visita con una entrada en el blog improvisada y descartable que llamé «100 maneras de tener éxito/Hacer Dinero como prioridad»: «¡El equipo limpio y pulcro! (¿EQUIPO ORDENADO?)»; sugerí que el desorden evidente de la tienda gritaba...

«No nos importa».

Dije que las tiendas, e incluso las oficinas de contabilidad, eran juzgadas mucho más por el aspecto que por la «sustancia». El aspecto no es una parte trivial de la evaluación general de la «sustancia»; de hecho, es parte de la sustancia.

Me prometí que procedería a suministrar cien de estos «consejos para el éxito»; ¡solo Dios sabe por qué!

Me gustó mucho el proceso, ¡y en julio de 2009 habíamos publicado precisamente 176 de los cien prometidos! Mientras tanto, Bob Miller, primer jefe de la editorial Hyperion, y que en ese momento estaba lanzando HarperStudio, corrió (surfeó) a través de los consejos, se puso en contacto con nosotros, y nos dijo: «Ustedes han escrito un libro sin darse cuenta». Nos envió un contrato, lo firmamos, a pesar de mi promesa anterior, grabada en sangre, de que nunca volvería a escribir otro libro. Pero, oigan, por qué no; vender un par de libros, un poco de publicidad, ¡y sin trabajar!

¡Ah!

Tengo un «umbral de insatisfacción» muy bajo y no creo que un libro sea un libro hasta que haya pasado por una docena de borradores sustanciales, y este no ha sido una excepción. Sacrifiqué más o menos todo el verano de 2009 en mi gloriosa granja en Vermont para editar, editar y editar; ustedes verán el producto aquí. (Para bien o para mal).

Todo lo cual quiere decir que, en algunos aspectos, este no es un libro «normal», o supongo que probablemente lo sea, en un futuro. Es decir, que se deriva de un blog, incluso si actualmente el original es apenas reconocible. Entre otras cosas, eso significa que la estructura no sigue una trama ordenada. Hemos organizado «cosas» en «macetas» apropiadas, pero lo que ves es lo que obtienes. Es un libro de consejos o nociones, o sugerencias, o ideas procesables, más o menos como llegaron a tompeters.com. Se basaban en observaciones que fluían de mis viajes (principalmente internacionales por esos días), noticias del día, intercambios con algunas de las decenas de miles de personas que han asistido a mis seminarios, de Bucarest a Shanghái a Tallin, y las cosas importantes, y en su mayoría «pequeñas», que me molestaron a lo largo del camino. (¡Sostengo aquí y en otros lugares que la *única* fuente efectiva de la innovación es la gente enojada! Por lo tanto, ¡muérdanse la lengua y aprecien a esos inadaptados! Yo, de hecho, he sido tolerado —o no— a lo largo del camino. Cf. «McKinsey y Yo, 1974-1981»; «McKinsey y Yo nos Separamos» alrededor del año 1981).

No muchos de estos «consejos» aproximados son oceánicos. Es decir, que son en su mayoría, como lo sugiere el título del libro, *Detalles importantes*, «detalles pequeños», como mi reacción a la tienda desordenada, o alternativamente, a un baño espectacularmente limpio, con fotos familiares de varias décadas, en el restaurante Wagon Wheel Country Drive-in en Gill, Massachusetts. Son «pequeñas»: un «simple» baño en un pequeño restaurante en un pueblo diminuto del que ustedes no han oído hablar sin duda. (¿Solo se aplica en Tallin?) Pero también son, de hecho, IMPORTANTES, incluso en Tallin. Esto es: «Nos importa tanto que podemos degustarlo» por parte del restaurante, o el «No nos importa», «No nos tomamos la molestia» por parte de la cadena de tiendas que está en el centro de la idea IMPORTANTE de la llamada experiencia en mercadeo, lo cual a su vez está en el centro del «valor agregado» en un mercado saturado por casi todo lo cercano a todas partes que insiste en dicho valor agregado para la supervivencia.

En general, me encantan las experiencias pequeñas, comprensibles y convincentes de vida que son representativas de una Idea IMPORTANTE y Potente; prefiero una ilustración como esta que algún ejemplo elaborado en un tomo conciso de Harvard Business School Press, ¡repleto de tablas y gráficos! (Supongo que esta predilección significa que he recorrido un largo camino desde mi formación como ingeniero, mi maestría en administración de negocios, y mi tiempo en McKinsey, en todo lo cual prevalece el análisis complejo; algo que *puede* entenderse es considerado como una «visión estratégica» menos que poderosa. Caramba; creo que acabo de explicar inadvertidamente los súper-superderivados-importantes-que-desafiaban-el problema que nos hincó de rodillas a ustedes, a mí y a la economía global en términos colectivos). Pero *estoy* –en mi pasión por pequeñas historias con personas reales como los principales actores– siendo coherente con mi enfoque y creencia ferviente y orientadora sobre las empresas eficaces, exhibidas por primera vez en público en 1982, en un libro que escribí con Bob Waterman, titulado *En busca de la excelencia*.

El mensaje principal de ese libro, como aún lo veo casi tres décadas después, fue una afirmación «simple» («detalle IMPORTANTE») que fue nuestro lema *de facto* de ocho palabras:

«Lo duro es blando. Lo blando es duro».

En busca de la excelencia fue en gran medida una respuesta al desafío de la hegemonía económica de Estados Unidos por parte de los japoneses, y al hecho de vapulearnos en el mercado automovilístico en la década de los setenta, el cual no se basaba en «un análisis sofisticado del mercado de EE. UU.», urdido por una brigada de personas con MBA, sino... por el hecho de ofrecer autos que funcionaban. (Mejor calidad). Así que Bob y yo golpeamos en la cara a los genios reinantes de la «estrategia en primer lugar» y les dijimos que los «números "duros" (concretos)» eran el *verdadero* «material blando» y que comprendían una parte ridículamente limitada de la realidad. Y estas cosas supuestamente «blandas» como la «calidad», «las personas y las relaciones», los «valores fundamentales», la «cercanía con el cliente» y, gracias, Hewlett-Packard, el gerenciar deambulando, o «GD», eran la *verdadera* «materia dura»; estos aspectos del negocio no eran «blandos» ni «de relleno», como fueron descritos desdeñosamente por McKinsey, las escuelas de negocios y otros sectores, incluyendo a la poderosa Stanford, de la que tanto Bob y yo nos habíamos graduado con un MBA. (Los dos éramos también ingenieros y socios de McKinsey).

Hicimos todo lo posible, pero, por desgracia, debo admitir con pesar, fue algo de poca utilidad.

El fiasco de Enron, urdido por Jeff Skilling, de la escuela de negocios de la Universidad de Harvard, y formado en McKinsey, fue un caso clásico, alrededor del año 2001, de la «realidad» persistente de las «cifras» sobre el «buen sentido». Y, Dios sabe, la enorme caída de 2007++ fue dirigida por las cifras falsas «blandas» y las matemáticas avanzadas y delirantes, así como por una falta total de sentido común.

¡Pues bien, este libro es otro esfuerzo para corregir el rumbo!

De hecho, una vena endogámica y determinada de «volver a lo básico» me ha envuelto en los últimos dos años más o menos. En parte, es en reacción a la locura financiera totalmente prevenible que nos rodea, pero es también, quizá, consecuencia de un retroceso modesto en contra del aire híper publicitado-desbordante-jadeante-sin aliento de «absolutamente todo lo que sabemos acerca de todo, ha cambiado» que rodea a empresas y productos como Google, iPhones, Facebook y Twitter.

Yo blogueo, y lo hago asiduamente; de ahí este libro. Y también utilizo Twitter, algo que disfruto y me parece poderoso y útil, así como agradable, por lo que escasamente merezco una placa como opositor del progreso tecnológico.

Sin embargo...

Curiosamente, la cereza del pastel, el motor de la motivación, el destello final de la re-realización de esos «fundamentos eternos» pueden atribuirse a un libro delgado que leí en 2008, durante el apogeo del invierno interminable de Vermont, mientras estaba de vacaciones en Nueva Zelanda. El libro, escrito por David Stewart, se titula *The Summer of 1787* [El verano de 1787]. Se trata de un recuento día a día de la redacción de la Constitución de EE. UU., un gran acontecimiento y un hito en la historia humana, que ocurrió durante un verano implacablemente caluroso y húmedo en un salón irremediablemente mal ventilado y de ventanas cerradas en Filadelfia. (Sé de lo que hablo cuando aseguro que el clima era desalentador, pues crecí en la cercana ciudad de Baltimore). Destaco el calor y la humedad, ya que de por sí eran de esos «Detalles IMPORTANTES» que tuvieron un impacto tan enorme en el resultado final.

Los delegados escapaban con frecuencia de los elementos antes de lo previsto, delegando la escritura de alguna cláusula clave a un pequeño subcomité, el cual se retiraba a un bar de Filadelfia para adelantar su labor monumental (tal como lo vemos ahora). Los miembros del subcomité rara vez incluyeron personajes grandiosos como el viejo Benjamín Franklin o el joven James Madison; en cambio, el grupo probablemente constaba de cuatro delegados de Dios sabe dónde con Dios sabe qué calificaciones (en muchos casos, no muchas), que simplemente levantaban la mano y recibían la tarea generalmente más indeseable, una tarea «pequeña e IMPORTANTE», como se vio después, para dar forma a algunas partes esenciales de lo que ha terminado por convertirse en la nación más poderosa en la historia del mundo.

Pero fue algo más que el clima «básico» lo que dio forma al resultado. Por difícil que puede ser asimilarlo en la actualidad, algunos estados simplemente no se molestaron en enviar delegados, pues creyeron que todo el ejercicio no era de gran importancia. Y la delegación de Nueva York, por ejemplo, nunca tuvo un *quorum* presente en la sala; de ahí que no emitiera un solo voto. Además, los estados que se molestaron en asistir podrían determinar el tamaño de su contingente, y el diminuto (entonces y ahora) Delaware asistió en grande *y* envió cinco representantes, *y* los cinco estuvieron presentes todos y cada uno de los días desde el campanazo de apertura hasta el campanazo de cierre. *Y* votaron en todas y en cada una de las cosas, *y* debido a sus números —cinco de tan solo treinta en la plenaria de promedio ese verano—, terminaron siendo voluntarios de muchísimas tareas esenciales de subcomités. El impacto del pequeño Delaware en el documento final es estratosférico.

Ahí está la «pequeña cosa IMPORTANTE» llamada «asistir, al estilo de Delaware, y luego está, mm, «asistir»; sin embargo, otro determinante «mundano» pero sumamente poderoso del documento final se dio gracias a los delegados y delegaciones que asistieron a Filadelfia llevando los borradores de las partes del documento propuesto; debido a la ausencia de una mejor orientación (la retórica elevada de Madison era un tanto incomprensible para una parte considerable de este grupo básicamente común y corriente), numerosos borradores llevados a la convención fueron ligeramente arreglados, y se convirtieron en pilares del producto final.

Y luego estaba el tira y afloja antiguo, bajo y sucio, y que nos ha acompañado desde siempre, en el que prevalecieron los negociadores más duros o astutos. En gran medida, el éxito en *ese* «fundamento eterno» es la razón por la que la esclavitud se mantuvo intacta en el documento final. Los norteños ganaron la batalla retórica, y los sureños, los de Carolina del Sur en particular, fueron los comerciantes de caballos más duros, persistentes y obstinados, y a veces tortuosos.

Los asuntos a menudo oscuros narrados en el libro del señor Stewart me hicieron reír en voz alta en varias ocasiones, a pesar de la gravedad del tema; y me recordaron el papel decisivo en cualquier cosa, incluyendo la redacción de la Constitución de EE. UU., que tienen los numerosos «detalles pequeños e IMPORTANTES», como asistir, y hacerlo con un borrador del documento en la mano, y, a continuación, permanecer desde la apertura hasta el cierre. Además, llevar el temperamento adecuado al evento: uno de los delegados aparentemente más poderosos jugó un rol intrascendente, porque fue considerado por sus pares como un «charlatán» y dado a la «grandilocuencia»; por lo tanto, sus compañeros se negaron a aceptarlo como miembro de cualquier subcomité. Ellos querían hacer las cosas y volver a casa, y no permanecer, gracias a los vientos de antaño, en una pequeña habitación mal ventilada en la pantanosa Filadelfia el mes de agosto.

Los economistas y gurús de la estrategia por lo general... simplemente no lo entienden. (Donde «lo» significa estas cosas «mundanas», «blandas» con «sabor a Filadelfia»). Así que he decidido exponer aquí lo que, como trasfondo, hace hincapié en lo «que realmente importa» para hacer las cosas: los «detalles pequeños e IMPORTANTES».

Mis colegas y yo esperamos básicamente que ustedes lean el libro mientras están sentados en el inodoro (literal o figurativamente). Es decir, que escasamente imaginamos que ustedes leerán sin aliento lo que sigue de principio a fin; no soy John Le Carré o Alan Furst. Más bien, me imagino que ustedes verán esta idea o aquella, y obviamente, espero que unas pocas sean lo bastante convincentes como para inducirlos a emprender acciones, a ensayar uno de estos «detalles IMPORTANTES», y que tal vez los incluyan en su canon con el paso del tiempo.

Lo cual no es para sugerir que debido a que estas ideas sean aparentemente «simples» sean por lo tanto «obviedades» como para incorporarlas en sus asuntos diarios. Por ejemplo, el día que terminamos esta introducción, también ofrecí un seminario en Manchester, Inglaterra. En un momento dado, sostuve un intercambio prolongado con un tipo técnicamente capacitado y dispuesto que dirigía una compañía de servicios de ingeniería. El tema era «el poder de expresar el aprecio»; más específicamente, decir «Gracias» con cierta regularidad, o con gran regularidad, y que reconoce de manera tan gráfica el valor del destinatario, empleado de limpieza o gerente. Como muchos, muchos otros, especialmente los hombres, mi ingeniero-líder no solo no dijo esas dos palabras con frecuencia, sino que, en realidad, no entendía cómo hacerlo. La pregunta «¿cómo?» que me hizo provenía obviamente del corazón, y de un corazón realmente valiente para abordar este tema personal y emotivo en un entorno público. El punto es que él «lo entendió», al menos intelectualmente, y regularizó el punto del *poder* de este tipo de gesto. Fue una discusión excelente, que subrayó los «detalles IMPORTANTE», y también el hecho de que hay una disciplina genuina, digna de la consideración metódica y cuidadosa de un ingeniero, asociada con este tipo de actividad aparentemente «mundana». De un ingeniero «remitido simplemente a los hechos» a otro, le deseo el bien, y si incorpora la «apreciación» a su canon, eso por sí solo habrá hecho que mi viaje de seis mil millas de ida y vuelta a través del Atlántico haya valido la pena.

Hay otros dos temas esenciales, derivados de la anécdota sobre mi colega ingeniero que acabo de mencionar, que quiero señalar antes de introducirlos a ustedes en su camino. En primer lugar, quiero ser muy claro acerca de un aspecto esencial del principio «Lo duro es blando, lo blando es duro» que anima de hecho todo el libro. Ideas como demostrar el aprecio de manera concienzuda son signos incomparables de humanidad, y la práctica de eso, en mi opinión, sin duda hará de ustedes unas personas mejores, unas personas que se comportan con decencia en un mundo apresurado y acosado. Pero, para efectos del punto principal de este libro, estos actos también resultan en una eficacia organizacional dramáticamente mejorada y en objetivos alcanzados con mayor facilidad; ya sea que estos objetivos impliquen la rentabilidad o la prestación de servicios humanos por entidades sin fines de lucro, organizaciones no gubernamentales o agencias gubernamentales. Los actos de aprecio, para seguir con mi tema del momento, son formas magistrales, incluso sin par, de entusiasmar al personal, a los socios y al cliente por igual, y por lo tanto, allanan el camino hacia la implementación rápida de casi cualquier cosa. Es decir, que «Lo blando es duro» es totalmente pragmático, y más a menudo que no, cuando es implementado con eficacia, ¡hace que los rangos inferiores prosperen!

En segundo lugar, es obvio que aprendemos a pescar con mosca, a tocar el piano o a elaborar gabinetes luego de trabajar arduamente, y a tratar de dominar el oficio con valentía. Lo mismo sucede también al hacer análisis financieros o planear campañas de mercadeo. Pues bien, en este libro argumento que «las cosas que importan» son cosas como escuchar de manera intensa y comprometida, y mostrar aprecio por el trabajo y la sabiduría de los demás, de cualquiera y de todos. Y sostengo y creo fervientemente que ustedes pueden *estudiar* estas disciplinas en toda regla, y practicar estas disciplinas en toda regla, y convertirse, por ejemplo, en «oyentes *profesionales*» por pleno derecho. Sugiero, por ejemplo, que la «escucha estratégica y eficaz» es una clave, quizá *la* clave, para unas relaciones duraderas y «estratégicas» con los clientes, y que el «dominio» «profesional» de alta calidad de la escucha supera *per se*, en la escala de potencia, a las herramientas del análisis cuantitativo de mercadeo prácticamente todas las veces, desde el mundo de ese pequeño restaurante en Gill, Massachusetts, hasta el mundo de una venta de Airbus a Emirates Air, o a la erradicación de la malaria en alguna parte de África.

Esa es mi historia y estoy siendo fiel a ella. Espero que la disfruten, y que reflexionen y trabajen con diligencia en algunas de las «detalles pequeños e IMPORTANTES» ¡que determinan de manera abrumadora la implementación efectiva de proyectos, éxitos profesionales, satisfacción del cliente, participación del empleado y rentabilidad en los negocios y la forma de cosas como la Constitución de los EE. UU.!

▶ UN DESTELLO CEGADOR DE LO OBVIO

Desafortunadamente, confieso haber comenzado esta introducción con una mentira (no es un comienzo muy bueno). Dije que había empezado los «consejos para el éxito», tal como los llamamos inicialmente, el 18 de septiembre de 2004. Los consejos eran ciertos, pero el libro comenzó en realidad alrededor del 9 de agosto de 1966. Eso es, hace cuarenta y cuatro años, un mes y veintiséis días mientras escribo.

El 9 de agosto, abordé un C-141 de la Fuerza Aérea de EE. UU. en el condado de San Bernardino, California, y emprendí el viaje a Danang, República de Vietnam, con una escala en Guam. Yo era un «ingeniero de combate» de la Marina de EE. UU. o Seabee, para usar nuestra identificación.

Fue mi primer trabajo de verdad.

(Además de otros de verano, incluyendo el de mesero, durante nueve años en la escuela secundaria, la universidad, y otros).

Este libro es cercano y personal; tardé la friolera de cuarenta y cuatro años en escribirlo. Se presentaron «incidentes y accidentes» (gracias, Paul Simon) que desencadenaron muchos de los «consejos» en el blog. Pero, ante todo, **es un reflejo de los Seabees, del Pentágono, de la Casa Blanca y de la Oficina de Administración y Presupuesto, de Stanford, de McKinsey, de mi propia empresa, de décadas de investigación intermitente, y del contacto con algunas de las aproximadamente tres millones de personas reflexivas y curiosas que han asistido a mis seminarios en sesenta y siete países desde 1980.**

He aprendido un montón de cosas. Bueno, tal vez sí, tal vez no. He *visto* una gran cantidad de cosas, y tal vez aprendido un poco en el camino. Por ejemplo, he conocido a grandes líderes: desde empresas con dos empleados hasta empresas y agencias gubernamentales y escuelas primarias con doscientas mil personas; y he conocido algunas, digamos, ¡bellezas reales! (Ambos instigando el proceso de aprendizaje. Esto es para los patanes, así como para los santos).

La verdad sea dicha, a pesar de mi formación en ingeniería y de mi sangre alemana, no soy un pensador lineal consumado, así que «mi secreto» es que encuentro cosas que me importan muchísimo, y las convierto en una de las «pasiones de Tom», como las llama mi esposa, por un año o dos, o diez, o incluso por veinte. No tienen por qué corresponder firmemente a un marco, como la obra de Michael Porter; resultan simplemente «cosas que son condenadamente importantes y a las que, en mi opinión, la gente está prestando tontamente poca o ninguna atención».

Esas cosas incluyen: las *Mittelstand* de Alemania (empresas medianas), que a menudo lideran las exportaciones mundiales; la ejecución del Diseño (!!) (yo la llamo «hacer cosas»; el «último 98 % que falta») («ellos» dicen que escribí la primera disertación de Stanford sobre la implementación; la mayor parte de la facultad estaba ocupada creando el fundamento intelectual para los derivados –caramba, es la introducción–, mantén el cinismo a raya por ahora, Tom); las mujeres como líderes (más de, *muchas* más de) y la oportunidad asociada con desarrollar productos y servicios adaptados a las abundantes necesidades de las mujeres (el mercado más grande y más desatendido del mundo); el servicio relumbrante al cliente (yo tenía prácticamente todo «el espacio» para mí a mediados de la década de los ochenta, lo crean o no; «todo el mundo» estaba dedicado a la calidad, yo estaba dedicado al servicio); la seguridad del paciente (luchando con un monstruo en el armario); y, siempre, siempre, siempre, los cimientos debajo de cada ápice de mi trabajo, «la gente primero, la gente segundo, la gente tercero, la gente hasta el infinito» (que aún es novedoso: ¿realmente creen que a Ken Lewis, del Bank of America, le importaba un comino su personal? Bueno, tal vez dos, pero desde luego no tres).

Mentí de nuevo, a principios de esta perorata. «Eso» no comenzó en Danang, sino en Severna Park, Maryland, alrededor de 1946, lo cual equivale a «todos estos» *sesenta y tres* años en el proceso. Mi madre, oriunda de Virginia, era una purista puntillosa en el tema de los modales. (Ya saben, ¡esa cosa sureña!) Me sometí, de forma natural, pero en estos últimos cuarenta y tantos años he aprendido hasta dónde te pueden llevar un «gracias», un «sí, señor» y un «sí, señora»; a mis sesenta y siete años, en el momento en que escribo, todavía les digo «sí, señor/señora» a los empleados de diecinueve años de 7-Eleven en los barrios pobres. (Verán una gran cantidad de cosas sobre la cortesía, la consideración y los modales en este libro; fue la fortaleza y la «ventaja competitiva» de George Washington, y me ha funcionado en entornos muchísimo más humildes).

Manny García, el franquiciado más importante de Burger King de la época, asistió a un seminario de Organización de Presidentes Jóvenes que ofrecí a mediados de la década de los ochenta.

A la hora de las conclusiones, dijo que estaba muy bien, que era el mejor seminario de todos, pero añadió que no había aprendido nada nuevo. Más bien, lo llamó un importantísimo «destello cegador de lo obvio».

Me *encantó* eso.

Me *encanta* eso.

Bueno, aquí va. Ustedes obtendrán sesenta y tres años de mi experiencia, empezando por las explosiones de mamá Peters desde el Chesapeake de antaño

(¡y ella podía explotar!), desde mi cuarto cumpleaños en adelante, las lecciones de mis jefes, marineros y clientes del Cuerpo de la Marina de EE. UU. durante dos misiones en Vietnam, y los puntos de vista de esos tres millones de personas con las que he estado en mis casi tres mil seminarios en Siberia, Estonia, India, China, Omaha, Omán y York, Pensilvania.

Sí, aquí va; son cosas que he estado queriendo decir desde hace mucho, mucho, mucho tiempo.

Sí, y casi todo es tan obvio como el final de su nariz o la de Manny García.

Disfruten el paseo.

DETALLES
IMPORTANTES

1. 2. 3. 4. 5. 6. 7. 8. 9. 10. 11. 12. 13. 14.
15. 16. 17. 18. 19. 20. 21. 22. 23. 24. 25.
26. 27. 28. 29. 30. 31. 32. 33. 34. 35. 36.
37. 38. 39. 40. 41. 42. 43. 44. 45. 46. 47.
48. 49. 50. 51. 52. 53. 54. 55. 56. 57. 58.
59. 60. 61. 62. 63. 64. 65. 66. 67. 68. 69.
70. 71. 72. 73. 74. 75. 76. 77. 78. 79.
80. 81. 82. 83. 84. 85. 86. 87. 88. 89.
90. 91. 92. 93. 94. 95. 96. 97. 98. 99.
100. 101. 102. 103. 104. 105. 106. 107.
108. 109. 110. 111. 112. 113. 114. 115.
116. 117. 118. 119. 120. 121. 122. 123.
124. 125. 126. 127. 128. 129. 130. 131.
132. 133. 134. 135. 136. 137. 138. 139.
140. 141. 142. 143. 144. 145. 146. 147.
148. 149. 150. 151. 152. 153. 154. 155.
156. 157. 158. 159. 160. 161. 162. 163.

Pequeño

Normalmente viajo a mi próximo seminario en la Gran Ciudad de Donde Sea desde el Aeropuerto Logan. El viaje desde Tinmouth, Vermont, a Boston pasa por Gill, Massachusetts. Es exactamente la mitad del trayecto, la marca de ochenta y siete millas en mi odómetro; de ahí, el lugar perfecto para una «parada técnica». Con abundantes opciones, sin embargo me mantengo fiel a mi hábito de parar en el Wagon Wheel Country Drive-in. Es, de hecho, una cafetería más bien pequeña. La comida, incluyendo los *muffins* frescos que están a menos de un metro de la entrada (normalmente con las primeras luces del amanecer, en mi caso), es sensacional. La actitud también es sensacional. Pero no se equivoquen, mi costumbre está bien y verdaderamente ganada, tres o cuatro veces al mes, y todo por...

¡el baño!

Es tan limpio que resplandece. (Ahora que lo pienso, a pesar de la cafetería invariablemente atestada, nunca he visto siquiera el más pequeño pedazo de papel en el piso del baño). Las flores frescas son la norma. Y lo mejor de todo, hay una gran colección de fotos multigeneracionales de la familia que cubren todas las paredes; aunque normalmente tengo prisa, dedico siempre un minuto para examinar una u otra, sonriendo a una foto de grupo en la cena de una empresa local, o algo así, supongo que alrededor de 1930.

Para mí, un inodoro limpio y atractivo, e incluso imaginativo, es el mejor...

«Nos importa»

en una tienda al por menor u oficina profesional y (¡ATENCIÓN! ¡ATEN-CIÓN! ¡ATENCIÓN!) ¡vale por dos cuando se trata de los baños de los *empleados*!

Así que…
Paso 1: ¡Ocúpense de los baños!

▶ NO ES UNA «TAREA TRIVIAL»

Hoy (en el otoño de 2009, mientras redacto esto), los tentáculos de la recesión siguen aferrándose. Si es posible, una obsesión permanente con lo «esencial» supera la «brillantez» más cómodamente que nunca, y no puedo pensar en un mejor lugar para empezar que en el inodoro.

(¡O en una mejor persona para ponerla en el punto de mira que el propietario o gerente! Volviendo a mis días de la Marina: ¡Propietario! ¡Propietario! ¡Encárgate de tu hisopo!).

Para hacerlo, de forma más general, sugiero que dediquen la mayor parte de su «reunión matinal» o «llamada telefónica semanal» (o lo que sea) a esos detalles «pequeños»; desde baños limpios a entregas realizadas o llamadas de agradecimiento no realizadas a una clienta por su negocio después de un pedido enviado, a flores reconociendo la Excelencia del personal de «nivel inferior».

¡Recuérdense unos a otros! ¿Qué tal un designar a alguien?:
Lunático de los «detalles pequeños».
O: **Maniático en jefe del «detalle diminuto».**
(Maestro del microdetalle).
(Mago de lo pequeño).
(Lo que sea).

Y sea muy, muy, **muy** liberal con las felicitaciones públicas para aquellos que van *un milímetro* extra para hacer un trabajo «trivial» especialmente bien.

2. Los «detalles pequeños» importan. ¡Y mucho!

¡Arregle ya su mensaje de voz!

«Si dices ser diferente de tu competencia, un GRAN punto de partida es tu mensaje grabado».
–Jeffrey Gitomer, *El pequeño libro rojo de la venta*

¿En qué otros detalles se puede centrar para que su negocio realmente se **distinga** del resto?

Punto de acción: *En…* **cada**… *reunión semanal del equipo, haga que todos y…* **cada uno**… *de los invitados de honor (es decir, los empleados sobre los cuales depende la Excelencia en su totalidad) lleven y presenten «un pequeño detalle» que podrían convertirse en algo Grande.*

Seleccione al menos una. Impleméntela. Ahora mismo.*

(* Este ítem es muy, muy corto, y espero, muy, muy dulce. Y sé que es muy, muy factible. Por lo tanto… **cero**… excusas para no ponerlo en práctica. Ahora mismo).

3. ¡El poder de las flores!

(1) Ponga flores en todas partes (!) En la oficina, especialmente en invierno y en lugares como Boston o Minneapolis o Fargo o Nueva York, Londres o Bucarest. O en Vermont (!).

(2) **Deje claro que el «presupuesto para flores» es ilimitado.**

(3) En las próximas **veinticuatro horas**, envíe flores a... **cuatro personas...** que lo hayan apoyado adentro o afuera de su organización, incluyendo, y esto es obligatorio, al menos a una persona en otra función.*

*Simplemente estoy irremediablemente loco por mejorar la comunicación multifuncional, lo que tal vez sea el asunto prioritario de un negocio, por medio de las «artes blandas», tales como enviar flores, y no solo, o principalmente, ¡¡por medio de software sugestivo!! (Prepárense porque seré repetitivo en este tema, que abordaré desde cualquier ángulo que pueda evocar).

4. Domine el buen arte de la... ¡incitación!

Mi interés básicamente latente, aunque desde hace mucho tiempo, en los «detalles pequeños» se reavivó con un impacto enorme después de la reciente publicación de *Un pequeño empujón (Nudge)*, de Richard H. Thaler y Cass R. Sunstein, *El impulso irracional*, de Ori Brafman y Rom Brafman, y otro par de libros similares. Yo había estudiado a su antecesor principal, la obra del premio Nobel Daniel Kahneman y de su compañero Amos Tversky, a mediados de los años 70. Ellos desenterraron una dimensión medible tras otra de «irracionalidad» humana en un mundo en el que el mito de la racionalidad y conceptos como el «hombre económico» hiperracional ocupaban el centro del escenario, así como casi todas las otras partes del escenario. Kahneman y Tversky observaron una y otra vez la dramática reacción humana mayoría algún detalle pequeño, y la reacción menor a algo grande. Eso fue especialmente revelador para un ingeniero: yo.

La idea central de los libros que acabamos de enumerar –y de este libro– es poderosamente simple (así como simplemente poderosa): los detalles «pequeños» pueden marcar diferencias enormemente **–asombrosamente–** GRANDES en situaciones de la mayor importancia; situaciones que pueden, en el cuidado de la salud, por ejemplo, salvar miles y miles de vidas. Considere esta pequeña muestra de ejemplos que he recogido aquí y de allá en mis viajes:

- Ponga a geólogos (hombres de las rocas) y geofísicos (hombres de los computadores), normalmente en guerra por visiones del mundo drásticamente diferentes, en la misma habitación, y... **encuentre más petróleo**... que sus competidores con «habitaciones separadas».

- La Universidad de Stanford trabaja para aumentar significativamente el número de subvenciones a las investigaciones multidisciplinarias que recibe. Esa es la base para resolver los problemas más importantes del mundo, sostiene su presidente. De hecho, él lo llama nada menos que la pieza clave del futuro de esa gran universidad. Una **(gran)** parte de la respuesta a este gran problema es un «simple» edificio, un edificio de investigación dedicado total y exclusivamente a la investigación multidisciplinaria; ¡ponga a todo el equipo diverso mejilla con mejilla y vea la profusión de milagros en la colaboración!

- Las personas cuyas oficinas se encuentran a más de treinta metros de distancia bien podrían estar a ciento sesenta kilómetros, en términos de la frecuencia de la comunicación directa.

- Walmart aumenta el tamaño del carrito de compras, y las ventas de artículos grandes (como hornos microondas) aumentan... **¡el 50 %!**

- Use una mesa redonda en lugar de una mesa cuadrada, ¡y el porcentaje de personas que contribuyen a una conversación se disparará!

- Si la bandeja para servir está a más de **dos metros** de la mesa del comedor, el número de quienes repiten disminuye un **63 %**, en comparación con dejar las bandejas en la mesa.

- ¿Quiere hacer que un programa sea «estratégico»? Póngalo en la parte superior de *cada* agenda. Haga que preguntar por «él» sea su *primera* pregunta en *cada* conversación. Ponga a la persona a cargo en una oficina al lado del Gran jefe. Etc. (¡Hablando de mensajes de gran alcance!).

- ¿Quiere salvar vidas? Deles **medias de compresión** a todos los que ingresen al hospital para reducir el riesgo de trombosis venosa profunda. Hacer esto puede salvar **diez mil vidas** solo en el Reino Unido.

- ¿Quiere salvar vidas? Un sobreviviente del 9/11 había bajado por las escaleras desde un piso alto aproximadamente una vez al mes. Estos «ejercicios» «triviales» podrían haber salvado innumerables vidas.

- Frito-Lay lanza nuevos tamaños de bolsa, no sufre la canibalización de las ofertas actuales, y termina creando mercados totalmente nuevos (y enormes) y obtiene miles de millones en ingresos con el paso del tiempo.
- Deshágase de las papeleras debajo de los escritorios, y el reciclaje se elevará.
- Ponga simplemente dispensadores de desinfectante para las manos en todo el dormitorio sin letreros pidiendo a los alumnos utilizarlos, y el número de días por enfermedad y de clases perdidas por estudiante disminuye en un **20 %**. (Universidad de Colorado/Boulder).
- Permita que los pacientes vean la vegetación a través de sus ventanas, y el promedio de su estancia después de la operación se reducirá un 20 %.
- Opte por el *blanco* (es decir, pinte techos, carreteras, etc., de blanco), y reduzca las emisiones de CO_2 en cuarenta y cuatro millones de toneladas.
- **«Ventanas rotas»:** Deshágase de la basura, repare las ventanas rotas, y deje de denunciar delitos triviales como holgazanería o abrir bebidas alcohólicas, y la seguridad del vecindario aumentará dramáticamente. (Utilizando este enfoque, el Jefe Bratton y el Alcalde Giuliani tuvieron un éxito espectacular en una ciudad bastante grande: Nueva York).
- Si el registro para unirse a un plan de jubilación 401 (k) u otro similar es la *opción por defecto* en la computadora... el **86 %** de las personas se «unirán». Si estas tienen que «elegir»... solo el **45 %** optará por unirse. (Esta es una diferencia asombrosa, casi de dos-a-uno —*en una decisión de enorme importancia personal*—, y está basada en una diferencia «trivial» en el diseño del proceso).

Los ejemplos anteriores son meramente indicativos del tipo de cosas (de las cuales hay, más o menos, una millonada) en las que uno puede concentrarse. **La parte más difícil de este mensaje es que para lograr grandes cosas con esta idea, usted necesita una «actitud».** Una actitud de que este tipo de cosas *pueden* funcionar, y la voluntad de meter la pata, meter la pata y meter la pata hasta «hacerlo bien» (lo que sea que esté pensando), y luego seguir afinando, eternamente.

▶ DÉJEME INCITARLO... PARA QUE SEA UN INCITADOR

Haga de la incitación la pieza central de su estrategia de cambio en casi todas las circunstancias, si no en todas. (El mundo puede convertirse en su ostra, incluso si usted es un ostrero en ciernes).

Estas son las buenas noticias sobre el arte de la incitación:

(1) Susceptible de una rápida experimentación/fracaso.

(2) Rápido de implementar/rápido de desplegar.

(3) Barato de implementar/barato de desplegar.

(4) Multiplicador enorme.

(5) Se requiere una «actitud» y no un «programa» único.

(6) **No** requiere, por lo general, una «posición de poder» desde la cual lanzar experimentos; se trata básicamente de «cosas invisibles», por debajo del radar, y por las que la mayoría de las personas no se preocupan en última instancia.

Considere:

¡Estudiar* el arte de la incitación!

¡Practicar* el arte de la incitación!

¡Convertirse en un incitador **profesional!***

(*Como siempre, «incluso con» estas cosas llamadas pequeñas, las palabras *«estudiar»*, *«practicar»* y *«profesional»* son la clave, la condición *sine qua non*, sin la cual no hay... nada. Por lo tanto, esta idea no tan pequeña –la incitación– se convierte en no menos que en un verdadero «llamado»).

1. 2. 3. 4. **5. 6. 7. 8.** 9. 10. 11. 12. 13. 14.

15. 16. 17. 18. 19. 20. 21. 22. 23. 24. 25.

26. 27. 28. 29. 30. 31. 32. 33. 34. 35. 36.

37. 38. 39. 40. 41. 42. 43. 44. 45. 46. 47.

48. 49. 50. 51. 52. 53. 54. 55. 56. 57. 58.

59. 60. 61. 62. 63. 64. 65. 66. 67. 68. 69.

70. 71. 72. 73. 74. 75. 76. 77. 78. 79.

80. 81. 82. 83. 84. 85. 86. 87. 88. 89.

90. 91. 92. 93. 94. 95. 96. 97. 98. 99.

100. 101. 102. 103. 104. 105. 106. 107.

108. 109. 110. 111. 112. 113. 114. 115.

116. 117. 118. 119. 120. 121. 122. 123.

124. 125. 126. 127. 128. 129. 130. 131.

132. 133. 134. 135. 136. 137. 138. 139.

140. 141. 142. 143. 144. 145. 146. 147.

148. 149. 150. 151. 152. 153. 154. 155.

156. 157. 158. 159. 160. 161. 162. 163.

Excelencia

Si no es la Excelencia ahora, ¿entonces cuándo?

Estoy aquí, en este lugar en su biblioteca física o electrónica debido a la...

Excelencia.

Esto es, en el año 1982, cuando coescribí un libro titulado *En busca de la excelencia*.

Una gran cantidad de personas tuvieron la amabilidad de comprarlo.

Y he estado «hablando de la Excelencia» durante más de veinticinco años.

(Nota: Nunca escriban la palabra *Excelencia* sin **«E»** mayúscula. Ordeno esto, y no es que tenga el poder para hacerlo).

Me encanta la «Excelencia», y no solo porque con ella pagué la finca que compré en Vermont en 1984.

Me encanta la EXCELENCIA; lo cierto es que creo que ustedes deberían poner todas las letras en mayúsculas, porque la Excelencia es sumamente Genial. (Con «G» mayúscula).

Es sumamente *genial*.

Es sumamente *alentadora*.

Es sumamente *elevada* e *inspiradora*.

Vale mucho la pena *levantarse de la cama* por ella.

(Incluso en el invierno de Vermont).

Es sumamente *saludable*.

Es sumamente útil para los demás.

(El *esfuerzo* más que la llegada).

Es tan buena para su *moral*, incluso en los días más desagradables.

(*Especialmente* en los días más desagradables).

Y, a mediano y largo plazo (y también a corto plazo), *emociona a sus clientes* y es... **tremendamente rentable.**

El conductor profesional Bill Young dice:

«Procure la excelencia. Ignore el éxito».

Amén. (¡Me encanta!).

(La «Excelencia» es una «forma de vida», una «forma de ser», no un estado estacionario para ser «alcanzado»).

Anon* dice:

«La excelencia se puede obtener si usted:

... se preocupa más *de lo que los demás piensan que es prudente;*

... arriesga más *de lo que los demás piensan que es seguro;*

... sueña más *de lo que los demás piensan que es práctico;*

... espera más *de lo que los demás piensan que es posible*».

(* Publicado por K. Sriram en tompeters.com).

Amén. (¡Me encanta!).

Su «pedido para llevar»: Cuando le preguntaron cuánto tiempo tardó en alcanzar la Excelencia, se dice que Tom Watson, el jefe legendario de IBM, respondió más o menos de la siguiente manera: «**Un minuto.** *Usted "logra" la Excelencia* cuando se promete a sí mismo en este instante que nunca más hará algo a sabiendas de que no sea Excelente; independientemente de cualquier presión para hacerlo de otra manera por parte de cualquier jefe o situación».

(*No sé muy bien si Watson insistió o no en la **«E»** mayúscula; por lo que he aprendido, no me sorprendería. Sé que a él le encantaba la palabra).

Pd: Amén. (¡Me encanta!).

Independientemente de la ubicación (China, Lituania, Miami) o de la industria (cuidado de la salud, comida rápida), titulo todas mis presentaciones:

Excelencia. Siempre.
Si no hay excelencia, ¿entonces qué?
Si no hay excelencia ahora, ¿entonces cuándo?

Detesto la palabra «*motivación*»; seguramente he dicho esto antes.

Y la detesto porque la idea de que *yo* lo «motive» a *usted* es muy extravagante y arrogante.

Para decir lo obvio...

... solo *usted* puede motivarse.

Lo que *puedo* hacer (como jefe o incluso como «gurú») es Pintar Retratos de

Excelencia.

Y entonces podemos imaginarnos en esos retratos, en... busca de la Excelencia.

«En busca»: la Excelencia, repito, no es un «objetivo», sino que es la forma en que vivimos, lo que somos.

EXCELENCIA. Siempre.
Si no hay EXCELENCIA, ¿entonces qué?
Si no hay EXCELENCIA ahora, ¿entonces cuándo?

▶ CUANDO LAS COSAS SE PONGAN DIFÍCILES... SEA EXCELENTE

Excelencia en tiempos difíciles (Hoy).
Ahora.
Más que nunca.
En tiempos difíciles, la presión es tal que a menudo nos sentimos tentados a omitir procedimientos.

**Piense en la «Excelencia».
No omita procedimientos.**

En tiempos difíciles, su moral suele ser muy baja, y es difícil salir de la cama.

**Piense en la «Excelencia».
Ponga la alarma una media hora antes de lo habitual.**

En tiempos difíciles, es muy difícil ser un jefe.

**Piense en la «Excelencia».
Es difícil ser un jefe en tiempos difíciles, pero los tiempos difíciles son la prueba definitiva para usted y su equipo; la EXCELENCIA es una aspiración más valiosa que nunca antes.**

6. ¿A dónde va la Excelencia? O: dormido al volante.

Uno de nuestros mejores analistas de negocios, James B. Stewart, ofreció este comentario «simple» sobre la decadencia precipitada de General Motors (en el *Wall Street Journal* del 3 de junio de 2009):

«Ha tardado mucho en llegar, esta muerte lenta de lo que fue la empresa más maravillosa y más grande en el mundo. La miríada de causas de su muerte ha sido ampliamente registrada, pero en mi opinión, hay una que se destaca: Los guardianes de GM simplemente desistieron en su intento de fabricar los mejores autos del mundo. **Con el fin de dar cabida a una serie de intereses en competencia, desde los accionistas a los tenedores de bonos a la mano de obra, comprometieron la excelencia en repetidas ocasiones.** Una vez sacrificada, esa reputación ha demostrado ser imposible de recuperar... ¿Puede alguien decir que GM fabrica los mejores autos en cualquier categoría?». (El subrayado es mío. Noten que la «e» de «excelencia» **no** está escrita con mayúscula).

¿Y usted?

Pruebe esto: considere las tres (o dos o cinco) reuniones que ha tenido *hoy*. Considere los tres hitos del proyecto que haya planeado con sumo cuidado, o los tres en el horizonte cercano:

¿La palabra «Excelencia» *per se* ha sido utilizada como base para evaluar sus acciones? ¿Podría usted decir personalmente que el resultado de cada reunión o naturaleza del hito/s alcanzado ha sido «Excelente»?

Idea clave: el «estándar de Excelencia» no consiste en grandes resultados. En términos semejantes al zen, todo lo que tenemos es el hoy. Si el trabajo de hoy no puede ser evaluado como Excelente, entonces el objetivo general y oceánico de la Excelencia no ha sido promovido. Punto.

Es decir, el «reloj de la Excelencia» debe ser un asunto de todos los días, o usted simplemente no se toma en serio en general...

la aspiración a la Excelencia.

7. «Calidad»: Lo sabrá cuando la vea.

Seis Sigma es «material muy bueno», un material fantástico. No hay ninguna duda al respecto. Desde un punto de vista más incluyente, el «movimiento» por la calidad añadió miles de millones de dólares a las finanzas, solo en EE. UU.

Solo que... ¡Vaya! Una mejor calidad en los autos –algo que sin duda alguna obtuvimos de GM y de Ford–, se suponía que iba a salvar a la industria automovilística de EE. UU. de la embestida de los automóviles japoneses.

Como ya he dicho: ¡Vaya!

¿Estoy sugiriendo que usted desguace los programas de calidad tradicionales? ¡Escasamente! Sin embargo, la «calidad», tal como se entiende comúnmente, está impregnada de Seis Sigma y se mide con facilidad. Y hay más que eso. Mucho más. Creo que la «calidad», al igual que la «Excelencia», es sobre todo una de esas palabras... **«Lo sabré cuando la vea»**... Así que, cuantifique la calidad todo lo que quiera (¡por favor hágalo, ¡por favor!)... pero no olvide que la calidad está igualmente –no, principalmente– determinada por algo que es escurridizo, misterioso, emocional e indefinible. Y... está en el ojo del espectador.

¡Sea inteligente!

¡Dele al «lado blando» de la calidad el respeto que se merece!

8. La Excelencia es...

La Excelencia es la mejor defensa.

La Excelencia es la mejor ofensiva.

La Excelencia es la respuesta en los tiempos buenos.

La Excelencia es la respuesta en los tiempos difíciles.

(La Excelencia es la respuesta en tiempos difíciles).

La Excelencia consiste en las cosas grandes.

La Excelencia consiste en los detalles.

La Excelencia es una relación.

La Excelencia es una filosofía.

La Excelencia es una aspiración.

La Excelencia es inmoderada.

La Excelencia es un estándar pragmático.

La Excelencia es ejecución.

La Excelencia es egoísta.

La Excelencia es altruista.

La Excelencia es lo que lo mantiene despierto.

La Excelencia es lo que le permite dormir bien.

La Excelencia es un objetivo en movimiento.

La Excelencia es aquello que... no tiene límites.

La EXCELENCIA. Siempre.

Si no hay EXCELENCIA, ¿entonces qué?

Si no hay EXCELENCIA ahora, ¿entonces cuándo?

Pifias de gurú

Sostengo que algo está terriblemente fuera de control. Piense en el mundo de los «gurús de los negocios» (incluido yo, sin duda) y sus-*nuestras* obsesiones, versus «el resto de nosotros» y «la vida en el mundo real»:

Foco del Gurú (FG): Grandes empresas, asistentes de primer orden y temas estratégicos relacionados que redefinen a la industria.

Mundo Real (MR): La mayoría de nosotros, en 2010, aún no trabajábamos en grandes empresas; trabajábamos en «PYME» (Pequeñas y Medianas Empresas). (O en agencias gubernamentales). Y si estamos en una gran empresa o agencia, la mayor parte de nuestro enfoque está en el departamento de 17 personas en el que trabajamos. (En cuanto a las «PYME», Alemania ha sido, por delante de China, el exportador principal del planeta, principalmente gracias a su enfoque en las compañías de tamaño medio y de alta gama, las que llama empresas «Mittelstand»).

FG: Corporaciones públicas.

MR: La mayor a de nosotros trabajamos en empresas privadas. (O en esas agencias gubernamentales).

FG: Industrias geniales.

MR: La mayoría de nosotros no estamos en industrias «geniales», y hacemos cosas bastante normales, como mi amigo Larry Janesky, que hace un dólar, y luego otro (60 millones de dólares, en realidad), creando «sótanos secos» que están libres de moho tóxico y que pueden ser utilizados como un cuarto adicional o una sala de juegos, o para almacenar cualquier cosa y de todo.

FG: La «Excelencia» está reservada para GE, GE y GE (tal vez también para Google y Apple).

MR: La «Excelencia», sin excepción, es la farmacia fabulosa de al lado, amigable, informativa, que responde instantáneamente y que recibe documentos y compañías de seguros con vigor y por lo general con victoria. (Gary Drug Company, en la calle Charles de Boston, en mi caso).

FG: Entornos organizacionales sin jefes, planos, libres de fricción, y autodefinitorios.

MR: La mayoría de nosotros tenemos «jefes». A la mayoría de nosotros nos asignan tareas.

FG: «Salir adelante» significa convertirse en una «Marca en persona» en un mundo donde lo que nuestros compañeros piensan de nosotros es más importante que la evaluación del jefe.

MR: Mientras que el «empleo de por vida» puede ser de hecho cosa del pasado, en cualquier punto del tiempo la mayoría de nosotros todavía tiene que atender a nuestros jefes para salir adelante.

«La mayoría de nosotros tratamos de utilizar el lenguaje cotidiano como "la forma en que hacemos dinero" (en vez del "modelo de negocios"), "vamos a engordar este lechón" (y no, "¿es escalable?"), "contratar gente buena, tratarlas bien y darles la oportunidad de brillar, y agradecerles por las cosas que hacen" (en lugar de la "gestión estratégica del talento"), "rompernos la espalda para mantener a nuestros clientes contentos y hacer que regresen" (en lugar de la "gestión de retención del cliente"), y "compartir las cosas que aprendes con todo el mundo LO ANTES POSIBLE, no lo mantengas en secreto (en lugar de "ejecutar una gestión del paradigma del conocimiento")».

FG: Directores generales «chicos de portada» con G4, esposas trofeo, y niños de sus tres matrimonios en escuelas primarias con matrículas a partir de los setenta mil dólares.

MR: La mayoría de nosotros trabajamos en agencias gubernamentales o en escuelas o departamentos de bomberos, o en empresas privadas tal

vez dirigidas por el «millonario de al lado», que posee dos trajes, un **Lexus 2006**, para en la cafetería de camino al trabajo, y envía a sus hijos a la escuela pública o a la escuela privada local.

FG: Nuevas maneras estilo «organización virtual» de hacer negocios; los sitios de trabajo con jerarquía son «muy de ayer».

MR: La mayoría de nosotros trabajamos en medio de una «jerarquía» bastante clara, tal como se representa en un organigrama estándar. (Aunque probablemente hay unas pocas capas menos que las que había hace unos años).

FG: Bichos raros y creativos que usan el lado derecho del cerebro, y que tienen «eso» en estos tiempos extraños.

MR: La mayoría de nosotros no somos «creativos de la Nueva era» pero de vez en cuando somos muy inteligentes... y bastante buenos para «bloquear y enfrentar» con el fin de «hacer lo que hay que hacer».

FG: La amenaza inmediata, para millones y millones, de ser «externalizados».

MR: La mayoría de nosotros no estamos especialmente amenazados por la perspectiva de que nuestros trabajos sean externalizados en la India, China o Rumanía.

FG: Empresas globales que «juegan en las grandes ligas» en un «mundo plano».

MR: Muchos (la mayoría) de nosotros solo nos vemos afectados marginalmente por la globalización, y nuestras empresas no venden más que una modesta parte de sus productos o, especialmente, servicios más allá de las fronteras nacionales. (El alcance principal de las dieciocho personas de contabilidad en una ciudad de tamaño medio de 84.000 habitantes es quizá de cinco kilómetros).

FG: Un mundo en el que «la web lo es todo, lo cambia todo».

MR: para la mayoría de nosotros, nuestro mundo no se ha visto volteado «patas arriba» por la web, aunque esta ha tenido sin duda un impacto significativo. (Nos comunicamos con el plomero por correo electrónico desde el BlackBerry de nuestro auto, pero, aun así, ¡él lleva cinco horas de retraso!).

FG: Nuestra capacidad para estar en comunicación instantánea con cualquier persona, en cualquier lugar.

MR: Utilizamos el correo electrónico, pero sigue siendo una práctica GD –Gerenciar Deambulando–, si es que estamos bien de la cabeza.

FG: Una estrategia incluyente de ES-ESO, donde todo está conectado con todo lo demás.

MR: Aunque integrar ES muy importante, la mayoría de nosotros salimos del paso tratando de asegurarnos de que los bits mejorados de TI (los subsistemas de primera línea) son maravillas de simplicidad que entregan las mercancías por las personas de primera línea y sus clientes internos-externos.

FG: Los planificadores estratégicos y los CEO buscando a toda costa «océanos azules».

MR: La mayoría de nosotros no nos pasamos gran parte ni ninguno de nuestros días haciendo planes grandiosos. Nunca los hacemos. Nunca los haremos.

«Muchos (la mayoría) de nosotros solo nos vemos afectados marginalmente por la globalización, y nuestras empresas no venden más que una parte modesta de sus productos o, especialmente, de sus servicios más allá de las fronteras nacionales. (El alcance principal de las dieciocho personas de contabilidad en una ciudad de tamaño medio de 84.000 habitantes es quizá de cinco kilómetros)».

FG: Pensar en «términos creativos», por supuesto.

MR: La mayoría de nosotros nos obsesionamos con «hacer» las cosas de un modo más o menos convencional. (Ser convencional trae muchos problemas; clientes de larga data disgustados, etc.).

FG: «Cambio sistémico» complejo.

MR: La mayoría de nosotros creemos y pasamos el tiempo haciendo una experimentación rápida a un costo muy bajo, recogiendo la «fruta madura», arreglándonoslas a través de grandes cambios.

FG: La imposición de palabras-frases tales como «modelos de negocios», «escalable», «gestión estratégica del talento», «gestión de retención de clientes» y «paradigma de gestión del conocimiento».

MR: La mayoría de nosotros tratamos de utilizar el lenguaje cotidiano como «la forma en que hacemos dinero» (en vez del «modelo de negocios»), «vamos a engordar este lechón» (y no, «¿es escalable?»), «contratar gente buena, tratarla bien y darles la oportunidad de brillar, y agradecerles por las cosas que hacen» (en lugar de la «gestión estratégica del talento»), «rompernos la espalda para mantener a nuestros clientes contentos y hacer que regresen» (en lugar de la «gestión de retención del cliente»), y «compartir las cosas que aprendes con todo el mundo LO ANTES POSIBLE, no lo mantengas en secreto» (en lugar de «ejecutar una gestión del paradigma del conocimiento»).

FG: La mejor base de datos + algoritmos más atractivos prevalecen en nuestra empresa centrada en el cliente.

MR: La mayoría de nosotros dedicamos nuestro tiempo a actos «triviales» de entablar relaciones con los clientes, proveedores, líderes en nuestra comunidad, etc.

FG: La búsqueda incesante de «sinergias».

MR: La mayoría de nosotros nos enfocamos, enfocamos, enfocamos con el fin de tener una oportunidad de alcanzar el éxito en el mercado. (Esas asombrosas empresas Mittelstand alemanas de nuevo, o Larry Janesky, el tipo del sótano-seco).

FG: ¡Prestidigitación de mercadeo!

MR: ¡Ventas! ¡Ventas! ¡Ventas!

FG: ¡Poner al cliente en primer lugar!

MR: ¡Poner al empleado de primera línea y al gerente de primera línea en primer lugar! (Con el fin de maximizar las probabilidades de repetir negocios impulsados por empleados entusiasmados).

FG: Adquisiciones y fusiones encaminadas a ampliar nuestro «alcance», «penetración en el mercado» y «cuota de mercado» en medio de un juego de suma cero, reduciendo por lo tanto el riesgo, gracias a la «diversidad» del portafolio y la sofocación («matar») de la competencia.

MR: Actuar a partir de nuestras fortalezas, trabajar como el demonio para mejorar esas fortalezas, y sobrevivir-prosperar a través de un crecimiento «orgánico» y de ofrecer «cosas que funcionan», y ejecutar muy, muy, muy bien.

FG: «Reglas» totalmente «nuevas para un nuevo juego», «herramientas de gestión» dramáticamente nuevas que lo «cambian todo».

MR: La mayoría de nosotros estamos aprendiendo cosas nuevas, pero nada que sea especialmente «revolucionario», pues trabajamos con ahínco (a tiempo completo) «solo» para «hacer las cosas», mejorar las relaciones, encontrar gente buena y retenerlas al demostrarles aprecio y respeto, y ofreciéndoles oportunidades para salir adelante.

FG: Un fetiche para los diabólicamente inteligentes.

MR: La mayoría de nosotros sabemos que machacar y machacar y machacar, machacar y luego machacar un poco más, y de manera «implacable» esos Fundamentos de Oro, permite obtener la victoria.

FG: Construido para perdurar.

MR: La mayoría de nosotros salimos del paso tratando de llegar al fin de semana, mientras mantenemos contentos a nuestros clientes; y si eso dura, Gracias, Dios.

FG: «Los cambios demográficos», «el nuevo mundo de la generación X», con tantos segmentos discretos del mercado como hay clientes.

MR (yo deseo): Nuestros principales clientes (85 % del tiempo) son mujeres; encuentre el equipo adecuado (y muchísimas, muchísimas más mujeres en las altas directivas) y vaya por ello. También, haga un dólar o cincuenta, debería apuntar más a los boomers y a los geezers (que tienen colectivamente casi toda la riqueza), y menos a los imberbes, a la así llamada juventud que impone tendencias, y que básicamente no tiene un centavo.

La mayor implicación de «todo esto», que es la idea central de este libro, es que si usted es... *muy pero que muy bueno*... en las «cosas básicas», como cuidar a las personas, escuchar atentamente, reaccionar de forma exagerada ante la más pequeña metida de pata, y disculparse como loco incluso tras una pequeña metida de pata, un montón de cosas buenas llegarán a su camino, ¡en las buenas y en las malas!

Lo cual no es para denigrar las cosas descabelladas y locas, sino más bien para ponerlas en perspectiva.

1. 2. 3. 4. 5. 6. 7. 8. **9. 10. 11.** 12. 13. 14.

15. 16. 17. 18. 19. 20. 21. 22. 23. 24. 25.

26. 27. 28. 29. 30. 31. 32. 33. 34. 35. 36.

37. 38. 39. 40. 41. 42. 43. 44. 45. 46. 47.

48. 49. 50. 51. 52. 53. 54. 55. 56. 57. 58.

59. 60. 61. 62. 63. 64. 65. 66. 67. 68. 69.

70. 71. 72. 73. 74. 75. 76. 77. 78. 79.

80. 81. 82. 83. 84. 85. 86. 87. 88. 89.

90. 91. 92. 93. 94. 95. 96. 97. 98. 99.

100. 101. 102. 103. 104. 105. 106. 107.

108. 109. 110. 111. 112. 113. 114. 115.

116. 117. 118. 119. 120. 121. 122. 123.

124. 125. 126. 127. 128. 129. 130. 131.

132. 133. 134. 135. 136. 137. 138. 139.

140. 141. 142. 143. 144. 145. 146. 147.

148. 149. 150. 151. 152. 153. 154. 155.

156. 157. 158. 159. 160. 161. 162. 163.

Crisis

9. Lo que sube, sube y sube, no sube más y más y más por siempre y por los siglos de los siglos.

«No es lo que no sabes lo que te mete en problemas, sino lo que crees saber, pero no es verdad».
–Mark Twain

«Tal como lo veo, la profesión económica se extravió porque los economistas, como grupo, confundieron la belleza, disfrazada de unas matemáticas de aspecto imponente, con la verdad».
–Paul Krugman, economista, premio Nobel

«Puedo calcular el movimiento de los cuerpos celestes, pero no la locura de la gente».
–Sir Isaac Newton

Mientras escribo esto (en abril de 2009), hay muy pocas cosas por las cuales sonreír acerca de los mercados financieros mundiales. Y sin embargo... es difícil no reírse, de una forma perversa, de todo lo que ha sucedido en el último par de años.

Solo ver a estos Magos de Wall Street (con un CI de 168 y que tenían a artistas como Paul Simon y Jonas Brothers cantando en las fiestas de graduación de la guardería de sus hijos) perjudicarse a sí mismos y unos a otros es un espectáculo increíble.

Primero, perjudicándose a sí mismos: John Reed, exjefe de Citigroup, celebró el décimo aniversario de la mega-mega-mega fusión de Citicorp Travelers que hizo él, llamando al negocio un «error». Como dijo Reed al *Financial Times* en abril de 2008: «Los accionistas no se han beneficiado, los empleados ciertamente tampoco se han beneficiado, y no creo que los clientes se hayan beneficiado». (Gracias, Johnny). El señor Reed y su socio compinche, Sandy Weill, mandamás de Travelers, por otra parte, se BENEFICIARON con mayúsculas.

Luego, perjudicándose unos a otros: Weill, después de deponer a Reed y de escoger a dedo a Chuck Prince para que asumiera las riendas de Citigroup, más tarde culpó a la «mala gestión» de Prince por el problema, en lugar de cuestionar la receta para el desastre que él y Reed habían preparado; una receta que puede reducirse a: «Más enorme es mejor que simplemente enorme» (Prince se «retiró» en 2007, pero con GRANDES BENEFICIOS, en mayúsculas). Hablando de cómplices de fechorías, el *Financial Times* también informó, en abril de 2008, que David Komansky, el exjefe de jefes de Merrill Lynch, había llamado a la labor de su sucesor elegido, Stan O'Neal, como «absolutamente criminal». No hubo mucho autodominio que digamos, o ni siquiera un comportamiento vagamente adulto en esto.

Pero como ya he dicho, todo es bastante divertido, o lo sería, a falta del caos económico global que producirá una resaca de más de una década de duración. (O dos. O...). Como un enemigo declarado de casi cualquier consolidación gigante en nombre de la «sinergia» o de la provisión de «compras de una parada», me estoy ahogando en la petulancia. Además, viendo a estos genios llegar a tener pies de excrementos de corral infestados de gusanos (vivo en una granja), también es alegremente digno para uno que siempre ha tenido problemas con todo el fenómeno de Superestrella-CEO/Líder-como-Dios.

Hay un elemento tan extraño de «obviedad» en este fiasco, que me hace pensar que necesitamos nuevas reglas de juego para los negocios:

(1) Lo que sube y sube y sube, no siempre sube más y más y más por siempre y por los siglos de los siglos. (¡Podrían anotar eso!).

(2) No venderá o comprará (aunque usted sea un economista o un matemático) derivados-de-derivados-de-derivados si no sabe cómo valorar dichos derivados-de-derivados-de-derivados.

(3) No creerá en falsos profetas que anuncian que los instrumentos financieros indescifrables pueden desterrar los riesgos de la faz de la tierra «por los siglos de los siglos de los siglos de los siglos, Amén».

(4) No te ofrecerás a prestar dinero al hogar de una persona que no demuestre ninguna prueba de ingresos, crédito o empleo.

(5) Si está tentado a prestar dinero al hogar de una persona que no demuestre ninguna prueba de ingresos, crédito o empleo, debe reducir de inmediato el medidor de la codicia. (Por supuesto, la historia y las ciencias biológicas nos dicen por igual que el medidor de la codicia nunca se reduce en lo más mínimo, nunca lo ha hecho, y nunca lo hará).

(6) Mi favorito: En nueve casos de un total de ocho, las grandes fusiones... apestan. En nueve casos de un total de siete, ofrecen muy poco «valor sinérgico» imaginado, y destruye montones y montones (y más montones y más montones) de «valor real» en el camino, junto con miles y miles de puestos de trabajo.

(7) El optimismo, aunque sea un optimismo «injustificado» es de sumo valor para los que persiguen la innovación. Viví treinta años en Silicon Valley, y si no hubiera existido el optimismo «injustificado» no habría habido ningún Apple o Intel. Pero usted debería tener un pesimista en la oficina de al lado, o un mentor mayor, por el que sienta el máximo respeto.

▸ ESO «TE DEJA DE UNA PIEZA»

John Bogle, fundador del Vanguard Mutual Fund Group, escribió el mejor libro de «negocios» (de la ¡VIDA!) que he leído en años. El título (¡BRILLANTE!): *Enough* (Suficiente). En lugar de dedicar varios párrafos para resumir el tomo breve pero muy dulce y muy lúcido, dejaré que algunos títulos de los capítulos hagan el trabajo por mí:

«demasiado costo, y no suficiente valor»

«demasiada especulación, y no suficiente inversión»

«demasiada complejidad, y no suficiente simplicidad»

«demasiado contar, y no suficiente confianza»

«demasiada conducta comercial, y no suficiente conducta profesional»

«demasiado arte de vender, y no suficiente administración»

«demasiado enfoque en las cosas, y no suficiente enfoque en el compromiso»

«demasiados valores del siglo veintiuno, y no suficientes valores del siglo XVIII»

«Demasiado "éxito", y no suficiente carácter»

Para el tema general del libro, Bogle comienza con esta viñeta:

«En una fiesta ofrecida por un multimillonario en Shelter Island, Kurt Vonnegut le informa a su amigo Joseph Heller, que su anfitrión, un gestor de fondos de cobertura, había ganado más dinero en un solo día del que Heller había ganado con *Catch-22*, su novela extremadamente popular en toda su historia. Heller responde: "sí, pero yo tengo algo que él nunca tendrá... **suficiente**"».

Ya he dicho suficiente.

10. Las cosas buenas (¿especialmente en los tiempos malos?) llegan de a tres.

Aunque los historiadores debatirán durante mucho tiempo la respuesta inicial al colapso de los mercados financieros, un artículo publicado el 19 de septiembre de 2008 en el *Washington Post:* «En los apuros de la crisis, Paulson, Bernanke y Geithner conforman un comité de tres», ofrece un fascinante análisis del estilo de gestión de Hank Paulson:

[El exsecretario del Tesoro, John Snow] cerró la sala de control del Tesoro, donde los miembros del personal vigilan los mercados mundiales de acciones, bonos y divisas las veinticuatro horas del día, para ahorrar dinero. El contacto de Snow con Bernanke, quien llevaba apenas seis meses en el cargo, se limitó principalmente a desayunos semanales formales. Hubo poca comunicación entre Snow y Geithner.

Eso cambió rápidamente con Paulson. Una criatura de los mercados financieros propensa a hacer rápidas llamadas telefónicas a cualquier fuente de información potencial, se dedicó a llamar a Geithner y Bernanke a todas horas del día, para intercambiar ideas con ellos o discutir los últimos focos de tensión en los mercados.

«La comunicación excesiva nunca está de más», dijo Paulson. «Si se trataba de algo importante, simplemente agarraba el teléfono y llamaba a Ben. Una de las cosas que hago es crear un ambiente en el que soy tan directo y tan abierto y colaborador con la gente que confío que despierte lo mismo en ellos».

(Nota: En el entorno loco por el poder de D.C., dicho forcejeo ocasional y de un lado para otro, básicamente no tiene precedentes. Esta frase aparentemente inocua: *«Si se trataba de algo importante, simplemente agarraba el teléfono y llamaba a Ben»* es una cosa «pequeña» e IMPORTANTE como uno podría imaginar).

A pesar de la evaluación del resultado final, este análisis, mezclado con mis propias observaciones a lo largo de los años, ofrece algunas lecciones un poco tentativas sobre cómo hacer frente a situaciones de emergencia:

(1) Conformar un grupo *autoritario* de control de tres. (Sí, las cosas buenas, o al menos *útiles*, vienen en grupos de tres). Soy antiautoritario hasta la médula, pero hay raras excepciones a esta regla.

(2) Comunique en «exceso». **(!!!)**

(3) **Suprima toda pretensión de formalidad.**

(4) Deje los egos en la puerta. *(Expulse a los egoístas del círculo interno si no mejoran con mucha rapidez).*

(5) Asegúrese de que el grupo sea diverso. (El *Post* señala que la troika de Paulson, Bernanke y Geithner consiste en un titán de Wall Street, un académico y un funcionario de carrera).

(6) Asegúrese de que cada miembro del grupo tenga una Competencia Colosal y sea percibido como tal.

(7) Fomente una predilección por... **un rápido ensayo y error.** Primero, eso crea la percepción de que «no son» asuntos de

movimiento «que supongan una pérdida de tiempo». Segundo, la cura es cualquier cosa menos que segura, así que uno tiene que ponerse en movimiento, aunque no sea más que por el hecho de ver lo que sucede cuando el sistema está perturbado. Tercero, debe haber una disposición a admitir el error y a detener un experimento fallido tan pronto como sea posible, en lugar de insistir como una forma de no admitir que el experimento fue un fracaso.

(8) Cada miembro debe tener una **credibilidad** amplia. (Snow prácticamente no tenía credibilidad en Wall Street y habría sido impotente en el otoño de 2008).

(9) Adicionalmente, comunique en «exceso» más allá del grupo.

Resumen del mensaje:

Comunique.
Comunique.
Comunique.
Comunique.
Comunique.
Comunique.
Comunique.
Comunique.

11. ¡Tenga en cuenta a China! ¡Tenga en cuenta a la India!

Estudie a China. (Y a la India).
Lea libros.
Explore la Internet.
Hable con la gente.
Inicie un grupo de estudio.
Medite sobre China. (Y sobre la India).
Visite China. (Y la India).

Haga de la «meditación» sobre China (y la India) parte del ritual de su día.

Esto no es un «llamado a la acción» tanto como un «llamado a la conciencia».

La ignorancia sobre China (o sobre la India)... **simplemente... no es aceptable.**

No es aceptable... independientemente de la Edad.
No es aceptable... independientemente de la Profesión.
No es aceptable... independientemente de la Industria.
No es aceptable... independientemente del Tamaño de la empresa.
No es aceptable... independientemente de la Educación.
No es aceptable... independientemente del Nivel de salarios.
No es aceptable... independientemente de cualquier otra enrevesada variable a la que pueda darle un nombre.

Insinuación (mía):

China no es un «problema».

China no es una «amenaza».

China puede ser o no una «oportunidad».

China (la India) es una... **Realidad**... una parte de nuestras vidas. (Punto).

Actúe en consecuencia.

1. 2. 3. 4. 5. 6. 7. 8. 9. 10. 11. **12. 13. 14.**

15. 16. 17. 18. 19. 20. 21. 22. 23. 24. 25.

26. 27. 28. 29. 30. 31. 32. 33. 34. 35. 36.

37. 38. 39. 40. 41. 42. 43. 44. 45. 46. 47.

48. 49. 50. 51. 52. 53. 54. 55. 56. 57. 58.

59. 60. 61. 62. 63. 64. 65. 66. 67. 68. 69.

70. 71. 72. 73. 74. 75. 76. 77. 78. 79.

80. 81. 82. 83. 84. 85. 86. 87. 88. 89.

90. 91. 92. 93. 94. 95. 96. 97. 98. 99.

100. 101. 102. 103. 104. 105. 106. 107.

108. 109. 110. 111. 112. 113. 114. 115.

116. 117. 118. 119. 120. 121. 122. 123.

124. 125. 126. 127. 128. 129. 130. 131.

132. 133. 134. 135. 136. 137. 138. 139.

140. 141. 142. 143. 144. 145. 146. 147.

148. 149. 150. 151. 152. 153. 154. 155.

156. 157. 158. 159. 160. 161. 162. 163.

Oportunidad

«Esta es la oportunidad para alcanzar a sus competidores que hacen siesta».

«Agarre a los clientes de sus competidores debilitados ¡lo antes posible!».

«¡Piense en positivo!».

«¡El desastre de una persona es la principal oportunidad de otra!».

Hubo mucha... **basura sin paliativos como esa**... a medida que la crisis financiera de 2007++ se profundizaba.

Por otra parte, creo que *hay* un uso apropiado de la palabra *oportunidad* en los tiempos difíciles, y que está a un millón de millas del absurdo mencionado anteriormente.

Es decir, una crisis es una **prueba de carácter pura** (sí) y «simple» (no). Y es quizá la prueba más importante que enfrentaremos en nuestra vida adulta (o la segunda, o tercera).

Y creo que debemos pensar en ello de esa manera.

En lugar de apresurarnos a «llevarnos a la enorme cantidad de clientes de nuestros competidores» tal vez deberíamos reaccionar con gran compasión hacia ese competidor, no pagando sus facturas, sino dejando claro que no tenemos la intención ni el deseo de arrebatarles a sus clientes en ningún sentido.

En lugar de «pensar en positivo», trate de... «pensar en términos reflexivos». El optimismo sin sentido es simplemente eso: sin sentido. Debemos tratar de manera realista con la crisis y, posiblemente, demostrar un nivel de decencia que no conoce límites. Dicho comportamiento no es ni «positivo» ni «negativo». Es lo que es: *decente*. Estoy seguro de que ustedes entienden el significado. *Es* una época de una oportunidad inigualable, de una oportunidad inigualable... para exhibir carácter. *(O no)*.

El hecho escurridizo es que dicha muestra de carácter probablemente resulta muy buena para el negocio cuando el regreso tiene lugar; ¡las personas tienen recuerdos muy duraderos de la amabilidad en el comportamiento!

13. ¡Lo aburrido es hermoso!
(O al menos *puede* serlo).

¡Me *encanta* Jim's Group!
¡Me *encanta* Basement Systems, Inc.!

Jim's Group, de Jim Penman, existe hace unos veinticinco años. Todo comenzó con Jim's Mowing, la manera del señor Penman de ganarse la vida mientras hacía un doctorado. No sé si el Sr. P. terminó su doctorado, pero sí sé que el Jim's Group tiene más de tres mil franquiciados en Australia, su país natal, y también en Nueva Zelanda, Canadá y el Reino Unido. Hay toneladas de premios que atestiguan el trabajo superior que hace la empresa y las increíbles oportunidades que ofrece a sus franquiciados.

Pues bien, ¿qué hace?
Cosas.
¿Qué tipo de cosas?
Ya saben, esas cosas.
Más precisamente, el tipo de «cosas» que la gente ocupada no tiene el tiempo o la inclinación de hacer.

Piense en esto:

Corte de prados en Canadá	Pintura
Pavimentación	Pérgolas
Corte de prados en el Reino Unido	Mantenimiento de piscinas
Antenas	Lavado a presión
Limpieza de alfombras	Techos
Limpieza de autos	Puertas de seguridad
Lavado de perros	Árboles
Cercas	Limpieza de ventanas
Pisos	

Si quiere conocer más, descargue *What Will They Franchise Next? The Story of Jim's Group* (http://www.jimsskipbins.com.au/pdf/what_will_they_franchise_next.pdf).

Basement Systems, Inc., mencionado anteriormente, es un negocio de rápido crecimiento, y de sesenta millones de dólares o más, con sede en Connecticut. Larry Janesky lo dirige. Él secará su sótano. (Ver su exitoso libro *Dry Basement Science* [La ciencia de secar sótanos]). Así, su sótano se convierte en un área de almacenamiento estelar, o en un salón familiar sin humedad y sin moho, que no produce enfermedades; en una habitación adicional, o lo que sea.

Mensaje: Para los aspirantes a empresarios, hay más en la vida que la creación de empresas biotecnológicas y de Internet, y de empresas «boutique» de planeación financiera.

¡Piense en el lavado de perros!
¡Piense en sótanos secos!
¡Piense en cualquier cosa!

Mensaje: «No ser genial» puede ser muy pero que **muy** genial.

❯ TENGA EN CUENTA LA BRECHA DE LOS GURÚS, «REDUX»

Como dije antes, la vida es más que los Negocios Grandes, Negociados en público y «atractivos», pero usted nunca lo sabría luego de leer los libros de la mayoría de los «gurús» de gestión. Por desgracia, soy uno de esos gurús que conoce los pros y los contras de GE y HP, pero no mucho sobre el otro 80, 90, 95 o 98 % de la economía.

Por ejemplo, hace poco me tomé la molestia de leer *El millonario de al lado*, el libro clásico de Thomas Stanley y de William Danko, publicado originalmente en 1996. Habla de las personas exitosas que dirigen empresas como Jim's Group o Basement Systems, Inc. Piense, según Stanley y Danko, en estos atributos de las Verdaderas Superestrellas de la Economía Mundial a las que describen en su libro:

- Ellos... vivieron en la misma ciudad toda su vida adulta.
- Ellos... son la primera generación en su familia en acumular riqueza (y que no tuvieron el apoyo de sus padres).
- Ellos... «no parecen millonarios, no se visten como millonarios, no comen como millonarios, no actúan como millonarios».
- Ellos... prosperan por fuera del ámbito de glamur del «gurú»: «Muchos de los tipos de negocios [de ellos] podrían clasificarse como «aburridos-normales». [Ellos] son contratistas, soldadores, subastadores, vendedores de chatarra, arrendadores de baños portátiles, tintoreros, reconstructores de motores diesel, contratistas de pavimentación...».

Sí, esa es la verdadera economía, más allá de-los-gurús.

Y se deletrea **o-p-o-r-t-u-n-i-d-a-d** para cualquiera y todos los que tengan agallas y listeza. (Y usted puede dejarle el doctorado de MIT al tipo de al lado que *no* es millonario). (De hecho, los doctorados de MIT tienen su lugar valioso, pero no es el único lugar. De hecho, no es el lugar principal asociado a nuestro bienestar o Excelencia económica).

14. Lo «viejo» prevalece. (Sí, incluso en la «Era de la Internet»).

«Las personas que se acercan a los cincuenta hoy en día tienen la mitad de su vida adulta por delante de ellos».
—Bill Novelli, *50+: Igniting a Revolution to Reinvent America*

(La afirmación de Novelli, en el actual Nuevo Mundo de lo Viejo, es obviamente cierta... en retrospectiva. Pero recuerdo muy bien cuando leí esto por primera vez, el impacto fue sencillamente asombroso. Los «viejos» como yo apenas hemos terminado a medias. Eso no es seguramente consistente con el comportamiento actual de los desarrolladores o vendedores de productos, con muy raras excepciones).

Los estadounidenses tienen en promedio trece autos en toda una vida; siete son comprados después de los 50 años.

(¿Qué tal si derivamos un «código» para recordarle «todo esto» a usted: **13/7/50**?).

Las personas de... **55 años o más**... son... **más activas**... en... **finanzas, compras y entretenimiento en línea**... que las menores de 55 (Forrester Research).

Los estadounidenses mayores de 50 controlan una parte gigantesca de la riqueza personal en Estados Unidos. Y tienen buena salud. (Y la parte $$$$ sigue siendo el caso en la Gran Posrecesión).
Y: **Las** mujeres **estadounidenses mayores de 50 años**... controlan una parte enorme y creciente de esa enorme proporción de nuestra riqueza total.

Las oportunidades de la población que está envejeciendo es asombrosa en... Norteamérica, Oceanía, Europa Occidental y Japón.

La amada «demografía de los 18 a los 44» está tremendamente sobrevalorada como un mercado deseable.

Además, no hay evidencia de que las lealtades a las marcas establecidas en la juventud perduren. (Hice una lista de casi veinticinco marcas que utilicé regularmente cuando tenía veintitantos años. Y de las preferencias actuales. La coincidencia era exactamente... **Cero**).

Mi opinión sobre «todo esto» como Observador profesional y como portador de Tarjeta (AARP, Medicare) y Miembro de la Clase Anciana Moderna:

Somos los australianos, neozelandeses, estadounidenses y canadienses. Somos los europeos occidentales y los japoneses. Somos el mercado comercial más profundamente importante en la historia del mundo, el de más rápido crecimiento, el más grande, el más rico, el más audaz, el más (sí) ambicioso, el más experimental y exploratorio, el más (auto)indulgente, el más difícil y exigente, y el más obsesionado con el servicio y la experiencia, el más vigoroso, el más consciente de la salud, el más femenino, y seremos el Centro de su Universo durante los próximos 25 años.
¡Estamos aquí!

¿Está usted actuando en consecuencia?

Si su respuesta es «sí», felicitaciones, ¡es usted una especie singular ciertamente! **(Tal vez 1 de cada 100).**

Si su respuesta es «no» ¿qué es lo que planea hacer al respecto? ¿En los próximos seis meses? **¿En el próximo año?** ¿Dos años? (Sea preciso en su respuesta).

¿Entiende usted que aprovechar este STDR **(Sorprendente Tsunami Demográfico y de Riqueza)** requerirá una revolución total a nivel «cultural» y «estratégico» en su empresa?

¿Y entiende usted que esto se aplica tanto a los pequeños negocios como a los gigantes?

> **DINERO *TONTO***
>
> Una gran cantidad de cosas tontas suceden en los negocios. Ninguna más tonta que estas... **dos importantes omisiones:** ignorar-subestimar efectivamente el Mercado Potencial Femenino... (Ver 100).
>
> E... ignorar-subestimar efectivamente el Mercado Potencial de los Boomers/50 o más.
>
> En una palabra (dos, en realidad): **¡Estúpido! ¡Estúpido!**

15. Construya ecológicamente ahora mismo. (¡No hay excusas!).

Creo que sería conveniente –por razones que van desde las ventajas geopolíticas de la independencia energética hasta el mejoramiento del calentamiento global– renunciar mayoritariamente a nuestras SUV y buscar con rapidez modalidades alternativas de energía. Pero estas cuestiones siguen siendo controvertidas.

Los edificios ecológicos **no**... son... polémicos. (O no deberían serlo).
Convertirse en un Defensor-Avezado de Edificios Ecológicos es una obviedad.
No hay... **absolutamente ninguna excusa**... para no ser un Defensor-Avezado de Edificios Ecológicos.

Hace treinta años aprendimos que «la calidad es gratuita»; la mayoría eran escépticos al principio, pero, si se hace bien, la mejora de la calidad ahorra dinero, y también mejora el producto. Más tarde, 3M nos dio 3P. Es decir, Prevenir la Polución Paga. Eso, también, resultó ser cierto. Lo mismo se aplica para los edificios ecológicos; la mejora de los nuevos y de los viejos, de los pequeños y los grandes. Los gastos son de hecho necesarios para lograr un funcionamiento óptimo en la eficiencia energética y en el máximo potencial verde. Pero la abrumadora mayoría de la evidencia sugiere que estas inversiones pagarán en el corto y mediano plazo. Por otra parte, en el espíritu de crear la «mejora continua», hay una serie de pequeños pasos que son gratuitos o absurdamente baratos para moverse en la dirección correcta, y que pueden darse...

Ahora mismo.

(Además de todas las ventajas energético-ambientales asociadas con los edificios ecológicos, también hay una serie de pruebas que demuestran que la productividad del trabajador sube... **significativamente**... en las instalaciones ecológicas. El largo y corto de esto es que estas instalaciones son lugares más agradables para trabajar).

Es cierto, soy un ingeniero civil de formación, con una especialización en la gestión de construcción, y por lo tanto creo que el tema será muy ¡divertido! Pero yo instaría, **suplicaría**, que se involucre en esto, tal vez mediante la palabra escrita. Aquí están algunos de los textos que examiné y disfruté, los cuales incluyeron casos prácticos numerosos y atractivos:

Green Building A to Z [Edificio verde A a Z], de Jerry Yudelson
The HOK Guidebook to Sustainable Design [La guía HOK para el diseño sostenible], de Sandra Mendler, William Odell y Mary Ann Lazarus
Green Architecture [Arquitectura verde], de James Wines
Sustainable Construction: Green Building Design and Delivery [Construcción sostenible: Diseño y entrega de edificios verdes], de Charles Kibert

¡Disfrute!
¡Actúe!
¡Ahora mismo!

¡Incluso si se trata «tan solo» de su oficina en casa!
¡No hay excusas!
¡Dividendos inmediatos!

▸ CONSTRUIDO PARA... ¿DESPERDICIAR?

Este es el impacto que tienen los edificios en el consumo de energía, emisiones de CO_2 y similares:

Porcentaje de la energía total utilizada por los edificios: **39 %**

Porcentaje de la electricidad consumida por los edificios: **68 %**

Porcentaje de emisiones de dióxido de carbono ocasionadas por los edificios: **40 %**

Porcentaje de materias primas utilizadas en los edificios: **30 %**

Porcentaje de los vertederos no industriales relacionados con los edificios: **40 %**

¡Estas cifras constituyen una oportunidad de proporciones asombrosas!

Fuente: U.S. Green Building Council (de *Green Building A to Z*, de Jerry Yudelson).

16. La clave en las malas épocas: Obsesiónese con la línea *superior.*

Horst Schulze, el legendario exjefe de Ritz-Carlton, salió de su retiro para lanzar una marca de hoteles pequeños de lujo. En una entrevista publicada en 2008 por la revista *Prestige*, Schulze abordó directamente, y con aplomo, la cuestión de iniciar un nuevo negocio durante una recesión: «No aceptaré la explicación de que una recesión afecta negativamente al [nuevo] negocio. Todavía hay personas que viajan. Simplemente tenemos que hacer que se queden en nuestro hotel».

Este tipo de actitud nos recuerda que ese recorte instantáneo y absurdo en I&D, en capacitación, o en los viajes de la fuerza de ventas en vista de una recesión, es a menudo contraproducente o, más bien, francamente tonto.

¿Tiempos Malos?
¡Conviértase en un hipermaníaco de primera clase!

Recortar, recortar y recortar es típicamente la Obsesión-Preocupación durante una Recesión. Recortar probablemente sea necesario, pero no dejen que les impida convertirse en Sabuesos Renacidos de Ventas. Con cualquier herramienta que se les ocurra, redoblen su tiempo y esfuerzo dirigidos a aumentar sus negocios con los clientes existentes y tal vez adquirir unos pocos nuevos.

Y este consejo no solo se aplica a los malos tiempos. Estoy obsesionado con la primera línea. Quiero que todo lo que haga grite «DISTINCIÓN». Y, por lo tanto, pregunto en qué sentido cada-maldita-cosa que hago crea Valor-Distinción de Marca. Leo atentamente mis P&L y ataco salvajemente los costos... de tanto en tanto... pero el primer elemento que veo son los... INGRESOS BRUTOS. Si los «IB» están creciendo a un ritmo saludable, entonces sé que todo está probablemente bien. O, al menos, que no está «mal».

▶ ¿QUÉ HAY DE NUEVO? (¡PRESTE ATENCIÓN!)

Usted no va a superar a países como China en el precio. La alternativa, y solo hay una, es agudizar su enfoque en la innovación y el suministro de Experiencias memorables, y por lo tanto en el Crecimiento de Primera Línea. En lugar de esperar para lanzar una nueva idea o negocio hasta que «las cosas mejoren» o de comenzar cada proyecto con un enfoque en la minimización de costos, considere más bien esta cita de Stuart Hornery ex CEO de Lend Lease (Australia): «Cada proyecto que asumimos comienza con una pregunta:

"¿Cómo podemos hacer lo que NO se ha hecho nunca antes?"».

Haga de la **Pregunta Audaz** de Bold Hornery su Pregunta *automática* principal:

«¿De qué manera este proyecto mejorará la experiencia del cliente de una forma que sea tan "dramáticamente diferente" de nuestros competidores de modo que consigamos nuevos clientes, retengamos a los clientes antiguos, aumentemos nuestra cuota de negocios con ellos, y estimulemos notablemente la "primera línea"?».

«PENSAR DIFERENTE» debe ser una preocupación de tiempo completo en los tiempos buenos y en los malos. Para empezar (**muy importante**), eso significa exponerse constante y resueltamente a los diversos aportes, y absorberlos.

Organice un almuerzo... MAÑANA... con alguien nuevo, de una línea diferente de trabajo a la suya. O pasen la noche hojeando artículos sobre un tema que esté muy alejado de lo convencional para usted. O invite al encargado de la tienda local de comestibles para que le hable a su equipo de Compras o de Recursos humanos.

Haga que los nuevos aportes sigan llegando a raudales; son el mejor camino para mantener una obsesión con la primera línea, marcada por una cadena constante de nuevos productos y servicios.

(¿Puede usted pensar real y constantemente sobre lo nuevo y «drásticamente» diferente? ¿No son castillos en el aire? ¿No es agotador? ¿No es «jerga de gurús»? En cuatro palabras: No. No. No. No. Es decir, cuando están «rodeadas de nuevos aportes-ideas-personas», se convierte en «la nueva normalidad». Se vuelve extraño *no* ser bombardeado por las nuevas ideas y sus defensores de I&D para comprar. Antes que «agotador», se vuelve Emocionante y atrayente para las personas interesantes, y, por lo tanto, una profecía autocumplida).

1. 2. 3. 4. 5. 6. 7. 8. 9. 10. 11. 12. 13. 14. 15. 16. **17. 18. 19. 20.** 21. 22. 23. 24. 25. 26. 27. 28. 29. 30. 31. 32. 33. 34. 35. 36. 37. 38. 39. 40. 41. 42. 43. 44. 45. 46. 47. 48. 49. 50. 51. 52. 53. 54. 55. 56. 57. 58. 59. 60. 61. 62. 63. 64. 65. 66. 67. 68. 69. 70. 71. 72. 73. 74. 75. 76. 77. 78. 79. 80. 81. 82. 83. 84. 85. 86. 87. 88. 89. 90. 91. 92. 93. 94. 95. 96. 97. 98. 99. 100. 101. 102. 103. 104. 105. 106. 107. 108. 109. 110. 111. 112. 113. 114. 115. 116. 117. 118. 119. 120. 121. 122. 123. 124. 125. 126. 127. 128. 129. 130. 131. 132. 133. 134. 135. 136. 137. 138. 139. 140. 141. 142. 143. 144. 145. 146. 147. 148. 149. 150. 151. 152. 153. 154. 155. 156. 157. 158. 159. 160. 161. 162. 163.

Resiliencia

17. Zambullida de cisne: Una guía para seguir con el seguir.

Estoy fascinado por el cisne negro.

Cisne negro = **A**contecimiento **E**xtremo e **I**mpredecible, según lo descrito por Nassim Taleb en su libro *El cisne Negro*.

Tenemos que vivir día a día, año tras año, para seguir con el seguir. Las sorpresas abundantes no son muy pocas ni distantes entre sí, y, sobre todo, hemos aprendido cómo lidiar y al menos salir del paso. Pero el cisne negro es diferente: es un **asunto único-de-dos-veces-en-la-vida.** Nuestra respuesta-comportamiento-carácter en vista de esto, como dice Taleb, determina el curso de nuestra vida.

Bueno, si no podemos planear para esto debido a su «diferencia-ción», por definición, y no podemos dejar que nos distraiga cada minuto del día todos los días, ¿qué podemos hacer? No hay remedios infalibles, pero hay una línea de pensamiento –y una sola palabra– que pueden ser de uso práctico. La palabra es... **resiliencia.**

Para hacer frente a lo absurdamente improbable, podemos pensar conscientemente en contratar personas y promover a aquellas con evidencia demostrada de resiliencia y, por lo tanto, tal vez recorrer por lo menos una cierta distancia para conformar nuestra organización de modo que sea más o menos capaz de responder a un cisne negro.

A continuación, encontrarán algunas reflexiones (no más que eso) sobre la idea de la resiliencia. Realmente son «palabras clave», destinadas simplemente a hacer que *ustedes* reflexionen sobre este tema.

Atributos observables de las personas resilientes (que vale la pena considerar en el proceso de contratación y, sobre todo, en el de promoción):

- Calma interior.
- Alto autoconocimiento **(«cómodos en nuestra propia piel»).**
- La *amplitud* de la experiencia fuera-de-lo-común; condujo un taxi, trabajó en construcción, hizo recorridos por Alaska, creó Teach for America.
- El apetito por el caos modestamente controlado **(que se deleita literalmente en situaciones desagradables, «cobra vida» en ellas).**
- Llegan sin esfuerzo a una amplia variedad de personas (en general y sobre la marcha).
- Exudan energía.
- Son conocidas por su integridad, «completamente honestas».
- **¡Sentido del humor!** (¡Fundamental! Capaces de romper con los niveles descabellados de tensión).
- Empatía («siento tu dolor»; no empatía llorosa, sino obvia compasión humana; entienden que algunas personas tienen poca resiliencia y tratan a estas personas con respeto, y no como «perdedores»).
- «¡Crueldad!». (Deben tomar decisiones difíciles instantáneamente, sin mirar atrás).
- Decisivas, pero no rígidas.
- Un individuo fuerte, y un jugador de equipo igualmente fuerte. (El nirvana, por supuesto, pero uno puede tratar de encontrar estos dos rasgos entremezclados).
- Comprenden la cadena de mando *y* su importancia, y la evaden según sea necesario.
- Cómodos cuando son cuestionados por pensadores fuera de lo común, pero con un fuerte sesgo «hacedor» en general.
- Una persona de Esperanza. (¿«Religiosa»?).

Atributos observables de organizaciones resilientes:

- Contratación consciente de personas resilientes en todos los niveles y en todas las funciones. (Es decir, que la «resiliencia demostrada» está en la hoja de especificaciones).
- Promoción de la resiliencia: sea explícito al hacer esto.
- **¡¡¡Descentralización!!!** (En la estructura organizacional, la configuración física y en los sistemas por igual. Descentralización = Menos enganchado. (Ayuda a evitar el problema del «castillo de naipes»).
- «Organización de emergencia» a la sombra, lista para entrar en vigencia. («Exceso» de recursos disponibles para hacer lo que nos cuesta, el concepto de cero inventarios-cero déficits «justo a tiempo» funciona muy bien en la maximización de la eficiencia cuando las cosas van bien, pero puede ser un desastre absoluto cuando reinan la incertidumbre, la ambigüedad y la confusión).
- «Juegos de guerra» muy serios. (Pero no deje que conduzcan a una falsa confianza. Hasta cierto punto, si puede jugar a esto, entonces no es un cisne negro).
- **¡¡¡Redundancia!!!** (La redundancia en las «cosas triviales» es un deber: no hay nada «trivial» acerca de las linternas «adicionales», reales o metafóricas, cuando aparece un cisne negro).
- Cultura de (1) arranque automático, (2) cuidado y respeto, (3) ejecución como alta Prioridad, (4) responsabilidad-rendición de cuentas por el cien por ciento de la gente. (Curiosamente, o no tan curiosamente, el inmigrante ilegal mexicano que logra cruzar una frontera vigilada y ahora es un ayudante de camarero, ¡podría tener mucha más resiliencia que un graduado de Harvard *summa cum laude*!)
- «Cultura de resiliencia» (como «tablón» explícito y *de jure* del conjunto de valores de la organización).
- Centrarse **obsesivamente** en la toma de iniciativas en las esferas superiores. (Una de las grandes debilidades de la planeación de contingencias es que esto depende más o menos de quienes «responden primero» y están bien y costosamente equipados para orientar asuntos. **La evidencia abrumadora indica que los participantes directos aprovechan al máximo las decisiones**

críticas, incluso *antes* de que los Primeros en Responder con mayor agilidad aparezcan en escena).

- **GD**/Gerenciar Deambulando; comunique todo el tiempo sobre todo «en la primera línea».
- Transparencia. **(Mantenga a todos informados, a nadie en la oscuridad).**
- Amortiguación financiera (dinero en efectivo en la mano, etc., necesarios si el sistema informático se bloquea durante unos días).
- Un equipo excelente. (Pero...).
- Recuerde que... **La capacitación supera a los equipos.**
- La capacidad de salir adelante por un tiempo (considerable) sin «tener ESO». **(Esto es mandatorio y tal vez costoso; pero la probabilidad de una ciberinterrupción grave es casi del 100 %).**
- Ponga a prueba a toda la organización con situaciones incómodas; los equipos deportivos lo hacen habitualmente, ¿por qué no su departamento de contabilidad?
- Patrón de promover un porcentaje inusualmente alto de disidentes. (Los disidentes creen que lo «raro es normal»).
- ¡La diversidad *per se*!!!!!!!! (Los puntos de vista y los orígenes diferentes son invaluables, especialmente en circunstancias excepcionales; nada mejor que tener a alguien que a los veinte años era un *ranger* del ejército).

⟩ PLANEAR PARA LO IMPLANEABLE

Cuatro palabras: redundancia, holgura, $$$, respiración.

Muchas de las reuniones a las que asisto se han planeado por más de un año, y yo soy el único orador. Por lo tanto, ni la nieve, ni la aguanieve, ni la revolución, ni la venganza de Moctezuma (ni ninguna de sus combinaciones) es una excusa para que yo no asista. Y, sin embargo, suceden cosas desagradables; la única pregunta es qué consistencia tiene lo desagradable y adónde fue arrojado.

Mi «secreto» para la resiliencia frente a las circunstancias casi imposibles descansa en cuatro palabras:

Redundancia. Múltiples vuelos reservados a través de múltiples rutas. Duplique (o triplique) todo, desde pasaportes a computadoras a teléfonos internacionales. Viaje con ropa que podría duplicar en caso de necesidad como ropa para «eventos». Mencione cualquiera de ellas, y, al igual que la NASA, tengo dos o tres de ellas. Como un aficionado a las estadísticas, constantemente calculo las probabilidades de triples y cuádruples metidas de pata; mi esposa se vuelve loca cuando viaja conmigo.

Holgura. Soy un tipo muy ocupado, pero me muerdo la lengua hasta sangrar y programo una gran cantidad de holgura en el sistema. Busco los intervalos de cuatro o cinco horas entre los vuelos, pues reducen las probabilidades de que una tormenta, o dos, puedan convertir un vuelo de Boston a Mumbai o de Boston a Seúl en un verdadero lío.

$$$. La resiliencia no es gratuita. En primer lugar, existen herramientas de duplicado, similares a computadoras. Pero también están las cosas como los honorarios por servicios de viaje, relacionadas con las reservas dobles y triples. (¡Y el costo de una gran cantidad de flores y dulces para las numerosas personas que ayudan a hacer posible lo imposible!).

Respiración. Por desgracia, no soy Míster Calma. No soy Barack Obama. Pero me he enseñado algunos rituales de respiración, y después de años de práctica, puedo inducir una calma bastante satisfactoria con uno o dos o tres minutos (no más) de «respiración correcta».

Comparto estos «trucos» personales con ustedes, no porque creo que les importe mi tipo de paranoia, sino porque creo que este cuarteto de prácticas tiene algo cercano a la validez universal. Yo no podría sobrevivir sin redundancia-holgura-$$$-respiración; y realmente no veo cómo los demás podrían hacerlo tampoco.

18. El empleo de por vida está muerto. Su carrera no.

El mundo es plano. (O al menos mucho más plano de lo que era). La externalización es ubicua. (En las grandes empresas). «El empleo de por vida» está muerto. (Punto). Usted está solo. (No del todo, pero más de lo que ha estado en las últimas décadas en términos, de nuevo, de empleados de compañías más grandes: nunca hubo un *todo garantizado* para aquellos que trabajan en empresas pequeñas y diminutas).

Así que, si muchos de nosotros estamos más solos que antes, entonces:

I. La «firma» de nuestro trabajo y...
2. La vitalidad de nuestra red determinará nuestro destino profesional.

Aunque introduje la idea de «Márquese» (traducción: usted tiene que sobresalir para sobrevivir profesionalmente) hace unos quince años, y aunque el caos en los sitios de trabajo se ha acelerado intensamente desde entonces, un gran número de personas siguen teniendo problemas con la situación a la que, por ejemplo, se enfrenta un electricista local todos los días: la necesidad reciente y necesariamente precaria de verse (*debe* verse, según yo) a sí mismo como un «negocio», como una «marca» en sí mismo. Y muchos tienen un gran miedo de la idea de «volverse empresarios». Réplica ubicua: «No es mi cosa». «No tengo el gen empresarial». O algo así.

Siento su dolor, pero en cuanto al «ingrediente genético faltante», ¡tonterías! Apoyo con firmeza a Muhammad Yunus, el padre de los microcréditos y ganador del Premio Nobel de la Paz en 2006. Él afirma –y estoy totalmente de acuerdo– que hemos perdido casi toda la magia que una vez tuvimos *todos*. «*Todos los seres humanos son empresarios*», afirma Yunus. «*Cuando vivíamos en las cavernas, todos éramos autónomos... buscábamos nuestros alimentos, nos alimentábamos a nosotros mismos. Fue ahí donde comenzó la historia de la humanidad… Suprimimos esto cuando llegó la civilización. Nos convertimos en mano de obra porque [ellos] nos estamparon, "Eres mano de obra". Olvidamos que somos empresarios».*

Esta afirmación no elimina, ni tal vez disminuya incluso, nuestros temores, sobre todo si usted tiene 53 años, ha sido despedido de forma permanente, y su pensión se ha evaporado también. No, no estoy ofreciendo un «amor duro» e insufrible. *Simplemente estoy recordando que nosotros, que hemos llegado hasta acá a través del camino evolutivo, somos sobrevivientes altamente cualificados y resilientes desde el comienzo. Al igual que el electricista muy «normal» que vive más abajo de mi casa, tenemos lo que se requiere.*

(Sí, sigo haciendo referencia a ese «electricista local». En pocas palabras, sus números de cohorte por millones, y el número de títulos de la *Ivy League,* son minúsculos. «Estas cosas» se pueden hacer y son realizadas, de forma rutinaria, por mortales; no solo por los Steve Jobs del mundo).

Hemos llegado casi a trabajar a tiempo completo para pulir nuestro conjunto de habilidades, afilar nuestra proclividad a las ventas* (*lo siento, tienen que aprender a vender), y trabajar en red como locos. No será fácil para muchos, pero es algo que las personas «normales» pueden hacer; y aunque, sin duda, la vida parecerá más precaria, las probabilidades son realmente muy buenas, *bastante* buenas, de hecho, de que mejorar el conjunto de habilidades y afinar la red mejorará nuestra viabilidad «profesional» a largo plazo, y será también un panorama más satisfactorio que la cantidad de esclavos en cubículos tan apropiadamente documentados en *Dilbert,* la tira cómica de Scott Adams.

Mensaje: Usted… **Sí**… tiene el… ¡Material Adecuado!

▶ MÁRQUESE: «INC.» EL NEGOCIO

Primer paso (asumiendo que no lo haya entendido desde mucho tiempo atrás) hacia la construcción de una carrera «resiliente»: **Reelabore su currículum..**

Para empezar, y para su consumo privado, escriba Judith Sanders, Inc., en la parte superior de la página donde solía estar el «mero» «Judith Sanders» tenía su residencia. A medida que reelabora su hoja de vida, imagínese presentándose ante un panel de capitalistas de riesgo para vender su plan de negocio. ¿Es usted (*Judith Sanders, Inc.*) un asunto en marcha y creciente con una oferta de servicio fabuloso y perspectivas brillantes, o no?

Los enormes agujeros en su borrador de *Judith Sanders, Inc.* —si usted es realmente honesta— podrían asustarla terriblemente. Pero, suponiendo que usted todavía tiene un empleo, hay acciones inmediatas que debe emprender. Por ejemplo: *repase de inmediato sus proyectos actuales y embellézcalos de tal manera que pueda imaginarlos...* **como entradas emocionantes y «notables»**... *en su currículo dentro de un año o dos años. Ofrézcase como voluntaria para proyectos que contribuirán a su crecimiento al ampliar su conjunto principal de habilidades, así como rellenar espacios en blanco, por ejemplo, en la gestión financiera.*

Yo podría seguir, pero simplemente concluiré con un mantra acuñado por mi amiga Julie Anixter:

«¡Distinto o extinto!».

19. El fracaso: ¡celébrelo!

Notas hacia una Teoría del Fracaso (¿o será una Teoría del Éxito?):

(1) Para tener éxito, tiene que intentar más cosas que otras personas, y rápido.

(2) Si intenta más cosas a toda prisa, cometerá un montón de errores. (Es una Ley de Hierro de la Naturaleza).

(3) Por lo tanto, meter la pata muchas veces es una muy buena señal de progreso; tal vez la única señal segura.

(4) Si nuestro objetivo es (más o menos) maximizar las metidas de pata, entonces debemos hacer algo más que «tolerar» las metidas de pata.

(5) Debemos «fomentar» las metidas de pata.

(6) ¡Debemos **ce-le-brar** las metidas de pata!

Una variación **(brillante)** de este tema proviene del exitoso empresario australiano Phil Daniels, quien atribuye una gran parte de su éxito «a ocho palabras». A saber:

«Recompense los fracasos excelentes. Castigue los éxitos mediocres».

Esas palabras pertenecen a mi club de «las Cinco Mejores Citas» (de entre tal vez 5.000). Creo que la idea es profunda, y el impacto enorme... **si**... usted utiliza una traducción literal. Es decir, si... **recompensa**... literalmente los fracasos... excelentes. Y si, castiga... literalmente... los éxitos mediocres.

Como me dijo una vez Les Wexner, fundador de Limited Brands:

«En la moda, tu promedio de bateo no es ni de lejos 1,000. Tus ponches superarán siempre, y con el tiempo, tus éxitos, y sobre todo tus jonrones. Así que un comprador sin errores no quiere correr riesgos; el beso de la muerte en este negocio, y la causa de una mala evaluación. El comprador que conectará jonrones, al igual que los bateadores potentes en el béisbol, también tendrá una gran cantidad de ponches al bate. De hecho, recompensaré a aquellos que se ponchan al bate, como el precio de los jonrones que son necesarios para nuestro crecimiento».

Amén.

❯ SABIDURÍA «A PRUEBA DE FALLAS»

«Fracasen. Listos. Ya».
–Ejecutivo de alta tecnología, Valley Forge, Pensilvania

«Fracase más rápido. Tenga éxito más pronto».
–David Kelley, fundador de IDEO

«Fracase. Fracase de nuevo. Fracase mejor».
–Samuel Beckett, Premio Nobel de Literatura

«El éxito consiste en ir de fracaso en fracaso sin perder el entusiasmo».
–Winston Churchill

El que comete la mayor cantidad de errores gana
Título del libro, Richard Farson y Ralph Keyes

«Sam no tenía miedo al fracaso».
– David Glass, ex CEO de Walmart, sobre el rasgo más significativo de Sam Walton, fundador de Walmart

«Si la gente... me dice que esquiaron todo el día y nunca se cayeron, les digo que ensayen con una montaña diferente».
–Michael Bloomberg

«He fallado más de 9.000 lanzamientos en mi carrera. He perdido casi 300 juegos. En veintiséis ocasiones, me han dado la confianza para hacer el lanzamiento del triunfo en el juego y los he fallado. He fallado una y otra y otra vez en mi vida. Y es por eso que tengo éxito».
–Michael Jordan

20. El peor consejo del mundo (por favor, ignórelo).

Un viejo amigo me visitó durante un par de días. Búsquenlo en Google, y quedarán impresionados. O lo estarían, si yo les dijera quién es.

En el transcurso de una docena de conversaciones –conversaciones de hombres viejos–, compartimos historias de alegrías y tristezas, de ira y dolor, de buena fortuna y malos vientos, de amigos, enemigos y traidores, y de quienes nos habían apoyado siempre.

Su carrera del Salón de la Fama incluye toneladas de críticas execrables a lo largo del camino. Fracasos embarazosos y bien merecidos. De años; en realidad, de décadas.

Y al reflexionar sobre todo esto recordé un Dicho Muy Acertado de lo que creo que es basura pura y absoluta; de hecho, **(el)** Peor Consejo del Mundo:

«Debes saber cuándo mantenerlos, debes saber cuándo descartarlos».

Olvídense del «descartarlos».
Elimínenlo de su vocabulario.
Extírpenlo.
Entiérrenlo.
Pisoteen sobre su tumba.

Si le importa, si le importa realmente, si real y verdaderamente le importa aquello a lo que se está dedicando, bueno, entonces... *dedíquese-con-ahínco-a-ello-hasta-que-se-congele-el-infierno-y-luego-un-poco-y-luego-un-poco-más.*

Y ojalá que los detractores ardan en el infierno, se congelen en la Antártida o se mueran con el sonido de su consejo «estadísticamente preciso».

Mi amigo visitante y anónimo me regaló *The Pixar Touch: The Making of a Company* [El toque Pixar: La creación de una empresa], de David Price. Piensen en este párrafo:

> *«Uno de los aspectos curiosos de la historia de Pixar es que cada uno de los líderes era, según los estándares convencionales, un fracaso en el momento en que apareció en escena. [El animador-superestrella John] Lasseter consiguió su trabajo soñado en Disney cuando acababa de ser despedido de la universidad. [El genio tecnológico y presidente fundador Ed] Catmull había realizado un trabajo muy respetado como un estudiante graduado en gráficos por computadora, pero había sido rechazado para un puesto de profesor y terminó en lo que le parecía ser un trabajo de desarrollo de* software *sin salida. Alvy Ray Smith, cofundador de la compañía, se había retirado de la academia, consiguió trabajo en el famoso Centro de Investigación Palo Alto de Xerox, y luego se encontró abruptamente en la calle. [Steve] Jobs había sufrido la humillación y el dolor cuando fue rechazado por Apple Computer; de la noche a la mañana se había transformado de un niño maravilla de Silicon Valley a un "ha sido", rotundamente ridiculizado».*

Es decir, que pasan cosas desagradables. Y si le pasan cosas suficientemente desagradables, entonces, si usted es (estadísticamente) sabio, podrá desecharlas. Y Dios (y yo) lo amaremos tanto como haya padecido.

Pero no vamos a leer sobre usted en los libros de historia.

Ahora, si usted ha «padecido» realmente, es probable que tampoco leamos sobre usted, porque son graaaandes las probabilidades de que no sea incluido en ese libro de historia.

Pero si realmente, realmente, realmente **(realmente)**, realmente le importa... entonces no hay tiempo para «desecharlas» hasta que haya exhalado su último aliento, e incluso eso es demasiado pronto si se ha molestado a lo largo del camino en arengar a los demás con su causa supuestamente quijotesca.

En las palabras (en absoluto) inmortales de Tom Peters:

«Hay un tiempo para mantenerlas y un tiempo para seguir manteniéndolas si a usted realmente, realmente, realmente le importa».

La recesión 46

Cuarenta y seis «secretos» y «estrategias» para lidiar con la dolorosa recesión de 2007++

Constantemente me piden «estrategias y /secretos para sobrevivir a la recesión». Trato de parecer sabio e informado, y enumero pensamientos originales y sofisticados. Pero si quieren saber lo que realmente está pasando por mi cabeza, vean la lista que aparece a continuación. (Nota: Presenté esta lista en mayo de 2009, cuando todas las estadísticas económicas eran espantosas. No obstante, muchos señalaron de inmediato que es tan relevante en las épocas buenas como en las malas).

1. Llegue a trabajar antes.

2. Salga más tarde del trabajo.

3. Trabaje más duro.

4. Usted podría trabajar por menos; y, de ser así, adaptarse a estas circunstancias desfavorables con una sonrisa, incluso si se muere por dentro.

5. Ofrézcase como voluntario para hacer más.

6. Indague profundo, más profundo, y más profundo, y trabaje siempre con buena actitud.

7. Usted estará fingiendo si su buena actitud flaquea.

8. Practique, literalmente, su «cara en el escenario» cada mañana en el espejo, y en el inodoro a media mañana.

9. Usted le da un nuevo significado a la idea y a la práctica intensiva de «administración visible».

10. Usted se cuida a sí mismo mejor de lo habitual y anima a otros a hacer lo mismo; el bienestar físico tiene un impacto significativo en el bienestar mental y la respuesta al estrés.

11. Sacúdase la porquería que caiga en su dirección; compre una pala o un impermeable «usado» en eBay.

12. Trate de olvidarse de los «buenos tiempos de antes»; la nostalgia es autodestructiva. (Y aburrida).

13. Usted se protege con el pensamiento de que «esto también pasará», pero acuérdese de que podría no pasar en el corto plazo; y, entonces,

usted se dedica de nuevo a hacer absolutamente lo mejor que tiene ahora. El carácter está determinado, prácticamente en su totalidad, por nuestra reacción a las circunstancias adversas.

14. Usted hace llamadas y luego hace más llamadas y se mantiene en contacto con, y en, la mente de posiblemente todo el mundo.

15. Usted se inventa con frecuencia descansos de la rutina, incluyendo unos que sean «raros»; «los cambios de velocidad» le impiden regodearse en la desesperación y lo llevan a adquirir una perspectiva fresca.

16. Usted se abstiene de todas las formas de exceso de personal.

17. Usted simplifica.

18. Usted siente los *detalles* como nunca antes.

19. Usted siente los *detalles* como nunca antes.

20. Usted siente los *detalles* como nunca antes.

21. Usted se levanta hacia el cielo y mantiene —a toda costa— **los Estándares de la Excelencia** por los que evalúa indefectible y resueltamente su propio desempeño.

22. Usted es un maniático cuando se trata de responder incluso a la menor metida de pata.

23. Usted encuentra maneras de estar rodeado de gente joven y de mantenerse con personas jóvenes; son menos propensas a ser miembros de la escuela de «el cielo se está cayendo». (La ingenuidad puede ser una bendición).

24. Usted aprende nuevos trucos de su oficio.

25. Usted transmite viejos trucos del oficio a otros; la tutoría importa ahora más que nunca.

26. Usted invierte fuertemente en sus habilidades informáticas: Internet-Web 2.0-Twitter-Facebook: la «nube».

27. Usted se recuerda a sí mismo, todos los días, que esto no es algo que deba «sobrellevarse», sino que es el Examen Final de Aptitud, de Carácter, y, aunque no sea un jefe, de Liderazgo. (La gente a menudo hace grandes saltos en un corto período durante los tiempos difíciles).

28. Usted utiliza el *network* como un demonio.

29. Usted utiliza el *network* como un demonio *dentro* de la empresa, para conocer mejor a las personas que «hacen el trabajo real» y que pueden ser sus aliados más confiables cuando se trata de hacer las cosas rápido y a la perfección.

30. Usted utiliza el *network* como un demonio *por fuera* de la empresa, para conocer mejor a la gente «en los rangos inferiores», que «hacen el trabajo real» en trajes de vendedor. (Pueden llegar a ser, y serán, sus aliados y abanderados más ávidos).

31. Usted agradece profusamente a los demás si pasan cosas buenas, y soporta las críticas si pasan cosas malas.

32. Usted se comporta amablemente, pero no endulza ni oculta la verdad; los seres humanos son sorprendentemente resilientes, y los rumores son los verdaderos asesinos del espíritu.

33. Usted trata los pequeños éxitos como si fueran victorias de la Copa del Mundo, y celebra y felicita a la gente en consecuencia.

34. Usted hace caso omiso de las pérdidas (ignorando lo que está pasando en su panza), sube de nuevo al caballo y vuelve a intentarlo de inmediato.

35. Usted evita a las personas negativas en la medida en que pueda; la contaminación mata.

36. Usted les lee la Ley de Dispersión a los «propagadores de tristeza», cuando evitarlos se hace imposible. (La melancolía es el «arma de destrucción masiva» por excelencia en tiempos difíciles).

37. Usted le da un nuevo significado a la palabra *considerado*.

38. Usted no pone límites al presupuesto de las flores... los arreglos «brillantes y coloridos» hacen maravillas.

39. Usted redobla y retriplica sus esfuerzos para «ponerse en los zapatos de sus clientes». (Sobre todo si los zapatos huelen).

40. Usted cuida sus modales y acepta la falta de modales de otros en vista de sus presiones.

41. Usted es amable con toda la humanidad.

42. Usted mantiene sus zapatos lustrados.

43. Usted deja el juego de la culpa en la puerta de la oficina.

44. Usted desafía, en términos muy claros, a aquellos que siguen practicando el juego de «política de la oficina».

45. Usted se convierte en un modelo de responsabilidad personal.

46. *Y entonces usted ora.*

1. 2. 3. 4. 5. 6. 7. 8. 9. 10. 11. 12. 13. 14. 15. 16. 17. 18. 19. 20. **21. 22. 23. 24. 25. 26.** 27. 28. 29. 30. 31. 32. 33. 34. 35. 36. 37. 38. 39. 40. 41. 42. 43. 44. 45. 46. 47. 48. 49. 50. 51. 52. 53. 54. 55. 56. 57. 58. 59. 60. 61. 62. 63. 64. 65. 66. 67. 68. 69. 70. 71. 72. 73. 74. 75. 76. 77. 78. 79. 80. 81. 82. 83. 84. 85. 86. 87. 88. 89. 90. 91. 92. 93. 94. 95. 96. 97. 98. 99. 100. 101. 102. 103. 104. 105. 106. 107. 108. 109. 110. 111. 112. 113. 114. 115. 116. 117. 118. 119. 120. 121. 122. 123. 124. 125. 126. 127. 128. 129. 130. 131. 132. 133. 134. 135. 136. 137. 138. 139. 140. 141. 142. 143. 144. 145. 146. 147. 148. 149. 150. 151. 152. 153. 154. 155. 156. 157. 158. 159. 160. 161. 162. 163.

21. Usted es su producto, desarróllelo.

Tarea. Para ser completada no más de 24 horas a partir del momento en el que lea esto.

Busque un espejo. Párese frente a él...
Sonreía.
Diga... «Gracias».
Haga... saltos de tijera. (O algún equivalente).
Pregunte «Por el amor de Dios, ¿POR QUÉ?».

Sonreír engendra un ambiente más cálido. (En la casa o el trabajo).
Agradecer engendra un ambiente de aprecio mutuo.
El entusiasmo (como los saltos de tijera) **engendra entusiasmo.**

El amor engendra amor.
La energía engendra energía.
El guau engendra guau.
El optimismo engendra optimismo.
La honestidad engendra honestidad.

El cuidado engendra cuidado.
Escuchar engendra compromiso.

¿Cómo «motiva» usted a los demás?
¿Tomando un curso de liderazgo en una escuela de negocios?
¡No! (No me haga empezar).
Respuesta: Motívese a sí mismo primero.
Por las buenas.
O por las malas.

Llámelo **LPEAUDLA: Liderazgo por el Ajuste Unilateral de la Actitud.**

¿Hay cosas que pueden ser etiquetadas como «circunstancias»?
Por supuesto.
¿A la gente buena le suceden cosas malas?
Por supuesto.
¿Existe algo como la «impotencia»?
¿La percepción de impotencia?
Sí.
¿Impotencia real?
¡No!
¡No!
¡No!

Viktor Frankl, psicólogo y sobreviviente del Holocausto, sobre los campos de concentración:

«La última de las libertades humanas: la capacidad de elegir tu actitud en cualquier conjunto dado de circunstancias».

Si puede encontrar la manera de ir a trabajar con una sonrisa hoy, yo (a pesar de mi formación como ingeniero, y del bagaje resultante de una maestría en una escuela de negocios) le... **garantizaré**... que usted no solo no «tendrá un día mejor», sino que (con el tiempo) ¡infectará a otras personas! Y el desempeño mejorará: tal vez incluso dé un Gran Salto Hacia Arriba.

Nota: Como de costumbre... «es más fácil decirlo que hacerlo». Por otra parte, como un «conductista» entrenado y confeso (devoto de B. F. Skinner, de sus ratas y de su «condicionamiento operante»), **garantizaré** que si usted puede arrastrar a su yo flácido hasta ese espejo, el simple hecho de practicar su sonrisa, sin importar lo aparentemente infantil, engendrará más sonrisas en usted, ¡lo que engendrará más sonrisas en otros que (piense en el «Sonreídor»-en-Jefe, Nelson Mandela) tal vez cambien la forma del mundo!

¡Hágase cargo ahora!
Tarea uno: Trabaje en sí mismo.
¡Implacablemente!

➤ «PRIMERO YO»

Unas pocas palabras acerca de por qué un enfoque de «yo primero» es... cualquier cosa menos «egoísta»:

«Debes ser el cambio que deseas ver en el mundo».
–Gandhi

«Ser consciente de sí mismo y de cómo afecta a todos a su alrededor es lo que distingue a un líder superior».
–De «Masters of the Breakthrough Moment», *strategy + business, n.º 45*

«Para desarrollar a los demás, empieza contigo».
–Marshall Goldsmith, *coach* ejecutivo

«Trabajo primero en mí».
–Kerry Patterson, Joseph Grenny, Ron McMillan, y Al Switzler, *Crucial Conversations*

«¿Cómo puede un líder de alto nivel como _____ estar tan fuera de contacto con la verdad sobre sí mismo? Es más común de lo que cabría imaginar. De hecho, mientras más ascienda un líder, es probable que menos precisa sea su autoevaluación. El problema es una falta aguda de retroalimentación, especialmente sobre los problemas de las personas».
–Daniel Goleman et al., *The New Leaders*

22. Tarea principal: ¡Diviértase a sí mismo!

Me encanta la maravillosa retroalimentación del cliente, ¡del «usuario final»! Soy excesivamente competitivo en ese sentido. Y, sin embargo, un esclavo del mercado, «después de todos estos años». A un nivel más alto de participación del mercado, me encanta un portafolio de negocios abundante, especialmente si se basa en la repetición de negocios, y la evalúo con cuidado frente a la de años anteriores. Y me encanta una tarifa por evento que produzca un mayor rendimiento que el último año, que el año anterior.

Y sin embargo... de una manera importante... de verdad pongo al cliente-«usuario final» en segundo lugar...

¿En segundo lugar con respecto a qué? En pocas palabras (al menos para mí):

Para darles un discurso de alto impacto y bien visto a los clientes, primero, segundo y tercero tengo que enfocar toda mi energía inquieta en «satisfacerme» a... *mí mismo.*

Debo estar... *física, emocional e intelectualmente agitado, emocionado y desesperado sin medida...* si quiero... *comunicar, conectar, obligar, y agarrar por el cuello y decir lo mío...* acerca de un pequeño número de cosas, a menudo conflictivas y no siempre «complaciendo a las multitudes» que, por el momento, son literalmente una cuestión personal de *vida* y *muerte...*

Anhelo la gran «retroalimentación de los clientes» pero de ninguna manera, forma o sentido estoy tratando de «satisfacer a mi cliente». Estoy, repito, tratando de satisfacerme a *mí* mismo, a mi necesidad propia y profunda de ir y agarrar a mi cliente y conectarme con mi cliente sobre las ideas que me consumen y devoran.

Por lo tanto... mi «Trabajo Uno» es puramente egoísta y enfocado internamente: ser completamente cautivado por el tema en cuestión. Es decir, repetir con palabras ligeramente diferentes: **el Trabajo Uno es la... automotivación.**

Como escribió Warren Bennis, mi mentor principal, a quien está dedicado este libro, en *On Becoming a Leader* [Sobre el proceso de convertirse en un líder]: «Ningún líder pretende ser un líder *per se*, sino más bien expresarse a sí mismo libre y completamente. Es decir, los líderes no tienen interés en probarse a sí mismos, sino un interés permanente por expresarse».

Así que regreso a mi mensaje un poco insincero: Para poner el *mercado* del cliente *verdaderamente* en primer lugar, debo poner a la persona al servicio del cliente (a mí, en este caso) «más primero».

¡La emoción y la autoestimulación en primer lugar!
¡El «servicio» en segundo lugar!
(Piense en ello).

▶ TÓMESE UNAS VACACIONES (INTERNAS)

¡Permanezca fresco!
¡Siga involucrado!
¡Aprenda!
¡Dedique tiempo «adecuado» para el desarrollo personal!
(Eso es... ¡un montón de tiempo!).
¡*No* es autoindulgente!
Digamos que usted es un vendedor de sistemas.
Así que... Tómese el día «libre».

Es decir, pase el día en el laboratorio con científicos e ingenieros. Invite a un par de ellos a almorzar. Obtenga información acerca de sus nuevos proyectos, incluso de aquellos cuya rentabilidad será dentro de cinco años.

Repita mensualmente, dedique al menos dos días de trabajo para «cosas locas» dirigidas a recargar la batería del personal.

23. Poder de aptitud = poder de permanencia.

Una amiga de carácter cambiante, enfrentada al trastorno del empleo en la alta tecnología (y, en parte, al agotamiento), trabaja actualmente como entrenadora de acondicionamiento físico. Ella me dijo que estaba nada menos que «estupefacta» por la actitud positiva de las personas con las que trabajaba.

Ella es una «observadora de personas» aguda, y dice que duda de que el fenómeno se pueda remontar a «un cierto tipo de persona» que se siente atraída al trabajo. Y ella lo dice, en parte, debido a su propia transformación actitudinal (la palabra correcta, insiste ella: «transformación»). Su conclusión:

«Es simple. Los hombres o, sobre todo, las mujeres son «felices» si se sienten cómodos con sus cuerpos. Y si están en muy buena forma física, son, por definición, al menos más felices con sus cuerpos. Simplemente no pueden dejar de ser más positivos y optimistas. Es extraordinario».

No insto, o creo, ni consiento, ni impongo a nadie la aptitud física extrema. Pero sí sugiero que el hecho de tener programas disponibles más o menos de forma gratuita, herramientas a su alcance, y personas «regulares» actuando como mentores de aptitud, mejorará la efectividad general de la organización, tal vez «notablemente».

(Para su información: *El valor de esta idea se incrementa en un orden de magnitud en tiempos difíciles… cuando los «potenciadores de actitud» valen su peso en oro*).

24. La urgencia de la gimnasia mental.

Mientras escribía el «consejo» anterior sobre el acondicionamiento físico, me di cuenta, y a pesar de ser un buscador y absorbente voraz de nuevas ideas, de las pocas veces que puedo poner mi cabeza en la almohada y decir,

«Realmente hoy estuve pensando en un pretzel».

O: «Santo cielo, no puedo creerlo...».

Muchos de nosotros nos hemos convencido del valor de los regímenes de estiramiento físico que mencioné anteriormente. Pero, ¿qué pasa con el equivalente mental?

Podemos, en especial en el Mundo de la Web, encontrar «cosas nuevas» numerosas veces en el curso de un día. De hecho, lo extraordinario es ahora tan ordinario que rara vez lo registramos.

Pero, ¿qué pasa con las cosas realmente raras, las cosas realmente sorprendentes, las cosas contrarias a la intuición, las cosas que hacen que su cabeza gire literalmente, y lo haga investigar e investigar e investigar un poco más?

Si usted se duerme tres días seguidos sin algunas ideas genuinamente nuevas dando vueltas y vueltas en su cerebro y estremeciendo su sinapsis, bueno, le sugiero que deje que eso le preocupe.

(Y qué luego actúe sobre su muy apropiada preocupación).

25. ¡Usted *es* su historia! ¡Así que trabaje en ella!

Quien tenga las victorias mejores/más atractivas/más resonantes, gana:

¡En la vida!
¡En los negocios!
¡Frente al jurado!
¡Frente a la congregación!

¡Desde el asiento del representante local del distrito hasta la Casa Blanca!

Las historias consisten **el cien por ciento** en la emoción; y la emoción, mucho más que la dinamita, mueve montañas. (Confíe en mí, acabo de terminar un libro excelente sobre la excavación del canal de Panamá. El sueño, mantenido con vida durante siglos por un grupo de soñadores desquiciados, hizo posible el canal que cambió el mundo; los palos de material abrasivo fueron casi incidentales). Y la narrativa eficaz —con respecto a su carrera o su empresa o su actual proyecto de seis semanas— es un arte refinado. Tal vez esto sea natural para su abuelo de 79 años... ¡pero no para mí!

¡TRABAJO COMO UN LOCO EN ELLO!

¿Alguna vez ha hecho «presentaciones»?
Apuesto a que la respuesta es «Sí».

Bueno... DETÉNGASE.
No más presentaciones.
Nunca más.

Dejé de hacerlo hace años.
Nunca hago presentaciones.
Lo que hago... por un pago, y no menos... **es contar historias.**
Historia tras historia tras otra (relacionadas).

Mientras me preparo, soy consciente... 100 % del tiempo... de la evolución de la *historia*, de la *trama*, de la *narrativa* que quiero seguir.

Por ejemplo: Independientemente de la intensidad de la demanda de los clientes («tenemos que traducir sus diapositivas al español»), nunca entrego mis presentaciones antes de tiempo. Esto se debe a que las rehago —me mantengo refinando la colección de *historias*, su *trama*, su *flujo*, su *ritmo*— hasta momentos antes de subir al escenario. Sospecho que en las últimas horas antes de una charla, reviso mi «guion» mucho más de 100 veces.

Su horario para el día de hoy es... una historia con un principio, una narrativa, un final, y una memoria que perdure.

Su proyecto actual es... una historia en desarrollo acerca de hacer algo mejor, de entusiasmar a los usuarios interesantes, etc.

La *raison d'être* de su organización, y, por lo tanto, su eficacia, es... una historia.

Su carrera es... una historia.

¡QUIÉN TENGA LA MEJOR HISTORIA GANA!

ASI QUE... *TRABAJE*... ¡EN SU HISTORIA!

DOMINE, conviértase en un «profesional en» ¡EL ARTE DE CREAR HISTORIAS/CONTAR HISTORIAS/ELABORAR HISTORIAS/ PRESENTAR HISTORIAS!

(«*Dominar*» es una palabra que, como sin duda usted ha descubierto ya, utilizo una y otra vez en este libro. **Contar historias de «Excelencia» no es algo que uno «recoja a lo largo del camino».** Es un arte, un oficio, una disciplina que se debe dominar, así como tocar la flauta. Si usted cree en mi «argumento» aquí, perseguirá sus implicaciones como el flautista determinado perseguiría su habilidad instrumental).

En una nota relacionada, llego a la conclusión, a partir de análisis semejantes a los anteriores, de que se cree que la «marca» es el culmen del logro en el mercadeo («el poder de la marca»), comprendido por, y, de hecho, *subsidiario* a «la historia».

«Juegos de palabras», diría usted. «Por supuesto, la «marca» cuenta en efecto una historia». Sí, por supuesto que sí, pero yo diría que la semántica *es* importante.

La «marca» se ha convertido en cierta medida en un concepto estéril, tremendamente usado en exceso y, por lo tanto, ya casi no tiene sentido, se ha agotado a sí mismo o está en este proceso; nadie grita ese mensaje de manera más fuerte y eficaz que Kevin Roberts, el jefe de Saatchi & Saatchi, en la práctica, y en *Lovemarks: El futuro más allá de las marcas*, su libro que rompió moldes.

Por otra parte, cuando decimos «marca» es probable que empecemos con un análisis clínico del mercado, la competencia, etc. Pero una historia es una historia, un buen cuento o novelita o *thriller*, o lo que sea, se conecta y cambia su visión del mundo, o no lo hace. Simplificando burdamente, al borrar más o menos la palabra *marca* de su vocabulario y obsesionarse más bien con historias, «historia-historia-historia», que mueven montañas, historias que atrapan, historias que impactan, en mi opinión usted terminará viendo el mundo de una manera diferente y útil. La «historia» es mucho más animada y envolvente, menos una formulación clínica que una marca, y es un buen punto de referencia para la eficacia. *«¿Nuestra historia realmente cautiva?»*, puede ser la pregunta más potente de rentabilidad-eficacia comercial que pueda hacerse uno y, además, una pregunta que se aplica con la misma facilidad a un proceso revisado de negocios («¿Cuál es la historia de este nuevo sistema de información?») o curso de formación como un producto o servicio más tradicional.

▶ UNA HISTORIA TOTALMENTE... NUEVA

¡Tiempo de historias! Esto es lo que algunas personas inteligentes han dicho acerca del valor (comercial) de la narrativa:

«Una de las claves –tal vez *la* clave– del liderazgo es la comunicación efectiva de una historia».
–Howard Gardner, *Mentes líderes: Una anatomía del liderazgo*

«Los líderes no solo hacen productos y toman decisiones. *Los líderes construyen sentido»*.
–John Seely Brown, Xerox PARC

«La administración tiene mucho que ver con las respuestas. El liderazgo es una función de preguntas. Y la primera pregunta para un líder es siempre: *"¿Quiénes tenemos la intención de ser?"*; no *"¿Qué vamos a hacer?"*, sino *"¿Quiénes tenemos la intención de ser?"»*.
–Max De Pree, Herman Miller

«La esencia del liderazgo presidencial estadounidense, y el secreto del éxito presidencial, es la narrativa».

–Evan Cornog, *The Power and the Story: How the Crafted Presidential Narrative Has Determined Political Success from George Washington to George W. Bush*

«Pero, ¿dónde combatir [después de sobrevivir a la batalla de Bretaña], dado que el Ejército británico era incapaz de enfrentarse a la Wehrmacht en Europa? La política de Churchill entre 1940 y 1944 estuvo dominada por una creencia en la importancia del teatro militar. Él se dio cuenta de que tiene que haber acción, aunque no siempre sea útil; debe haber éxitos, incluso si son exagerados o imaginados; debe haber gloria, incluso si es inmerecida».

–El reconocido historiador Max Hastings describiendo a Winston Churchill como el director de escena de Gran Bretaña, manteniendo la moral pública durante los días álgidos de la Segunda Guerra Mundial

«Las últimas décadas han pertenecido a cierto tipo de personas con un cierto tipo de mentalidad; programadores informáticos que podían maniobrar códigos, abogados que podían crear contratos, personas con maestrías en administración de negocios que podían calcular números. Pero las llaves del reino están cambiando de manos. El futuro pertenece a un tipo muy diferente de personas con un tipo muy diferente de mentalidad: creadores y simpatizantes, reconocedores de patrones y constructores de significado. *Estas personas –artistas, inventores, diseñadores, narradores, cuidadores, consoladores, pensadores del panorama general–, cosecharán ahora las recompensas más ricas de la sociedad y compartirán sus mayores alegrías*».

–Daniel Pink, *Una nueva mente*

«Estamos en el ocaso de una sociedad basada en los datos. A medida que la información y la inteligencia se convierten en el dominio de las computadoras, la sociedad depositará un nuevo valor en una capacidad humana que no puede ser automatizada: la emoción. La imaginación, el mito, el ritual –el lenguaje de la emoción– lo afectará todo, desde nuestras decisiones de compra hasta lo bien que trabajemos con los demás. *Las empresas prosperarán sobre la base de sus historias y mitos*. Las compañías tendrán que entender que sus productos son menos importantes que sus historias».

–Rolf Jensen, Copenhagen Institute for Future Studies

26. Desarrolle su PVN8 ¡tan pronto como sea posible!

Después de terminar, agotado, una ronda de seminarios con 500 socios abogados y un par de cientos de los mejores planificadores financieros, fue claro para mí que los profesionales a los que me había dirigido son lo que yo llamo «asustadoramente inteligentes». Y se han perdido más de uno de los partidos de *soccer* de sus hijos; es decir, 12 horas al día son la norma.

¡Pero el «talento» y el trabajo exageradamente duro no son suficientes! ¿Por qué? Porque, entre otras cosas, hay una gran cantidad de personas talentosas que hacen lo que hacen, y lo hacen bien, y trabajan días muy muy largos.

Entonces, ¿cuál es el «secreto» de la diferenciación? El gurú del mercadeo Seth Godin ofrece una pista importante cuando dice: **«Si no puedes describir tu posición en ocho palabras o menos, no tienes una posición».**

Opté por interpretar esto no como un «consejo de mercadeo», sino como una declaración profunda. Por lo tanto, pasé mis dos seminarios machacando sobre «Puntos de Vista Notables»... o **PVN.** O, para robarle más o menos a Seth... PVN8... un Punto de Vista Notable... capturado en ocho palabras o menos.

Los dejo con una pregunta «simple» sobre usted: ¿Lo que estoy haciendo es notablemente diferente, y puede ser capturado en un lenguaje simple y convincente (4, 6, 8, 10, no más de 15 palabras)?

(Tenga en cuenta: **¡Trabajar en su PVN8 es más importante que cualquier ejercicio de «planeación estratégica»!**)

› PONIÉNDOLE UNA PUNTA FINA

Desarrollar, mantener *y* actualizar un PVN/PVN8 es insoportablemente difícil. Confíen en mí en esto. En Tom Peters Company, mientras se acercaba nuestro vigésimo cumpleaños, pasamos dieciocho meses rediseñando nuestro logotipo. Después de esos meses de trabajo pesado, ¿terminamos con qué? Con un punto de exclamación rojo [PANTONE 032] (!), que no solo era exactamente el adecuado para nosotros, sino que tenía *al menos* siete palabras en virtud de la máxima de Seth. Tal vez usted deba seguir nuestros pasos; por extraño que parezca, nada concentra más la mente que un rediseño del logotipo. Usted debe definirse a sí mismo en los próximos años en una palabra o dos, o en una simple imagen.

¡Hablando de la esencia!

1. 2. 3. 4. 5. 6. 7. 8. 9. 10. 11. 12. 13. 14.

15. 16. 17. 18. 19. 20. 21. 22. 23. 24. 25.

26. **27. 28. 29. 30. 31. 32.** 33. 34. 35. 36.

37. 38. 39. 40. 41. 42. 43. 44. 45. 46. 47.

48. 49. 50. 51. 52. 53. 54. 55. 56. 57. 58.

59. 60. 61. 62. 63. 64. 65. 66. 67. 68. 69.

70. 71. 72. 73. 74. 75. 76. 77. 78. 79.

80. 81. 82. 83. 84. 85. 86. 87. 88. 89.

90. 91. 92. 93. 94. 95. 96. 97. 98. 99.

100. 101. 102. 103. 104. 105. 106. 107.

108. 109. 110. 111. 112. 113. 114. 115.

116. 117. 118. 119. 120. 121. 122. 123.

124. 125. 126. 127. 128. 129. 130. 131.

132. 133. 134. 135. 136. 137. 138. 139.

140. 141. 142. 143. 144. 145. 146. 147.

148. 149. 150. 151. 152. 153. 154. 155.

156. 157. 158. 159. 160. 161. 162. 163.

Otros

Cuando se trata de la evaluación de una estancia hospitalaria de un paciente, usted pensaría que «mejorarse» sería el meollo del asunto, el alfa y el omega, por no hablar de las radiaciones gamma y deltas, etc.

¡Incorrecto!

En una encuesta masiva, Press Ganey Associates, los maestros de la evaluación sobre la satisfacción hospitalaria del paciente, consultaron a 139.380 expacientes sobre este tema en 225 hospitales. Después de recopilar los datos, dilucidaron los 15 determinantes principales de la reacción del paciente a su experiencia.

Y el ganador [perdedor] es...

«Ni una sola de las 15 fuentes Principales de Satisfacción de los pacientes tuvo que ver con los resultados de la salud de estos. Las quince, en efecto, estaban relacionadas con la calidad de las interacciones del paciente con el personal del hospital, y con la satisfacción del empleado entre los miembros del personal».

Ninguna.
N-I-N-G-U-N-A.
Cero.
C-e-r-o.

El estudio fue reportado en (y la cita anterior parafraseada de) *Putting Patients First*, (Poniendo primero a los pacientes), de Susan Frampton, Laura Gilpin, y Patrick Charmel. Los autores son líderes del Hospital Griffin en Derby, Connecticut. Año tras año, este hospital se sitúa cerca de la parte superior (designado como uno de los diez mejores en alguna ocasión) de la lista de las Mejores Empresas para Trabajar de la revista *Fortune*, una de las pocas instituciones de salud en hacer esto. También encabeza las listas de casi todas las demás medidas que usted pueda mencionar, desde la seguridad del paciente hasta la viabilidad de los servicios financieros. La llamada Alianza Planetree, dirigida por Griffin, es el epicentro del movimiento «atención centrada en el paciente».

Los autores utilizan los sorprendentes datos de Press Ganey como el punto de partida para discutir el proceso y los principios que guían su trabajo con el personal y los pacientes de Griffin/Planetree:

«Hay una idea errónea de que las interacciones de apoyo requieren más personal o más tiempo, y son por lo tanto más costosas. Aunque los costos laborales son una parte sustancial de cualquier presupuesto hospitalario, las interacciones por sí mismas no añaden nada al presupuesto».

La amabilidad es gratuita.

«Escuchar a los pacientes o responder a sus preguntas no cuesta nada. Se podría argumentar que las interacciones negativas —alienar a los pacientes, no responder a sus necesidades, o limitar su sentido del control— puede ser muy costoso. *Los pacientes enojados, frustrados o temerosos pueden ser combativos, retraídos y menos cooperadores, requiriendo mucho más tiempo del que sería necesario para interactuar con ellos inicialmente de una manera positiva».*

Las Grandes Lecciones aquí —y son grandes— son varias:

(1) *Los procesos «superan» frecuentemente (¿usualmente?, ¿invariablemente?) a los resultados en la evaluación de una «experiencia»,* incluso en un «resultado» aparentemente «tan sensible» como la estancia en un hospital. La calidad

positiva de las interacciones del personal fue más memorable que el hecho de que el problema de salud mejorara o no.

(2) *Personal feliz, clientes felices.* ¿Quiere «poner al cliente en primer lugar»? ¡Ponga «primero» al personal! (Más adelante hablaremos de esto).

(3) *La calidad es gratuita, y algo más.* Aprendimos (bueno, la mayoría de nosotros) que cuando el «movimiento por la calidad» dominaba nuestra conciencia, no solo la calidad era gratuita, sino que hacer bien lo referente a la calidad en realidad redujo los costos, a menudo de forma espectacular. ¡Igual que aquí!

Y, para repetir (¿y qué podría ser más valioso que repetir?)...

(4) *¡¡¡La amabilidad es gratuita!!!*

> ## ¿TRES COSAS ÚNICAS?

«Hay tres cosas importantes en la vida humana. La primera es ser amable. La segunda es ser amable. Y la tercera es ser amable».
–Henry James (en *Choosing Civility: The Twenty-five Rules of Considerate Conduct,* de P. M. Forni)

«Durante muchos años, la literatura fue mi vida... Un día, mientras daba conferencias sobre *La divina comedia,* miré a mis estudiantes y me di cuenta de que quería que fueran seres humanos amables más de lo que yo quería que supieran sobre Dante, y luego ellos salieron y trataron con crueldad a una anciana en el autobús, y sentí que había fracasado como maestro».
–P. M. Forni, *Choosing Civility: The Twenty-five Rules of Considerate Conduct* (Forni es profesor de literatura italiana en la Universidad Johns Hopkins, y fundador, en 2000, del Proyecto de Civilidad de Johns Hopkins)

28. ¡Cortés! ¡Cortés! ¡Cortés!

Esta mañana, mientras escribo (en octubre de 2008), recibí una llamada de alguien a quien conocía un poco, pero no del todo bien. Me pidió que hiciera algo por un candidato presidencial. (Mi candidato, de quien yo era muy entusiasta). Él comenzó con una perorata desagradable y de largo aliento sobre lo horrible que era el otro candidato. Habló de manera interminable.

Hasta que colgué.

Sí, las emociones se desatan en este tipo de campañas.
(Lo han hecho desde la pelea entre Adams y Jefferson en 1800).
Pero eso no es motivo para la descortesía.
Nunca.
Tuve la tentación de imprecar a este hombre como el marinero que una vez fui, pero eso habría derrotado mi propósito.
Los ánimos se caldean todos los días en las elecciones y en los negocios. (Poseo un temperamento *muy* irascible; de hecho, lo heredé de mi madre). No me opongo a hablar fuerte en la intimidad de un bar con dos amigos cercanos. Pero me opongo a hablar fuerte y de forma desmedida en un discurso más o menos público.
No funciona, y te hace parecer un idiota.
Consejo:

¡Cortés!
¡Cortés!
¡Cortés!

Mientras más molesto estés, más civilizado intentarás ser. Punto.

> CORRECCIONES E INCORRECCIONES «CORTESES»

Cuando era joven, George Washington copió 110 reglas de cortesía en un cuaderno, observa Richard Brookhiser en su introducción a las *Reglas de cortesía*. Los principios orientarían a Washington en las próximas décadas y, de hecho, lo marcaron como un líder de carácter singular. La fuente para el texto de GW fue

Decency of Conversation Among Men [Conversación decente entre los hombres], compilado por jesuitas franceses en 1595.

Muchas de las 110 reglas parecerán –y son–, anticuadas. Pero incluso las menos aplicables: cortesía y decencia.

Las «reglas de cortesía» tratan acerca de las actitudes y del camino que uno se proyecta para sí mismo. En la era de Internet y las redes sociales, aunque las palabras y los conductos para la acción son diferentes, la Idea Central es la misma. (Por lo menos así lo veo). La gracia, la cortesía, la decencia, la determinación de nunca menospreciar a los demás, y el simple hecho de ponerse de pie cuando alguien entra a una habitación, siguen siendo la esencia del temperamento del líder eficaz y la fuerza impulsora en el logro de las cosas mediante el compromiso voluntario de los demás. Tal vez estas nociones sean más importantes que nunca, porque son más infringidas que nunca, gracias a nuestro enfoque frenético de la vida.

Silicon Valley, donde viví durante más de tres décadas, es un lugar que vive deprisa, donde lo brusco parece ser el estilo admirado. Pero la consideración, una referencia sincera a la enfermedad del cónyuge de otra persona o al logro más reciente de otro chico, va tan lejos o más en 2010 en el condado de Santa Clara, California, como lo hizo cuando los padres jesuitas redactaron sus tesis en 1595.

Las reglas de ejemplo de civismo y de comportamiento decente extraídas de las *Reglas de Cortesía* (énfasis añadido):

1-Cada acción realizada en la empresa debe hacerse con alguna señal de **respeto** a los que están presentes.

22-No demuestre alegría por la desgracia de otra persona, aunque sea su enemiga.

28-Si alguien viene a hablar con usted mientras está sentado, póngase de pie, a pesar de que esa persona sea su inferior... (Olvide eso de «inferior»; lo he estado haciendo *religiosamente* desde que leí el libro; «funciona»).

49-No utilice un lenguaje con reproches en contra de nadie; ni maldiga ni injurie.

65-No diga palabras injuriosas ni en broma ni en serio; no se burle de nadie, aunque le dé motivos. **(!!!!!!!)**

110-Trabaje para mantener viva en su pecho esa pequeña chispa de fuego celestial llamada conciencia...

Brookhiser ofrece muchos comentarios, y concluye con esto:

> «[# 110 es] el único recordatorio abierto de lo que ha estado implícito todo el tiempo, los pequeños asuntos y los grandes están relacionados; no hay grandes espíritus que no presten atención a ambos; estas pequeñas cortesías reflejan, como en un espejo de bolsillo, el orden social y moral».
>
> Civilidad 2010 = Civilidad 1776 = Civilidad 1595.
> Punto.

29. Escuche a Ann, y «actúe en consecuencia».

En un seminario de todo un día que di hace unos años, la difunta Ann Richards, exgobernadora de Texas, fue la oradora del almuerzo. Ann, enérgica y fabulosa, tenía mucho que decir sobre el valor, pero un punto «obvio» (no siempre lo es) fue un verdadero golpe en la cabeza. Parafraseo:

«Supongamos que está esperando en una larga cola en el mostrador de la aerolínea para luego efectuar una nueva reserva de su vuelo después de haber sido cancelado misteriosamente. Su estado de ánimo es terrible, y el movimiento imperceptible de la fila escasamente ayuda. Finalmente, llega a la parte delantera, y está en la proximidad física de la más detestable de todas las criaturas imaginables, un empleado de la aerolínea en vivo.

«Respire dos veces profundo, sonría con la sonrisa que tendría que exhibir si se estuviera reuniendo con la reina Isabel II, y **dígase a sí mismo**: "Esta mujer/hombre es el único ser humano en la Tierra que en este momento en el tiempo me puede ayudar con mi problema más acuciante". Luego actúe en consecuencia».

Escuché.
Lo intenté.
Funcionó.

Lo hago como un asunto de rutina.

Esto... **siempre**... funciona.

Compórtese decentemente porque es la cosa más decente para hacer.

Compórtese decentemente porque funciona.

(Gracias, Ann).

(Te extrañamos).

30. «Estar ahí». O: Cómo aprendí los primeros principios de los últimos ritos de mi abuelo.

Dale Carnegie (*Cómo ganar amigos e influir sobre las personas*) dijo una frase famosa:

«Puedes hacer más amigos en dos meses al interesarte en otras personas que lo que puedes en dos años tratando de que los demás se interesen en ti».

La elevada observación-mandamiento-verdad del señor Carnegie acudió a mi mente cuando un buen amigo me pidió que contribuyera a una compilación de historias sobre el «mejor consejo recibido» que estaba preparando él. Pensé durante mucho tiempo en su petición «sencilla». Y aquí fue donde terminé:

«Mi abuelo Owen Snow (por parte de mi madre) tenía una pequeña tienda rural en Wicomico Church, Virginia, en una parte del estado llamada el "Cuello norteño". Como era de esperarse, a nosotros los nietos nos encantaba estar en la tienda; aún había barriles de esto y de aquello, a finales de la década de los cuarenta, e incluso en la década de los cincuenta. A veces el abuelo Owen nos dejaba medir algo, y se convertía en un tirano, a pesar de nuestra juventud y de su afecto, si alguna vez le dábamos accidentalmente a alguien así fuera incluso una fracción de onza menos. Él acumulaba siempre algo adicional en una lata de clavos de diez centavos, o de lo que fuera. Uno también notaba, en la medida en que podía hacerlo un niño, que siempre se tomaba su tiempo con la gente, escuchando sus historias, asintiendo con frecuencia y tratando a todos con el máximo respeto.

»Yo estaba en la Marina, en Port Hueneme, California, cuando el abuelo Owen falleció. Estábamos a pocos días de ser desplegados a Danang, Vietnam, pero mi superior no dudó un segundo en darme un permiso de cuatro días, a pesar de que yo era el así llamado Oficial de Embarque, lo cual contiene también una lección para otro día. De todos modos, llegué a Wicomico Church con mucho tiempo de antelación para el servicio funeral. ¿Les dije que era un pueblo verdaderamente insignificante, con, supongo, una población de cuatrocientas o quinientas personas, aunque mi memoria esté nublada? Los caminos eran todavía bastante primitivos, y habían estado secos durante un tiempo, según recuerdo. Alrededor de las 8 a. m. cuando el servicio era a las 10, me pareció percibir que el polvo empezaba a moverse. En resumidas cuentas, fue una verdadera tormenta de polvo. (Dios mío, me estremezco; el recuerdo es muy claro). El resultado de todo esto fue que asistieron más de mil personas. Hablé con varias de ellas, a ninguna de las cuales conocía. Parecía como si el abuelo Owen les hubiera ayudado a todos y a cada una, dado un buen consejo, hecho una llamada a alguien que podría ayudarle, más tiempo para pagar el crédito, un poco de dinero de su bolsillo, lo que sea y lo que sea y lo que sea.

»La "lección" que me enseñó el funeral fue el poder de la decencia y la consideración. No era que mis padres no hubieran practicado mucho aquello, pero esa fue la Ilustración en Technicolor por Excelencia. De la manera más modesta, el abuelo Owen había "estado ahí" para toda una comunidad y más allá, y una gran tormenta de personas, algunas de las cuales habían recorrido 160 kilómetros, vinieron para agradecer por última vez. Si no hay un mensaje totalmente claro, y, de hecho, un consejo en ello, no sé en dónde podría encontrarlo».

Para hacer lo evidente más evidente: ¿Cómo se ve usted en el Gran Examen de «Estar Ahí»? Es la «pregunta en la vida» por excelencia, y la «pregunta por el éxito en los negocios» por excelencia.

31. Apreciando la Gran Batalla: Un caso para su consideración.

«Sé amable, pues cada persona con la que te cruzas está librando una gran batalla».

–Platón

Leí la cita anterior hace dos o tres años. Es un dicho que da vueltas y vueltas y vueltas en mi mente, y que, creo, me condujo al Nirvana; es decir, que cambió mi comportamiento.

Tenga en cuenta: Usted está en una negociación, o simplemente tratando de involucrar a uno de sus compañeros de trabajo a medida que se acerca el hito de un proyecto importante. El hecho irrefutable:

Esa otra persona... siempre... *el 98 %, se esconde de usted.*

Su madre tiene problemas de visión y está teniendo enormes dificultades para lidiar con ellos, y le está haciendo la vida imposible a todo el mundo en el proceso. Su hijo adolescente de repente ha empezado a dejar de asistir a clases y llegar al fondo de esto, el hecho de que papá profiera un sinfín de órdenes de «cesar y desistir» no es de mucha ayuda. O tal vez no es tan oceánico; ella tuvo un encuentro difícil con un compañero de trabajo ayer y simplemente está un poco fuera de equilibrio. Él está llevando a la familia a practicar senderismo el fin de semana, y está molesto por las probabilidades de un problema con un cliente.

Lo que sea.

Y, sí, siempre hay «lo que sea» apilados unos encima de otros «lo que sea».

Incluso si usted es un aficionado ferviente al béisbol de las Grandes Ligas, uno de los 162 partidos de la temporada regular es más o menos como cualquier otro. Pero no para el mánager de, por ejemplo, los Marineros. Su «departamento» (un plantel de veinticinco personas) es un lío terrible de problemas profesionales y personales. Fulano no puede salir de un bajón y

necesita un descanso, pero no existe la menor posibilidad de que se le puede dar uno. Zutano ha tenido un desagradable incidente personal que esta
mañana apareció en el periódico con morboso detalle; para utilizar lenguaje
vernáculo, «¿Dónde tiene la cabeza» esta noche? Y así sucesivamente. Y así
sucesivamente y así sucesivamente. El hecho es que hay 162 eventos programados, llamados «partidos», y cada uno es más o menos... **totalmente diferente**... del anterior y del que le sigue.

Haber dicho todo esto no quiere decir que nuestro mánager de béisbol
tenga que ser, de alguna manera, forma o sentido, un blandengue. Significa
que, si él es eficiente y capaz, tiene que dar por sentadas todas estas cosas
«extrañas» (¡no!). Y, por supuesto, como son conscientes aquellos que conocen mis sesgos:

*No veo ninguna diferencia esencial entre un equipo de béisbol de veinticinco
personas y un departamento de servicios de información o de recursos humanos
de veinticinco personas, salvo que cada trabajo de «temporada» (año) de RH o
SI disponga de unos 220 «juegos», es decir, días laborales. Y cada día de trabajo
es diferente para cada «jugador» (empleado) a medida que sus «grandes batallas»,
según nuestro instructor, Platón, se despliegan, y son prácticamente invisibles para
sus compañeros de trabajo y jefes.*

«La labor del jefe no consiste en ser un loquero»; he oído eso cien veces.
Y es una tontería absoluta.

¡La labor del jefe es precisamente la de ser un loquero!
(Por lo menos si a él o a ella le importa un poco que las cosas se hagan).

Supongamos que usted está a cargo del destacamento de protección
del Presidente para un discurso sobre la política agrícola en Des Moines
mañana mismo. ¿No quisiera saber con bastante precisión «dónde tienen
sus cabezas» los seis agentes físicamente más cercanos al Presidente? Por
supuesto, estos agentes son profesionales por excelencia, pero esto viene
acompañado sin duda de un número inusualmente grande de problemas
personales, y no estoy seguro de querer que uno de los seis agentes más
cercanos al Presidente haya tenido una pelea violenta y encarnizada con
su marido o hija de 14 años la noche anterior, y *sobre todo* si la pelea tuvo
lugar a larga distancia por teléfono o, Dios nos ayude, por mensajería
instantánea.

Por lo tanto, hace falta *conciencia*, en aras de la eficacia de la empresa. Y hace falta *empatía*. No, no «suavidad», como ya he dicho, sino empatía humana por la difícil situación que acosa a todos aquellos con quienes tratamos. Se ha *informado* (no puedo encontrar la cita exacta, aunque he encontrado 20 como esa) que el legendario entrenador de fútbol americano Vince Lombardi, un tipo duro entre los duros en una profesión brutal, dijo: *«No es necesario que te gusten tus jugadores, pero debes amarlos».* Esas palabras precisas tal vez no funcionen para usted, pero la idea es inalcanzable para el jefe eficaz, para un general de cuatro estrellas que esté lidiando con generales de tres estrellas, o para el director de un teatro comunitario de Siracusa, por no hablar de Broadway.

Sé amable, porque todo el mundo está librando una gran batalla; he redoblado mis esfuerzos personales para seguir el consejo de Platón, cada una de sus palabras, en cada situación que enfrento. ¿He tomado mejores decisiones de negocios? Supongo que sí, aunque no tengo pruebas fehacientes. ¿Me parece que soy un mejor ser humano? Bueno, tal vez, solo un poco. Pero, en consonancia con el tema de este libro, ¡un «poco» puede ser real y verdaderamente MUCHO!

(Elijamos cada uno nuestra propia ruta, si se da el caso, en este sentido. En mi caso, repito más o menos como un mantra, antes de entrar a una reunión o de hacer una llamada importante, o básicamente cualquier llamada: *Sé amable, porque todo el mundo está librando una gran batalla.* Creo que esto aumenta, al menos, la apuesta inicial de la conciencia en una muesca o dos).

> **¿DEMONIOS DEL ÁNIMO CAMBIANTE?**
>
> «Las cosas no permanecen iguales. Usted tiene que entender que no solo su situación de negocios cambia, sino que la gente que está trabajando no es la misma día a día. Alguien está enfermo. Alguien se está casando. [Usted debe] medir el estado de ánimo, el nivel de pensamiento del equipo ese día».
> —Mike Krzyzewski («coach K»), entrenador de los Diablos Azules, el equipo de baloncesto de la Universidad de Duke

32. La consideración es gratis (o casi).

Me gusta, y valoro mucho, la palabra *decencia*. (Véase el fenomenal libro de Steve Harrison, *The Manager's Book of Decencies: How Small Gestures Build Great Companies* [El Libro de decencias del gerente: Cómo los pequeños gestos forjan grandes empresas]. Me gusta la palabra *respeto*, y mucho. (Ver el excelente libro *Respect* [Respeto], de Sara Lawrence-Lightfoot).

Pero por estos días (desconcertantes), estoy atascado, enganchado, casado con, y loco por otra palabra: *consideración*. Estoy enamorado de la idea de vivir y luego añadir a nuestra visión formal o informal y declaración de valores:

«Somos considerados en todo lo que hacemos».

Estoy tan encantado con la idea que sugiero-insto-suplico que la «consideración» se una a palabras como «gente», «clientes», «productos», «ganancias», «acción», «Excelencia» en la «lista de las 10 Grandes Palabras de Negocios», o algo así.

Son tiempos peligrosos.

La competencia es brutal.

El rebusque es esencial.

La reducción de costos es imprescindible.

¡Todo es cierto!

Pero, ¿cómo, en el proceso de pasar de difícil aquí a difícil allá en concierto con nuestros muchos constituyentes-accionistas, con quienes esperamos hacer negocios en el largo plazo, «vivimos en el mundo»?

¿Quiénes somos?
¿Cómo somos?
¿Qué somos como institución humana?

¿Quién soy yo (jefe, seguidor)?
¿Qué es lo que dejo tras de mí?

Es el carácter, en cierto modo, sin duda. (Otra palabra increíblemente importante y, por desgracia, subutilizada). Pero, en un sentido, la consideración es aún más incluyente que el carácter. Es transaccional; la consideración se aplica literalmente a cada actividad interna y externa, así como a algo que reside profundamente adentro.

Me gusta la idea de ir a trabajar en un lugar que valore... la *consideración*.
Me gusta la idea de hacer negocios con un proveedor de servicios conocido por su... *consideración*.
Me gusta ser un proveedor de un equipo que sea... *considerado*.
Todo esto se multiplica exponencialmente en tiempos difíciles.

Considerado no significa «blando».
No.
No.
No.

Y:

No.
No.
No.

De hecho, sostengo que «la consideración dogmática» (ahora *existe* un término) mejora el crecimiento, la rentabilidad y la solidez de la empresa a largo plazo de una manera bastante directa, de alto impacto, de causa y efecto medible en última instancia.

La consideración es **clave** para la retención de clientes.
La consideración es **clave** para el reclutamiento y satisfacción de los empleados.
La consideración es **clave** para la percepción de la marca.
La consideración es **clave** para su capacidad de mirarse en el espejo y contarles a sus hijos acerca de su trabajo.

«La consideración es gratis».

La consideración es **clave** para acelerar las cosas; reduce la fricción.

La consideración es **clave** para la primera Cuestión Empresarial, de comunicación multifuncional; la comunicación MF es 98 % un asunto de factores sociales.

La consideración es **clave** para la transparencia e incluso para la contención del gasto; incita, antes que ahogar, el hecho de decir la verdad.

Así que piense en la consideración, piense en la verdad, o no, en su mente, sobre la lista anterior, y piense en añadir *«Consideración en todo lo que hacemos»*, a la declaración de valores de su unidad (o de la empresa) (o de la agencia).

Pero... hágalo solo después de que usted y su equipo hayan descubierto exactamente lo que significa la consideración en una variedad de contextos. Y hágalo solo después de haber hecho un compromiso con la consideración demostrado a nivel personal y organizacional. Por lo tanto, usted debe dedicarse de manera imperturbable a que sean honestos unos con otros en la práctica de la Consideración Dogmática; lo que, por desgracia, tiene consecuencias adversas, y eventualmente severas, para aquellos que no logren incorporar este atributo esencial.

¿Tiempo de empezar?

No «hoy», sino «ahora».

Es decir, la consideración es una «herramienta» especialmente poderosa en tiempos locos, perturbadores y asustadores.

Por lo tanto:

Piense en la idea de: *«Somos considerados en todo lo que hacemos».*

¿Qué significa eso?

¿Cómo se puede practicar?

Hable de ello con sus compañeros, amigos, proveedores, clientes, etc., etc.

Hable acerca de la consideración: **«La práctica de la Consideración Dogmática»** como un valor de negocios poderoso y pragmático. (Una vez más, especialmente en tiempos traumáticos).

Siga debatiendo.

Piense en añadir «Consideración en todo lo que hacemos», o tal vez «consideración dogmática en todo lo que hacemos», a su proclamación de valores formales, o de lo contrario, promueva enérgicamente la idea.

(Nota: También debe llegar a un acuerdo sobre el inmenso pragmatismo «valor resultado/$$$$» de esta idea antes de proceder formalmente; es muy posible que pueda hacer de usted una mejor persona, pero no es de ninguna manera una idea «sensiblera»).

1. 2. 3. 4. 5. 6. 7. 8. 9. 10. 11. 12. 13. 14.

15. 16. 17. 18. 19. 20. 21. 22. 23. 24. 25.

26. 27. 28. 29. 30. 31. 32. **33. 34. 35. 36.**

37. 38. 39. 40. 41. 42. 43. 44. 45. 46. 47.

48. 49. 50. 51. 52. 53. 54. 55. 56. 57. 58.

59. 60. 61. 62. 63. 64. 65. 66. 67. 68. 69.

70. 71. 72. 73. 74. 75. 76. 77. 78. 79.

80. 81. 82. 83. 84. 85. 86. 87. 88. 89.

90. 91. 92. 93. 94. 95. 96. 97. 98. 99.

100. 101. 102. 103. 104. 105. 106. 107.

108. 109. 110. 111. 112. 113. 114. 115.

116. 117. 118. 119. 120. 121. 122. 123.

124. 125. 126. 127. 128. 129. 130. 131.

132. 133. 134. 135. 136. 137. 138. 139.

140. 141. 142. 143. 144. 145. 146. 147.

148. 149. 150. 151. 152. 153. 154. 155.

156. 157. 158. 159. 160. 161. 162. 163.

Conexión

33. Conéctese simplemente...

¡Conéctese simplemente!
Esa fue la totalidad de su sermón.
Conecte simplemente la prosa y la pasión, y ambas serán exaltadas,
Y el amor humano se verá en su máxima expresión.
Deje de vivir en fragmentos.
Conéctese simplemente...
–E. M. Forster, *Regreso a Howards End*

¡Conéctese simplemente!

¿Hay una mejor manera de resumir una vida bien vivida?
(¿Y vivida efectivamente?).

Mensaje (mi traducción):

Siempre se trata de las relaciones.
Siempre lo ha sido.
Siempre lo será.
Conéctese simplemente.

Por lo tanto, y mucho antes de la Internet y de las redes sociales:

El negocio de los negocios son las relaciones.

La esencia de un negocio eficaz es una relación eficaz.

El «RI» (Retorno de la Inversión) que realmente importa es el... **RIR**

El Retorno de la Inversión en las Relaciones.

Por otra parte, podemos gestionar y medir realmente el RI relacionado con la actividad con mayor precisión de lo que podemos gestionar y medir el RI «financiero» estándar. Mentir con estadísticas es relativamente fácil. Mentir sobre el estado de las relaciones es casi imposible.* (*Cuando yo estaba en McKinsey, los socios de mayor rango examinaban de cerca, ladrillo por ladrillo, el estado de las relaciones con los clientes *per se*, mientras evaluaban a los socios de menor rango como yo).

> RESPETO: LEA TODO AL RESPECTO

Le insto-ruego que ingiera-conforme un grupo de estudio de un año en torno a los siguientes libros:

The Manager's Book of Decencies: How Small Gestures Build Great Companies [El libro de la decencia del gerente: Cómo los pequeños gestos forjan grandes empresas], de Steve Harrison

Respect [Respeto], de Sara Lawrence-Lightfoot

Hostmanship: The Art of Making People Feel Welcome [Hostmanship: El arte de hacer que la gente se sienta bienvenida], de Jan Gunnarsson y Olle Blohm (líderes como anfitriones de sus empleados)

La velocidad de la confianza: El valor que lo cambia todo, de Stephen M. R. Covey

El gerente de sueños, de Matthew Kelly

El cliente es lo segundo: Ponga a sus empleados en primer lugar, de Hal Rosenbluth y Diane McFerrin Peters (sin relación conmigo)

Conversaciones cruciales, de Kerry Patterson, Joseph Grenny, Ron McMillan y Al Switzler

Influencia: Ciencia y práctica, de Robert Cialdini

Inteligencia emocional: ¿Por qué puede ser más importante que el CI?, de Daniel Goleman

Built to Win: Creating a World-Class Negotiating Organization [Construida para triunfar: Creando una organización de negociaciones de talla mundial], de Hal Movius y Lawrence Susskind

34. Ellos apreciaban a Ike (porque Ike los apreciaba a *ellos*).

El general Dwight David Eisenhower hizo lo imposible. No, no el exitoso desembarco del día D *per se* que cambió la historia. Tampoco la posterior marcha a Alemania. Su «sueño imposible» −hecho realidad− ¡fue evitar que los yanquis y los británicos se aniquilaran mutuamente por el tiempo suficiente como para llegar a la playa y seguir adelante con la verdadera labor que tenía en sus manos!

Resulta que el general Eisenhower, algo en lo que coinciden los observadores profesionales más agudos, tenía un «secreto» que entendía realmente:

«Los comandos aliados dependen de la confianza mutua; esta confianza se obtiene, sobre todo, a través del desarrollo de las amistades».

¡Sí, ese es *su* Consejo para el Éxito!
¡Hacer amigos de manera agresiva!

La revista *Armchair General* (mayo de 2008) rastrea los orígenes de esta característica de liderazgo tan pronunciada en Eisenhower: «Quizás su capacidad más notable [en West Point, décadas antes del Día D] fue la facilidad con la que se hizo amigo y se ganó la confianza de sus compañeros cadetes, que tenían orígenes muy diversos; era una cualidad que le daría grandes dividendos durante su futuro comando de la coalición».

Así que usted es el gerente de un equipo de trabajo de 11 personas. Los miembros tal vez provengan de cuatro funciones, y de dos o tres empresas.

Hecho:
Usted es un «comandante de la coalición» en pleno, ¡sin tonterías!

Primera clave del Éxito: Haga amigos. De manera explícita, es decir, de manera consciente *y* mensurable *y* cuidadosa; haga un seguimiento de sus «inversiones» en la consecución de amigos; piense en la consecución de amigos de la misma forma en que usted pensaría en cualquier proceso de inversión.

Clave del microéxito: Usted puede ser «uno de esos» grandes en número, que simplemente no se toman instintivamente este «asunto de hacer amigos». Aunque puede haber algo de verdad en su autoevaluación, es básicamente una salida fácil. Eisenhower era, de hecho, «naturalmente» gregario. Y usted probablemente nunca lo va a igualar. Pero, y es un gran «pero»: esto es más allá de cualquier sombra de duda, una **«habilidad que puede aprenderse»,** y que puede adquirir o mejorar mediante el Trabajo Duro y la Práctica, solo o con sus compañeros.

Clave del macroéxito: Cuando contrate, promueva o incentive, preste (mucha) atención a «las aptitudes de propensión a hacer amigos». Es un rasgo que usted *puede* observar y, en efecto, «medir», y seguro que nos enseña que no es ningún rasgo «blando».

▶ MUCHO ANTES DE QUE ALGUIEN «SE HICIERA AMIGO» DE ALGUIEN MÁS...

A pesar de nuestro mundo de las redes sociales donde «todo es nuevo», es posible que a usted le vaya peor, y usted difícilmente podría hacer algo mejor en mi opinión, que volver al clásico de Dale Carnegie, *Cómo ganar amigos e influir sobre las personas*, catalogado por la NPR como uno de los tres mejores libros de negocios del siglo veinte.

35. Siempre haga que sea personal.

Una semana de mi vida: cinco discursos, cinco países diferentes, cinco culturas diferentes. Al observar las audiencias responder a cada discurso (uno puede *–debe–* aprender a ver y husmear intensamente mientras habla), volví a aprender algunas lecciones. Sobre todo:

Haga que sea personal.

Por un lado, me apasiona leer periódicos locales, conversar con cualquier persona que pueda para tener una idea de lo que está en marcha.

O simplemente golpear el pavimento.

Así que, en mi seminario en Estocolmo, por ejemplo, empecé hablando de mi excursión el día anterior a NK, la gigantesca tienda local por departamentos, a fin de comprar una larga lista endilgada por mi esposa, que estudió tapicería profesional en Suecia durante cuatro años. No está por demás llamar a NK la «mejor tienda por departamentos del mundo», pues creo que es muy posible. ¡Apreciar el territorio de otra persona gana megapuntos! (Lamento, de nuevo, molestarlos con lo «obvio», ¡pero ese es el propósito del libro!). Por otro lado, he metido la pata ocasionalmente. Una vez, y de manera improvisada, critiqué algo que salió mal en el hotel donde me estaba hospedando. Aunque era parte de una gran cadena, mis observaciones no fueron percibidas como «lecciones» genéricas «de servicio al cliente» como me había propuesto, sino como un asalto-insulto frontal dirigido a mis anfitriones en Tampa, Florida, y, efectivamente, ¡a todos y cada uno de los miembros de la audiencia! (¡Dios mío! ¡Lección aprendida!).

En Alemania, jugué con descaro con mi herencia alemana y con mi formación «germánica» en ingeniería, y me burlé constantemente de la necesidad de que mis oyentes y yo superáramos la rigidez de pensamiento y de comportamiento en un mundo completamente tambaleante con las nuevas tecnologías y los nuevos actores globales.

En Italia, me presenté con una camisa y una corbata italiana preciosas, compradas la tarde anterior en una calle de Milán, bromeé sobre el precio estratosférico y luego incorporé todo el asunto a mi perorata sobre el diseño y los nuevos enfoques sobre el valor agregado.

En pocas palabras: Un orador (cualquier orador, cualquier tema, en cualquier lugar) siempre está, incluso en una aparición de diez minutos, tratando antes que nada de forjar una herencia común con el público. Todo orador que sea eficiente y capaz quiere mover a una audiencia para actuar. Esto solo se logra, según mi experiencia, cuando «ellos» se convierten en «nosotros». «NOSOTROS... somos confrontados con este reto o aquel». «NOSOTROS... debemos ir más allá de los lugares donde estamos... atrapados en la actualidad... de manera conjunta». «NOSOTROS... somos frágiles y estamos maltrechos... pero... debemos actuar rápidamente». Y así sucesivamente.

¿«Nosotros» somos poder? ¡Amén!

Su argumento puede ser hermético, los datos inatacables, pero si su mensaje no es... **cercano y personal y «vendido» como un desafío conjunto**... **si no**... **sale del corazón**... entonces puede ser percibido, sobre todo en otra cultura, como un... ¡Asalto Por Parte de un Extranjero Desconsiderado!

Por cierto: *Para decir lo obvio, mientras más difícil sea la venta* (y mis ideas —como «olvídese de todo lo que creía saber y que lo hizo exitoso»–, puede ser bastante difícil de tragar) ¡más estrecho deberá ser el vínculo íntimo humano!

Por cierto: ¡Este es un trabajo duro y consciente! (¡Sí, trabajo! Ninguna, cero, nada de estas ideas «pequeñas» se pueden implementar «a ciegas». Deben estudiarse y trabajarse y practicarse con asiduidad. Sé que este recordatorio no es el primero o el segundo o el tercero de su tipo, ni será el último).

› LA LETRA N (USÉMOSLA)

El «enfoque de nosotros somos poder» me lo enseñó Jim Crownover, mi primer socio-mentor en McKinsey en 1974. «Tom» me dijo sin demasiada suavidad: «Cuando te dirijas al cliente, utiliza siempre la palabra **"Nosotros".** Así como en "La forma en que nosotros podemos conseguir esto bla, bla, bla". La idea es que nosotros y el cliente... *busquemos como un equipo poderoso la persecución en caliente de la verdad»*.

Seré el primero en admitir que este es un «truco». Pero a partir de aquellos días de McKinsey, sostengo que fui el engañado; utilice «nosotros» lo suficiente... y empezará a sentir que usted está en el equipo del cliente, y no al revés.

Al día de hoy, treinta años más tarde, y por instinto, utilizo religiosamente «Nosotros» cuando trabajo con clientes, y una manada de caballos salvajes no podría provocar «yo» o «tú».

Aunque puede ser una especie de truco... También es un Valor Fundamental en relación con los Grupos de Empresas Conjuntas en Busca de una Mejor Comprensión.

Así que:

Por la presente, juramos usar la palabra «nosotros» hasta la saciedad. (¡Las palabras importan! ¡Un montón!).

Por la presente, juramos usar la palabra «socio» hasta la saciedad. (¡Las palabras importan! ¡Un montón!).

Por la presente, juramos usar la palabra «equipo» hasta la saciedad. (¡Las palabras importan! ¡Un montón!).

Estamos de acuerdo, ¿verdad?

(Otra joya de McKinsey que hace una gran diferencia. Sí, se trata del **Respeto** y del **Trabajo en equipo** y de la **Causa Común,** sin importar, en el caso de McKinsey, lo «técnica» que sea la tarea).

36. Haga «actos de mejora deliberada en las relaciones».

Durante sus días como jefe de Goldman Sachs, el exsecretario del Tesoro, Hank Paulson, adquirió un hábito muy digno de mención. En una entrevista con Patricia Sellers para la columna «Cómo trabajo» de la revista *Fortune*, Paulson informó que llamaría a «sesenta CEO en la primera semana [del año] para desearles un Feliz Año Nuevo».

Durante mi breve período en la Casa Blanca a mediados de la década de los setenta, hice algo similar, dedicando ocho o nueve horas seguidas a desear un Feliz Año Nuevo en el teléfono de mi oficina. Llamé a casi cien personas con las que trabajaba, agencias de todo Washington y embajadas en todo el mundo, para darles las gracias por su ayuda el año anterior. Además de disfrutar de las charlas, que lo hice (sospecho que Paulson también), admito que yo estaba participando deliberadamente en un AMDR... un Acto de Mejora Deliberada en las Relaciones.

No estoy sugiriendo falsa sinceridad aquí, pues creo totalmente en el argumento de que «si no eres sincero, parecerá como si estuvieras usando un megáfono». Sin embargo, los insto a desarrollar un ritual similar. Por otra parte, los insto a comenzar esto en el próximo par de semanas, y luego adquirir el hábito de Año Nuevo.

Piense AMDR ¡Doce meses al año!

¡Flash!
¡Flash!
¡Flash!
¡Para la acción inmediata!
¡Para la acción inmediata!
¡Para la acción inmediata!
¡Resolución de Año Nuevo que funciona en cualquier día del año!

Llame (¡L-L-A-M-E!) (¡NO MANDE CORREOS ELECTRÓNI-COS!) de entre veinticinco a cincuenta personas... EN LOS PRÓXIMOS

CINCO DÍAS... ¡para darles las gracias por su apoyo en los últimos noventa días o seis meses! A continuación, establezca esto, al igual que Paulson, como un hábito del 20 de diciembre: de veinticinco a cincuenta llamadas en un período de tres o cuatro días antes de Navidad.* **

(*Confíe en mí: ¡¡Es divertido!!).
(**Confíe en mí: «Funciona»).

(Dos pequeñas adiciones: [1] Por supuesto, la persona en el otro extremo de la línea sabrá lo que usted se propone; no importa; ¡el hecho de que usted haya hecho el esfuerzo es lo importante! [2] Llame o, tal vez mejor aún, envíe una nota escrita a mano. No mande correos electrónicos, y eso se aplica para los veinteañeros como para nosotros los viejos bichos).

1. 2. 3. 4. 5. 6. 7. 8. 9. 10. 11. 12. 13. 14.

15. 16. 17. 18. 19. 20. 21. 22. 23. 24. 25.

26. 27. 28. 29. 30. 31. 32. 33. 34. 35. 36.

37. 38. 39. 40. 41. 42. 43. 44. 45. 46. 47.

48. 49. 50. 51. 52. 53. 54. 55. 56. 57. 58.

59. 60. 61. 62. 63. 64. 65. 66. 67. 68. 69.

70. 71. 72. 73. 74. 75. 76. 77. 78. 79.

80. 81. 82. 83. 84. 85. 86. 87. 88. 89.

90. 91. 92. 93. 94. 95. 96. 97. 98. 99.

100. 101. 102. 103. 104. 105. 106. 107.

108. 109. 110. 111. 112. 113. 114. 115.

116. 117. 118. 119. 120. 121. 122. 123.

124. 125. 126. 127. 128. 129. 130. 131.

132. 133. 134. 135. 136. 137. 138. 139.

140. 141. 142. 143. 144. 145. 146. 147.

148. 149. 150. 151. 152. 153. 154. 155.

156. 157. 158. 159. 160. 161. 162. 163.

Actitud

37. Ponga en su menú el «factor del brillo en los ojos».

Los ojos de algunas personas tienen un «brillo» atractivo y contagioso. Algunas no. **Contrate (¿¿¿solo???) a quienes lo «tienen».**

Piense:

Di una conferencia en Suiza sobre la «selección de talentos» y el uso de medidas «no convencionales» (en gran parte emocionales) para hacer esto. En un descanso, tuve un intercambio con una participante joven, que se preguntó en voz alta por qué yo seguía y seguía y seguía... y seguía... hablando sobre temas como la «vivacidad»:

«Supongamos que usted y yo estuviéramos abriendo el restaurante de nuestros sueños», les dije. «Los dos aportaríamos 75.000 dólares... efectivamente, todos los ahorros de nuestra vida. Estábamos «apostando hasta la camisa». Estábamos completamente seguros de tener una gran idea, y habíamos negociado hasta obtener una gran ubicación, e incluso un cocinero fenomenal. Había llegado el momento de contratar a «los demás»; por ejemplo, camareros, camareras y ayudantes.

»Muchos solicitantes tenían una "experiencia satisfactoria en restaurantes".

»Sin embargo, varios no la tenían.

»Una mujer/hombre joven en particular era todo un aficionado, pero tenía el "brillo" más convincente en sus ojos. De aquellos de los que los estadounidenses dicen que "ilumina la habitación". ¿De qué manera ese "brillo" que "ilumina la habitación" influyó en nuestro criterio para contratarlo/a o no? Recuerde que hemos apostado todo lo que teníamos en el restaurante».

Ella aceptó de mala gana, aunque con una menor emotividad suiza, que la «chispa» prácticamente prevalecía.

En realidad, la participante en cuestión no dirigía un restaurante, sino una unidad de treinta personas en un departamento de SI/TI. Y mi verdadero objetivo era instar a que ella pensara acerca de cómo el «Factor del brillo en los ojos» debía jugar un papel igualmente importante en las decisiones de contratación de SI/TI (o de cualquier división, para el caso), ¡tal como lo hace la industria de la hospitalidad! El hecho es que la mayoría de los proyectos de SI/TI estaban muy, pero muy por debajo de su potencial, y en 9,8 de cada diez casos, se debía a que los usuarios eran poco entusiastas, y no a que el software fuera inferior. Por lo tanto, y como siempre, se trata de un «asunto de personas», de un «asunto de ventas», de un «asunto de habilidades blandas» que hace descarrilar incluso a los proyectos «internos» más técnicos.

Mensaje: **Los llamados factores blandos —que son los verdaderos «factores duros»— ¡mandan!** para los científicos que deben convencer a los demás de dar dinero para apoyar sus investigaciones. Para los jefes de SI/TI que solo tienen éxito si los usuarios son entusiastas. Y para aquellos que «apuestan hasta la camisa» en el restaurante de sus sueños. Tal vez usted no vaya tan lejos como para rechazar la oportunidad con cualquier persona que tenga un «cociente de brillo en los ojos» menos que abrumador, ¡pero usted siempre debería considerarlo! (Y para los «grandes jefes», ¡insistir en que la gente de recursos humanos ponga estos factores «blandos» en la parte superior de la lista de cualidades para *cada* trabajo!)

38. Agradable, solidario y comprometido, ¡a las 6 a. m.!

Hay un bistró a unos noventa metros de mi casa en Boston, donde usted me encontrará a las 6:00 a. m. en punto cuando estoy en la ciudad. El café es entre bueno y excelente (y cien veces mejor que el mío), y los cruasanes son toda una delicia.

Y, sí, abren a las 6:00 a. m.
No es poca cosa para un madrugador.
Y adicto al café.

Pero ese no es el punto de esta perorata. Más bien, quiero decir unas pocas palabras acerca de una mujer por la que tengo predilección, pero cuyo nombre desconozco. Y de la tragedia de que ella me dejó para siempre.

Esta es la historia:

(1) Mientras trabajaba en el bistró, ella llegaba todos los días aproximadamente a las 4 a. m., para preparar las cosas.
(2) Ella parecía ser muy eficiente en lo que hacía.
(3) Ella iluminó mi vida por un momento o dos, no más, lloviera o nevara, cayera aguanieve o granizo, estuviera nublado o soleado, a 32 °C o a -20 °C.

Su estilo *no* se describiría como «alegre». (Supongo que ella tiene cuarenta y cinco años, una edad en la que la alegría es altamente sospechosa, para mis parámetros). Pero ella parecía disfrutar lo que hacía, y cuando intercambiábamos unas pocas frases agradables, exhibía una actitud buena (buena, no «maravillosa») un día tras otro.

Subrayo lo de «buena pero no maravillosa», ya que, a las 6:00 a. m., no estoy en busca de «Vamos a arrasar, chicos». Busco algo sólido y comprometido y sociable y amigable, y hacer el trabajo todos los días con placer.

Su solidez y espíritu eran el tónico que yo necesitaba, tanto como la cafeína. Y ella siempre me lo dio una y otra vez y otra vez.

Ella se fue. Y la echo mucho de menos, y no sé cómo se llama. Eso tampoco es del todo malo, de una manera divertida. No es que «ay, Mary se fue». Es que «esta persona», cuyo nombre desconozco, dio inicio a mis días de una forma sólida y silenciosa con una base sensata (y no vertiginosa) que ya no está *in situ*.

El mensaje para usted como dueño de tienda o jefe de oficina es que busque, persiga a toda costa, confórmese con nada menos que este tipo de personas, que seguramente no son una moneda de diez centavos, o incluso un dólar, o una docena. Pero están ahí, y si usted se toma la molestia de buscarlas y les demuestra su aprecio ocasional por lo que hacen, la Excelencia, predigo, estará a su alcance. (Y muy posiblemente una gran cantidad de beneficios adicionales).

El hecho es que el lugar de trabajo es en gran medida «en el que vivimos». Necesitamos contadores estrella. Vendedoras excepcionales. Creativos excepcionales de mercadeo y desarrollo de nuevos productos. Y así. Pero, ya que estamos hablando efectivamente del lugar «en el que vivimos» nos beneficiaríamos poderosamente, incluyendo el P&L, si insistimos en un 100 % de posiciones:

«Agradables».
«Solidarios».
«Comprometidos».

Por lo tanto, pongamos estos... **Tres Importantes**... en el manual de prácticas de contratación. Pongamos los Tres Importantes en cada decisión de evaluación y promoción.

Pongamos personas agradables-solidarias-comprometidas en todos los departamentos. (Pista: Si buscamos «eso» en contabilidad tanto como, por ejemplo, en ventas y publicidad, habremos dado un gran paso para hacer una coordinación multifuncional... más o menos automática. Sí, «automática»).

Comience ya.

39. Contrate personas «alegres». O: ¡Ese dichoso tipo promedio!

Dando un seminario.
¡Todo salió mal!
Pequeños pecados.
¡Grandes pecados!
¡Poco profesional!
¡Imperdonable!

Y tal como lo vi, yo estaba de mal, mal humor por todo esto.
(No hay manera de incluirlo en un discurso).
Y entonces hice mi última parada antes de la Hora del Espectáculo... mi chequeo PR.

¡Ese dichoso tipo PR!

Yo estaba de mal humor.
Saboreé... santurronamente... mi Mal Humor.

¡Ese dichoso tipo PR!
¡Tenía un gran Estado de Ánimo!
¡Contento con el Mundo!

¡Zumbaba!
Pueden creerlo... **¡ZUMBABA!**

Y, a pesar de la nube oscura de tormenta entre mis oídos, mi dichoso estado de ánimo comenzó a mejorar. Empezamos bromeando sobre esto o aquello, a charlar, e incluso a reírnos por las metidas de pata, y pronto me sentí a un paso de estar... ALEGRE.

Estoy seguro de que ustedes entienden. A pesar de los Mejores Esfuerzos de Uno para Guardar Rencor por Diversas Injusticias... ¡La Alegría del otro actúa como un Contagio!

Ese dichoso tipo PR.
Salvó mi discurso.
Me salvó el pellejo.
La gente alegre hará eso.

(Mensaje I: ¡CONTRATE ALEGRES!).
(Mensaje II: Evite-Descarte PDMH… Portadores de Mal Humor...).
¡ELLOS TE PERJUDICAN! Y A LAS 100 PERSONAS QUE LOS RODEAN).
(Mensaje III: ¡Viva «ese dichoso tipo PR»!).
(Mensaje IV: ¡Un «dichoso tipo PR» puede cambiar el estado de ánimo de un batallón!).

40. ¿Qué «bandera» está agitando usted?

Tengo un poco de miedo de que usted lea esto y me acuse de jugar a ser «más santo que usted». Ay, supongo que debo decir, «que así sea».

Yo había ido a la ciudad para hacer algunas diligencias. En el camino, me retrasé porque estaban podando unos árboles en la carretera. Un carril de la carretera 30 de Vermont estaba cerrado, y, obviamente, había un guardavía con una bandera en cada extremo del área de trabajo.

Como es mi costumbre, saludé al trabajador, no con un completo «Oye, eres mi hombre», sino con un leve movimiento de la muñeca. No es nada del otro mundo, y un pequeño reconocimiento no puede hacer daño, ¿verdad?

El individuo en el extremo delantero me devolvió el saludo, haciendo un movimiento similar con la muñeca, y tal vez una leve inclinación con la cabeza. Pero a medida que me acerqué al otro extremo, por poco me encogí. El hombre tenía una expresión tan amarga y sombría como no había visto en mucho tiempo. No era agresiva como la de un perro rabioso; simplemente amarga-amarga.

(Es de suponer que usted sabe lo que quiero decir). De todos modos lo saludé, pero como era de esperarse, no recibí ninguna respuesta.

Tal vez el segundo trabajador había sido despedido de un empleo de doscientos mil dólares al año en Lehman. Tal vez Walmart lo despidió. Tal vez su esposa estaba enfadada con él. Tal vez tenía un resfriado desagradable. Cualquiera de esas cosas es posible, o un centenar de otras, además de que el trabajo no era exactamente un escalón importante en su carrera.

¿O sí?
(Más exactamente, ¿podría serlo?).

Utilizo un montón de citas en mis discursos; pero el hecho es que me sé muy pocas de memoria. Pero una que está grabada indeleblemente en mis sinapsis es del doctor Martín Luther King Jr.:

«Si un hombre está llamado a ser barrendero, debería barrer las calles incluso como pintaba Miguel Ángel, o como componía música Beethoven, o como escribía poesía Shakespeare. Debería barrer tan bien que todos los ejércitos de los cielos y la Tierra se detuvieran para decir, Aquí vivió un gran barrendero que hizo bien su trabajo».

Estoy seguro de que hay múltiples interpretaciones de esto, y por un tiempo tuve algunos problemas con la cita: ¿Significaba que el barrendero de nuestra calle solo debía aspirar a barrer calles? Decidí que no era así necesariamente. En mi opinión, la cita significa que todo lo que estés haciendo por cualquier razón en este momento, puede (debería ser, según el doctor

King) convertirse en una Obra de Arte Mayor y en un Compromiso en Toda Regla.

¡Recuerdo que en una visita a Roma en Pascua, hace un par de años, mientras corría para ver a un policía (!!es cierto!!) de fama mundial, que estaba en el centro de una rotonda de la ciudad dirigiendo el tráfico con el mismo estilo y vigor artístico con el que Leonard Bernstein dirigía una orquesta sinfónica o John Madden entrenaba desde el costado del campo de fútbol de los Raiders de Oakland.

Es un lugar común, tal como lo veo, que el trabajo de llevar una bandera, según el Doctor King y nuestro Gran Policía Romano del Tráfico, podría convertirse de hecho en un Arte Mayor. O, al menos, el trabajo podría ser realizado con una actitud vigorosa, comprometida y positiva.

El trabajador amargo me dio tristeza, sobre todo por él, pero también hizo una mella pequeña en mi día. Estamos en medio de una época con una difícil situación económica. Algunos lectores están ganando, sin duda, «menos» que hace un par de años; tal vez tienen una mella en su ego y en su billetera.

Pero nadie, pero nadie, nadie puede quitarte tu actitud. Es toda tuya, y solo tuya, para darle forma y exhibirla.

Tal vez los tiempos difíciles hacen que sea difícil exhibir una sonrisa. Pero los tiempos difíciles son especialmente buenos a su manera, la verdadera medida de lo que somos, una oportunidad (la palabra correcta), incluso una «oportunidad de oro» para destacarse por su Espíritu, Determinación, Compromiso y Camaradería, y, sí, por su Inquebrantable Compromiso con la EXCELENCIA en Todo Lo Que Hace.

Guardavía, empleado de 7-Eleven o cajero de banco, siempre hay una promoción a la vuelta de la esquina, o al menos algo parecido a una garantía de empleo a corto plazo, si usted aplica las palabras de Martín Luther King Jr. Y si la Gran Actitud aún no es suficiente, por lo menos usted conserva su respeto a sí mismo, lo cual no es poco (de hecho, es una Cosa Muy Importante).

¡Estos «miserables» no pueden quitarle su actitud!

(No importa cuánto se esfuercen consciente o inconscientemente).

¡Su actitud es toda suya!

¿Es usted el segundo guardavía?
¿O el barrendero de calles del doctor King?
¿Hoy?
¿Ahora mismo?

1. 2. 3. 4. 5. 6. 7. 8. 9. 10. 11. 12. 13. 14.

15. 16. 17. 18. 19. 20. 21. 22. 23. 24. 25.

26. 27. 28. 29. 30. 31. 32. 33. 34. 35. 36.

37. 38. 39. 40. **41. 42. 43. 44.** 45. 46. 47.

48. 49. 50. 51. 52. 53. 54. 55. 56. 57. 58.

59. 60. 61. 62. 63. 64. 65. 66. 67. 68. 69.

70. 71. 72. 73. 74. 75. 76. 77. 78. 79.

80. 81. 82. 83. 84. 85. 86. 87. 88. 89.

90. 91. 92. 93. 94. 95. 96. 97. 98. 99.

100. 101. 102. 103. 104. 105. 106. 107.

108. 109. 110. 111. 112. 113. 114. 115.

116. 117. 118. 119. 120. 121. 122. 123.

124. 125. 126. 127. 128. 129. 130. 131.

132. 133. 134. 135. 136. 137. 138. 139.

140. 141. 142. 143. 144. 145. 146. 147.

148. 149. 150. 151. 152. 153. 154. 155.

156. 157. 158. 159. 160. 161. 162. 163.

Desempeño

Joe Pino y Jim Gilmore nos dieron un gran libro de regalo: *The Experience Economy: Work Is Theater & Every Business a Stage* [La Economía de la experiencia: El trabajo es teatro y cada negocio un escenario]. ¡Ay, cómo me encanta ese título! Así como su hipótesis fundamental:

«Las experiencias son tan distintas de los servicios como los servicios de los bienes».

(Nota: Las «experiencias» *son* tan distintas de los «servicios» como los servicios de los «bienes»: un «servicio» es una... *transacción*... que hace el trabajo. Una «experiencia» es/puede ser/debe ser un... «*momento memorable*»... sin importar lo aparentemente trivial; por ejemplo, la recepcionista que saluda con estilo a un cliente a las 7:45 a. m.).

O bien, en relación con usted y yo, por cortesía de las palabras inequívocas de David D'Alessandro en *Career Warfare* [Guerra profesional]:

«¡Siempre es hora del espectáculo!».

«Hora del espectáculo» para *mí* =

¡Cada discurso!
¡Cada presentación en Power Point!
¡Cada diapositiva *individual*!
¡Cada llamada telefónica a un CLIENTE!

CADA INTERCAMBIO CON UN CLIENTE DE «CUARTO NIVEL» «AYUDANTE DEL ADMINISTRADOR» (¡que puede hacer un comentario negativo, o positivo! al jefe de su jefe, ¡que firma mi cheque, sobre un comentario casual que hice a toda prisa).

CADA INTERACCIÓN CON LOS EMPLEADOS... sobre todo cuando estoy estresado y/o de mal humor.

¡Cada entrada en tompeters.com!

¡Cada tuit en Twitter!

¡Cada CONTACTO VISUAL DE SIETE SEGUNDOS con alguien que me pide que le firme un libro!

Y así.
Y así.
Y así.

¿Soy irremediablemente tenso-exigente-ridículo-absurdo en todo esto? En absoluto.

Pero no, también (estar «activo») se ha convertido en una forma de vida, tan natural como respirar. (Mi esposa dice que tardo dos o tres días, después de haber estado viajando, en dejar de «predicar a 4.000 personas»).

¿Es esta una «forma en la que no se puede vivir»?
¡Claro que no!

Estoy... desesperado por... **¡Hacer una diferencia!**

Espero que ustedes también.
(¡En eso consiste el liderazgo!).
(Y la «vida», también; recuerden a «ese dichoso tipo PR»).

Si usted está, de hecho, «desesperado» por hacer de su equipo el ganador de una Copa del Mundo SI/TI, recuerde:

Es hora del espectáculo... todo el tiempo.

(*Cada* interacción, como mi vida, es potencialmente un aliado vociferante, o un enemigo o un obstáculo).

› ESTA VEZ, ES EL «PERSONAJE»

Los artistas exitosos, para bien y (a veces) para mal, saben cómo desempeñar un papel. Ellos asumen un «personaje», una máscara de liderazgo (para los griegos, literalmente era una máscara) que ordena a otros seguirlo.

Caso 1: En el invierno de 1776, el Ejército Continental estaba en las últimas. Los británicos fueron al cuartel del general George Washington en Cambridge, Massachusetts, para pedirle que se rindiera. Se enfrentaron a un hombre que se presentó a sí mismo en todos los sentidos como un comandante en jefe muy serio. Porte. Gracia. Firmeza. Diseño del uniforme. Caballo. Librea de caballo. Estar vestido para el Éxito y el Teatro y el Gran Plan contribuyó en un 98 % a que los británicos se marcharan creyendo que se habían enfrentado a un enemigo formidable, y no a una cuadrilla improvisada de agricultores mal equipados con ganas de volver a casa, y sin vínculos legales que les impidiera hacer esto.

Caso 2: Nadie, informan los expertos a un hombre, tiene un diseño más cuidadoso de todos los aspectos de su personalidad que el improbable presidente número 44 de Estados Unidos de América... Barack Obama. ¡Hablando de un Diseño Completamente Maravilloso! (Es posible que no sea de todo su agrado, pero él convirtió esto en la residencia de la Casa Blanca, ¡lo que no es poco!).

Caso 3: Y luego está Bernie Madoff. Si usted está cuerdo, pensará que es un ser humano horrible. No obstante, uno se maravilla de su capacidad para estafar a tanta gente realmente brillante durante tanto tiempo; no se equivoquen, fue el producto de un personaje urdido con mucho cuidado que actuó sin tregua y sin el menor desliz durante décadas. ¡Hablando de una historia de Diseño con verdadero impacto! ¡Hablando de que «Siempre es hora del espectáculo!».

42. Trabaje (como un demonio) en sus primeras impresiones.

Las primeras impresiones son sus llaves profesionales y las mías, y las llaves de cosas como la tarjeta del reporte de servicio al cliente de una empresa. Ambos entendemos eso. (Por supuesto). Y, sin embargo... estoy muy seguro de que necesitamos un Recordatorio Constante, que nos recuerde no solo el Poder de las Primeras Impresiones, sino que hay una...

Ciencia y un Arte de la Construcción y la Ejecución y el Mantenimiento de Comienzos Fantásticos.

Por ejemplo, mi esposa se burla casi siempre de mí por no mirar a las personas directamente a los ojos cuando me las presentan. Al principio, pensé que estaba loca, sobre todo porque a veces me pagan para asistir a sesiones «E & S» (Estrechar manos y Sonreír) después de los discursos con los ejecutivos del cliente, o con los mejores vendedores o con los clientes clave. Pero después de un ciclo corto de autoobservación, he tenido que admitir tardíamente que ella básicamente tiene la razón, y creo que todo se debe a mi profunda timidez. (No es mentira; una gran cantidad de personas que destellan en un podio son retraídas en entornos más íntimos y viceversa). Conclusión: A mis sesenta y siete años, estoy trabajando en ese contacto visual; es un trabajo consciente, pero que bien vale la pena.

Volviendo al asunto general. Roger Ailes, el über-portavoz de Fox News, afirma que yo/usted/todos tenemos... **7 segundos**... para causar una primera impresión. Y nos da este consejo:

Primero: «Magnifique su actitud». Algunas personas irradian energía, otras no. Pero estas últimas pueden al menos levantar sus hombros, y bombearse un poco a sí mismos. (La «energía» no se debe confundir con la agresividad. La energía, en mi opinión −no puedo hablar por Roger A.−, se encuentra básicamente en los ojos).

Segundo: «Dele una misión a su mensaje». Es decir, si usted tiene algo que desea obtener de la interacción... INSISTA EN EL MENSAJE. Sinceramente, creo que doy mis mejores discursos cuando estoy cansado. Reduzco o elimino todos los giros y digresiones complicadas y me ciño religiosamente «al tema».

Tercero: Reconozca «el valor de una cara». Una «cara de póker» nos dice Ailes, funciona bien en el póquer, pero es un desastre en la mayoría de las interacciones humanas normales, incluyendo los entornos profesionales. Llámelo «animación» o «compromiso» (mis términos, no de Ailes); pero es diferente de la energía en bruto; es algo relacionado con Estar en El Momento. Y, de nuevo, la idea no consiste en imitar a un derviche girando; para mí, la animación implica sobre todo la intensidad en la concentración. (Mi mujer —esta vez creo que es algo positivo— sostiene que la intensidad de mi escucha-concentración la asusta casi hasta la muerte si está dirigida a ella. Yo no me daría cuenta).

Lo «esencial» aquí es más importante que los puntos específicos: **¡Preste atención consciente a la manera cómo usted se involucra! Esto es tan importante como** (o, sí, más importante que) **el «contenido»; le guste o no.**

> **PRIMERAS COSAS**

Al igual que con el éxito personal, lo mismo sucede con el éxito organizacional. En un grado excepcional, los clientes evalúan a su empresa según su roce inicial o contacto total.

El equipo del Hospital Griffin, maestros de la «atención centrada en el paciente», como se le llama a veces y como lo describo en mi *riff* sobre la Amabilidad, cree claramente que la primera impresión es importante. Por lo tanto, los posibles pacientes, para empezar, ¡transmiten direcciones claras de orientación!

A medida que el paciente se dirige al hospital, está hecho un manojo de nervios; las pésimas direcciones solo alimentan su angustia. (La música en el estacionamiento también es parte de sus... **Primeras Impresiones Teatrales**).

No es de sorprender que el verdadero maestro de «todo esto» sea Disney. Disney presta tanta atención a los estacionamientos, asistentes de estacionamiento y proceso de estacionamiento como a sus paseos temáticos. Por ejemplo, los miembros del personal involucrados son cuidadosamente seleccionados y entrenados incluso de una forma más selectiva; son verdaderos «profesionales de estacionamiento».

Mi consejo «simple»: **Los comienzos son abrumadoramente importantes, y seguramente contarán como una «sustancia estratégica» en cualquier intercambio.**

Piense en los comienzos de manera **m-u-y** cuidadosa, un micropaso a la vez. Invierta Tiempo **(un montón)**, Dinero **(un montón)** y Capacitación **(un montón)** al crear y manejar las primeras impresiones.

¿Qué tal algo parecido a un nuevo trabajo de «nivel O»:

OJPI/Oficial en Jefe de Primeras Impresiones.

(Y si el «nivel O» es mucho, que tal vez lo sea, sinceramente aconsejo, al menos, un DPI/Director de Primeras Impresiones).

Nota: Estudie (¡esa palabra otra vez!) el Arte y el Oficio de los Empaques. Por una parte, hay una literatura de más de mil libros. Los empaquetadores son los «portavoces» por excelencia: todos tienen alrededor de un tercio de segundo (y no los siete segundos que Ailes dice que usted y yo tenemos) para engancharlo a usted o a mí con un producto en los estantes de las tiendas que tardaron tres años y ochenta millones de dólares en crear.

Nota: Hace veinte años hice una renovación muy extensa y costosa de mi casa. El posible contratista, uno de los tres que estaba entrevistando, debía llegar a las 11 a. m. para nuestra primera reunión. Lo vi estacionar su camioneta aproximadamente a las 10:40 a. m., permaneció en ella hasta exactamente las 10:58 a. m., y luego se acercó a la puerta y tocó. En efecto, él había conseguido el trabajo antes de intercambiar la primera palabra.

43. Trabaje (como un demonio) en sus últimas impresiones.

Ahora que usted ya ha interiorizado su impresión de siete segundos, que ha dominado sus apuntes, considere el otro sujetalibros...

Daniel Kahneman (un psicólogo que ganó el Nobel de Economía en 2002 por su trabajo pionero en el campo de la economía del comportamiento) nos dice, como se informa en la revista *Psychology Today*, que nuestros recuerdos son muy selectivos. En particular, sin importar la extensión de un evento (fiesta, transacción comercial), formamos nuestro punto de vista y hacemos nuestra evaluación basada –con una distorsión dramática– en los «momentos más intensos» y en los «momentos finales».

Este es solo uno de los muchos argumentos convincentes para lo que llamo GEE, o Gestión de la Experiencia Emocional. La evidencia de los «momentos finales» es particularmente sorprendente; esto explica por qué podríamos asistir a una brillante fiesta con cena de cuatro horas y, sin embargo, tres meses más tarde, solo recordamos que dos personas intercambiaron observaciones acaloradas a la salida de la puerta. (Esta no es una «historia ilustrativa». Una tonelada de datos duros soporta estas historias).

¿La solución?

Planee-Gestione-Microgerencie «las Últimas Impresiones-Expresiones». AGRESIVAMENTE.

No basta con evitar las «metidas de pata» durante la última impresión. Por supuesto, no queremos que nada «salga mal» a la Salida del Escenario de la Experiencia. Pero más importante aún, queremos una... Historia y Estrategia Atmosférica Planeada de Salida... memorable, convincente, emotiva, y que sea «agresivamente correcta» en lugar de «no incorrecta».

Un doctor que acompaña a su paciente a la puerta (en lugar de señalar distraídamente el Mostrador de Facturación, mientras que al mismo tiempo recoge la carpeta del próximo paciente) es el **Factor Determinante** en la Impresión del Paciente... ciertamente más que un diagnóstico bueno o malo. (De nuevo, las pruebas concretas respaldan esta afirmación aparentemente absurda). Del mismo modo, un mal postre puede estropear una cena que por lo demás sería de cinco estrellas... al igual que el clímax que supone la caída de palomitas de maíz en el borde de su asiento puede salvar una película o juego que tuvo un par de puntos bajos en la trama al comienzo de la función.

Así que... TRABAJE EN SUS SALIDAS... ¡ASIDUAMENTE!

¿El significado de «trabajar en»?

Piense en la última impresión; despedácela, pasito a pasito a pasito. Hágale un diagnóstico. También un video. Pida a personas desconocidas que vean el video. Escenifique la «secuencia de salida».

❯ HAGA QUE VENGAN Y VAYAN

¡Comienzos! (Vea el 42).
¡Finales! (Vea el 43).

Abra 15 minutos antes de la hora oficial de apertura.
Cierre 15 minutos después de la hora del cierre programado.

Mensaje: El sentido común y la investigación psicológica pura y dura dicen:
¡Los comienzos importan!
(¡¡Mucho!!).
¡Los finales importan!
(¡¡Mucho!!).

¡Obsesiónese con los comienzos!
¡Obsesiónese con los finales!
Palabra clave: **Obsesiónese.**

44. Trabaje en sus habilidades de presentación. O: ¡17 minutos pueden cambiar el mundo!

Noticia de CNN, en la tarde del 4 de junio de 2008: «Era un legislador estatal desconocido. Pero después de 17 minutos de convertirse en una estrella como orador principal en la Convención Nacional Demócrata de 2004, y cuando llevaba apenas dos años en el Senado de EE. UU., Barack Obama está a punto de convertirse en el candidato presidencial de su partido».

Como señalé al comienzo de la introducción, mi primera entrada en el blog en tompeters.com, el 28 de julio de 2004, fue un elogio al discurso de Barack Obama en la convención. Dije, entre otras cosas: «Conozco un buen discurso cuando lo oigo. A saber, el discurso de apertura que dio Barack Obama, candidato al Senado por Illinois en la Convención Demócrata. El contenido puede o no haber sido de su gusto dependiendo de sus inclinaciones políticas, pero es innegable como Obra de Arte, un tema claro y convincente. Un argumento perfecto. Conexión con el público cercano y lejano. Humor y autodesprecio. Historias memorables. Frases que inspiran. Sincronización impecable en el tiempo». (Le funcionó bastante bien a Obama, por entonces senador por el estado de Illinois. En ese momento, ¡él todavía no era siquiera un senador de EE. UU.!).

¡Diecisiete minutos!

Dios mío:

¡Diecisiete minutos!

Diecisiete minutos buenos, y usted, también, puede llevar a su esposa e hijas jóvenes (marido e hijas jóvenes, ¡algún día!) ¡a 1600 Pensilvania Avenue!

De hecho, en «nuestros» mundos más modestos: Las habilidades de presentación terribles, deficientes, promedio o incluso «buenas» o «bastante buenas» estropean o contienen a un número increíble de personas que de otro modo son excepcionalmente talentosas en *todos* los niveles y en *todas* las funciones, y en empresas de *todos* los tamaños, en *todas* las industrias. Y, sin embargo, es raro ver a alguien lanzar una ofensiva-en-materia-de-habilidades-de-mejora-de-presentación-esti-lo-entrenamiento-de artes-marciales-sin pendejadas-la-voy-a-dominar (o- al-menos-seré-muchísimo-mejor-en-esto).

YO... simplemente... no lo entiendo.

Por favor.
Por favor.
Por favor.
Por favor.

Háganme un favor *(personal)*.

Consideren... al menos... un ataque totalmente profesional-prolonga-do-de-estudio-y-práctica-sostenido a sus habilidades de presentación.

Completamente.
Totalmente profesional.
Prolongado.
Estudio.
Práctica.
Sostenido.
Ataque.

Esperaré la invitación grabada a su Baile Inaugural...

▶ EL «POWER POINT» DE UN TIPO PODEROSO

Mi obsesión por molestar a otros acerca de la primacía de las habilidades de presentación de primer nivel comenzó tarde, después de asistir a una cena, en 2007, junto a un ejecutivo entre los «veinticinco mejores» en una empresa Fortune 25, un equipo conocido por su enfoque de «limitarse-a-los-hechos» para tomar decisiones. Estábamos conversando sobre esto, aquello y lo otro, y en un momento dado, cuando él me dijo, de la nada, «trabajo como un demonio en desarrollar tipos para la parte superior, y digo que tengo cuatro tipos que se han desempeñado bien y podrían avanzar hacia arriba. Juraría que, dos o tres, o tal vez los cuatro, abandonarán el camino como una consecuencia directa de sus pésimas habilidades de presentación».

Conozco a este hombre razonablemente bien, y él es un ingeniero-genio naturalmente reticente, cuyas habilidades orales eran positivamente horribles hasta que aplicó, durante un período de años, su descomunal fuerza de voluntad –y fuerza bruta– para capacitarse/mejorarse a sí mismo.

1. 2. 3. 4. 5. 6. 7. 8. 9. 10. 11. 12. 13. 14. 15. 16. 17. 18. 19. 20. 21. 22. 23. 24. 25. 26. 27. 28. 29. 30. 31. 32. 33. 34. 35. 36. 37. 38. 39. 40. 41. 42. 43. 44. **45. 46. 47. 48.** 49. 50. 51. 52. 53. 54. 55. 56. 57. 58. 59. 60. 61. 62. 63. 64. 65. 66. 67. 68. 69. 70. 71. 72. 73. 74. 75. 76. 77. 78. 79. 80. 81. 82. 83. 84. 85. 86. 87. 88. 89. 90. 91. 92. 93. 94. 95. 96. 97. 98. 99. 100. 101. 102. 103. 104. 105. 106. 107. 108. 109. 110. 111. 112. 113. 114. 115. 116. 117. 118. 119. 120. 121. 122. 123. 124. 125. 126. 127. 128. 129. 130. 131. 132. 133. 134. 135. 136. 137. 138. 139. 140. 141. 142. 143. 144. 145. 146. 147. 148. 149. 150. 151. 152. 153. 154. 155. 156. 157. 158. 159. 160. 161. 162. 163.

Trabajo

45. Sobre el hecho de ser un «profesional».

Piense en «profesional» y ¿qué palabras acuden a su mente? Médico. Abogado. Maestro. Músico. Jugador de pelota. Gurú de la calidad Seis Sigma. Consultor informático y de la Nube. Experto en gestión de inventario JAT (justo a tiempo). Estos profesionales comparten ciertas características.

Son...

- Estudiantes de su oficio
- Dedicados a un «llamado»
- Persiguen la mejora constante
- Maestros de un conjunto definido de conocimientos
- Etc.

Bueno, mi esfuerzo en muchas secciones de este libro es ampliar, o incluso redefinir, la idea de «profesional» para incluir varios cimientos en materia de comportamiento, cuya práctica efectiva determina el éxito o el fracaso en hacer las cosas.

Por ejemplo...

- Decir «gracias» (Dominar la Práctica del Aprecio)
- Disculparse (Reparar relaciones maltrechas)

- Escuchar (Oír y Absorber y Comprometerse con los puntos de vista de los demás)
- Cuestionarse de manera efectiva
- GD (gerenciar deambulando) / El Arte de Permanecer Conectado
- Lograr la paz y la prosperidad en medio de un conflicto entre tribus organizacionales (transformar la integración multifuncional en el Arma Estratégica principal)
- Escribir y presentar

Y así. Cada uno de estos elementos —y lo he dicho una docena de veces y lo diré una docena de veces más— **puede** ser estudiado y **puede** ser dominado, con casi tanta práctica como la que se requiere para lograr la maestría en pintura o en biología molecular. La mayoría de nosotros nos tomamos «en serio» la mayor parte de las cosas que acabo de mencionar. Sin embargo, pocos son los que están decididos a lograr un... **«profesionalismo»** sin-pendejadas... en torno a temas como este y otros semejantes, que son el verdadero fundamento de la eficacia empresarial.

Acción: Reflexione sobre las principales ideas discutidas en estas páginas. Desarrolle un Plan de Estudio Formal para un puñado de temas como los sugeridos anteriormente, para usted y su grupo.

46. «Todo pasa a través de las finanzas». (Y usted también debería hacerlo).

Escuché una presentación del director de información de Sysco, la gigantesca empresa de distribución. El tema era un nuevo sistema de transformación, cuya puesta en práctica él había supervisado con éxito. Una gran ventaja que había tenido, nos dijo, era su larga carrera en las finanzas; conocía más o menos a todas las personas de ese sector; y había sido capaz de comunicarse con el código y la sensibilidad de quienes tienen información privilegiada.

El lector promedio, probablemente, no tendrá la misma experiencia que nuestro amigo de Sysco, no obstante, la idea es de gran alcance. Más o menos todo aquello en lo que estamos involucrados «pasa a través de las finanzas» en algún momento. No es cierto, como dice la broma, que «los chicos de finanzas tienen un vocabulario de una sola palabra, «no». Por lo general *es* cierto que no son típicamente presas fáciles, y que ellos lo presionarán a usted a responder algunas preguntas incómodas.

Y para la implementación adecuada de su proyecto, es agradable (**imperativo**) conocer el idioma, y también a algunas de las personas.

Por lo tanto, le recomiendo que lo intente y se una a un equipo de proyectos que le dé la oportunidad de aprender el Lenguaje de las finanzas, y que comience a construir en serio una red en el departamento. Y trate de tomar un curso o dos de contabilidad o de finanzas si no se especializó en negocios o no tiene una maestría en administración de empresas. Esta es una inversión clara, y la remuneración directa o indirecta puede ser tan alta como una cometa, y de larga duración.

(Por supuesto, el «truco» principal consiste en hacer preguntas, incluso simplistas; eso demuestra que usted desea aprender y quiere que uno de «ellos» sea su maestro. ¿Qué señal más grande de respeto que esta?).

Todo pasa a través de las finanzas.
El negocio de ellos es su negocio.
(Deje de renegar y de quejarse del mundo de ellos).
(Invierta en apreciar el mundo de ellos).

47. ¿Qué hay en la agenda? ¿Por qué no lo decide?

El/la que escribe el Documento de la Agenda y el Resumen (inocuamente llamados «Notas de la Reunión») tiene un... ¡Poder increíble!

¡Créalo!

La pregunta es aparentemente inocente, «¿Qué debemos cubrir en la Reunión Semanal de Revisión?». La respuesta es cualquier cosa menos que inocente: **La «agenda» es en sí y de por sí una Lista de «quehaceres» en grupo.** (Más importante que cualquier «plan estratégico» pretencioso). Y: **Una lista de «Cosas para no hacer».** (Lo que queda... A la Suprema Molestia de Muchos Jugadores con Poder).

Por otra parte... algunas cosas estarán en la **parte superior**... y otras en el fondo. (Estas últimas probablemente no serán cubiertas, o no se les prestará la atención que merecen). Por lo tanto... *una «mera» agenda Establece y Determina la Conversación en Grupo para, por ejemplo, la semana, o incluso el trimestre.* (Y... el gancho adorable... elaborar la Agenda preguntándoles a los miembros es típicamente una «tarea desagradable», no deseada por uno y por casi todos).

Mi consejo: **¡agárrela!**

Un consejo más elaborado sería: *Dejando a un lado las redes sociales, la edición de documentos en grupo, y otras semejantes, una de las vías más eficaces para el poder ha sido durante mucho tiempo interponerse a sí mismo y de lleno en medio de flujos de información clave. Mientras trabajaba en la creación de un Programa de Gestión Pública en la escuela de negocios de la Universidad de Stanford a principios de la década de los setenta, terminé ejerciendo una influencia excepcional en los eventos. Como era de lejos el miembro más joven del equipo, quedé «atascado» con todos los trabajos de mantenimiento de registros y de escritura de proyectos que estaban por debajo de los «grandes» nominalmente a cargo. Controlé de facto la «memoria institucional».*

Yo podría haber dicho «diríjanse al oeste», si el grupo tenía la intención de «ir hacia el este». Pero yo podría convertir perfectamente al este en el este-noreste o en el este-sureste a discreción. Lograr algo como esto requiere una comprensión total de los sistemas de información, una obsesión con los detalles, y más o menos la voluntad de no dormir. Como titiritero invisible, uno debe estar siempre alerta para mantener el control del flujo de documentos «inocentes», que es el alma de la organización. Es la labor de un aparente burro de carga que puede conferir un poder más allá de toda medida.

❯ NOTE BIEN

No menos importante que establecer la agenda es el trabajo sucio y degradante de tomar notas. ¡Hablando del... PODER SIN ADORNOS!

Todo el mundo está increíblemente ocupado en acicalarse, en interrumpir, en imponer con extrema terquedad su manía favorita, etc... y rara vez escuchan lo que realmente ocurre durante una reunión. Solo el anotador dócil y tranquilo conoce la historia; y mucho después de que los participantes han borrado el recuerdo de la reunión de sus vidas atestadas, el Resumen del Anotador viene a explicar lo que ocurrió... cuidadosamente editado.

Ustedes me entienden, supongo. El alma «impotente» que se compromete a «desarrollar la agenda», a «tomar notas» y a «publicarlas»... simplemente puede ser el... **¡jugador más destacado!**

Hablando de «notas» tenga en cuenta esto: James Madison fue el encargado de tomar notas en la Convención Constituyente de EE. UU. en Filadelfia, en 1787. ¡Sus notas «simples» (increíblemente detalladas) fueron en gran medida el motor principal que animó la Constitución de Estados Unidos de América!

48. Todos estamos en ventas. Punto.

«Todo el mundo vive de la venta de algo».
–Robert Louis Stevenson

Hace algunos años, durante un viaje a Nueva Zelanda, me encontré con un compañero en nuestro hospedaje en los Alpes de ese país, y quien había tenido una carrera muy exitosa como productor de televisión; ustedes reconocerían un par de sus programas. (Estábamos de vacaciones, y sería impropio revelar su identidad). Él me contó una historia pequeña y preciosa, en realidad, no tan «pequeña». Parafraseo de algunas notas viejas:

«Por una serie de razones, entre ellas, sin duda, el engreimiento, yo estaba completamente seguro de que tenía algunas ideas triunfadoras. Y, sin embargo, a pesar de lo mucho que lo intenté, me partí el lomo, no pude conseguir financiación, ni siquiera para un piloto a precio rebajado.

»Una noche, yo estaba en un hotel y el televisor estaba encendido; la verdad, solo había un ruido de fondo. Era uno de esos publirreportajes de medianoche, mostrando cómo ganar un millón "de la noche a la mañana" en el sector inmobiliario. En un momento dado, el tipo estaba mencionando la recolección de información de numerosas fuentes sobre la persona con la que uno habría de encontrarse. [Esto fue muchísimo antes de Google.] No era complicado, pero tenía sentido.

»Para abreviar la historia, el programa hizo que yo me dedicara a enseñarme a mí mismo a vender durante un año intenso aproximadamente. Leí todos los dichosos libros que hablaban del "cómo". La mayoría era basura, pero incluso los malos tenían uno o dos elementos útiles. En realidad, asistí a varios seminarios de ventas que duraban todo el día; de nuevo, la mayoría eran de baja calidad, pero hubo un par de verdaderas joyas.

»El hecho es que mi campaña para dominar las ventas rindió frutos con muchísima rapidez. En un lapso de seis meses, ya había conseguido mi primera financiación considerable. Tal vez fue cuestión de suerte, pero realmente no creo que eso haya sido todo.

»Soy un buen vendedor por estos días, y tal vez debería conducir mi propio seminario de las 2 a. m. para hacerse rico ahora. ¿Qué te parece?».

Él estaba bromeando con la última parte, por supuesto, pero apuesto a que sería un programa genial si lo hubiera hecho.

Todos vivimos de la venta de algo: el productor de televisión, el ministro presbiteriano, el joven «nerd» de TI tratando de conseguir un usuario para «adoptar» su sistema favorito.

Acepte el hecho de que, le guste o no, usted es un «vendedor» de «carrera».

Así que... Domine su arte.

1. 2. 3. 4. 5. 6. 7. 8. 9. 10. 11. 12. 13. 14.

15. 16. 17. 18. 19. 20. 21. 22. 23. 24. 25.

26. 27. 28. 29. 30. 31. 32. 33. 34. 35. 36.

37. 38. 39. 40. 41. 42. 43. 44. 45. 46. 47.

48. **49. 50. 51. 52.** 53. 54. 55. 56. 57. 58.

59. 60. 61. 62. 63. 64. 65. 66. 67. 68. 69.

70. 71. 72. 73. 74. 75. 76. 77. 78. 79.

80. 81. 82. 83. 84. 85. 86. 87. 88. 89.

90. 91. 92. 93. 94. 95. 96. 97. 98. 99.

100. 101. 102. 103. 104. 105. 106. 107.

108. 109. 110. 111. 112. 113. 114. 115.

116. 117. 118. 119. 120. 121. 122. 123.

124. 125. 126. 127. 128. 129. 130. 131.

132. 133. 134. 135. 136. 137. 138. 139.

140. 141. 142. 143. 144. 145. 146. 147.

148. 149. 150. 151. 152. 153. 154. 155.

156. 157. 158. 159. 160. 161. 162. 163.

Iniciativa

49. ¡Haga esa «llamada de tres minutos»! ¡Hoy! ¡Ya!

Hacer frente a situaciones difíciles no es muy divertido. En particular, si, como suele ser el caso, usted piensa que la otra parte es básicamente responsable de los problemas. Por lo tanto, hay una tendencia abrumadora a esperar que las cosas se resuelvan milagrosamente por sí mismas, a esperar que la otra persona tome la iniciativa («como debe hacerlo»); y en el proceso de retraso, terminamos habitualmente sin saber qué hacer, dejando que los errores subsanables se vuelvan grandes e intratables.

Pregunta: ¿Cómo frenar en seco a los muertos supurantes?
Respuesta: Respire profundo tres veces, deje de analizar en exceso las cosas, deje de *pensar*, y... *haga la maldita llamada*.

Hoy.
¡Ahora mismo!

Llámelo «El axioma de la llamada de tres minutos»:

En resumen, una llamada de tres minutos realizada hoy (¡AHORA MIS-MO!) para hacer frente a un ego «ligeramente» magullado o a un malentendido «menor» puede recorrer un largo camino para ayudarle a evitar un viaje a la corte de divorcios, la pérdida de un cliente de mil millones de dólares (hay muchas prue-bas de esto), o la demanda de un empleado el día de mañana.

He aprendido que cuando se trata de la mayoría de las «situaciones» «principales» llega un momento (o dos... o cinco de estos momentos) cuando el problema subyacente que era eminentemente solucionable se sale de sus manos. Pero en ese momento tan crucial en retrospectiva, el orgullo o la vergüenza o la simple falta de voluntad para complicar más un día que ya de por sí es desagradable, conduce a la evasión, a la demora, y al «mañana lo hago...».

O el día siguiente...
O el día después...

¡No!
¡No!

¡Hágalo hoy! Y, no muy casualmente, hay buenas noticias, incluso maravillosas:

En 9 de cada 10 casos, la llamada sale mucho, mucho mejor de lo que usted pensó que lo haría. (El hecho de que usted tomara iniciativa cuenta mucho). No solo «la llamada» ayuda a «hacer frente a» un problema espinoso, sino que con una frecuencia sorprendente, le confiere una trayectoria nueva y positiva a una rela-ción tambaleante.

▶ «LLAMADO» A LA ACCIÓN

«Hacer la llamada de tres minutos» funciona. Pero incluso si USTED está sin-ceramente de acuerdo con esa idea... *¿Hará la llamada?* Y, más concretamente, *¿cómo hará para hacerla?*

Una respuesta es la «autodisciplina» simple. Y eso funcionará para algunos de nosotros. Felicitaciones si usted es un miembro de ese grupo.

Otra respuesta, instigada por nuestras tecnologías manuales y de escri-torio, son los Recordatorios, en mayúscula, o los mensajes con pitidos intermitentes en una pantalla: ¿HA HECHO USTED SU «LLAMADA DE TRES MINUTOS» HOY?

La tercera respuesta es una autoevaluación diaria y dedicada. (Ben Franklin –adelantándose al «temporizador del día» en más de doscientos años– fue un maestro, año tras año, de las... *autoevaluaciones formales escritas diariamente.* De hecho, ¡hizo gráficas cuidadosas de los puntajes de sus autoevaluaciones sobre una docena de factores! Sí, dije «todos los días»).

Una cuarta estrategia es desarrollar algún tipo de relación con un *«coach»* profesional (los buenos no tienen precio, los malos son un desperdicio); un compañero con quien discutir estas cosas con regularidad; o un Grupo de Apoyo que lo haga preservar su honestidad, a semejanza de Alcohólicos Anónimos o Vigilantes del Peso. Esa última opción podría verse fácilmente como ir demasiado lejos, pero si el rasgo de comportamiento o los rasgos bajo consideración, tales como la llamada de tres minutos, son de inmenso valor, entonces las medidas extremas de autocumplimiento pueden ser meritorias.

Y por último (pero no menos importante): **P-r-a-c-t-i-q-u-e.** Una de mis grandes pesadillas es que creemos que es obvio que practicamos asuntos más allá de toda medida si se trata de hacer arreglos florales, tocar piano, o defender una causa, pero pensamos poco o nada en la idea de la práctica y el dominio si el tema es «simplemente» cosas como «hacer la llamada de tres minutos».

Yo diría que «hacer la llamada de tres minutos» es al menos tan digno de estudio y de práctica como aprender a tocar un chelo o elaborar un buen gabinete. Las naciones prosperan o fracasan, las batallas se ganan o se pierden, sobre la base de (1) no hacer la llamada, o (2) de hacer la llamada de vez en cuando, o (3) de hacer la llamada rutinariamente, como un asunto de costumbre, y con una habilidad duradera.

Así que... ¡buena suerte!

Incorrecto.

Borre «buena suerte».

Más bien: Trabaje duro y con alegría, y con la práctica profesional de «hacer la llamada de tres minutos ahora mismo».

50. ¡Asista! (Es un comienzo).

Durante la edición y verificación de datos de una de mis últimas presentaciones, mi colega Cathy Mosca se encontró con una diapositiva en la que yo había escrito: «El 90 % del éxito consiste en asistir». Pero no sonaba del todo cierto. Ella lo examinó y corrigió al... **80 %.** Nuestro intercambio me animó a hacer un poco de búsqueda en Google. Inmediatamente me confirmó que yo estaba equivocado y que ella tenía razón—no era ninguna sorpresa–, pero también me encontré con un precioso y breve ensayo de Brad Isaac en su sitio Web PersistenceUnlimited.com:

> *«El 80 % del éxito consiste simplemente en asistir».*
> –Woody Allen

«Pienso con frecuencia en esa cita. Puede parecer fácil ignorarla, pero no si usted la mira con un poco más de profundidad. No significa simplemente asistir a entrevistas de trabajo, o trabajar para aumentar su éxito en un 80 %.

»Asistir también significa... **comenzar.**

»Por ejemplo, ¿fue hoy al gimnasio? **El simple hecho de ir significa que usted ha recorrido un 80 % del camino para tener un buen entrenamiento.** La parte más difícil de luchar consigo mismo para ponerse ropa de ejercicio, lidiar con el tráfico y preocuparse por el dolor que pueda experimentar ya ha quedado atrás. Ahora lo único que queda es hacer el entrenamiento. Bastante simple, ¿verdad? Incluso un niño podría hacerlo.

»Lo mismo sucede con las oportunidades. Es más fácil hacer progresos significativos en un proyecto si simplemente asiste para hacerlo. Francamente, una de mis tareas más difíciles del día es "asistir" al Estudio para el Desarrollo Visual. Parece bastante simple... solo hacer doble clic en un ícono. Pero si pienso demasiado en las aproximadamente diez mil cosas que tengo que hacer una vez que las emprendo, es mucho más probable que lance "accidentalmente" mi navegador de la web o juguetee con el correo electrónico.

»Pero una vez que estoy allá, el trabajo suele ser fácil y divertido. Algunos días puedo hacer más tareas de las que tenía previsto. Y me siento exitoso al final del día.

»*Usted puede ser o hacer lo que quiera con el simple hecho de asistir. Si quiere ser un autor, asista para escribir su manuscrito todos los días, asista a clases de escritura, asista para realizar llamadas telefónicas a los editores. ¿No tiene sentido que una persona que llega a la puerta de la oportunidad tenga más éxito que alguien que simplemente permanece sentado en su casa?*

»Por lo tanto, aumente sus probabilidades en un 80 %. ¡Asista!».

Por lo tanto: ¡Asista!

¡Funciona!

El siguiente es un consejo para asegurarle que usted asistirá realmente: haga un compromiso personal de «asistir», un compromiso del que no pueda escapar sin una gran vergüenza. Usted está terriblemente ocupado, y realmente no tiene tiempo para ir a la reunión de la junta en el teatro del pueblo el día jueves. Pero realmente debería ir, por una serie de razones.

El martes, escríbale un correo electrónico o llame a Mary, su colega a bordo: «¿Qué tal si te recojo el jueves, y charlamos de camino a la reunión?». Por supuesto, usted puede ser brusco con María, y el mundo no se va a acabar. Sin embargo, su pequeña trampa de... autoajuste «de ir o de ser brusco con Mary»... aumenta enormemente las probabilidades de que usted haga un esfuerzo doloroso para asistir a esa reunión.

▸ ESTADO PEQUEÑO, GRAN IMPACTO

Considero que es la **Prueba Definitiva** de que Asistir Es Importante. Específicamente, la redacción de la Constitución de Estados Unidos, como se informó en *Summer of 1787* (Verano de 1787), de David Stewart.

Por lo general, pensamos en la Convención en términos de los Grandes Hombres, en Washington, Madison y Franklin. Pero los hechos son muy diferentes:

(1) En vista de esto, de aquello, y de lo otro, incluyendo una terrible ola de calor que duró todo un verano, había un promedio de solo treinta personas presentes en el pleno del Salón de la Independencia. Algunos estados, como Nueva Hampshire, ni siquiera se molestaron en enviar delegados; los delegados de otros estados, como Nueva York, rara vez asistieron.

(2) Se les permitió a los estados decidir el número de delegados que enviarían a Filadelfia. Los dos estados más grandes, Virginia y Pensilvania, enviaron siete. ¡Pero el pequeño Delaware envió cinco! Por otra parte, ¡los cinco delegados de Delaware estuvieron presentes casi el cien por ciento del tiempo! Por lo tanto, ¡Delaware tuvo un impacto *enorme* en el documento final! (Llámelo la «Constitución del Gran Estado de Delaware, como decimos el resto de nosotros»).

(3) **El Gran Secreto de Delaware: ¡¡Asistir!!** Es más o menos la «prueba positiva» de «asistir»; ¡este es un caso totalmente convincente con consecuencias de la mayor importancia!

(Esta historia repite declaraciones en la introducción. En este caso es merecido).

51. Levántese más temprano que el tipo de al lado (en este caso).

Yo estaba viajando de Londres a Boston un sábado por la mañana. Era un vuelo de siete horas. Una mujer profesional estaba sentada frente a mí. Juro que no levantó la vista una sola vez durante todo el vuelo. Trabajó más en su portátil en esas siete horas que yo en una semana. O en un mes.

No estoy haciendo alarde de la adicción al trabajo aquí.

Estoy afirmando lo obvio.

Quien trabaja *más duro* tiene una ventaja descomunal.

Quien está mejor *preparado* tiene una ventaja descomunal.

Quien siempre está... **preparado en exceso**... tiene una ventaja descomunal.

Quien hace la mayor parte de la *investigación* tiene una ventaja descomunal.

Yo no habría querido desafiar a esa mujer en ese vuelo de Londres a Boston en ningún tipo de presentación en la que estuviera trabajando.

¿Usted lo haría?

52. Haga un esfuerzo público descomunal.

Mark McCormack, el difunto superagente deportivo (votado una vez como el hombre más poderoso en los deportes), toleró e incluso certificó uno de mis hábitos locos.

McCormack dijo que hay momentos, no necesariamente poco frecuentes... **cuando es prudente-imperativo... viajar ocho mil kilómetros para una reunión de cinco minutos.**

Fue una táctica que empecé a usar en 1974, cuando era un joven empleado de la Casa Blanca trabajando en temas de abuso de drogas. Descubrí el sorprendente poder de decir: **«Cuando estuve con el Embajador Moynihan, en Delhi [o con el Embajador Helms, en Teherán] hace apenas tres días, él me aseguró que...».** Era, bueno, toda una sensación, incluso cuando yo estaba en presencia de personas mucho más importantes que yo.

Es algo que terminé haciendo probablemente una vez al año. Y el poder y la eficacia de esto literalmente no tienen medida. Esta táctica tiene una sustancia; usted puede hacer una gran cantidad de cosas en una reunión breve cuando está claro que ha hecho un esfuerzo enorme para estar allí. Pero es abrumadoramente psicológico. El poder de hacer un **«esfuerzo descomunal»** percibido, casi siempre rompe un callejón sin salida, y no es infrecuente que conduzca a una solución instantánea.

(Por cierto, en la era de la comunicación electrónica instantánea, esta táctica es posiblemente más importante que nunca. En estos días, se vuelve más y más difícil distinguir la señal del ruido. Un viaje de ocho mil kilómetros para un encuentro de cinco minutos... **no es ningún tuit**).

Consejo: *Cuando un asunto sea de la mayor importancia y esté en un punto muerto (o en caída libre), busque de manera proactiva una oportunidad para «hacer una declaración» mediante un gesto que indique sin lugar a dudas un gran dolor y compromiso y urgencia de su parte.* (¿Es esto maquiavélico? Claro, hasta cierto punto. Pero para hacer ese esfuerzo, a usted *debe* importarle realmente. El «gesto descabellado» simplemente actúa como una prueba completamente sólida de que usted hará lo que sea necesario, y un poco más, para progresar).

▶ VERÉ SUS 8.000 Y LE AUMENTARÉ 11.000

Max Kraus supera a Mark McCormack por once mil kilómetros. Digamos veinte mil kilómetros ajustando un par de tornillos. Max informa:

«Mi mejor historia acerca de "caminar" tuvo lugar hace muchos años, cuando yo estaba dirigiendo Electro-Nite Company. Le vendimos algunos equipos a una siderúrgica china que le ayudarían a mejorar la calidad de su acero. Esto fue solo después de la apertura del comercio con China, y tuvimos que abrirnos camino a través de un papeleo interminable con el gobierno de Estados Unidos, conseguir la carta de crédito, etc. Pero finalmente hicimos el envío; lo mandamos por vía aérea, y tuvimos que esperar para saber si todo estaba bien.

»Por desgracia, lo siguiente que supimos, en aquellos días por teletipo, fue que no funcionó. Como creyente en las ventas "deambulando", así como en la gerencia [recuerden la gerencia deambulando/GD, de Hewlett-Packard], y también intrigado por la posibilidad de un viaje a China, envié una respuesta diciendo que garantizábamos nuestros equipos y que si me daban una visa a mí y a un ingeniero, viajaríamos a Wuhan por nuestra propia cuenta para ver el problema.

En esos días los visados eran casi inexistentes, pero en menos de veinticuatro horas tuvimos una respuesta aceptando nuestra oferta. Una vez más, el papeleo tardó un par de semanas, pero fuimos a China.

»Nos recibieron en el aeropuerto de Pekín, nos acompañaron a nuestro hotel, y nos ofrecieron un auto, guía e intérprete durante tres días para ver la Muralla, el Palacio de Verano, etc., y luego fuimos en avión a Wuhan. La fábrica de acero era enorme, con más de cien mil trabajadores, y por supuesto, una multitud se reunió para vernos trabajar con el equipo. Muy a mi pesar y vergüenza, el problema resultó ser dos tornillos largos que estaban causando un cortocircuito. Quité los tornillos y le dije al grupo que, aunque sentía vergüenza, esperaba haber demostrado nuestro compromiso con el servicio y la satisfacción. Estuvimos trabajando una semana con ellos, mientras ponían el equipo en servicio.

»Podría seguir con más historias de nuestra visita. Pero lo esencial fue que hice varios viajes posteriores, disfruté de un buen negocio y de muchos "banquetes chinos" por varios años. "¡Deambular funciona!"».

(La revelación completa: Max es el padrastro de mi editor Bob Miller. Espontáneamente, Max le envió esto a Bob, quien me lo envió a mí, sabiendo que nunca puedo resistirme a una gran historia de GD. Lo leí y quedé hipnotizado; Bob era reticente, pero le dije que no lo incluiría en el libro si no me dejaba usarlo. ¡Vamos, ¡Bob! ¡Vamos, Max! ¡Vamos, Mark McCormack! Ocho mil kilómetros, veinte mil kilómetros, ¡qué demonios! ¡La percepción de hacerlo o de morir en el intento es la herramienta de ventas por excelencia! ¡Y, por supuesto, la parte perversa de esto: Una metida de pata, a la cual se reacciona en una fracción de segundo y con ahínco, ¡por lo general conduce a una relación mejor que si nada hubiera salido mal en primer lugar!).

1. 2. 3. 4. 5. 6. 7. 8. 9. 10. 11. 12. 13. 14.

15. 16. 17. 18. 19. 20. 21. 22. 23. 24. 25.

26. 27. 28. 29. 30. 31. 32. 33. 34. 35. 36.

37. 38. 39. 40. 41. 42. 43. 44. 45. 46. 47.

48. 49. 50. 51. 52. **53. 54. 55. 56. 57.** 58.

59. 60. 61. 62. 63. 64. 65. 66. 67. 68. 69.

70. 71. 72. 73. 74. 75. 76. 77. 78. 79.

80. 81. 82. 83. 84. 85. 86. 87. 88. 89.

90. 91. 92. 93. 94. 95. 96. 97. 98. 99.

100. 101. 102. 103. 104. 105. 106. 107.

108. 109. 110. 111. 112. 113. 114. 115.

116. 117. 118. 119. 120. 121. 122. 123.

124. 125. 126. 127. 128. 129. 130. 131.

132. 133. 134. 135. 136. 137. 138. 139.

140. 141. 142. 143. 144. 145. 146. 147.

148. 149. 150. 151. 152. 153. 154. 155.

156. 157. 158. 159. 160. 161. 162. 163.

Liderazgo

53. **Liderar es ayudar a otros a tener éxito hasta cierto punto.**

«Gerenciar termina siendo el hecho de asignar recursos, y no tareas. El liderazgo se centra en las personas. Mi definición de un líder es alguien que ayuda a las personas a tener éxito».
–Carol Bartz, Yahoo!

«El papel del director es crear un espacio donde los actores y actrices pueden llegar a ser más de lo que han sido antes, más de lo que han soñado ser».
–Robert Altman, discurso de aceptación del Oscar

«No importa cuál sea la situación, la primera respuesta [de un gran gerente] es pensar siempre en la persona en cuestión y en cómo se pueden disponer las cosas para ayudar a ese individuo a experimentar el éxito».
–Marco De Buckingham, *The One Thing You Need to Know*

El «negocio» de los líderes en todos los niveles consiste en ayudar a las personas a su cargo a desarrollarse más allá de sus sueños, lo que a su vez conduce de manera casi automática a «todas esas otras cosas», tales como clientes felices, accionistas felices, comunidades felices.

Entonces, ¿cómo se evalúa usted en la escala de Bartz y Altman-Buckingham?

Sugiero que se evalúe *específicamente* en términos de los individuos a los que ha ayudado a tener éxito en los últimos doce meses, y, según Altman, a alcanzar un éxito más allá de sus sueños. Es decir, revise su trabajo con una persona a su cargo (esa es más o menos toda la historia: trabajar con las personas, de una en una); escriba un breve «estudio de caso» sobre él/ella, y evalúe el grado en que usted le ha ayudado *específicamente* a crecer hacia el éxito. (Sea duro consigo mismo, por favor). (Repita esto con regularidad).

La idea aquí es cambiar el proceso de evaluación de los empleados a un proceso formal de dos partes, donde ambas obtienen la misma facturación:

La PRIMERA parte, que sin duda usted la hace ya, es evaluar el desempeño del empleado.

La SEGUNDA, igualmente formal, importante y laboriosa, es evaluarse a sí mismo sobre lo bien que usted trabaja con ese empleado; la idea es muy detallada, no su valoración de «cómo lo hago al ayudar a mi personal a crecer», sino «¿cómo lo hice, digamos, en el primer semestre de 2010 para ayudar a Sue Chen a crecer y a tener éxito?».

¡Este es un estándar endemoniadamente alto!

(Y de la mayor importancia).

54. Al servicio de ellos.

Pregúntese todos los días:

«¿Qué hice *específicamente* hoy para estar «al servicio» de los miembros de mi grupo? ¿Realmente fui un «servidor» para ellos?».

Esta idea todopoderosa se deriva del extraordinario libro de Robert Greenleaf, *Servant Leadership* [El liderazgo de servicio].

Aquí hay dos preguntas de «examen» que Greenleaf insta a los líderes a hacerse en relación con las personas de su equipo:

1. ¿Aquellos que fueron servidos crecieron como personas?
2. ¿Se hicieron más saludables, más sabios, más libres, más autónomos, más propensos a convertirse en servidores mientras fueron servidos?

Mensaje (inequívoco):

(1) Los líderes existen para servir a su gente. Punto.
(2) Un equipo bien servido por su líder se inclinará a buscar la Excelencia.

Utilice la palabra **«Servir».** (Eso es lo que usted *hace*).
Utilice la palabra **«Servicio».** (Eso es lo que usted *ofrece*).
Utilice la palabra **«Servidor».** (Eso es lo que usted *es*).

55. ¿Ha «acogido» últimamente a buenos empleados?

Para asombrarse: Piense que el trabajo principal del líder es ser... *un anfitrión para sus empleados.* Esa es precisamente la manera como Jan Gunnarsson y Olle Blohm nos instan a pensar en su provocativo libro... *Hostmanship: The Art of Making People Feel Welcome.*

Gunnarsson y Blohm basaron esta idea en su experiencia al dirigir un hotel. Sin embargo, ellos demuestran convincentemente que la idea del *«hostmanship»* se aplica... **en todas partes**... y no solo en el negocio de la hospitalidad.

Esto fue lo que hicieron:

«Recorrimos el hotel [poco después de adquirirlo] e hicimos una *«consideración de renovación»* [Las cursivas son mías]. En lugar de reformar los baños, los comedores y las habitaciones, les dimos nuevos uniformes a los empleados, compramos flores y frutas, y cambiamos los colores. Nuestro enfoque era totalmente en el personal. *Eran ellos a quienes queríamos hacer felices. Queríamos que se despertaran cada mañana entusiasmados con un nuevo día en el trabajo».*

(Para repetir de manera molesta: No remodele el vestíbulo: ¡remodele la cafetería de los empleados!).

Y esto fue lo que ellos descubrieron:

«El camino hacia una cultura del hostmanship, *paradójicamente no pasa por el invitado. De hecho, no sería totalmente erróneo decir que el huésped no tiene nada que ver con esto.* [Una vez más, las cursivas son mías]. Los verdaderos líderes del *hostmanship* se enfocan en sus empleados. Lo que impulsa [la excepcionalidad] es encontrar las personas adecuadas y hacer que aumente su trabajo y lo vean como una pasión... El huésped entra en el panorama solo cuando usted está listo para preguntarle: *"¿Prefiere quedarse en un hotel donde al personal le encanta su trabajo, o donde la administración ha hecho que los clientes sean su mayor prioridad?"».*

¡Me encantan las palabras!
Creo que la elección de las palabras es fundamental para los líderes.

«Consideración de renovación».
¡Brillante!

Liderar como «*hostmanship*».
¡Brillante!

Si un líder «acoge» a sus empleados con entusiasmo, entonces aumentarán las probabilidades de que los empleados hagan lo mismo con sus «invitados», es decir, con sus «clientes».

(Mi primer «paso de acción» sugerido es simple; estudie con mucho cuidado las palabras anteriores).

56. Una confianza sagrada.

Tal como lo veo, cualquiera que asuma cualquier trabajo de liderazgo, menor o mayor, no asume menos que una... **confianza sagrada.** Sé que es aparentemente un lenguaje extremo. Pero lo respaldo.

Esta misión sagrada consiste en lo mismo que las organizaciones, *el desarrollo profesional (y, en cierta medida, personal) de las personas*. Por supuesto, la labor del jefe consiste en «hacer el trabajo», y en hacerlo de manera efectiva. Pero la «jefeidad» implica principalmente una responsabilidad permanente por las personas a su cargo. (Por supuesto, esto es circular: Las personas emocionadas hacen un trabajo emocionante. Lo que se quería demostrar).

Considere un ejemplo de su propia carrera. Usted asume, por ejemplo, una posición de liderazgo. Durante cierto período, ya sea un proyecto de cuatro meses o una asignación de dos años como jefe de departamento, usted es responsable de seis o de sesenta y seis personas. Y, en mi opinión, todas y cada una de esas 6 o 66 personas deberían dejar el cargo suyo en mejor forma que cuando llegó. Deberían haber tenido una experiencia de crecimiento medible, notable, personal y profesional.

Deberían haber crecido en su disciplina; contabilidad, mercadeo, formación, lo que sea. Deberían haber crecido mediante la exposición a nuevas personas e ideas. Incluso el más joven de ellos (tal vez un muchacho corriente de 18 años) debería haber sido puesto en alguna modalidad de papel de liderazgo (organizando tal vez la logística para la excursión de la empresa).

Los siguientes son algunos pasos clave a lo largo de este camino «sagrado»:

- Comience (en los próximos treinta días) con grupos pequeños o con cada empleado, a evaluar el estado actual de las cosas; es decir, la experiencia de crecimiento durante su cargo hasta la fecha, de todos y cada uno de los empleados, en términos precisos.
- Como parte de, digamos, la fase de planeación de un proyecto de tres meses (como máximo), establezca Metas de Crecimiento Personal para *cada* individuo; el logro de esas metas de noventa días será una parte mayoritaria de su evaluación formal del proyecto.
- Durante el proceso, hable de estos objetivos en público o en privado. Haga de ellos, tal vez, una parte explícita de la misión de su unidad o declaración de valores: *«Estamos comprometidos con el crecimiento medible de todos y cada uno de los miembros de nuestro personal. Aspiramos a que cada miembro del personal afirme sobre su estancia aquí: "Fue un período extraordinario de mi desarrollo"»*.

> ## ▶ LA PRÁCTICA DE «LIDERAR»

Una vuelta de tuerca sobre esta idea, practicada por empresas como W. L. Gore y Quad/Graphics, es un programa de tutoría formal. Todo el *mundo («todos» es la palabra operativa)* tiene un mentor, y después de unos meses de irrumpir en el trabajo, todo el mundo *(«todos» es la palabra operativa)* actuará como mentor. Así, todo el mundo *(«todos» es la palabra operativa)* adquiere «el liderazgo y la experiencia en el desarrollo de las personas» desde el primer momento.

(«¿Misión sagrada» para todos y cada uno? ¿Es pedir mucho? ¿Retórica de cuento de hadas? Bueno, la «confianza sagrada» es sin duda el descriptor operativo para un soldado raso de 18 años del Ejército norteamericano, que está en un equipo de cuatro personas en el paso montañoso más áspero de Afganistán, ¿verdad?).

57. La psicología de las ratas prevalece. O: Utilizando el poder increíble del refuerzo positivo.

«No deberías estar en busca de personas cometiendo errores, deberías estar en busca de todas las cosas buenas que hace la gente y alabarlas».
–Richard Branson

«Puedo vivir dos meses tras un elogio agradable».
–Mark Twain

En mi encarnación como estudiante de doctorado, fui más o menos formado por un «psicólogo de ratas», es decir, por un «conductista». Él no era un discípulo de bajo rango de B. F. Skinner, pero creía en el poder de los reforzadores básicos del comportamiento.

Y, como suele decirse, me tragué el Kool-Aid.
(O al menos, me comí una bazofia).

Mientras estaba haciendo mi maestría en administración de empresas a principios de 1970, un profesional en «comportamiento organizacional» nos habló de un experimento fascinante. Los estudiantes estaban en un aula semejante a un tazón, con el maestro en la parte inferior. El experimentador les dijo a los estudiantes que cabecearan, no al unísono, pero notablemente, cuando el profesor se moviera, por ejemplo, al lado derecho del escenario. Y que no cabecearan cuando estuviera en el centro o se dirigiera al lado izquierdo. La historia señala –algo en lo que creo apasionadamente– que en poco tiempo el profesor estaba prácticamente pegado a la esquina derecha del escenario, y básicamente permaneció allí, sin estar al tanto de las circunstancias.

Tal es el poder del refuerzo positivo y deliberado.

Para darles «la totalidad de Skinner» en cien palabras o menos (o tal vez más, pero no muchas más): El refuerzo positivo, pequeño o grande, induce de forma fiable el movimiento hacia adelante; es decir, una mayor cantidad de las cosas buenas que usted reconoce con ese pequeño y sencillo «gracias» o «buen trabajo». El refuerzo negativo tiene un valor cuestionable. Estimula con frecuencia una desaceleración general, no solo un curso de alteración en relación con el comportamiento que se ha intentado corregir. Por otra parte, el refuerzo negativo induce de manera rutinaria la evasión astuta; el «mal» comportamiento no se detiene, y más bien, la persona que ha sido reforzada negativamente crea simplemente nuevos hábitos para no ser atrapada. No estoy sugiriendo que usted deje de aplicar correcciones. Estoy sugiriendo que usted puede llevarse una sorpresa desagradable por las consecuencias no deseadas.

Nunca he dejado de resistirme –y nunca me resistiré– al refuerzo positivo. Y usted también, le guste o no.

¿¿¿¿Y entonces???? ¿Por qué diablos somos tan reacios a esta poción mágica? Solo puedo pensar en una respuesta: ¡Porque somos lunáticos!

Un comentario positivo, no efusivo, simplemente positivo. Una pequeña placa, un pasador, un banquete de celebración (¡o un almuerzo!) al final de un proyecto pequeño pero exitoso, una sonrisa, un «gracias» o dos o tres u once. La evidencia es clara, ¡las personas no obtienen mucho refuerzo positivo! Porque usted y yo, como líderes, no lo ofrecemos. Repito: ¡Somos lunáticos rematados!

Usted puede ser «uno de esos», uno de los que creen que «ellos tienen que ir muy por encima y más allá para merecer alabanza; de lo contrario, usted solo los recompensará por hacer su trabajo».

¡Somos lunáticos!

Por supuesto, el trabajo extraordinario merece recompensas extraordinarias. Pero, ¿qué pasa cuando se retira la pequeña barrera? ¿La mano pequeña pero importante que se tiende? ¿El hito cumplido un par de días antes de tiempo? Estoy sugiriendo claramente, en los términos más contundentes a los que puedo apelar, que usted ofrezca... **constantemente**... un reconocimiento (refuerzo positivo) para los pasos más pequeños en la dirección correcta. Por ejemplo, después de una reunión, vaya y reconozca la pequeña contribución de alguien que es experto, pero normalmente callado.

Y así.

Personas.
Cualquiera de nosotros.
Todos nosotros.
¡Nunca se canse de «eso»!
A mis 67 años, en el momento en que escribo, después de una carrera que no ha sido escasa en reconocimientos, me estremezco de alegría cuando alguien me ofrece la más mínima retroalimentación positiva: «¡Qué amable de tu parte, Tom, enviarle flores a la recepcionista esta mañana!». (Me alegro durante horas −¡a mis 67 años!− por ese reconocimiento).

Esta es una... «¡Madre de todas las herramientas poderosas!».
¡Créalo!
¡Utilícela!
¡Ampliamente!
(¡No hay época como el presente!).

El hecho es −el **hecho**− que su proporción, *la que usted debería gestionar de manera consciente,* del refuerzo Positivo al Negativo debe ser muy, muy alta. Pero, por desgracia, las investigaciones nos dicen que ocurre lo contrario: Desde la crianza de los hijos hasta la oficina, la frecuencia del refuerzo Negativo normalmente supera los refuerzos Positivos por un amplio margen. Por otra parte, muchos gerentes tienen muchísimas dificultades para ofrecer *cualquier tipo* de refuerzo positivo. Como dije antes... somos **lunáticos.**

¡Así que solucione esto!

¡Usted no es una rata!
¿O acaso sí?
¡Le aseguro que *yo* sí!

› CAMBIANDO LA FORMA DE SU BARCO

Aquí, extraída del reciente libro *Obama, Inc: El éxito de una campaña de marketing*, de Rick Faulk y Barry Libert, está una historia que encapsula perfectamente el poder del refuerzo positivo:

«El capitán Mike Abrashoff [retirado de la marina de Estados Unidos] conoce la importancia de decir «gracias». En su primer libro, *It's Your Ship* [Es su barco], contó que envió cartas a los padres de sus miembros de tripulación del destructor *USS Benfold* guiado por misiles... Poniéndose en los zapatos de esos padres, se imaginó lo felices que estarían al escuchar del oficial al mando que sus hijos e hijas se encontraban bien. Y se imaginó que esos padres, a su vez, llamarían a sus hijos para decirles que estaban muy orgullosos de ellos.

»Abrashoff pensó si debía enviar una carta a los padres de un joven que no era realmente una estrella. Luego de sopesar el progreso del marinero, decidió seguir adelante. Un par de semanas después, el marinero apareció en su puerta, con las lágrimas resbalando por su rostro. Parece que el padre del chico siempre lo había considerado un fracaso y así se lo dijo. Después de leer la carta del capitán, llamó para felicitar a su hijo y decirle lo orgulloso que estaba de él. "Capitán, no puedo agradecerle suficiente", dijo el joven. Por primera vez en su vida, se sintió querido y animado por su padre.

»Como dice Abrashoff: "El liderazgo es el arte de practicar cosas sencillas, estos gestos corrientes que garantizan la moral alta y aumentan fuertemente las probabilidades de triunfar". En otras palabras, los pequeños cambios pueden tener grandes consecuencias».

1. 2. 3. 4. 5. 6. 7. 8. 9. 10. 11. 12. 13. 14.
15. 16. 17. 18. 19. 20. 21. 22. 23. 24. 25.
26. 27. 28. 29. 30. 31. 32. 33. 34. 35. 36.
37. 38. 39. 40. 41. 42. 43. 44. 45. 46. 47.
48. 49. 50. 51. 52. 53. 54. 55. 56. 57. **58.**
59. 60. 61. 62. 63. 64. 65. 66. 67. 68. 69.
70. 71. 72. 73. 74. 75. 76. 77. 78. 79.
80. 81. 82. 83. 84. 85. 86. 87. 88. 89.
90. 91. 92. 93. 94. 95. 96. 97. 98. 99.
100. 101. 102. 103. 104. 105. 106. 107.
108. 109. 110. 111. 112. 113. 114. 115.
116. 117. 118. 119. 120. 121. 122. 123.
124. 125. 126. 127. 128. 129. 130. 131.
132. 133. 134. 135. 136. 137. 138. 139.
140. 141. 142. 143. 144. 145. 146. 147.
148. 149. 150. 151. 152. 153. 154. 155.
156. 157. 158. 159. 160. 161. 162. 163.

Palabras

58. «¿Qué opina usted?».

Nuestro colega Dave Wheeler dijo, en un comentario en tompeters.com: «Las **3** palabras más importantes en la gestión son... **¿Qué opina usted?**».

¡Estoy de acuerdo!

Y el viejo ingeniero que hay en mí, grita: *¡Cuantifica!*

Por lo tanto: ¿Cuántas veces... *hoy*... «utilizó usted estas tres palabras»? Es decir... **Exactamente**, ¿cuántas veces dijo: «¿Qué opinas?».

¡HÁGALES UN SEGUIMIENTO!
Cuéntelas.
Represéntelas gráficamente.
Insista en que cada líder les haga un seguimiento.
Y POSIBLEMENTE LAS INCLUYA EN LA «DECLARACIÓN DE VALORES»:

«Preguntamos de manera obsesiva "¿Qué opina usted?". Entendemos que nos elevamos o caemos según el compromiso y la inteligencia y las contribuciones constantes de todos nosotros».

«¿Qué opina usted?». Es increíblemente importante porque...

(1) «Ellos» están, de hecho, «más cerca de la acción»; saben cómo es la situación.

(2) Grita: **«Es una persona invaluable. Le respeto. Respeto sus conocimientos. Respeto su juicio. Necesito su ayuda».**

(3) Demuestra que *usted* sabe cómo es la situación; es decir, que entiende que no puede hacerlo solo, y que sabe que no tiene todas las respuestas.

(4) Grita: «Este es un... **esfuerzo de equipo.** Avanzamos o fracasamos juntos».

59. «Gracias».

«La necesidad humana más profunda es la necesidad de ser apreciados».
–William James, destacado psicólogo estadounidense, 1842-1910
(Creo que he usado esto en unos cinco libros, y sin duda, planeo utilizarlo en el próximo).

¿Cuantas veces... «utilizó esa palabra» hoy?
Es decir... **Exactamente** ¿cuántas veces dijo:

«Gracias»?

¡HÁGALE UN SEGUIMIENTO!
Cuéntelas.
Represéntela gráficamente.
Insista en que cada líder le haga un seguimiento.

Y, SÍ, CONSIDERE INCLUIRLA EN LA «DECLARACIÓN DE VALORES»:

«Habitualmente expresamos nuestro aprecio por los esfuerzos de los demás, porque, de hecho, apreciamos de manera consciente las contribuciones "cotidianas" y "diarias" de todos, por no hablar de las extraordinarias».

(Nota: No existe ninguna manera en absoluto de que yo pudiera sobrestimar... **«el Poder de las Gracias».** Si esto no es algo natural en usted, y no lo es para algunos, hágalo de todos modos. Se sorprenderá tanto por el efecto que tiene un «Gracias» que pronto adoptará el hábito en sus asuntos más constantes. Es muy posible que les «paguemos», pero la buena actitud que demuestran las personas es el cien por ciento voluntaria; es decir, que *siempre* está «por encima y más allá», y por lo tanto es *siempre* digna de mención y de un sentido «Gracias»).

(Nota: En el 57 que aparece anteriormente, hablé sobre «la psicología de las ratas» y del reforzamiento positivo. Seguramente hay una duplicación aquí. Pero mi punto en este *riff* sentido es reducir la discusión y centrarme exclusivamente en una palabra y solo en una: **«GRACIAS»**). (¡Debe destacarse!).

60. «Lo siento».

«Considero el hecho de disculparse como el gesto más mágico y restaurador que pueden tener los seres humanos. Es la pieza central de mi trabajo con los ejecutivos que desean mejorar».
–Marshall Goldsmith, *What Got You Here Won't Get You There: How Successful People Become Even More Successful*

«Las disculpas desenmascaran todas las esperanzas, deseos e incertidumbres que nos hacen humanos, ya que, en el momento de una disculpa genuina, nos enfrentamos a nuestra humanidad con mayor plenitud. En el momento de la disculpa, nos quitamos una máscara y confrontamos nuestras limitaciones. No es de extrañar que dudemos».
–John Kador, *Effective Apology: Mending Fences, Building Bridges, and Restoring Trust*

¡Hablando de un lenguaje fuerte e inequívoco! («... el gesto más mágico y restaurador...»).
¿Podría ser merecido?

Bueno, sí. Al igual que Goldsmith y Kador, creo que una disculpa genuina (y hay mucho de qué escribir, aunque el espacio aquí no lo permite, sobre cientos de matices y tipos de lo «genuino») es de suma importancia personal y estratégica, y, de hecho, es digno de la etiqueta de «mágica».

Desde hace mucho tiempo tengo esta opinión, y básicamente es un subproducto, tanto personal como profesional, sobre la experiencia. Por lo general, y, por desgracia, y al igual que tantos (varones, en todo caso, hay enormes diferencias de género en esta dimensión), mis experiencias con la disculpa están asociadas con mi *fracaso* en hacerlo, con consecuencias terribles.

A medida que me he convencido del poder (redux: personal, profesional, mágico) de la disculpa, he conformado una pequeña biblioteca, que incluye, además del libro de Kador anteriormente citado, *I Was Wrong* [Yo estaba equivocado], de Nick Smith, y *On Apology* (Sobre las disculpas), de Aaron Lazare. Estos tres libros nos conducen a un viaje de profundas consideraciones filosóficas y a una serie de casos prácticos que van desde «pequeñas» disculpas personales hasta la disculpa de Lincoln por la esclavitud.

Uno se queda con un sentido profundamente influyente del poder extraordinario del... **Arte de la Disculpa**... considerado con razón. Añádale esto a las experiencias en contextos profesionales, y creo que estamos hablando, en términos prácticos de negocios, de una... **«palanca estratégica inigualable».** (Sí, *estratégica*. Sí, *inigualable*).

En el arsenal de lo que *realmente* importa cuando se trata de hacer/ejecutar/implementar las cosas, hay pocas –si acaso alguna– «herramientas poderosas» que tienen el peso de:

«Me disculpo».
«Lo siento».
«Yo tengo la culpa».
«En pocas palabras, metí la pata».
«Asumo toda la responsabilidad por este desastre».
«Me equivoqué. Punto».
«Puede haber "otros factores" involucrados, pero ciertamente contribuí de manera significativa a causar este lío, y pido sinceras disculpas».

Punto clave/Bono: *Con mayor frecuencia, una Disculpa Eficaz es mucho más que una «bala esquivada». Es decir, no solo aclara un problema, sino también, que la expiación realizada de manera* **abrumadora e inequívoca** *consolida una relación...* **y**... *la lleva hacia adelante.*

(Otras pruebas del tipo más difícil: Además de ser una guía excelente del «cómo», *Effective Apology* [Disculpa excelente], de Kador, también ofrece ejemplos asombrosos. Con una nueva y futura política en materia de disculpas, Toro, la empresa cortadora de césped, redujo el costo promedio del reclamo en una demanda de **115.000** dólares en 1991 a **35.000** dólares en 2008, ¡y la empresa no ha ido a juicio en los últimos **15** años! La administración del Veterans Hospital en Lexington, Massachusetts, desarrolló un enfoque totalmente inusual en el cuidado de la salud, que conllevó disculparse por los errores, *incluso cuando ningún paciente había hecho una petición o reclamo.* En el año 2000, el acuerdo por negligencia sistémica del hospital VA en Estados Unidos fue de **413.000** dólares; el número de acuerdos del hospital VA de Lexington fue de **36.000** dólares, *y* mucho menos por reclamos de pacientes en primer lugar).

Propuesta esencial:

(1) Comience con *Effective Apology* de Kador **(TAN PRONTO COMO SEA POSIBLE)** y conviértase en un... *Estudiante* de la Disculpa... completamente avezado.

(2) Hable con sus compañeros sobre la... Eficacia Comercial de la Disculpa Estratégica.

(3) Suponiendo que usted está de acuerdo con el poder «estratégico» de la disculpa, comience a tratar el Arte de la Disculpa como una «*práctica* profesional». (Ese es el consejo de Kador, ¡y coincido con él de todo corazón!).

(4) Reconozca que esta «práctica» puede llegar a ser una entre un puñado pequeño de no menos que «¡competencias básicas estratégicas!».

⟩ UN CASO DE «LO SIENTO»

También hay cuestiones como el... **«Círculo Virtuoso de la Disculpa».** Supongamos que surge un problema, y que está bastante claro que es básicamente culpa suya. No obstante, mis acciones también contribuyeron; muy rara vez se presentan casos en que una de las partes es cien por ciento culpable o inocente. Así que hago de tripas corazón, lo llamo a usted, y asumo toda la culpa. (*No digo:* «Bueno, no estoy libre de culpa». Simplemente digo: «Cometí un error en ese envío tardío»). Cuando tomo una iniciativa de este tipo, la experiencia abrumadora sugiere que el «Círculo Virtuoso de la Disculpa» va a comenzar. De hecho, al ser consciente de su contribución significativa al error, usted dirá casi seguramente: «*No, no, no. Fui yo. Fui yo el que metió la pata en esto*». Después de lo cual haremos lo imposible para ver quién puede aceptar la mayor parte de la responsabilidad. **(!!!)** Si lo hacemos bien, en tres o cuatro minutos reiremos o lloraremos por la situación, y aceptaremos almorzar o tomarnos una cerveza o dos en los próximos días.

61. Palabras ciertas por parte de un escritor de ficción.

«¿Por qué no decir simplemente la verdad?».

—Raymond Carver

(El difunto Raymond Carver fue uno de los escritores de cuentos más hábiles de Estados Unidos; nadie conoció mejor que él los contornos de la psique humana).

(El problema con la mentira, además del costo moral, es, por supuesto, la cantidad de tiempo y de esfuerzo que deben dedicarse a mantener el encubrimiento, y el grado en que todo el asunto sofoca el alma. O sofoca la voluntad de toda una organización para seguir adelante).

1. 2. 3. 4. 5. 6. 7. 8. 9. 10. 11. 12. 13. 14.

15. 16. 17. 18. 19. 20. 21. 22. 23. 24. 25.

26. 27. 28. 29. 30. 31. 32. 33. 34. 35. 36.

37. 38. 39. 40. 41. 42. 43. 44. 45. 46. 47.

48. 49. 50. 51. 52. 53. 54. 55. 56. 57. 58.

59. 60. 61. **62. 63. 64. 65.** 66. 67. 68. 69.

70. 71. 72. 73. 74. 75. 76. 77. 78. 79.

80. 81. 82. 83. 84. 85. 86. 87. 88. 89.

90. 91. 92. 93. 94. 95. 96. 97. 98. 99.

100. 101. 102. 103. 104. 105. 106. 107.

108. 109. 110. 111. 112. 113. 114. 115.

116. 117. 118. 119. 120. 121. 122. 123.

124. 125. 126. 127. 128. 129. 130. 131.

132. 133. 134. 135. 136. 137. 138. 139.

140. 141. 142. 143. 144. 145. 146. 147.

148. 149. 150. 151. 152. 153. 154. 155.

156. 157. 158. 159. 160. 161. 162. 163.

Establecer contactos

Una línea de código: La distancia más corta entre el «crítico» y el «campeón».

«Ellos» dicen que las implementaciones de software complejos no están a la altura de la efectividad prometida casi todo el tiempo. «Ellos» añaden que el problema rara vez es el software; casi siempre son usuarios menos que entusiastas (o completamente recalcitrantes) abajo de la línea.

¡Tengo la respuesta! Bueno, no, claro que no, pero tengo *una* respuesta: **¡una línea de código!**

Usted está en ELLA.

¡El software que usted tiene para ofrecer cambiará el mundo! Es la perfección, de hecho, ¡el sueño de un ingeniero hecho realidad!

Sin embargo, la aplicación se llevará a cabo lejos de casa. ¿Cuál es la respuesta para arrancar con la implementación? Bueno, en gran medida, si usted es sabio, son las ventas; salga a la carretera y... venda, venda, venda... a los posibles usuarios... al por menor... de uno en uno. Usted se sienta con, por ejemplo, Erik H., de mercadeo. Él escucha su argumento de ventas, está de acuerdo con la importancia del proyecto –**pero**– tiene una serie de preocupaciones. Usted lo escucha, se va a casa; y, en efecto... **usted altera... una... línea de código, que tiene que ver con... una... de las cuestiones de Erik.**

¡Bingo!

Nueve de cada diez de los problemas de Erik no se abordan todavía... **pero...** usted cambió... **algo... directamente... ¡por causa de Erik!**

En 4,2 de 5 casos, ¡Erik pasa de ser una espina en su costado a su compañero campeón! De repente, ¡todo el asunto se convierte en el «proyecto de *Erik*»! Y él piensa que, ¡todo habría sido un fracaso sin su valioso aporte de «salva tu pellejo»!

Exagero en los detalles, por supuesto, pero el nombre «línea de código» *per se* provino de un tipo de TI en una pequeña empresa australiana de servicios financieros. **(«Te garantizo que funcionará, compañero»).** (Sí, dijo «compañero»).

El punto es obvio:
Dele a la gente la oportunidad de participar en la etapa aproximada de diseño.
Responda directa y visiblemente a un par de sus problemas.
Convierta a los enemigos en amigos (recuerde, en 4,2 de 5 casos).

Yo no lo culparía si usted dijera que este enfoque es manipulador. Aunque obviamente tiene algo de cierto, el hecho es que la mayoría de los «Eriks» en realidad tienen una idea (o varias, la mayoría de las cuales son bastante buenas, y algunas de las cuales son joyas), lo que hace que en términos generales, ¡su propia implementación sea mejor!

La solución definitiva podría no ser tan bonita o «perfecta»; usted la ha estropeado con cambios de posibles usuarios. Pero, a pesar de la pérdida de un grado de perfeccionismo, el producto *no* se mejora de manera que les importe a los usuarios/ «clientes», y la aceptación del usuario (después de todo, el propósito de todo este ejercicio) se dispara.

Mensaje:

(1) Los departamentos de personal deben... **«vender»...** sus servicios.

(2) El éxito en las «ventas» requiere... **la aceptación activa del usuario.**

(3) La aceptación activa del usuario proviene de escuchar con respeto al usuario y... **de hablar de algunos de sus problemas.**

Hoy:

Examine un proyecto estancado. (Por desgracia, todos los tenemos). Haga un esfuerzo renovado y vigoroso de **«ser consultivo»** con los usuarios; vaya donde ellos, sí, a partir de hoy, como un suplicante más o menos humilde: **Dis-cúl-pe-se por no haber escuchado con atención suficiente hasta la fecha.** Recuerde: Las disculpas valen más que su peso en oro, aproximadamente el cien por ciento de las veces. (Vea el 60). Inclínese para escuchar con atención (incluyendo «leer entre líneas», esta es una habilidad que puede aprenderse y que es difícil para cualquier número de profesionales técnicamente competentes, pero desafiados de manera empática por el personal), y dar cabida a algunas de sus necesidades. Y observe lo que sucede.

▶ ¡CONSULTE! (Y CONSULTE Y LUEGO CONSULTE)

Rules for Aging [Reglas para el envejecimiento], de Roger Rosenblatt, es uno de mis libros favoritos, claramente en una lista muy corta de «los mejores de todos los tiempos». Entre su número muy pequeño de consejos para el éxito garantizado (su palabra, por lo que recuerdo) en casi todo:

> **«Consulte a todo el mundo en todo».**
>
> ¡Amén!
>
> (En realidad, había dos consejos: el segundo era... *agradezca a todas las personas en las que pueda pensar de manera tan profusa y tan a menudo como pueda hacerlo*).
>
> (Ambos consejos me parecen muuuuuy interesantes y muuuuuy valiosos).
>
> (Rosenblatt, que más o menos escribió el libro como el regalo de su 60 cumpleaños para sí mismo, afirma que su fracaso para escalar las alturas de algunas de las burocracias de la que formó parte, puede atribuirse en gran medida a su entusiasmo inferior al cien por ciento en estas dos dimensiones).
>
> **Rosenblatt.**
> **Éxito.**
> **Consulte a todo el mundo.**
> **En todo.**
> **Agradezca a todos.**
> **Todo el tiempo.**
>
> Como dije: ¡Amén!

63. «Vaya abajo» para tener éxito.

Mi travesía profesional «Aventuras en Diferencias de Género» empezó con una conversación con un ejecutivo del gigante de servicios de viajes Rosenbluth International (ahora parte de American Express). En un amplio debate, examinamos su carrera como un vendedor de sistemas muy exitoso de AT&T. Él dijo, en efecto, o tal como lo recuerdo: *«Mi secreto fue contratar mujeres»*.

La historia que contó fue esclarecedora: El hecho es que, en una organización grande, o casi grande, «la venta» (de un producto comercial significativo como el que estaba vendiendo mi amigo) tiene lugar tres o cuatro niveles por «debajo» de la parte superior. Es decir, la investigación de antecedentes y análisis que precede a un «sí» o a un «no» probablemente es realizada por un ingeniero de planta de 28 años de edad en un pequeño cubo en algún lugar abstracto en cuyo escritorio aterrizó del proyecto.

De vuelta a mi amigo y sus empleadas femeninas. «Para los hombres» dijo, «siempre se trata del ego. El tipo es un vendedor de alto nivel, y, por lo tanto, Dios nos ayude, insiste bastante en tratar más o menos exclusivamente con sus homólogos superiores. Está por debajo de su estación-auto-inventada-en-la-vida corporativa tontear en las entrañas de la operación del cliente con "meros empleados", o algo así. Pero las mujeres que contraté disfrutaban de las cosas que los hombres evitaban. Las mujeres invirtieron, de buen grado, muchísimo tiempo en el desarrollo de una compleja red de dos o tres o cuatro niveles por "debajo" en la operación del cliente... ¡donde la decisión de comprar o no se hace de manera efectiva!».

Para abreviar el cuento, lo esencial –para hombres o mujeres– es lo que llamo:

El poder gigantesco de «ir abajo».

Olvídese de «ir arriba» ya que es una estrategia de bajas probabilidades. Si está dispuesto a invertir tiempo, «ir abajo» es un asunto de altas probabilidades. Parafraseando al ladrón inmortal Willy Sutton sobre por qué eligió asaltar bancos: «Es donde está el dinero». (Ah, siempre está allá). Además del simple hecho de que «allá abajo» es donde el asunto se hace de manera efectiva; las personas que están un par de niveles «abajo» **[«abajo» siempre en comillas; «"abajo" es el verdadero "arriba"» es el himno aquí]** se sienten normalmente entusiasmadas por su tiempo y atención, pues todos anhelamos ser tomados en serio. Por lo tanto, el siguiente paso que usted conoce (después de *mucho* trabajo), es que usted tiene en marcha una red de ventas privadas por la cual luchar en las entrañas de la organización del cliente, y se trata de una red que tiene por lo general el poder de permanencia; y no hay mucha volatilidad «allá abajo».

¡¡Vaya abajo para tener éxito!!

(Usted lo leyó aquí primero).

(Como siempre, en este libro, no se trata de «un asunto de supervivencia para el más fuerte» o «de una idea buena». Se trata de un esquema bien pensado; de hecho, no menos que un «modo de vida», *¡un esfuerzo sistemático y medido para penetrar en la clase trabajadora, en la organización de un cliente y desarrollar un conjunto de relaciones con los que realmente hacen negocios!*).

(Nota: La formulación alternativa para «ir abajo para tener éxito»: **«El éxito no depende de "la gente que usted conoce en las altas esferas", depende de "las personas que conoce en los lugares bajos"»**).

> YENDO «ABAJO»... EN CAPITOL HILL

Mi avance personal en este caso se produjo hace más de tres décadas, cuando trabajaba en temas de drogas en/cerca de la Casa Blanca. Necesitaba apoyo del Congreso, ¡pero yo era un miembro de personal subalterno!, así estuviera afiliado o no a la Casa Blanca. Por suerte, un amigo me dio un sabio consejo «Capitol Hill» de un valor incalculable: *«El secreto consiste en no acercarse al congresista, pues las probabilidades son extremadamente bajas. El secreto consiste en encontrar y cortejar a la joven asistente del congresista, quien será la persona que se ocupe de tu problema».*

¡Eso fue lo que hice!
¡Con abandono!

Y, resultó ser un negocio redondo. (Todavía recuerdo con cariño cuando mi jefe me dijo una vez: «¡Parece como si hubieras logrado que el congresista _____ [el presidente del subcomité] estuviera trabajando para ti!»).

64. Fórmula para el éxito: C(I)>C(E).

Esta idea rondaba en mi vida mientras hablaba con la gente de ventas en GE Energy. (En su mayoría, grandes sistemas de ventas, a menudo clientes públicos en países en vías de desarrollo). He sostenido durante mucho tiempo que el conjunto de las relaciones dentro de su propia empresa es casi tan importante como las relaciones con los clientes externos que pagan las facturas. Aunque tal vez no sea una verdad universal, me pareció que a medida que hablaba con mis amigos de GE, en muchos casos... nuestros clientes internos/«C(I)» son en realidad... **más importantes**... que nuestros clientes externos/«C(E)».

De nuevo:

C(I) > C(E) (Los clientes internos son más importantes que los clientes externos).

En este caso en GE... *para ganar con los clientes externos, los sistemas que normalmente quieren los vendedores son una* **«parte injusta»** *(en palabras de un informante de GE) de una gran cantidad de tiempo de los empleados, ingenieros, el equipo de logística, abogados, y el sumamente importante («sí» o «no») personal de evaluación de riesgo.*

Mucha gente de GE está vendiendo un montón de cosas, y necesita... *para ayer...* montones y montones y montones de Ayuda Interior que demanda tiempo. Esto significa que yo (el vendedor) quiero estar... *en o muy cerca de la parte frontal de la fila...* para recibir el tiempo y la atención de los miembros del personal de evaluación de riesgo que están agobiados; también quiero estar a la cabeza de la cola de los ingenieros, ya que son quienes personalizan el producto...

De ahí que mi juego completo de «relaciones internas [con los clientes]» pueda terminar siendo/probablemente terminará siendo más importante, **–incluso mucho más importante–** que mis «relaciones externas [con los clientes]».

Teniendo en cuenta el caso de GE, me encontré diciéndole posteriormente a una vendedora de sistemas completamente exitosa de una empresa de telecomunicaciones española, *«Su problema es* [no "tal vez", sino "es", qué arrogancia] *que usted está pasando demasiado tiempo con sus clientes* [quienes pagan las facturas externas]». Ella me miró como si se me faltara un tornillo o más, pero luego nos enfrascamos en una discusión útil acerca de los «clientes» (por lo general, los clientes *externos*) y los «clientes» (del tipo *interno*). Su queja principal, que había provocado su pregunta en primer lugar, era que sus clientes externos llenaban con frecuencia sus pedidos después de la fecha prometida de la instalación, porque los ingenieros de su compañía no cumplían rutinariamente con la fecha límite prometida en la configuración de sistemas. Entonces la insté a pasar más tiempo alimentando su red *dentro* de su propio departamento de ingeniería; la reasignación de tiempo podría costarle unos cuantos puntos de cuota en el corto plazo, pero era un ganador «garantizado» (¡otro término arrogante!) en el mediano y largo plazo.

Las aplicaciones de esta idea van mucho más allá de los enormes sistemas de ventas de GE o de la compañía de telecomunicaciones española. En el pasado, yo, por ejemplo, como consultor de McKinsey en la «interfaz del cliente», quería una cuota «injusta» *y* una atención –bastante rápida– de nuestro Departamento Gráfico cuando se aproximaba una presentación programada a toda prisa. Como un joven empleado de compras, usted quiere una *parte injusta* del tiempo del Personal Legal mientras prepara un contrato de tamaño mediano. Como funcionario de la Casa Blanca hace mucho tiempo, yo quería que los diversos porteros le entregaran mi memo al secretario de Estado (etc.), frente a una cola infinitamente larga de muchísimas personas que me superaban en rango.

Consulta fundamental: **¿Qué... precisamente (¡¡mídalo!!)... ha hecho usted últimamente (¡en las últimas 36 horas!) para su importantísimo «portafolio» de... clientes internos????????**

(Por ejemplo: ¿Cuándo fue la última vez que invitó a un C(I) a almorzar o a cenar? ¿O le envió flores al Departamento Legal después de que le hubieran hecho así fuera un pequeño favor?).

Repito:

¡Mídalo!
¡Rastréelo!
¡Obsesiónese con él!
C-a-d-a día* (!!).

(*Cada = No Deje Pasar un Solo Día Sin Hacer Algo Notable por Algún cliente interno).

Hay literalmente cientos de giros y vueltas en esto. Consideremos solo unos pocos:

(1) Mantenga a sus clientes *internos* «sobreinformados»; mándeles tuits, correos electrónicos o mensajes instantáneos acerca de lo trivial y lo no tan trivial de su trabajo con sus clientes externos. Esfuércese todo lo que pueda para integrarlos a su equipo como iniciados «del círculo», ¡a todos nos encanta ser «iniciados»!

(2) Deles a sus clientes internos *«tiempo cara a cara»* con sus clientes externos, ¡esto también es un mega-estímulo!

(3) Si usted es el Gran Jefe, planee una convención-gala de «ventas» para el personal interno con mejor desempeño. Es decir, para aquellos en logística, ingeniería y finanzas que allanaron el camino para ventas gigantescas e hicieron un seguimiento a los servicios para clientes clave.

(4) *A todos (bueno, a la mayoría de nosotros) nos encantan los bolígrafos y los pasadores y (en mi caso, las gorras de béisbol.* Después de una gran venta o de una entrega a tiempo, reparta una gran cantidad de esos bolígrafos, pasadores y gorras, conmemorando el éxito, al personal interno que apoyó la causa.

(5) Por una parte, al igual las personas que contactan al cliente, queremos un gran número de C(I) «en nuestro bolsillo». Por otra parte, queremos que nuestros C(I) se unan a nosotros para comprometerse directamente y entusiasmarse con los C(E). Si *realmente* somos inteligentes, queremos ayudar a nuestros clientes internos a desarrollar, por ejemplo, la ingeniería, sus propias relaciones *directas* con los ingenieros de los clientes *externos*. En última instancia, todo consiste en la amplitud y en la profundidad de la red.

(6) Etc.

(7) Etc.

> ## JUEGO EN LA LIGA «JUNIOR»

Se lo debo todo a **Walt.**

Walt Minnick, que tiene exactamente mi edad, tuvo una extraordinaria carrera en el sector privado. Pero en lugar de retirarse, se postuló a los 66 años para el Congreso por Idaho en una campaña que tenía muy pocas posibilidades... y ganó.

He trabajado para (el joven) Walter en la Casa Blanca hace más de treinta años. Realmente parecía como si este individuo más bien joven tuviera a medio Washington ¡en el bolsillo! ¡Gran parte de la razón, estoy convencido, se debía a su permanente atención a... clientes internos... **Subalternos (!!!)**... Al final de cada uno de sus seis días de trabajo, por ejemplo, aproximadamente a las 7:00 p. m., Walt se iba a su oficina y escribía diez o quince notas de agradecimiento. Nunca, o rara vez, a Gente Importante, sino a la secretaria subalterna del señor Importante que, contra todo pronóstico, le había conseguido a Walt diez minutos en la agenda del señor Importante. La lección de Walt caló en mí. Mi fanatismo con este tema durante los últimos treinta años se debe en gran parte al ejemplo de Minnick, el actual congresista.

65. ¿Cómo se mide su «juego interior»?

Hecho: La comunicación multifuncional es un problema tal que podría llamarse con justicia el «Problema principal» de la empresa (¡Vaya!... esta puede ser al menos la vigésimo sexta vez que he dicho eso, y ni siquiera he llegado a la mitad del libro. Tal vez los engancharé a ustedes cuando lo repita por quincuagésima vez).

Solución (una parte adicional): Todos los departamentos de *personal* deberían/**deben** instalar rápidamente sistemas de medición de primer nivel de satisfacción del cliente interno... con fuertes incentivos arriba y abajo.

Gracias a mi experiencia, es muy raro el departamento de personal que mida religiosamente la satisfacción del cliente (interno), y la unidad interna que relacione las recompensas y sanciones severas con dichas mediciones.

¡Eso tiene que cambiar!

Así que... comience...

¡Ahora!

Comience a hablar acerca de esto.

¡Hoy!

(Puede que usted haya desechado objeciones tales como: «Los auditores son, después de todo, policías; no están ahí para ganar premios de popularidad». Esto es cierto hasta cierto punto. El auditor «aceptable» desempeña sus funciones de una manera completamente profesional y llama a las cosas por su nombre si es del caso. El... auditor... **excepcional**... también desempeña sus funciones de una manera completamente profesional, *pero también ayuda a que el departamento auditado aprecie la teoría y la práctica de, por ejemplo, el mantenimiento superior de los registros.* Es decir, los departamentos de personal poseen una experiencia singular en temas como la auditoría, pero pueden expresar dicha experiencia, así como un dentista extrae dientes sin novocaína, o en el espíritu de una *asociación* sincera e hipersensible. Esto último es lo que estoy instando como el objetivo de un sistema efectivo de evaluación de la satisfacción del cliente interno. De hecho, si yo fuera un Jefe Importante –por ejemplo, un director de operaciones– insistiría en que todos los departamentos, pequeños o grandes, desarrollaran esquemas de satisfacción de los clientes internos que incluyeran incentivos para llamar la atención).

▶ DELO POR SENTADO

Caso: Me reuní con el jefe de Personal de Servicios de un gran banco italiano. Él era un fanático de la satisfacción del «cliente» para los clientes internos de sus departamentos. En su esquema, los «clientes» internos del personal de cada departamento idearon por sí mismos las medidas; y los incentivos principales de dólares y centavos (euros) para los departamentos de personal se basaron principalmente en medidas cuantitativas de la satisfacción de sus clientes internos. El ejecutivo del departamento de personal llamó a este Sistema de Satisfacción del cliente interno «mi principal iniciativa estratégica».

1. 2. 3. 4. 5. 6. 7. 8. 9. 10. 11. 12. 13. 14.

15. 16. 17. 18. 19. 20. 21. 22. 23. 24. 25.

26. 27. 28. 29. 30. 31. 32. 33. 34. 35. 36.

37. 38. 39. 40. 41. 42. 43. 44. 45. 46. 47.

48. 49. 50. 51. 52. 53. 54. 55. 56. 57. 58.

59. 60. 61. 62. 63. 64. 65. **66. 67.** 68. 69.

70. 71. 72. 73. 74. 75. 76. 77. 78. 79.

80. 81. 82. 83. 84. 85. 86. 87. 88. 89.

90. 91. 92. 93. 94. 95. 96. 97. 98. 99.

100. 101. 102. 103. 104. 105. 106. 107.

108. 109. 110. 111. 112. 113. 114. 115.

116. 117. 118. 119. 120. 121. 122. 123.

124. 125. 126. 127. 128. 129. 130. 131.

132. 133. 134. 135. 136. 137. 138. 139.

140. 141. 142. 143. 144. 145. 146. 147.

148. 149. 150. 151. 152. 153. 154. 155.

156. 157. 158. 159. 160. 161. 162. 163.

Almorzar

A través de la junta: La colaboración multifuncional es prioritaria.

Los asuntos multifuncionales son el problema **principal** de las organizaciones.

Problemas principales:
Subdivisión de logística de seis personas.
Restaurante con doce mesas.
Concesionario de automóviles.

Por lo tanto: **Abordar este problema de manera activa y... diariamente... es una Oportunidad Fantástica.** ¿Quiere una gran maximización-cooperación-oportunidad multifuncional, o**... una Excelencia multifuncional)**... como yo la llamo?

Respuesta: ¡Haga *amigos* en otras funciones! (A propósito).
Respuesta: ¡Vaya a *almorzar* con personas en otras funciones!! (¡Con frecuencia!).
(Ver también inmediatamente a continuación).

Respuesta: Pida a sus pares en otras funciones algunas referencias para que usted pueda *ser versado en el mundo de ellos.* (Importante: Le parecerá interesante, y es una señal enorme de... **importarle un comino).**

Respuesta: *Invite a sus homólogos en otras funciones a sus reuniones. Religiosamente. Pídales que presenten «cosas interesantes» de «su mundo» a su grupo.* (Importante; útil *y* respetuoso).

Respuesta: Entregue a homólogos en otras funciones premios por el servicio a su grupo. *Celebre un banquete «adeptos All-Star [de otros grupos]».* (¡Estupendo!).

Respuesta: *Cuando alguien en otra función necesite ayuda, responda incluso con mayor rapidez de lo que lo haría si se tratara de la persona en el cubículo junto al suyo, o más de lo que lo haría por un cliente externo clave.*

Respuesta: **No hable mal**... «los dichosos contadores», «el dichoso tipo de recursos humanos». Nunca. *(Ni siquiera en la intimidad de su bañera).*

Respuesta: Comparta más información de la que cree que «necesita»... Tan pronto como sea posible y Siempre.

Respuesta: Siempre que esté tratando con pares en otras funciones, pregunte repetidamente: «¿Qué opinas?» (¡Recuerde esto!).

Respuesta: Veinte cosas más como esta, que se reducen a establecer, mantener y mejorar los *vínculos sociales-humanos,* como los llamo.

Respuesta: ¡Frecuencia! ¡Repita! ¡Repita! ¡Repita!

67. Cómo llevarse bien e ir a almorzar: *Solucionando* el problema de la cooperación multifuncional.

Una y otra **(y otra)** vez, desde el campo de batalla hasta la presentación de comidas rápidas, nos vemos obstaculizados por comunicaciones/coordinación/pérdida de oportunidades multifuncionales inexistentes o contenciosas para un Cambio Trascendental.

Hay mucho que decir (y lo he dicho en otros lugares y en este libro, y lo seguiré diciendo), pero quiero que esto se sostenga por sí mismo.

¡Vaya a almorzar!

No me importa cuáles sean sus «prioridades». Haciendo caso omiso de mi impotencia sobre usted, no obstante, **exijo** que... **dedique un mínimo de... cinco almuerzos al mes... para comer con gente en otras funciones.**

Dígales la verdad cuando les haga la invitación: Usted está cansado de todas las comunicaciones fallidas y de oportunidades perdidas, y está decidido para beneficio mutuo a desarrollar una... **Red Grande-Activista-Íntima a través de la Organización.**

¡Hágalo!
¡Programe la primera de ellas ahora mismo!
¡Suelte el libro!
¡A-H-O-R-A!
(¡Confíe en mí!).
(¡Esto es importante!).
(¡Muy importante!).

Nota: El hecho es que, a nivel personal, así como a nivel profesional, usted encontrará que en... **9 casos de 9**... (Bueno, en 9 de cada 9,7), usted tiene mucho en común (seis grados de separación, etc.) con su compañero de Logística con quien almorzó por primera vez, y que él/ella también está irritado/a por la misma torpeza multifuncional que usted. Bueno, al diablo con sus jefes y los esquemas de megadólares de los tipos de TI; solucione eso en el almuerzo. *(Si el 70 % de los miembros del personal lo hicieran como un asunto de rutina, de rutina medida, ¡la organización habría desarrollado la más aguda flecha competitiva posible!).*

➤ ¡SÁLGASE CON LA SUYA! HAGA QUE CADA «ENCUENTRO PARA ALMORZAR» CUENTE

Considere cada almuerzo de día de trabajo como un «turno al bate». (Soy un fanático irreformable del béisbol). Cuatro semanas laborales de cinco días cada una suman unos veinte «turnos al bate» cada mes.

20 oportunidades para iniciar *Nuevas Relaciones*;

20 oportunidades para nutrir o ampliar *Antiguas Relaciones*;

20 oportunidades para enmendar *Relaciones Deterioradas*;

20 oportunidades para *«Invitar a almorzar a un bicho raro»*, y aprender algo nuevo;

20 oportunidades para poner a prueba una idea con un *Compañero-Recluta-Alianza Potencial*;

20 oportunidades para conocer a alguien en *Otra Función*;

20 oportunidades para... TRATAR De, o HACER UNA VENTA... y conseguir un Campeón Converso para su idea o proyecto.

No lo estoy instando a ignorar a los amigos con los que usted suele ir a almorzar. Y si «utiliza» al máximo las veinte «oportunidades» de almuerzo mensuales, estaré tentado a decir que usted es un «fuera de serie». (O decidido a convertirse en el próximo Donald Trump. O en el presidente de EE. UU. en 2012).

Pero le insto-suplico que considere los Almuerzos como un/el/su Recurso Más Valioso.

Cada almuerzo terminado, ha terminado para siempre.

Las oportunidades de almorzar utilizadas con eficacia = Alto RDLIELR (Retorno de la Inversión en las relaciones).

20 al mes. **240** al año. Para un beisbolista de las Grandes Ligas, CADA TURNO AL BATE ES VALIOSO. Para alguien «decidido a construir una red sin igual y escoger personas de afuera geniales y aliados útiles»... CADA ALMUERZO ES VALIOSO.

¿De acuerdo?

¿Entonces?

Invite a almorzar a alguien interesante/potencialmente útil... mañana.

Si es antes del mediodía, ¿qué tal almorzar hoy... HOY?

Las ecuaciones

La opinión de un ingeniero sobre los...
Secretos de la implementación efectiva

Los ingenieros viven para la representación matemática y/o algebraica de cualquiera y todas las cosas.
Por lo tanto, yo, un ingeniero contumaz, ofrezco este conjunto de «ecuaciones» destinadas a ayudarle a usted, ingeniero o no, a aumentar sus probabilidades de éxito cuando trate de implementar casi cualquier cosa.

El éxito en HLC/Hacer Las Cosas es una función de...

E = a(#&PR, -2L, -3L, -4L, I&E)
El éxito es una función de número y profundidad de relaciones en los niveles 2, 3 y 4 hacia abajo, dentro y fuera de la organización.

E = ƒ(IA > IA)
«Ir abajo» es más importante que «ir arriba»; la idea es tener toda la «parte inferior» de la organización trabajando para usted.

E = a(#A no-F, #AA no-F)
Número de amigos no en mi función, número de almuerzos con amigos no en mi función.

E = a(#AO)
Número de amigos en la organización financiera.

E = a(#AE)
Número de amigos excéntricos.

E = a(EDP)
Escucha determinada y profunda; este es un trabajo muy duro.

E= a(#) NLLD3MFD
Número de llamadas difíciles de «tres minutos» al final-del-día (que usted preferiría evitar), que calman los sentimientos intensos, mejoran las relaciones, etc.

E = a(FHNS, FHH, AMAA)
Favores hechos no solicitados, FH en relación con los hijos de compañeros de trabajo, actos manifiestos de amabilidad-atención hacia los cónyuges de compañeros de trabajo, padres, etc.

E= a(#G, #NGH)

Número de «agradecimientos» hoy, número de notas de agradecimiento envia-
das hoy.

E = a(A)

¡Asista!

E = a(B)

Busque la tarea de escribir los primeros borradores, minutas, etc.

E = a(#SAE)

Número de relaciones sólidas con Asistentes Ejecutivos.

E = ƒ(%AU/s-m)

Porcentaje de almuerzos útiles por semana, mes.

E = ƒ(FR/FD, EF/GCD)

Favores realizados, favores debidos colectivamente, equilibrio de favores, ges-
tión consciente de.

E = ƒ(AGRPC, TMDE)

Actividades de gestión de relaciones planeadas con conciencia, tiempo medido
dedicado a esto.

E = ƒ(NA/d, FE/m, AA/d)

Notas de agradecimiento por día, flores enviadas al mes, actos de aprecio al día.

E = ƒ(D 100 % P «o», «pMP» ISNMC)-SNDT

Disculpas cien por ciento proactivas y oportunas, por «pequeñas» metidas de
pata, incluso si no es mi culpa (siempre se necesitan dos para el tango).

E = ƒ(RUAR, SC-SCE)

Rendición universal de cuentas–aceptación de la responsabilidad de todos los
asuntos, sin culpas, sin chivos expiatorios.

E = ƒ(CP «p» D, CIM)

Conciencia, percepción de «pequeños» desprecios y corrección inmediata de los
mismos.

E = ƒ(RIADCTMP)

Reacción instantánea abrumadora y desproporcionada a cualquiera y a todas las metidas de pata.

E = ƒ(G)

Gracia.

E = ƒ(GHA)

Gracia hacia el adversario.

E = ƒ(GHH)

Gracia hacia los heridos en enfrentamientos burocráticos.

E = ƒ(DD)

Decencia decidida.

E = ƒ(CE, GMD)

Conexiones emocionales, gestión y mantenimiento de.

E = ƒ(IDPDO)

Inversión en dominio de los procesos detallados de organización.

E = ƒ(TIC)

Tiempo invertido en la contratación.

E = ƒ(TDDP, TDP-PN)

El tiempo dedicado a las decisiones de promoción, especialmente para los gerentes de primer nivel.

E = ƒ(% «MB» D-CP)

Porcentaje de material blando en decisiones de contratación y promoción.

E = ƒ(TDGD, D/NP)

Tiempo dedicado a gerenciar deambulando, decidido y no planeado.

E = ƒ(DIH)

Distensión incorporada al horario.

E = f(TDARO)

Tiempo dedicado a… remover obstáculos.

E = f(TM% «eMB», GD «eMB», D «cPH» «eMB»)

El éxito es una función de porcentaje del tiempo, medido, en «este Material Blando», gestión decidida de «este Material Blando», «cosas por hacer» diariamente en relación con el «Material Blando».

****

Concluiré con otras tres «ecuaciones» orientadas hacia el éxito-efectividad-Excelencia organizacional:

A(O) = f(XJ)

A(O), lo «azulado» del propio «océano» [piense en la «ventaja competitiva», tal como se define en el popular libro *La estrategia del océano azul*] es directamente proporcional a la propia eXcelencia en la eJecución/XJ. [Si uno se encuentra un «océano azul» «estratégico», uno será, especialmente en el mundo de hoy, imitado de inmediato; la única «defensa» –la posibilidad de mantener el éxito– es con la XJ/eXcelencia en la eJecución. Piense en ExxonMobil; ellos y sus rivales saben dónde están los hidrocarburos, pero ExxonMobil supera cómodamente a la competencia].

E(O) = f(XJFX)

La causa más importante para la ausencia de ejecución efectiva es la falta de comunicación-ejecución multifuncional. Por lo tanto, el éxito organizacional es una función de la eXcelencia (X) en la eJecución (J) multifuncional (FX).

E(O) = f(X«PC»)

En honor al todopoderoso GD de HP/Gerenciar Deambulando, lo siguiente: E(O), el éxito organizacional, es una función de X «ePC» eXcelencia al Permanecer en Contacto.

1. 2. 3. 4. 5. 6. 7. 8. 9. 10. 11. 12. 13. 14.
15. 16. 17. 18. 19. 20. 21. 22. 23. 24. 25.
26. 27. 28. 29. 30. 31. 32. 33. 34. 35. 36.
37. 38. 39. 40. 41. 42. 43. 44. 45. 46. 47.
48. 49. 50. 51. 52. 53. 54. 55. 56. 57.
58. 59. 60. 61. 62. 63. 64. 65. 66. 67.
68. 69. 70. 71. 72. 73. 74. 75. 76. 77. 78.
79. 80. 81. 82. 83. 84. 85. 86. 87. 88.
89. 90. 91. 92. 93. 94. 95. 96. 97. 98. 99.
100. 101. 102. 103. 104. 105. 106. 107.
108. 109. 110. 111. 112. 113. 114. 115.
116. 117. 118. 119. 120. 121. 122. 123.
124. 125. 126. 127. 128. 129. 130. 131.
132. 133. 134. 135. 136. 137. 138. 139.
140. 141. 142. 143. 144. 145. 146. 147.
148. 149. 150. 151. 152. 153. 154. 155.
156. 157. 158. 159. 160. 161. 162. 163.

68. ¡Simplemente diga sí! O: Una lección de mi suegra.

Mi esposa Susan y yo, sin previo aviso, invitamos a su mamá, quien tenía 74 años, para que viajara desde New Canaan, Connecticut, y se uniera a nosotros para una cena en el centro de Manhattan.

Ella dijo que «no».
Punto.

He conocido a Joan Sargent durante mucho tiempo. Si hay algo que la caracteriza, es la autodeterminación.
Es decir, «No» = No.

Cuando llegamos a la ciudad desde Vermont, nos sentimos desconcertados al encontrar un mensaje de Joan, que decía: *«Llegaré a las 7».*
Nos sentimos encantados. (Sí, tengo una gran relación con mi suegra). *Y sorprendidos.* Obviamente, le preguntamos por qué había cambiado de parecer.
Respuesta corta:

«Decidí decir "Sí"».

Respuesta larga. Ella se acordó de una amiga muy vital que había vivido más allá de los 90 años. «Ella dijo que tenía tres "secretos"», recordó Joan. «En primer lugar, rodéate de buenos libros sobre todos y cada uno de los temas. En segundo lugar, pasa tiempo con personas de todas las edades. Y, en tercer lugar, di «Sí».

Añadió que, efectivamente, no había tenido la intención de conducir desde Connecticut. (Para aquellos lectores que han envejecido un poco, todos nosotros desarrollamos visión periférica desde muy pronto, y conducir en la noche es una verdadera molestia, especialmente cuando llueve o nieva. Y el tiempo era terrible). Pero ella se acordó de su amiga y decidió con determinación... «decir..."sí"».

Mensaje, a los 24 años, o a los 74:

Interactúe con todo tipo de personas de todas las edades.
Siga aprendiendo cosas nuevas.
Y simplemente diga... **«¡sí!».**

69. ¡Por la gloriosa diversión de hacerlo 24/7!

La noción que tiene Richard Branson sobre la diversión es enfrentarse en el cuadrilátero con alguien que sea muchísimo más pesado que él. Como escribió Michael Specter en su maravilloso perfil para *New Yorker* («La suerte de Branson»), «a Branson le gusta entrar en un mercado controlado por un gigante: British Airways, por ejemplo, o Coca-Cola, o Murdoch. Y luego presentarse como la alternativa *hip*».

Él se permite sentirse molesto por algo estúpido (el patético «servicio» al cliente de las aerolíneas), y lanza más o menos de inmediato una aerolínea, o lo que sea. (Nota: Creo que... **toda**... la innovación, productos o procesos exitosos, son... fantasías vividas de personas molestas). Con una fortuna estimada en miles de millones, él está al frente de una nómina de cerca de 55.000 personas enérgicas en doscientas empresas muy independientes. (Piense en

Virgin Atlantic, Virgin Blue de Australia, Virgin Limousines, Virgin Money, clubes de salud Virgin Active, viajes espaciales Virgin Galactic...).

Branson *es* su marca. Él disfruta de sus locuras que personifican la cualidad *hip* de la marca, y se dedica a ellas incluso cuando está fuera del alcance de la cámara; al ver que el auto que regresaba a su hotel después de una fiesta reciente (entre cuyos invitados se encontraban los fundadores de Google, que tienen la mitad de la edad de Branson) estaba lleno, Sir Richard simplemente se metió en el maletero. Specter va tan lejos en su perfil que lo llama el «anti-Trump», mientras que, en la oficina, «el apodo Branson es Doctor Sí, en gran parte porque nunca ha sido capaz de despedir empleados, y con frecuencia tiene problemas para decir no incluso a la mayoría de las ideas ridículas y no solicitadas».

A medida que leía el perfil de Branson, dejé que mi mente divagara en torno a Howard Schultz, el fundador de Starbucks. Me gustan mucho Schultz *y* su empresa. Pero parece que cuando uno escucha hablar de su futuro, es casi siempre en términos de la meta de Howard consistente en añadir miles y más miles de tiendas, o algo así. Branson se siente indudablemente feliz cuando sus empresas tienen éxito y crecen (aunque no derrama un mar de lágrimas cuando una de ellas fracasa, siempre y cuando se haya tratado de un intento particularmente bueno), pero su objetivo principal parece ser realmente la pura diversión de hacer algo genial para tomarle el pelo a un gigante o, más recientemente, para invertir fuertemente en biocombustibles para salvar el mundo.

En resumen (y largamente), me gustaría que hubiera muchos más como él.

No soy Branson en lo más mínimo; pero entiendo el impulso que lo guía. La *única* razón por la que adopto cosas nuevas, y sigo acumulando millas de viajero frecuente, se debe a que desde hace mucho tiempo siento un placer puro siempre que tomo «el otro camino» y, en particular, cuando me enfurezco con aquellos que creo que nos han defraudado, desde los ejecutivos obsesionados por los números hasta la falta de rigor por la seguridad del paciente que muestran los líderes de la atención de la salud, medida en cientos de miles de muertes anuales evitables en Estados Unidos solamente.

¿Mi consejo?

Esto es *estratégico*: **Esfuércese al máximo para «hacer que sea divertido», «haga que sea una experiencia digna de recordar», «¡haga que sea una fiesta inolvidable!».**

Debería ser una *diversión* total y pura mover cielo y tierra para viajar a dos o tres o seis países muy lejanos con el fin de reparar un sistema informático en un instante con una solución diabólicamente inteligente que obnubila la imaginación, si usted está en el negocio de los servicios informáticos. Debería ser una *diversión* total y pura y sin paliativos que su cuadrilla descubra formas innovadoras, en vista de probabilidades muy remotas, para entregar un pedido poco convencional una semana antes de tiempo. Y así sucesivamente.

Con el objetivo de trastocar el conservadurismo como un equipo cohesivo-comprometido de rebeldes, cuadrilla de hermanos-hermanas con un nuevo enfoque chispeante con respecto a la formación de supervisores de primera línea que harán-un-cambio-sorprendente-es-tan-genial-y-tan-bueno... esto es lo que llamo una *Diversión* Maravillosa y Fantástica y Gloriosa 24/7. Y creo que... **su labor**... como jefe-líder consiste en establecer precisamente este conjunto de desafíos «extravagantes» a su equipo de proyectos de siete personas y dos meses de duración, o a su departamento de 46 personas.

Sir Richard Branson «lo entiende».
(Yo también).
(A pesar de que mi cartera esté anémica comparada con la suya).
¿¿¿¿¿¿¿Y la suya????????

(Por favor, por favor, por favor: No descarte esto como «tonterías motivacionales». Actúe como si su vida dependiera de ello; de hecho, su vida profesional y su cordura personal dependen de ello).

> *DILBERT* **NO ES GRACIOSO**

Si usted ha elegido leer este libro, las probabilidades son que usted trabaje muchas horas, y le importe un comino lo que hace.

Las ideas como esta, si me permite ser tan exageradamente atrevido, son cercanas a la esencia de nada menos que... **lo que significa ser humano.**

Desde el púlpito, o desde el campo de batalla cuando la guerra es absoluta-mente necesaria, no hay ningún llamado más grande del líder que... *Involucra de Lleno a Otros en Misiones Hacia el Crecimiento y la Vida con Sentido.* **(¿Sí?) (¿No?)**

Dilbert **no**... es... gracioso.

(Aunque me ría de su representación perfecta de una buena parte de la vida corporativa).

El mundo de *Dilbert* consiste en una serie de días... **efectivamente des-perdiciados.** (A mis 67 años, no he tenido tiempo para eso).

Como líderes, hacemos una promesa implícita de «estar al servicio» y de estar «comprometidos de todo corazón con el crecimiento de los demás», como en los votos matrimoniales y en los votos implícitos de la paternidad.

Por lo tanto, llame a estos desafíos como «hacer que sea divertido», es decir, realmente atractivos y valiosos, y fuente constante de camaradería; castillos en el aire si es necesario.

Pero si se trata de castillos en el aire, entonces, ¿cuál es la alternativa *exacta*?

¿Leer las... *Obras completas de Dilbert*?

¿Mientras pasa otro día en la fuente de agua riéndose de la estupidez de su trabajo?

No, gracias.

(Y, en realidad, la lasitud y/o falta de rumbo realmente no es una opción a medida que el mercado laboral se vuelve más y más «global» y, por lo tanto, más y más competitivo. Un nuevo lema, tal vez: «¿Solo quienes se involucren de lleno sobrevivirán?»).

1. 2. 3. 4. 5. 6. 7. 8. 9. 10. 11. 12. 13. 14.
15. 16. 17. 18. 19. 20. 21. 22. 23. 24. 25.
26. 27. 28. 29. 30. 31. 32. 33. 34. 35. 36.
37. 38. 39. 40. 41. 42. 43. 44. 45. 46. 47.
48. 49. 50. 51. 52. 53. 54. 55. 56. 57.
58. 59. 60. 61. 62. 63. 64. 65. 66. 67.
68. 69. **70. 71.** 72. 73. 74. 75. 76. 77. 78.
79. 80. 81. 82. 83. 84. 85. 86. 87. 88.
89. 90. 91. 92. 93. 94. 95. 96. 97. 98. 99.
100. 101. 102. 103. 104. 105. 106. 107.
108. 109. 110. 111. 112. 113. 114. 115.
116. 117. 118. 119. 120. 121. 122. 123.
124. 125. 126. 127. 128. 129. 130. 131.
132. 133. 134. 135. 136. 137. 138. 139.
140. 141. 142. 143. 144. 145. 146. 147.
148. 149. 150. 151. 152. 153. 154. 155.
156. 157. 158. 159. 160. 161. 162. 163.

70. Los para «no hacer» son más importantes que los «para hacer».

Mi amigo Dennis es una figura prominente. Su éxito en una situación que nos importa a todos es monumental. Hace algunos años recibió una enorme $$$ subvención y se le dio la oportunidad de desplegar su excelente programa en todo el país. De repente, le pidieron convertir sus ideas innovadoras en un sistema que pudiera ser replicado por «la gente corriente». Entre muchas otras cosas, él es «una de esas personas» que tiene diez ideas por minuto, y uno de los muy pocos de este tipo de personas donde todas las diez generalmente son *buenas* ideas. Así que su personal talentoso corrió como loco (lo amaban a él; y «loco» no es una exageración) trabajando en esto excitante o en aquello emocionante. Pero ahora, para hacer realidad sus sueños atrevidos en un panorama más amplio, él tenía que confeccionar y ejecutar un sistema de «variación baja», y las cosas prometían ser diferentes.

Asistí a una reunión de su comité asesor en un momento crítico. El presidente había sido CEO de una gran empresa. Y hasta mi último aliento, recordaré una sola frase que salió de la boca del compañero:

«Dennis, necesitas una lista "para no hacer"».

En términos simples:

(1) Lo que usted decida *no* hacer probablemente sea *más* importante que lo que decida hacer.

(2) Es probable que usted no pueda trabajar solo en las cosas «para no hacer»; usted necesita una junta sólida/mentor/asesor/insistente de su confianza para actuar como un sargento de instrucción que lo llevará marchando a la leñera cuando usted se desvíe y comience a hacer las cosas «para no hacer» que consumen mucho tiempo.

Leí una investigación que sostiene que el 50 %, o incluso el 60 % o más de lo que hacemos los jefes, es innecesario. Soy escéptico. No digo que el 50 % de nuestro tiempo esté mal distribuido, pero creo que muchas personas que dicen esto, tienen una visión ingenua del mundo. Es decir, muchas de las cosas «innecesarias» que hacemos son, de hecho, necesarias. Asistimos a una reunión en la que no tenemos ningún interés, o al menos ningún interés aparente. Pero, de hecho, hay un interés apremiante: El tema *es* irrelevante, pero usted está allí para expresar su *apoyo visible* a Mary Smith, que es un obstáculo potencial o partidaria del próximo paso crucial para *su* proyecto predilecto. Es decir que... *¡usted está allí 100 % por razones políticas!* Sin embargo, debido a que la implementación de *cualquier cosa* consiste en la política aproximadamente en un 95 %, realmente es una reunión a la que se «debe asistir, se debe parecer atento». Por lo tanto, hay un montón de cosas (sustancia) de «bajo rendimiento» que usted necesita por razones (políticas) de «alto rendimiento». Así que debemos buscar con mucho ahínco y cuidado las cosas verdaderas para «no hacer». No daré ningún consejo sobre el proceso de elección; se lo dejo a usted y una biblioteca llena de libros más o menos sobre el tema. Me refiero aquí simplemente a subrayar mi apoyo a un... **proceso de gestión formal y sistemático de hiper-alta prioridad «para no hacer» cosas,** las cuales, de hecho, *deben* incluir a ese asesor de confianza.

Por lo tanto, en esta la parte superior de su lista de «cosas para hacer» hoy, está el hecho de comenzar a trabajar de inmediato en su lista de las cosas «¡para no hacer!».

▶ ¡DETÉNGASE! EN NOMBRE DE LA ESTRATEGIA

Mientras me preparaba para un corto discurso en una recaudación de fondos para *Nature Conservancy, leí Nature's Keepers: The Remarkable Story of How the Nature Conservancy Became the Largest Environmental Organization in the World* [Guardianes de la Naturaleza: La historia notable de cómo Nature Conservancy se convirtió en la organización ambiental más grande del mundo], de Bill Birchard. Cuando el expresidente de TNC, John Sawhill, acababa de asumir el mando, designó un grupo de tareas clave para hacer una evaluación exhaustiva de la estrategia de la organización. Más específicamente, por orden de Sawhill:

«¿En qué áreas debería centrarse TNC, y más importante, qué actividades debemos SUSPENDER?». [Las mayúsculas son mías].

Sugiero la imitación pura y simple: En los próximos noventa días, trabaje con su equipo de liderazgo en una... **«Revisión Estratégica para "Dejar de Hacer"».** Una vez que se hayan tomado decisiones para «dejar de hacer», se debe desarrollar un plan cuidadoso y disciplinado para salir desde abajo. (Cuidado con un «dejar de hacer» que pase posteriormente a la clandestinidad; ¡cada actividad tiene sus adherentes furibundos y astutos!).

(Nota: **Manténgalo simple.** La magia de la aprobación de Sawhill está en su claridad. ¿Qué debemos hacer? ¿Qué debemos dejar de hacer? Por desgracia, esta claridad no tiene permiso en la mayoría de este tipo de llamados a la revisión estratégica).

71. Algunas cosas que vale la pena hacer, vale la pena hacerlas no particularmente bien.

Los lectores de este libro son adultos de hecho y en su acercamiento a la vida.

Este artículo podría insultar su inteligencia. Por otro lado, puede ayudarles a liberar, por ejemplo, el **20 %** de su tiempo tal como lo emplean en la actualidad. Por lo tanto, correré el riesgo de insultarlos.

El recordatorio me llegó una noche mientras estaba lavando los platos. (Es mi tarea). Yo estaba lidiando con un viejo molde para hornear particularmente resistente. Limpié los residuos de comida, quedó totalmente higiénico. Pero había quedado un pedazo crujiente, que ataqué con saña, pero casi sin éxito. En un momento empecé a reírme de mí. El molde estaba higiénico y «suficientemente limpio», aparte de que yo realmente no necesitaba considerar el esfuerzo como si fuera un discurso para CEOs de Fortune 50. Esto es difícil de venderle a un ingeniero con sangre mayoritariamente alemana, o sea, a mí.

El microevento (lo suspendí) me recordó la Verdad Mayor. En un mundo (personal, profesional) de recursos limitados (tiempo, en este caso) y de prioridades de la mayor importancia (para usted y para mí, en cualquier caso), hay una gran cantidad de «cosas» que se deben hacer, pero para las que «suficientemente bueno» es realmente suficientemente bueno.

Existen numerosos casos en los que obsesionarse con los últimos metros de un viaje de cien kilómetros es de suma importancia, como cuando se escribe un libro. (Los «dos últimos pases» que siguen a los «dos últimos pases» son de suma importancia para mí, un estado de la naturaleza del que nunca seré desplazado). En realidad, soy un gran fanático del «perfeccionismo», a pesar de los inconvenientes.

Sin embargo, hay una gran cantidad de moldes para hornear que son lo suficientemente limpios. El arte de decidir qué cosas hacer y cuáles no merecen los «últimos pases seguidos de los dos últimos pases» es muy importante. Hay mucho por hacer, y el perfeccionismo en cosas que no ameritan el perfeccionismo es, para algunos de nosotros, un absorbente significativo de recursos.

¿Sugerencia?

El tiempo es su recurso más valioso.
Obvio.
(Pero *siempre* vale la pena repetirlo).
Hay «cosas» que usted debe hacer realmente.

(Ese es el punto; usted tiene que hacerlo, lavar platos).

Pero en realidad no es lo suficientemente importante como para que usted se mate.

No dedique más tiempo del «suficiente» a eso.

Es muy posible que se sorprenda, tal vez incluso se «asombre» por la cantidad de tiempo que usted puede reasignar.

(Una vez más, lamento insultar su inteligencia, si, realmente, lo hice).

1. 2. 3. 4. 5. 6. 7. 8. 9. 10. 11. 12. 13. 14. 15. 16. 17. 18. 19. 20. 21. 22. 23. 24. 25. 26. 27. 28. 29. 30. 31. 32. 33. 34. 35. 36. 37. 38. 39. 40. 41. 42. 43. 44. 45. 46. 47. 48. 49. 50. 51. 52. 53. 54. 55. 56. 57. 58. 59. 60. 61. 62. 63. 64. 65. 66. 67. 68. 69. 70. 71. **72. 73. 74.** 75. 76. 77. 78. 79. 80. 81. 82. 83. 84. 85. 86. 87. 88. 89. 90. 91. 92. 93. 94. 95. 96. 97. 98. 99. 100. 101. 102. 103. 104. 105. 106. 107. 108. 109. 110. 111. 112. 113. 114. 115. 116. 117. 118. 119. 120. 121. 122. 123. 124. 125. 126. 127. 128. 129. 130. 131. 132. 133. 134. 135. 136. 137. 138. 139. 140. 141. 142. 143. 144. 145. 146. 147. 148. 149. 150. 151. 152. 153. 154. 155. 156. 157. 158. 159. 160. 161. 162. 163.

Clientes

72. Son las 11 a. m. ¿Ha llamado a un cliente hoy?

Nunca.
Jamás.
No tengo contacto.
Con los clientes.

Es fácil perder el contacto.
G. W. Bush.
B. H. Obama.
Yo.
Usted.
Empresa grande.
Empresa pequeña.

No debe suceder.

Deténgase.
Ahora.

Llame a un cliente.
Inesperadamente.

Pregúntele:

«¿Cómo puedo ayudarte?».
«¿Cómo vamos?».
«¿Hemos cumplido todas nuestras promesas, implícitas y explícitas?».

Escuche.
ESCUCHE.

Tome notas.
Meticulosamente.
(Grábelas en un Folder Especial electrónico/Computadora portátil).

Haga-un-seguimiento-de-al-menos-una-cosa-«pequeña».
RÁPIDO.
INSTANTÁNEAMENTE.

Repita.
Dentro de 48 horas.

Pista: Esto se aplica al 100 % de nosotros. No solo a los «jefes». Y no solo para aquellos con clientes «externos».

Todos.
Nosotros.
Tenemos.
Clientes.

73. ¡No hay nada, pero nada, mejor que un cliente enojado!

Extraño pero cierto: *Nuestros clientes más leales son los que tuvieron un problema con nosotros… ¡y luego se maravillaron cuando fuimos esa distancia de más a la velocidad de la luz para solucionarlo!*

Oportunidad de negocios N°. 1* = Los clientes furiosos se convierten en seguidores.

(* Sí, N.° I).

Así que... ¿Está usted buscando problemas de los clientes de manera *activa* para solucionarlos?

Reglas:

Haga del hecho de reaccionar **excesivamente** a los problemas una piedra angular en la cultura corporativa, un tablón en la declaración de Valores Corporativos. *(«Respondemos a las preocupaciones de los clientes con pasión y rapidez y recursos de manera que aturdan-sorprendan-abrumen a esos clientes todo el tiempo»).*

Recompense (EN GRANDE) a quienes descubran... **y reporten... problemas de los clientes.**

Conéctese en exceso; informe al cliente lo antes posible (!!), y actualice constantemente, *aunque no haya absolutamente nada que informar.*

Asegúrese de que haya recursos *dedicados* en la lista para responder a problemas. (Esto es más o menos **«anti**-Justo-A-Tiempo»). (No importa lo buenos que sean sus sistemas, **habrá** problemas y usted deberá tener el personal adecuado, y algo más, para responder a la velocidad del rayo).

Trabaje asiduamente (recompense generosamente, castigue con dureza, promueva, degrade) en la cooperación multifuncional; la mayoría de las soluciones (¿99 %?) requerirán dicha cooperación.

Recompense –EN GRANDE– las reacciones maravillosas a los problemas.

Recompense –EN GRANDE– las reacciones maravillosas a los problemas *«pequeños».* **(No hay «problemas pequeños» en el universo de los clientes).**

Publicite las respuestas a los grandes problemas. (Interna y externamente).

No imagine ni bajo la amenaza de desmembramiento que la prevención es «la respuesta» a los errores. La prevención es maravillosa; obviamente. Sin embargo, suceden cosas malas. Independientemente de la eficacia de los sistemas, hay cosas que salen y saldrán mal.

Repita: **Oportunidad de negocios N° 1 = Los clientes furiosos se convierten en seguidores declarados.**

74. Lo que tenemos aquí es que no hemos logrado comunicar excesivamente.

Hace tiempo me prometí que dejaría de usar las historias terroríficas del servicio de las aerolíneas. Me cansé de golpear paredes, y me estaba aburriendo demasiado y, sin duda, también los estaba aburriendo a ustedes. Sin embargo, un recordatorio útil es un recordatorio útil (y de ahí la razón de ser de este libro):

Yo estaba volando a casa, desde Ciudad México a Boston, en Delta, con escala en Atlanta. El trayecto ATL-BOS se retrasó unos 75 minutos. **Ni el personal del área de espera ni el piloto ofrecieron explicación alguna.** No exagero. No dijeron una sola palabra.

No, esto no es realmente una noticia acerca del «servicio de las aerolíneas apesta de manera significativa en tierra», aunque era un poquito peor que de costumbre. No obstante, sirve como una campana de alarma no del todo agradable para todos nosotros en todas y cada una de las circunstancias, señalando el... **Valor Increíblemente Importante de Mantener a la Gente Informada/Excesivamente Informada el 100 % del Tiempo.**

Para reiterar una reiteración de una reiteración: Casi todos podemos lidiar bastante bien con cosas desagradables; todos/casi todos lidiamos muy mal con la incertidumbre. Díganme que probablemente habrá un retraso de noventa minutos porque el piloto está tomando tequila en el bar y estaré bien. (Más o menos). Pero, ¿el silencio total? Estoy al borde, enojado como un demonio; de hecho, iracundo.

¡Comunique! ¡Comunique **en exceso**!
¡Comunique! ¡Comunique **en exceso**!
¡Comunique! ¡Comunique **en exceso**!

Todo lo que equivalga a una «comunicación sensible». **¡TRIPLÍQUELO!**

«Orden» inmediata:

Reproduzca las últimas 24 o 48 horas. ¿Hay un caso en el que usted no logró informar plenamente a un cliente o a otra persona, incluyendo empleados de primera línea, sobre un retraso (pequeño o grande) o falla (pequeña o grande)? *Si su respuesta es «no, todo está bien», usted es un mentiroso.* (Lo siento, se me salió del teclado).

Manos a la obra.

Ya.

Haga la llamada.

(Y si ya le ha informado a alguien sobre un problema técnico [bien por usted]... **llámelo de nuevo**... para actualizar el estado del arreglo, o para retransmitir la noticia triste pero honesta de que la solución es más compleja de lo que usted había imaginado inicialmente).

1. 2. 3. 4. 5. 6. 7. 8. 9. 10. 11. 12. 13. 14.

15. 16. 17. 18. 19. 20. 21. 22. 23. 24. 25.

26. 27. 28. 29. 30. 31. 32. 33. 34. 35. 36.

37. 38. 39. 40. 41. 42. 43. 44. 45. 46. 47.

48. 49. 50. 51. 52. 53. 54. 55. 56. 57.

58. 59. 60. 61. 62. 63. 64. 65. 66. 67.

68. 69. 70. 71. 72. 73. 74. **75. 76. 77. 78.**

79. 80. 81. 82. 83. 84. 85. 86. 87. 88.

89. 90. 91. 92. 93. 94. 95. 96. 97. 98. 99.

100. 101. 102. 103. 104. 105. 106. 107.

108. 109. 110. 111. 112. 113. 114. 115.

116. 117. 118. 119. 120. 121. 122. 123.

124. 125. 126. 127. 128. 129. 130. 131.

132. 133. 134. 135. 136. 137. 138. 139.

140. 141. 142. 143. 144. 145. 146. 147.

148. 149. 150. 151. 152. 153. 154. 155.

156. 157. 158. 159. 160. 161. 162. 163.

Acción

75. «Aventurando mi ¡respuesta condenadamente más incorrecta!».

Por una serie de razones, yo estaba pensando en mis dos misiones en Vietnam. Y recordé en particular un evento que cambió el mundo (para mí). Yo estaba en las montañas selváticas al oeste de Danang, ayudando a construir un campo para un equipo de las Fuerzas Especiales del Ejército de EE. UU. Fui abordado inesperadamente por un mayor del cuerpo de Marines, quien llegó en un helicóptero USMC y me llevó de nuevo a Danang. Me llamaron para reunirme con el comandante del USMC **(N.º 1)**, el general Leonard Chapman, quien realizaba una visita al Cuerpo I, en la parte norte de Vietnam del Sur, que estaba bajo el mando del USMC, y más específicamente bajo el mando del general Lew Walt.

¿Qué demonios estaba haciendo un LTJG (un oficial muy subalterno) de la Armada estando de visita con un general de cuatro estrellas? Sencillo. Mi tío, el teniente general H. W. Buse Jr., era un tipo importante del USMC en DC, y había insistido en que el general Chapman me viera personalmente. (Las tías son así, incluso, o especialmente, al nivel de un general de varias estrellas). (También, su hijo, mi primo, estaba en Vietnam; un capitán del USMC, que había recibido la Estrella de Bronce y el Corazón Púrpura).

Cuando regresé del campo, cubierto de lodo (era la temporada de lluvia persistente en la selva), fui enviado directamente al comandante sin tiempo para ponerme un uniforme respetable, lo cual me avergonzó mucho. El general Chapman dedicó unos 15 segundos a charlar conmigo, y después de haber cumplido con su deber para con mi tía, me despachó. Mientras yo salía literalmente de su oficina temporal, me llamó de nuevo y me preguntó intempestivamente, «tom, ¿estás cuidando a tus hombres?». (Yo tenía pocos a mi cargo, a unos 20 chicos por lo que recuerdo, haciendo el trabajo descrito anteriormente).

«Estoy haciendo lo que está a mi alcance, señor», le contesté al general. Hasta el día de hoy, y con un escalofrío que sube por mi columna vertebral (no es broma, mientras escribo esto), puedo ver su cara oscurecerse, y su voz endurecerse. **«Señor Peters*,** (*a los oficiales jóvenes de la armada de EE. UU. se les llama "señor"), **al general Walt, al general Buse y a mí no nos interesa si usted está o no "haciendo lo mejor posible". Simplemente esperamos que haga el trabajo y que cuide a sus marineros. Punto. Eso es todo, teniente».**

La frase aún resuena en mí, como ustedes podrán decirlo, sin duda. Usted está ahí para «hacer el trabajo», no solo para «hacer lo mejor posible». Recuerdo el impacto de reconocimiento, muchos años después, cuando me tropecé con una cita de Churchill que decía así: *«No basta con hacer lo mejor posible, debes tener éxito al hacer lo que sea necesario».*

Aunque soy reacio a utilizar un lenguaje tan fuerte y absolutista, solo existe un estándar aceptable. Hacer lo que sabemos es necesario para hacer las cosas.

Procedan de acuerdo con esto.

Y en consecuencia... evalúense a sí mismos de manera **implacable**.

▶ FÓRMULA UNO

Un hombre se acercó a J. P. Morgan, le extendió un sobre, y le dijo: «Señor, tengo en mis manos una fórmula para el éxito garantizado, que de buen grado le venderé por 25.000 dólares».

«Señor», respondió J. P. Morgan: «No sé qué contiene el sobre; sin embargo, si me lo enseñas y me gusta, te doy mi palabra de caballero que te pagaré lo que pides.

El hombre aceptó los términos, y le entregó el sobre. J. P. Morgan lo abrió, y extrajo una sola hoja de papel. Le dio una mirada, una simple mirada, luego le devolvió la hoja al hombre.

Y le pagó los 25.000 dólares acordados.

«El contenido de la nota:

»1. Cada mañana, escribe una lista de las cosas que tienes que hacer ese día.

»2. **Hazlas**».

Fuente: Radio Pública Nacional.

76. ¡No basta con que le importe!

Estoy completamente seguro de que esto no era necesario. Pero estoy enojado. Realmente enojado. Tanto como nunca lo he estado.

Matamos innecesariamente (un término muy fuerte, un poco demasiado fuerte, pero estoy enojado, recordemos), a unos 100.000 a 300.000 pacientes en los hospitales de Estados Unidos cada año. Herimos a millones más «y eso no incluye a las innumerables víctimas en los consultorios médicos», como me dijo un importante médico de urgencias y ejecutivo.

Y, sí, por lo general se trata de algo prevenible, como lo demuestra cualquier número de hospitales y de sistemas hospitalarios; por ejemplo, el Sistema de Salud Geisinger, con sede en Danville, Pensilvania. Y muchas, si no la mayoría de las curas son simples, y requieren correcciones en la gestión y en los sistemas, y no en más tecnología.

Por ejemplo, el doctor Peter Pronovost del Hospital Johns Hopkins instituyó una lista de control común, una idea robada descaradamente del ritual de los pilotos de una línea aérea, y redujo la línea de infecciones en la UCI a cero en Hopkins. (Para su información, el experimento fue replicado en un barrio pobre de Detroit). Ahora, hacer «listas de verificación» para cualquier número de cosas, se está convirtiendo en un elemento básico en muchos hospitales. Y, sí, a muchos empleados de hospitales les exigen hasta un punto crítico, pero el hecho es que, estresados o no, el lavado religioso de manos hizo, en 2010, prácticamente milagros en el mundo de la seguridad del paciente.

Sin duda, los hospitales están «mermando» los problemas de seguridad del paciente (y la llamada «atención centrada en el paciente», al estilo del

Hospital Griffin en Derby, Connecticut). Hay literalmente miles de experimentos en curso.

Pero...
«Mermar» simplemente... **no**... es... suficiente.
Debo preguntar más bien de manera irrespetuosa:
¿Dónde están los... **radicales?**
¿Dónde está el... **radicalismo?**

Glenn Steele ha hecho un milagro en Geisinger.
¿Dónde están los Glenn Steele?

Mi esposa esperó recientemente cinco horas en una sala de urgencias con un tobillo roto, dolor que ella describió como un dolor «solo superado por el parto». Pero ella ni siquiera estaba enojada; fue lo que les pasó a todas sus amigas, fue «lo que uno espera». Mientras escribo esto, he estado tres veces en un «hospital entre los diez mejores» en los últimos diez días para unos exámenes. No, no permanecí durante horas y más horas en una camilla en un pasillo como Susan. Sin embargo, hubo un gran error, dos errores en uno de los casos, asociados con cada visita mía. Una situación caótica podría haber tenido consecuencias peligrosas para mi amado marcapasos. Sí, lo intentaron mil veces. Tres-por-tres, un error el **100 %** de las veces.

En una cena con ocho invitados, desvié a propósito la conversación hacia este tema. Todos... **todos y cada uno**... de los invitados o sus familiares más cercanos habían sufrido errores graves asociados con su última estadía en un hospital. En todos los casos, salvo en uno, el error habría sido mortal. (Y, dependiendo de su interpretación, uno de ellos podría haber ocasionado una muerte innecesaria; cuando menos, hizo que una mala situación fuera mucho peor).

Esto no está bien.
Esto está mal.

Por supuesto que hay numerosos «factores externos», como lo denominan los economistas. Aun así, si yo soy el director general de un hospital, es mi hogar y una tasa de error del 100 % excede lo «inexcusable».
Seré claro: Esto no tiene por qué suceder.

¿Dónde está la... **vergüenza?**

¿Dónde están los... **radicales?**

¿Dónde están los directores generales, con externalidades sistémicas o no, que... **no descansarán hasta que esto se solucione?**

(Mientras escribo, en octubre de 2009, la reforma del sistema de salud se tambalea a través de una docena de comités del Congreso. El resultado no es claro. Este hecho es irrelevante para esta discusión. Es algo que no requiere de la ayuda legislativa de Washington. Este asunto requiere una... **determinación cruda y ra-di-cal... y un... permanente sentido de la responsabilidad).**

(A los profesionales del hospital les importa; casi a las mujeres y a los hombres. Pero, según el general Chapman y Winston Churchill, no basta con que les importe; usted debe tener éxito en lo que sea necesario).

77. Capitán «Día» y Capitán «Noche»: Una historia de dos despliegues y de dos sugerencias.

En 1966, yo era un alférez en la Marina de Estados Unidos, sirviendo en un batallón de ingeniería de combate (*seabees*) en Danang, Vietnam. Siguiendo la rutina de la Seabee de la Marina, fui desplegado a Vietnam durante nueve meses, volví a casa por tres, y regresé otros nueve. Con el ratón Pérez mirando por encima de mi hombro, me vi abandonado a mi suerte y tuve dos comandantes radicalmente diferentes; tomados como un par, su impacto en mi visión del mundo sigue siendo enorme 44 años después. (Muy cercana a la condición de «todo-lo-que-usted-necesita-saber»).

A día de hoy, los llamo el «día» y la «noche». Mi primer comandante, Dick Anderson (¡el CAPITÁN Anderson!), era el «día». Nuestra labor era construir cosas –caminos, puentes, campamentos, emplazamientos de armas, etc.–, básicamente para el Cuerpo de Marines. El enfoque del capitán Andy se podría resumir en dos palabras, que fueron inmortalizadas posteriormente por Nike; a saber, «hazlo simplemente» o, más exactamente, en nuestro caso, **«Simplemente construye la maldita cosa tan rápido como sea posible».** Él dejó claro a los oficiales de menor rango, incluido yo, que teníamos que hacer cualquier cosa que nuestros suboficiales nos dijeran. (Se trataba de hombres alistados de alto rango sobre quienes teníamos, en teoría, una autoridad absoluta; en lo que se refiere a nuestro comandante, era más o menos a la inversa). Por encima de todo, el capitán Andy no quería excusas de ningún tipo; las lluvias del monzón –que hacían que todo fuera intransitable–, eran un problema nuestro, y no el de Dios. **«¿Qué? ¿Solo construyes cuando hace sol, señor Peters?».** (Un andersonismo típico). El capitán Andy, en retrospectiva, nos dio una gran cantidad de autonomía y esperaba que estuviéramos a la altura de la ocasión. Ah, y cuando nos reprendía, que era con frecuencia, siempre terminaba con una sonrisa en su rostro curtido por la intemperie: «Te las arreglarás, Tom, no tengo ninguna duda». El resultado fue que hicimos una gran cantidad de trabajo, bien y rápido.

El segundo despliegue trajo consigo al capitán «noche», cuyo nombre no debía mencionarse (una especie de Voldemort). Tenía un estilo completamente diferente de «liderazgo». A menudo se le llama «por el libro». Era muy estricto con las formalidades. Mi membresía *de facto* en el club del Estado Mayor, solo con invitación a los oficiales, era mal vista. **A veces pensaba y pienso que él estaba más interesado en informes sin errores de trabajos que no se habían hecho todavía, pasara lo que pasara, en asuntos de construcción, con una documentación apresurada.** La pasé terrible, al igual que casi todos los oficiales jóvenes; y nuestro récord en hacer las cosas para nuestros clientes fue menos que admirable. Para mí, el evento por excelencia sucedió cuando fui convocado a la oficina del CO y recibí un sermón sobre la diferencia entre lo «tangible» y lo «palpable» en un informe preparado por mí, el cual circularía por la cadena de mando. Hasta el día de hoy, 44 años después, no tengo idea de cuál es la diferencia entre las dos palabras. **¡Pero sé muy bien cuál es la diferencia entre el «día» y la «noche»!**

⟩ UNA GUÍA DE DOS PASOS DE «AA» (ADICTOS A LA ACCIÓN)

Había un conjunto de ocho «fundamentos» que eran el corazón de *En busca de la excelencia*. El lugar del orgullo... principal correspondía a: «Una tendencia a la acción». Después de tres años de investigación, Bob Waterman y yo llegamos a la conclusión de que una propensión a «intentarlo» en lugar de «hablarlo interminablemente», era el atributo más importante para las empresas triunfadoras (EXCELENTES). Dado que la competencia se ha intensificado, intensificado e intensificado, la validez de este hallazgo, en mi opinión, se ha vuelto cada vez más clara.

¿Su implementación? «Una tendencia a la acción» es una actitud, no un programa o estrategia. Por lo tanto, no existe una guía de implementación de diez pasos. Sin embargo, yo recomendaría una guía de dos pasos:

Primer paso: Sé que ustedes lo han oído-leído cien veces. Aquí está la #101. Gandhi: «Debes ser el cambio que deseas ver en el mundo». Usted quiere una «actitud de acción» en su subunidad de seis personas. Sea o conviértase en el Sr./Sra. Ajetreo. Una idea que suena prometedora aparece en una reunión, usted aprueba un poco de capital inicial en el acto y pide un informe sobre las «cosas por hacer» dentro de una semana.

Segundo paso: Cualquiera que reciba algo hecho de manera expedita recibe un **reconocimiento único**... tan pronto como sea posible. Dicho reconocimiento se convierte en un ritual semanal, tal vez en... ¿**«Adicto a la acción de la Semana»**?

Inténtelo.

(Esa es la idea, ¿verdad?)

78. Si quiere encontrar petróleo, deberá perforar pozos.

Está el general Chapman.

Está el señor Churchill.

Está el capitán DÍA.

Está el capitán NOCHE.

Y...

Mientras caminaba en la cinta una mañana —detesto las cintas de correr, pero hacía -8 °F afuera—, vi con esfuerzo la cubierta de un libro que había examinado y utilizado para *En busca de la excelencia*. Era *The Hunters* [Los cazadores], de John Masters, un exitoso buscador canadiense de petróleo y de gas. Este es el pasaje que subrayé hace 25 años y que les he metido a la fuerza a los participantes de mis seminarios desde entonces:

«Esto es tan simple que suena estúpido, pero es sorprendente la poca gente en el sector del petróleo que realmente entiende que solo se encuentra petróleo y gas cuando perforas pozos. Puedes pensar que lo estás encontrando cuando dibujas mapas y estudias los registros, pero tienes que perforar».

Mensaje: **¡Usted tiene que perforar!**

Sí.

Usted tiene que hacer lo que sea necesario.

Usted tiene que construir llueva o haga sol o esté en la presencia amenazante de tipos malos.

Y si quiere encontrar petróleo, tiene que perforar.

A veces, y no estoy bromeando, «lo» llamo «la única cosa que he aprendido "de veras" en los últimos 44 años» desde el inicio de mi experiencia en Seabee.

A saber:

Quien intenta más cosas... ¡gana!

44 años.

Una idea.

No está mal.

⟩ PALABRAS DE ACCIÓN

Naturalmente, he recopilado una tonelada de citas de apoyo para reforzar mi inclinación a una «tendencia a la acción».

Mis favoritas:

«Tenemos un plan "estratégico". Se llama hacer las cosas».

–Herb Kelleher, fundador de Southwest Airlines

«Experimenta sin miedo».

–*BusinessWeek*, sobre la **táctica principal** de las estrellas en innovación

«¡Diseccionamos más cerebros de cerdo!».

–Ganador del Nobel de Medicina, sobre su «secreto» del éxito; hacer más experimentos que sus compañeros

«Listo. Fuego. Apunten».

–Ross Perot (y otros)

«A las personas inteligentes siempre se les ocurren razones inteligentes para no hacer nada».

–Scott, anfitrión de Simon NPR

«Andrew Higgins, que fabricó lanchas de desembarco en la Segunda Guerra Mundial, se negó a contratar a graduados de escuelas de ingeniería. **Él creía que solo te enseñan lo que no puedes hacer en la escuela de ingeniería.** Empezó con 20 empleados, y a mediados de la guerra tenía 30.000 trabajando para él. Construyó 20.000 naves de desembarco. D. D. Eisenhower me dijo: "Andrew Higgins ganó la guerra para nosotros. Y lo hizo sin ingenieros"».

–Stephen Ambrosio, *Fast Company*

«Cómo sé lo que pienso hasta ver lo que digo».

–E. M. Forster

«No culpes a nadie. »No esperes nada. »Haz algo».

–Letrero en un casillero publicado por el entrenador de fútbol Bill Parcells

«Erras el 100 % de los tiros que nunca disparas».

–Wayne Gretzky

¡Amén!

(Espero que una o dos de estas los inspiren como me han inspirado a mí).

1. 2. 3. 4. 5. 6. 7. 8. 9. 10. 11. 12. 13. 14.

15. 16. 17. 18. 19. 20. 21. 22. 23. 24. 25.

26. 27. 28. 29. 30. 31. 32. 33. 34. 35. 36.

37. 38. 39. 40. 41. 42. 43. 44. 45. 46. 47.

48. 49. 50. 51. 52. 53. 54. 55. 56. 57.

58. 59. 60. 61. 62. 63. 64. 65. 66. 67.

68. 69. 70. 71. 72. 73. 74. 75. 76. 77. 78.

79. 80. 81. 82. 83. 84. 85. 86. 87. 88.

89. 90. 91. 92. 93. 94. 95. 96. 97. 98. 99.

100. 101. 102. 103. 104. 105. 106. 107.

108. 109. 110. 111. 112. 113. 114. 115.

116. 117. 118. 119. 120. 121. 122. 123.

124. 125. 126. 127. 128. 129. 130. 131.

132. 133. 134. 135. 136. 137. 138. 139.

140. 141. 142. 143. 144. 145. 146. 147.

148. 149. 150. 151. 152. 153. 154. 155.

156. 157. 158. 159. 160. 161. 162. 163.

Cambio

79. El zen y el arte de lograr un cambio donde ya existe.

«Algunas personas buscan las cosas que salieron mal y tratan de solucionarlas. Yo busco cosas que hayan salido bien y trato de construir sobre ellas».
–Bob Stone, también conocido como el Sr. ReGo

Bob Stone fue el hombre clave de Al Gore para «reinventar» el gobierno cuando Gore fue vicepresidente; de ahí el apodo de Sr. ReGo. También se le atribuye, en una encarnación anterior, comenzar una revolución por la calidad en el Pentágono. En el proceso, reescribió el libro sobre el cambio «corporativo» en las grandes burocracias. (Y tuvo la amabilidad de escribir un libro magnífico para explicar lo que había hecho: *Polite Revolutionary: Lessons from an Uncivil Servant)* [Revolucionario amable: Lecciones de un servidor no civil].

Bob, tal como lo veo, era un maestro zen, un luchador de sumo, un Maestro del direccionamiento indirecto. Él sabía muy bien que no podía forzar el cambio en la burocracia federal; incluso el presidente rara vez tiene éxito con un asalto frontal. Y, como refugiado del Pentágono, él conocía la estupidez de redactar manuales voluminosos y «Documentos Blancos» enciclopédicos, que nunca serían leídos y siempre serían ignorados.

Así que recurrió y dominó el poderoso arte de contar historias, y resucitó la estrategia siempre leal de «acentuar lo positivo». De ahí el Evangelio Vamos, Vamos ReGo según Stone:

«Busco las cosas que hayan salido bien y trato de construir sobre ellas».

Stone sabía, gracias a su amplia experiencia, que había Funcionarios Civiles (¿«descorteses»?) renegados y asombrosamente eficaces que trabajaban en la parte más vulnerable del sistema, y que ejercían su oficio eficaz pero despreciado, y tan alejados de la luz como fuera posible. El truco consistía en descubrir su existencia y luego inducirlos a «salir» para que él pudiera (1) certificar (a través de la Bendición Pública del vicepresidente Gore) sus enfoques rechazados hasta entonces, (2) emitir sus resultados en Monumentos de Cine Documental, (3) juntarlos informalmente como cuadros modélicos de las Prácticas Iluminadas del Mañana, y (4) las puntuaciones vergonzosas de los demás luego de seguir el ejemplo de sus pares revoltosos (y ahora honrados). (Obviamente, la historia tiene mucho más; vea el libro de Bob, o mi compendio de él en el capítulo 17 de *¡Re-imagine!*).

Jill Ker Conway practicó el mismo juego con habilidad sin igual al convertirse en la primera mujer nombrada como presidenta del Smith College. Se encontró no solo rodeada de profesores numerarios escépticos (¡en su mayoría hombres!), sino también sin los recursos presupuestarios para implementar los mismos programas que necesitaba para hacerla reinar de un modo diferente al de los niños viejos e irresponsables que la habían precedido.

Es aquí donde entra el zen.

Ella olfateó alrededor del campus (como lo había hecho Stone en la burocracia federal) y descubrió un robusto Cambio *«Undeground»*, conformado en su mayoría por miembros impacientes de los rangos inferiores. Se reunió con ellos (las declaraciones de un asistente de maestro de 27 años mientras almuerza con el Gran Jefe vuelan en un abrir y cerrar de ojos), los animó a seguir insistiendo, y los instó a comenzar el proceso de proclamar públicamente su opinión, con su bendición implícita.

En cuanto a la escasez de dólares, ella inventó la Hermana de Todos los Actos Evasivos. Al diablo con las fuentes presupuestarias estándar de dinero; ella se reunió más bien con miembros del Cambio *«Overground»* de Smith; exalumnos que estaban fuera de sí de alegría por el nombramiento tardío de esta primera presidenta. Conoció y se reunió y se reunió con algunos más, y engatusó y engatusó y engatusó un poco más. Y después de un trillón de almuerzos, tés y cenas, consiguió suficientes fondos «externos» y «fuera de balance» para financiar varios programas piloto que con el tiempo se convirtieron en el sello distintivo de su exitoso mandato.

¡Dios salve a la Señora del Direccionamiento Indirecto de Northampton, Massachusetts, nacida en una estación de ovejas en Australia!

Mensaje: La impotencia es (básicamente) ¡un estado de ánimo! Con un poco de zen aquí y una Guía para el Inframundo Corporativo allá... el Oro puede ser descubierto y, por lo tanto, se Pueden Mover Montañas!

Mensaje: Conviértase en un maestro del Direccionamiento Indirecto.

Mensaje: ¿La mejor manera «garantizada» de hacer frente a quienes se resisten obcecadamente?

Evitar de manera **absoluta y decidida** (aunque de manera perdurablemente cortés).

Resumen:

(1) Registre la clandestinidad en busca de «alborotadores» eficaces que estén creando y viviendo el mañana día de hoy.

(2) Únjalos como Paragones Públicos del Nuevo Trato-a-Ser.

(3) Anime a otros a visitarlos y a observar los modelos palpables de nuevas formas de hacer negocios.

(4) Aplauda a los *Nouveau* Imitadores de la Primera Ronda de Pioneros, y haga crecer los Batallones de Renegados lo más rápidamente posible.

> **▶ AGENTE SECRETO (DEL CAMBIO)**
>
> «En algún lugar de su organización, los grupos de personas ya están haciendo las cosas de una manera diferente y mejor. Para crear un cambio duradero, encuentre estas áreas de desviación positiva y ventile sus llamas».
>
> –Richard Tanner Pascale y Jerry Sternin, «Your Company's Secret Change Agents» [«Los agentes secretos del cambio de su empresa»], *Harvard Business Review* (El difunto Jerry Sternin tenía un récord deslumbrante en llevar programas y progreso a algunas de las regiones más oprimidas del mundo).

80. El camino de la demostración.

Si usted se mantiene repitiendo algo las veces suficientes, ¡se dará cuenta de la creencia tan firmemente arraigada que es! Me enfrasqué en una discusión con varios ejecutivos de tecnología (software) acerca de algunas tecnologías nuevas que sus principales usuarios corporativos tardaron en adoptar. Oí que ellos me reprendían de una manera conocida (para mí):

«¡Por el amor de Dios, deja de tratar de vender Unilever o Fiat o P&G! Las empresas enormes son invariablemente "adoptadoras tardías". (Es decir, tuits más o menos inútiles y lentos). Una idea muchísimo mejor es recorrer el mundo en busca de dos, tres o cuatro clientes pioneros y destacados de tamaño mediano, que se unirán con usted para Hacer Milagros. Utilice su trabajo con estos peces gordos como... Demostraciones. Una vez que tenga un aluvión de demostraciones "Supergeniales" y de tamaño mediano... entonces, y solo entonces, vaya donde uno de los Tipos Importantes y diga: "No se pierda la Fiesta, tonto"».

¡Esto creo!

El cambio en lugares «grandes» es sobre todo ¡un resultado de mostrar «demos» de lugares «geniales» y de tamaño modesto! La gerente general de una pequeña división irlandesa de una empresa grande cree que su nueva Compra de Software es excepcionalmente buena, y está dispuesta a ser una de las primeras en adoptarla. Una vez que ha puesto su granito de arena, usted puede decir a los gerentes generales perezosos de divisiones grandes: «Por qué no van y miran lo que han hecho Mary O'Donnell y los irlandeses con esto: ¡les cambió el mundo!».

Para tener éxito con las «cosas nuevas», usted debe encontrar... espíritus afines... aquellos que... jugarán con usted (y con sus «cosas interesantes»)... lo que a su vez le proporciona... «demos»... que usted puede Ofrecer a Diestra y Siniestra.

«Lo» llamo: **El camino de la demo.**

Y me atrevo a afirmar: La venta-con-demostraciones es la única y mejor manera de acelerar la aceptación de una idea novedosa (= asustadora).

Sin demostración.
No hay negocios.
Punto.

Primeros Pasos: ¿Tiene un/producto/proceso/programa, cuya aceptación se esté difundiendo a paso de tortuga? Busque propuestas para una «lista probable de... Pioneros Potenciales que podrían ser susceptibles de ofrecerle un Parque infantil y convertirse en sus Compañeros de juegos.

Este es otro caso en el que se gana a través de la *indirección*. Usted será «ralentizado» (en relación con la venta «completamente exitosa») debido a su decisión de trabajar en algunos demos «pequeños» (= no enormes). Pero en el largo plazo, ¡este desvío aparente será el Acelerador por Excelencia del programa/producto/proceso exitoso en general!

> ## EL DESPISTE PRINCIPAL

El Camino de la Demostración se aplica incluso a la política a gran escala. ¿Qué es una primaria, después de todo, si no la probabilidad de que un candidato presente una demostración?

Considere la campaña presidencial de EE. UU. de 2008 para la nominación republicana para presidente. Rudy Giuliani, el favorito, no se molestó en recoger «demos» en Iowa o Nueva Hampshire. Se dirigió directamente a la Gran Florida como su primera parada. Sin una «demostración», Florida, probablemente un «buen estado» para Giuliani, donde había trabajado como un demonio, le dio la espalda, y John McCain, quien tenía pocas probabilidades, y atiborrado con su demo de Nueva Hampshire, se llevó el trofeo de la Florida y luego la nominación republicana.

81. Un cambio significativo, ¡Todo de una vez!

Soy un gradualista declarado, incluso si el objetivo final es estratosféricamente alto. Es decir, poner en marcha tan pronto como sea posible y experimentar rápidamente su camino hacia/para el éxito.

Sin embargo, cuando mi esposa y yo tuvimos una gran idea en 2008 para un proyecto de paisajismo que cambiaría el aspecto y el ambiente de nuestra finca en Tinmouth, Vermont, decidimos, más o menos... **hacerlo todo de una vez.** Ha sido difícil morder más de lo que podíamos masticar con facilidad, pero la historia de este punto tiene la marca de un verdadero éxito mucho más allá de lo que pensábamos inicialmente.

El poder de «ponerlo todo en marcha de una vez» con un ápice de un plan maestro (un par de bocetos en «servilletas») era que pudimos imaginar desde el comienzo el bosquejo aproximado de lo que terminaría sucediendo (más o menos); y, por lo tanto, podríamos hacer muchísimas adaptaciones, improvisar constantemente, demoler y crear a nuestro antojo, y reformar drásticamente el trabajo en general, e incluso el concepto general, a medida que avanzábamos. Esto significó, por supuesto, que en realidad no rechazamos mi amado Método de Experimentación Rápida; simplemente lo pusimos en práctica y en medio de una Gran Plataforma llamada «todo está en movimiento y en juego».

Para ser más específico, esencialmente comenzamos a cambiarlo todo, construyendo una nueva carretera que cambió toda la dinámica (el aspecto, el ambiente, el flujo) de la granja. A partir de esto empezamos con una docena de proyectos de respaldo, o que esbozamos también «sobre el terreno» sin tardanza. (En el trascurso de un par de semanas). En consecuencia, el lugar quedó convertido en un amasijo incipiente y desarreglado («que solo una madre podría amar»), de cabo a rabo, de norte a sur, y de este a oeste.

Y luego comenzó el «juego serio» y real (el libro de Michael Schrage que lleva este título fue una inspiración, posteriormente). Para ceñirnos a los

Textos Básicos de la Vida, seguimos el proceso de crecimiento económico «del descubrimiento espontáneo» planteado por el premio Nobel F. A. Hayek.

No estoy seguro de que haría cosas, cosas importantes, de esta manera en cada caso, pero creo que hay momentos en los que un enfoque de este tipo, «todo de una vez», es meritorio cuando se tiene una Gran Idea, aunque se necesita estar viviendo «en medio de ella», con todos los cabos sueltos para averiguar lo que significa.

Otra confirmación de esta idea, y ¡es muy valiente y loca!, provino, casi al mismo tiempo que emprendimos el proyecto, de la lectura de *One Day, All Children…: The Unlikely Triumph of Teach for America and What I Learned Along the Way* [Un día, todos los niños…: El triunfo improbable de Teach for América y lo que aprendí en el camino], de Wendy Kopp.

Creo que la historia de la señora Kopp es una de las más extraordinarias que haya visto. Desde un dormitorio de Princeton, ella fraguó en 1988 un programa que se ha convertido sin duda en el experimento exitoso más profundo y educativo en Estados Unidos en muchos años o décadas en materia de servicio público.

Kopp rechazó desde el principio el consejo de los Capitanes de la Industria y de otros Grandes que tenían la intención de apoyarla. Es decir, decidió que a pesar de que realmente no sabía en dónde se encontraba en términos tácticos, haría un enorme lanzamiento de su programa para demostrarle al mundo el poder de su idea. «Fantástico, Wendy, pero necesitas una "prueba del concepto". Demuéstralo con un puñado de jóvenes maestros en un lugar remoto y muy alejado de Broadway» que, en efecto, fue el consejo que ella recibió una y otra vez y otra vez y sin excepción. (Y el consejo que *yo* le habría dado si me lo hubiera pedido). Sin embargo, ella estaba convencida de que si quería atraer recién graduados de las mejores universidades para dedicar dos años de su vida a enseñar en zonas deprimidas, ella tenía que crear una Onda de Impulso que Sacudiera el Mundo desde el Primer Día.

Por supuesto, ahora sabemos que ella lo logró… Y en grande. Pero las dificultades y las metidas de pata ocupan la mayor parte de su libro de 193 páginas. Todo lo que podía salir mal —y algo más—, salió mal. No solo fueron pifias minúsculas, sino enormes metidas de pata una y otra y otra vez. Su personal reducido perdió el rumbo y se tambaleó mientras trataba de sobrevivir, y finalmente alcanzar el éxito, aferrándose solo al Sueño y a la asombrosa intensidad y energía de la señorita Kopp.

Mientras leía el libro, llegué a la conclusión de que ella tenía razón; que la única manera en que podía actuar había sido la Gran Manera desde el Día Uno. Por supuesto, su energía juvenil, espíritu e ingenuidad, sin duda la ayudó a abarcar esa idea tan enorme y a menudo conflictiva («una "chica" de 20 años se enfrenta a los sindicatos de maestros en Manhattan, etc., etc.»).

(También tuve la oportunidad de reflexionar sobre «todo esto» en mi reciente viaje a Corea. El enfoque coreano a muchas oportunidades gigantescas consiste en evitar el plan maestro, o casi cualquier plan, y simplemente comenzar a actuar, disparando un millar de cilindros a toda potencia y de una vez. Fui testigo de una parte de este espectáculo hace un par de décadas, cuando incursionaron de ceros en la electrónica. A partir de ese arranque en frío, construyeron enormes instalaciones de producción, y aprendieron sobre la marcha cómo hacer que todo funcionara, y a competir eficazmente con los mejores. Su éxito individual y colectivo, y la velocidad, fueron alucinantes en el objetivo y en el logro por igual).

Entre mi pequeño proyecto y el de Wendy Kopp (de 8,0 en la escala de Richter) y Corea, me pregunto sobre los tiempos en los que «hacerlo todo de una vez y averiguar que "esto otro" será después» es la respuesta correcta. No hay duda de que dichas condiciones existen, aunque la clave, más allá del sueño convincente, es el talento en bruto y la energía y el entusiasmo y la obsesión y la resiliencia de los participantes. Consiste en un 99,99 % (o más), en un asunto de emoción pura, y no en una cuestión de identificar analíticamente una gran oportunidad, de asignarle «buenas personas» y luego proceder basado en el software de gestión de proyectos más reciente.

De ahí mi conclusión: **Si usted tiene una Gran Aspiración y Determinación de que «esto debe suceder» que raye en la Locura... Corte la cuerda del salvavidas, suba a bordo, ¡y comience a moverse!**

Traducción para «su mundo»:

En lugar de invertir su valioso tiempo y energía en ponerle un punto a cada «i» en su subproyecto actual, y luego pasar casi de memoria al siguiente paso lógico, empiece, casi a medias, dos o tres o cuatro tareas/subproyectos diferentes solo para ver cómo «se siente» lo general. En otras palabras, tire varias pelotas al aire, y vea lo que el frenesí de la acción «le indica» y «cómo se siente» en su conjunto. También recomiendo, si la ocasión es la adecuada y su determinación está por las nubes, cortar más o menos la línea de vida; olvidarse de un montón de lo que usted «debe estar haciendo supuestamente» y sumergirse en lo verdaderamente importante. Al descuidar (!) su «trabajo real», usted eleva hasta el cielo su Compromiso con el Gran Nuevo Trato, y se convierte en una aproximación de «vida o muerte», lo cual concentra la mente de una forma maravillosa.

(Para mí, al trabajar en un libro como este, el enfoque puede significar sumergirme en el próximo capítulo antes de tener siquiera un borrador decente del capítulo actual. Entonces, cuando tengo cuatro o cinco, ocho o nueve borradores a medias de los capítulos en proceso, puedo empezar a averiguar de qué se trata el libro en conjunto, o, más importante, de lo que podría tratarse y no lo había imaginado).

(Por cierto, estoy encantado de haber adoptado el enfoque de «hacerlo todo» en nuestro proyecto de paisajismo. Al cortar la línea de vida, adoptamos una actitud de «ir por ello» que nunca habría ocurrido si hubiéramos dado un paso medido a la vez. Nunca habríamos visto el tamaño de la oportunidad para la transformación real, ¡y el precio de la etiqueta nos habría ahuyentado si hubiéramos sabido en lo que nos estábamos metiendo!).

Acción: *Mire su portafolio de proyectos de trabajo en curso. ¿Hay alguna «meta» potencialmente incluyente («que cambie el mundo») que usted podría generar si empezara a moverse en tres o cuatro proyectos de manera simultánea? O, ¿qué tal si abandona cuatro o cinco de sus proyectos activos y expande por cinco el alcance del proyecto restante… y luego pone en marcha seis o siete aspectos de ese quinto proyecto ampliado «de una vez».*

82. Un gran cambio... en poco tiempo.

La historia cuenta que el general George Patton le dio vuelta a un desaliñado Ejército de EE. UU. en el norte de África en cuestión de unas pocas semanas luego de hacerse cargo en 1943. (Algunos dicen que lo hizo en pocos días).

Después de asumir el mando, el Almirante Lord Nelson cambió la actitud de toda una flota... *en menos de una semana.* **(!!!)**

Un amigo cercano comenzó su carrera como profesor a los 40 años, introdujo un estilo de enseñanza completamente nuevo en un internado bastante aburrido, y fue elegido como el «mejor maestro» en menos de... **90 días.**

El CEO de una empresa gigantesca de transporte trastocó por completo la responsabilidad, la autoridad y la rendición de cuentas a sus oficiales de alto rango (todo aumentó en un orden de magnitud) casi «de la noche a la mañana». Literalmente todo el mundo, incluyendo un par de «burócratas desventurados», estuvieron a la altura de la ocasión, el rendimiento se disparó más o menos de inmediato, y siguieron haciéndolo.

AA nos dice que se necesita apenas... **un instante**... para dejar de beber. (Sin duda, toda una vida para seguir adelante).

Y en 1992, escribí acerca de un CEO en *Liberation Management* [Gestión de Liberación], quien había instalado equipos de trabajo autogestionados que cubrían el cien por ciento de las actividades de producción en una fábrica conocida por su autoritarismo, y por ser organizada por camioneros... **en el transcurso de un fin de semana.**

Varios analistas expertos sostienen a partir de la amplia evidencia anecdótica que un «cambio grande» es en realidad «más fácil» que un cambio pequeño. Es decir, que es mucho más fácil entusiasmar a la gente acerca de un objetivo grande, espinoso y audaz (según el afortunado término de Jim Collins) que la «mejora incremental».

Mi «resultado final» después de una gran cantidad de pensamiento y observación: **El cambio tardará precisamente el tiempo que usted cree que tardará.**

Si usted «cree que tardará dos años para hacer esto», eso es más o menos lo que tardará. Piense, «lo haré en dos semanas», y no me sorprendería si usted hubiera subido las tres cuartas partes de la montaña escarpada en esas dos semanas.

No «apunte alto».
Apunte muy, muy alto.

La «arrogancia de las expectativas absurdamente altas» puede pagar a muy corto plazo en caso de que usted tenga el coraje de ir por ello, y si tiene la creencia arraigada (mesiánica) de que... **«no hay absolutamente ninguna razón por la que no podamos hacer esto en un mes».**

(Piense en eso).
(Por favor).

83. ¿Inteligente? ¡Nunca!

«El arte de la guerra no requiere maniobras complicadas; las más simples son las mejores, y el sentido común es fundamental. A partir de lo cual uno podría preguntarse por qué los generales se equivocan; es porque tratan de ser inteligentes».
–Napoleón

Hago todo lo posible por leer −o al menos echarle una ojeada− a los nuevos libros y artículos sobre estrategia de negocios. En el 90 % de los casos, no puedo descartar ni el proceso de pensamiento del autor ni sus pruebas, pero siempre me sorprende la ausencia de cualquier discusión o consideración sobre la capacidad para poner en práctica las sugerencias realizadas o implícitas.

Hay un silencio total en torno al tema.

(Empecé a añadir «más o menos» a la oración anterior, pero cambié de opinión; el «total» en realidad no necesita ninguna modificación).

Hice un rápido análisis del Índice de un libro «famoso» de estrategia alrededor del año 2007; palabras como «gente», «cliente», «liderazgo», «aplicación» y «ejecución» estaban literalmente ausentes. Piensen en mi pesadilla, que sin duda ustedes ya han adivinado a estas alturas, la coordinación multifuncional, la creación de equipos multifuncionales a gran escala para añadir valor. No hay ninguna mención, ni un indicio, y, sin embargo, el fracaso de esta coordinación u oportunismo es lo que degrada una iniciativa estratégica tras otra. (¿90 %?).

Así que mi batalla continúa haciendo estragos. Desde mis días de doctorado en Stanford, hace 35 años, he sido más o menos una voz solitaria que grita...

Pero, ¿qué pasa con la implementación?

A veces envejece.

Siempre es frustrante.

También es la causa de la indignación que raya en la furia.

Esto me molesta, sobre todo de las escuelas de negocios.

(Pero, bueno, me molesta más o menos todo lo relacionado con las escuelas de negocios).

Las empresas mueren por los fiascos en la ejecución y casi nunca debido a estrategias poco inteligentes.

Napoleón nos dice que tengamos cuidado con las excesivamente inteligentes. Que confiemos únicamente en los planes sencillos que puedan ser comprendidos y aceptados por todos y por cada uno; y que gracias a su sencillez y claridad se puedan implementar con mucha mayor facilidad. Soy un estudiante bastante serio del almirante Horatio Nelson y del General Ulysses S. Grant. (Son los únicos líderes militares de los que me he ocupado totalmente). Grant o Nelson podrían haber escrito, exactamente, la cita que aparece arriba. Ambos eran conocidos por la claridad y la sencillez de sus planes, y por la claridad y la sencillez y la naturaleza convincente de la comunicación de esos planes a sus almirantes y generales y soldados y marineros.

Warren Buffett dijo recientemente que si necesita analizar las finanzas de una empresa en la computadora, no compre acciones. De la inversión a la implementación de un plan de mercadeo, desde los campos de batalla hasta la alta mar, donde ocurren, domestique la «inteligencia» y busque la claridad y la sencillez, así como una historia convincente en todo lo que haga.

El Examen de la «Mentalidad de la Implementación»:

(1) ¿Puede describir su proyecto actual y sus ventajas y puntos de diferenciación en un solo párrafo convincente?

(2) ¿Puede explicar su proyecto –y por qué lo está haciendo– a su hija de quince años y a su hijo de trece, hasta el punto de que puedan «entenderlo» y hacer preguntas inteligentes acerca de él y pensar tal vez que es «genial»?

(3) ¿Puede hacer una presentación espontánea de nueve minutos y sin PowerPoint al CEO tras su petición inmediata? (Con un tiempo de preparación inferior a diez minutos).

(4) ¿Puede ir donde un usuario final de su proyecto, en el primer nivel de la clasificación de empleos, y generarle un poco de emoción sobre el proyecto y sus beneficios?

(5) ¿Puede reconstruir las bases de su situación financiera en el reverso de un sobre sin tener que encender su computadora?

(6) ¿Puede explicar de manera convincente por qué cree usted que tiene el talento para ejecutar la dirección estratégica que ha elegido?

(7) ¿Sus planes y presentaciones de proyectos demandan al menos... **el doble...** de espacio-tiempo para los Detalles de la Implementación tal como lo hacen para el análisis de mercado y el posicionamiento o los beneficios?

(8) ¿Puede enumerar los cinco mayores obstáculos de implementación esperados al entrar en materia, y exactamente cómo piensa superarlos?

(9) ¿Puede explicar con precisión cómo fomentará la comunicación multifuncional y el entusiasmo por su proyecto a través de la organización en su conjunto?

(10) ¿Me puede decir por favor cuáles son los principales obstáculos de implementación que ha enfrentado y superado en sus dos últimos proyectos?

(11) ¿Puede mencionar dos cosas importantes que haya aprendido acerca de la implementación en sus dos últimos proyectos?

(12) Etc.

(13) Etc.

Es de suponer que usted entiende el significado. Estas preguntas no están, evidentemente, escritas en piedra, pero la dirección sí lo está.

Ponga la cita de Napoleón en su pared o utilícela como un protector de pantalla, ¡o cántela al comienzo de cada reunión de revisión!

¿Hay una recitación más importante de lo que es esencial para el éxito en estas páginas? Tal vez unas pocas son tan importantes, pero ninguna podría sobrepasarla.

(Nota: Pensé un poco en no incluir ningún comentario aquí, e incluir solo la cita de Napoleón. No quiero en lo más mínimo diluir en modo alguno el poder y la claridad de sus palabras).

▶ NO HAY IMPLEMENTACIÓN SI NO HAY UNA POLÍTICA

A principios de octubre de 2009, varios comentarios de contraportada aparecieron en el libro de Neil Sheehan, *A Fiery Peace in a Cold War: Bernard Schriever and the Ultimate Weapon* [Una paz ardiente en una Guerra Fría: Bernard Schriever y el arma por excelencia]. Es una historia de primer orden de «un hombre contra el mundo». Schriever hizo algo muy bueno, o muy cuestionable, dependiendo del comentarista. Pero lo que hizo fue claro, y muy IMPORTANTE, parafraseándome a mí mismo. Contra fuerzas muy poderosas, por ejemplo, el Curtis LeMay, maniático de las bombas y jefe del Comando Aéreo Estratégico, Schriever propuso y desarrolló, casi sin ayuda de nadie, la capacidad ICBM de Estados Unidos; uno de los pilares de nuestra defensa nacional desde entonces.

Fiery Piece es la historia de una «buena idea estratégica» (en el contexto del mundo real de una Guerra Fría casi caliente) y de la superación de inmensos desafíos técnicos y de ingeniería.

Pero no es por eso que estoy escribiendo esto.

Como la mayoría de ustedes saben, creo que la habilidad política es tan importante o más que la «brillantez estratégica». Y Schriever, un ingeniero talentoso, fue un... **Político Über-maestro.** Las fuerzas alineadas contra él equivaldrían a una lista tan larga como su brazo, y la mayoría de las personas nombradas tienen un rango mucho más alto que Schriever. Sin embargo, él prevaleció, y convenció finalmente a una de las personas más pragmáticas que vivió en el 1600 de Pensilvania Avenue: Dwight David Eisenhower.

¿Quiere lograr algo; cualquier cosa?

¡Afine sus habilidades políticas!

(Y esto es casi tan válido para una persona de 24 años que no es gerente y que trabaja en su pequeña parte de un proyecto como para Bernard Schriever).

(Relación con Napoleón: La ingeniería puede haber sido compleja, pero la idea de Schriever era sencilla, descriptible en una frase, no era necesario siquiera un párrafo completo. El «último 99 %+» consistió en una determinación y una implacabilidad sin par).

Usted, yo, y la guerra

de Charlie Wilson

La guerra de Charlie Wilson, de George Crile*, es la historia de la derrota de la Unión Soviética en Afganistán (que condujo directamente a su posterior desenlace); es, sencillamente, el libro de no ficción más extraordinario que he leído. En cuanto a los aspectos prácticos de los asuntos profesionales y cotidianos suyos y míos, la saga está salpicada con un análisis *de facto* sobre la forma en que Wilson, congresista de Texas, engatusó prácticamente en solitario a la Cámara de Representantes de EE. UU. para respaldar a los muyahidines afganos en su resistencia a los soviéticos. Wilson es, sin duda, «más grande que la vida». Sin embargo, su táctica pragmática de «poder hacer» y las de Gust Avrakotos, su cohorte de la CIA, tienen mucho que enseñarnos a todos nosotros en entornos mucho más normales.

(* Nota: El difunto señor Crile fue por mucho tiempo el productor del programa *60 Minutes* de CBS, y fue famoso por ganar una batalla judicial sobre la Primera Enmienda contra William Westmoreland, comandante de EE. UU. en Vietnam; Crile desafió a Westmoreland por el fiasco del «recuento de cadáveres» en Vietnam).

1. Haga amigos con el... «95 % invisible».

«Él se había convertido en una especie de leyenda con estas personas que manejaban la parte más vulnerable de la Agencia [CIA]».
–George Crile sobre Gust Avrakotos, el hombre de Charlie Wilson en los mandos medios de la CIA

Gust Avrakotos conocía aparentemente a cada secretario ejecutivo «importante» de la CIA por su nombre, y había ayudado a muchos de ellos a solucionar problemas profesionales o personales. El personal de la sala de correos y en el interior de las operaciones informáticas también fue objeto de las atenciones intensas y cariñosas por parte de Gust. *En efecto, se podría decir que Gust era «el Comandante en Jefe del 95 % Invisible» de la Agencia, lo cual le permitió hacer cosas extraordinarias a pesar de la resistencia encarnizada de sus jefes y de los jefes de los jefes entronizados en la parte superior de una jerarquía muy rígida.*

Esta historia nos recuerda en Negritas: el 99 % (el 96 % como mínimo, no estoy bromeando) de la importante labor de la organización se hace muy, muy por fuera de los reflectores. Mientras que la Sra. Grande puede ser quien «decide», ella está trabajando a partir de análisis y recomendaciones formuladas por una gran cantidad de subalternos básicamente invisibles y poco apreciados, que están dos o tres (o cuatro) niveles «hacia abajo» incluso en las organizaciones conectadas y optimizadas de hoy.

Implicación: ¿He invertido de manera consciente tiempo y atención, cuidado y compromiso significativos **(¡abrumadores!)** en toda la organización? ¡Mídalo! (Maldición).

2. Cree una asociación Constructor de relaciones-Hacedor.

El congresista Wilson ya tenía la parte de establecer relaciones, pero necesitaba ayuda con el hacer. Por el contrario, si usted es el hacedor, entonces usted debe encontrar a un político-constructor de relaciones. Saul Alinsky, el legendario organizador comunitario que vive en Chicago, señaló la diferencia que hay entre los «organizadores» y los «líderes». Los líderes son los visibles, que están «afuera» pronunciando los discursos y encargándose de los piquetes. Por otro lado, los organizadores, básicamente invisibles, pasan su tiempo reclutando a las personas que estarán en el piquete, resolviendo disputas sobre quién va adónde, y consiguiendo los autobuses para que quienes asisten a los piquetes se dirijan al lugar adecuado en el momento adecuado con los letreros y megáfonos necesarios.

⟩ TRES PARA PREPARARSE

Creo que cada equipo de proyectos con más de media docena de miembros realmente necesita/debe tener tres tipos de líderes: (1) El Visionario, quien «vive»/encarna la promesa centelleante del proyecto y lo vende «24/7» en todos los rincones del mundo. (2) El Facilitador, que crea y supervisa el «ecosistema político» y, realmente integra a la gente con el fin de hacer que las cosas sucedan. (3) El Mecánico, que ama y vive para el presupuesto, el calendario y los mil detalles administrativos que son el alma de la eficacia cotidiana del equipo. Elimine cualquiera de los tres, y el equipo de proyectos implosionará. Además, usted debe reconocer que estos tres tipos muy diferentes de personas, y las tres disposiciones, rara vez (o nunca) son las mismas; este tema es de suma importancia, incluso para el «equipo» de proyectos de una sola persona, donde necesitará algún tipo de ayuda, a bajo costo o no, con las cosas que no son su campo natural.

(Nota: *Entre otras cosas, creo firmemente que* Tratado para radicales *de Alinsky, que he utilizado durante años como mi único texto en la capacitación para gestión de proyectos, es el mejor manual de «gestión de proyectos» que se ha escrito; se centra en el «98 % ausente» de la efectividad en la gestión de proyectos —la política de implementación—, que los textos tradicionales y técnicos de gestión de proyectos ignoran deliberadamente*).

3. Administre cuidadosamente la BDF/ Balanza de Favores.

Practique el *potlatch*, ofrezca tanta ayuda a tantas personas en tantas ocasiones (¡una exageración intencionada!) que haya pocas dudas acerca del apoyo a usted cuando llegue el momento (¡raro!) de cobrar favores. «Wilson facilitó que sus colegas acudieran a él», escribió Crile, «siempre amable, casi siempre siendo de ayuda». Algunos podrían argumentar, y creo que estaría de acuerdo con ellos, que la gestión consciente y organizada del «equilibrio de favores» (debidos y pendientes) de uno, es una cosa muy sensible (y acaso maquiavélica) que hay que hacer; mi mentor, excepcionalmente exitoso en la política de California, tenía literalmente un «pequeño libro negro» de favores «concedidos» y «debidos» que otros habrían muerto al tener en sus manos.

(Las herramientas son diferentes y el alcance es mucho mayor en la era de las Redes Sociales, pero la esencia cruda de intercambiar favores es como siempre lo ha sido).

4. ¡Siga el dinero!

«Cualquier persona con un cerebro puede concluir que si puede entrar al subcomité de Defensa, es allí donde debería estar, porque es allí donde está el dinero».
–Charlie Wilson

Acercarse al corazón de los procesos fiscales ofrece innumerables oportunidades para tomar el control efectivo de un sistema, siempre y cuando usted esté dispuesto a invertir con el fin de lograr el Dominio Absoluto de esos procesos. Mirando hacia adentro desde afuera, este es otro gran argumento para enriquecer las relaciones en unos niveles más abajo en la organización; en este caso, en la organización financiera de suma importancia en todas partes.

› PLANEANDO EN LA NOCHE

Hace muchos años, Al Smith, que fue gobernador de Nueva York y candidato demócrata para la presidencia en 1928, llegó a Albany como un legislador estatal novato. Mientras que sus colegas bebían y se iban de juerga por las noches, Smith, que era un Representante muy joven, estudió minuciosamente cada línea del presupuesto estatal desde el atardecer hasta el amanecer. Su dominio ulterior del Proceso Fiscal del Estado lo llevó directamente al poder en un tiempo asombrosamente corto.

Lección: Domine los detalles «grises» de los procesos arcanos (especialmente de los procesos financieros) que no pueden hacer los demás. (Dominio = Maestro. Ahora ya conocen mis instrucciones).

5. Material encontrado. (Y personas encontradas).

No reinvente la rueda. Es demasiado costoso, toma mucho tiempo, y supone demasiadas molestias burocráticas. Una y otra vez, Charlie y Gust aprovecharon «cosas» existentes –por ejemplo, cantidades no deseadas de hardware que no era precisamente el más reciente– y que estaban inmediatamente disponibles para su uso, en lugar de esperar una eternidad por equipos «perfectos» (caros, escasos y *visibles*).

Y no se detenga ahí. Busque grupos excéntricos e irrespetados que hayan realizado un trabajo apasionante, en consonancia con sus objetivos, sin ser plenamente reconocidos por ello. En este caso, eso significa asociarse con un grupo de «locos» absurdamente talentosos que escasamente son tenidos en cuenta (y que son «molestos» para la jerarquía) en el Programa de Actualización de Armas del Pentágono.

6. El enemigo de mi enemigo es mi amigo. Tápese la nariz y haga el trabajo.

Charlie hizo esto en numerosas ocasiones. Y Gust también. Y usted también, si es inteligente.

7. ¡Pasión visible y real!

Cree pruebas convincentes de la fuente de su pasión. Charlie Wilson tenía un obstáculo aparentemente insuperable en su plan, un congresista viejo y cínico que desestimó de plano la cruzada de Charlie. Pero Charlie tenía razones suficientes para poder convencer al escéptico de visitar un campo de refugiados afganos. La evidencia gráfica y en vivo, como Charlie había imaginado que lo haría, convirtió al enemigo en un emotivo defensor de la causa en el transcurso de una sola tarde. Si usted cree a toda costa en una causa, encuentre alguna manera (tal vez un poco menos que un viaje de 10.000 millas) para que los posibles conversos vean demostraciones sorprendentes y en vivo del problema, repletas con testimonios de aquellos que están perdiendo el hilo de las cosas.

(Nota: La pasión de Wilson por sus creencias fue visiblemente magnificada por las tácticas que empleó descaradamente para hacerla personal, y para asegurarse de que los demás supieran que era personal. Por ejemplo, en cada visita a los campamentos de refugiados, Wilson donó sangre en el lugar).

8. ¡La pasión como disuasión!

La pasión funciona por una gran cantidad de razones. De hecho, es contagiosa y atrae partidarios. Pero uno de sus efectos laterales increíblemente fuertes e ignorados con frecuencia, es su poder de disuasión. La pasión sugiere una agotadora «permanencia en el poder»: «Yo no debería desperdiciar energía o recursos para bloquearlo a él, pues no va a desaparecer y me va a perseguir y a absorber mi tiempo hasta que el infierno se congele». (Yo añadiría que funcionó para mí durante mi estadía en Washington. Yo era bastante impotente, pero irritantemente obstinado. Lo «irritante» era parte del ejercicio).

9. Reduzca los trámites burocráticos.

«Lo que hicimos en un mes con Charlie nos habría tomado nueve años en completarlo».
–Gust Avrakotos

«El 90 % de lo que llamamos gestión consiste en dificultarle a la gente hacer las cosas».
–Peter Drucker

Estas dos citas están de acuerdo con mi antigua definición de un jefe: **DJRO**... o **D**irector en **J**efe de **R**emoción de **O**bstáculos. Lo que significa (de nuevo) que el jefe debe ser un Maestro de las Complejidades y Arcania de los Sistemas Interiores y del Proceso Político. En un proyecto comercial, esto significa, entre otras cosas, el Dominio Total del proceso de compra del cliente, incluyendo la Comprensión Total del poder que tiene la política en esa organización «exterior» de arriba hacia «abajo».

Más a menudo, la mejor manera de superar los obstáculos es eludiéndolos; esto reduce el consumo de energía. **Es decir, cuando un proyecto es realmente extraño, como la campaña de Charlie Wilson, desperdicie tan poco tiempo o capital como sea posible y acuda directamente «a la cadena de mando».** La aversión a lo inusual, a pesar de las protestas en sentido contrario, aumenta a medida que uno se acerca a la parte superior. Más bien, diseñe, ensaye, descarte y vuelva a revisar constantemente los extremos que (1) constituyen una red exuberante y «horizontal» (antes que formalmente vertical), (2) sume a su conocimiento, y (3) cree con el tiempo una tormenta de nieve de «pequeñas victorias» que comiencen y creen un impulso detrás del proyecto. Sea educado con sus jefes (no los ofenda sin causa), pero no pierda el tiempo con ellos hasta que sus «pequeños triunfos, demos y red de partidarios ávidos constituyan una fuerza irresistible para el cambio».

10. Cree un «grupo de hermanos y hermanas» pequeño e increíblemente comprometido para que actúen como orquestadores mayoritariamente invisibles.

Cuando todo estaba dicho y hecho, Gust Avrakotos y su diminuto **(¡nunca más de media docena!)** centro neurálgico en el inframundo de la CIA nunca obtuvo una pizca de reconocimiento por lo que podría decirse que fue el mayor éxito de la agencia en su historia. Pero su pequeño equipo hizo el trabajo de cientos, y se deleitaba con su propia invisibilidad y habilidades agudas de titiritero. El hecho de que estuvieran fuera de vista, fuera de la mente, y haciendo poner de rodillas a los soviéticos fue lo más emocionante de todo.

(Las normas relativas a la «pequeña banda de hermanos»: Corra riesgos con el talento inusual, sin importar el rango formal, un par de los mejores hombres de Gust eran subalternos rematados. Reclute talento peculiar que no tenga interés en soluciones convencionales ni aspiraciones convencionales de «ascender en la escalera»).

(Nota: Axioma, «vista [*a sus bichos raros*] para el éxito». Usted también puede contratar «personas raras», sus ideas pueden ser ofensivas para las autoridades reinantes. De ahí la necesidad de que los «factores externos» sean tan conservadores como las ideas son radicales. Cuando emprendí una misión contraria a la de McKinsey, un viejo profesional me aconsejó: «Viste los trajes más conservadores que existan, nunca llegues tarde a una reunión, no les des ninguna excusa pequeña para despedirte o devaluarte». ¡Qué buen consejo!).

11. Tenga presente el largo plazo, también.

Piense inconscientemente... a largo plazo. Uno aprende de Charlie Wilson que un *pequeño acto* de reconocimiento hacia un mayor en un estamento militar aliado paga En Grande... **15 años después**... cuando el mayor se ha convertido en jefe del Estado Mayor del Ejército de _____. La pasión por la acción actual es de suma importancia, pero siempre, siempre, *siempre* piense conscientemente acerca de... *Invertir en la Red.*

(Nota: Pensar en Invertir en la Red/ RDLIELR/El Retorno de la Inversión en las Relaciones no deben ser una cosa de «la supervivencia del más fuerte». Debe estar sujeto a lo mismo... la planeación, la atención, la disciplina, la rendición de cuentas y la evaluación... que está presente en cosas como el presupuesto. La Relación/Desarrollo de la red es algo que se debe hablar de forma abierta y constante, y debe estar en cada agenda como un elemento formal para su revisión y discusión; es decir, la «Maximización de Actividades RDLIELR»).

12. La ópera no se acaba hasta que no canta la gorda.

«Ellos» (un montón de «ellos») lo llaman la Ley de las Consecuencias Imprevistas. En este caso, después de que los rusos se habían retirado de Afganistán, Estados Unidos volvió una vez más a la negligencia benigna de la región. El resultado fue, indirectamente, el 9/11, orquestado desde Afganistán por algunas de las personas a quienes habíamos apoyado en la década anterior; y caos continuo en el Afganistán de hoy.

En cuanto a no haber terminado la tarea, Charlie Wilson dijo que la derrota de los soviéticos en Afganistán, su primera en la Guerra Fría y un estímulo para la desintegración del Imperio del Mal, fue un... *logro glorioso que cambió el mundo. Y entonces la embarramos en el juego final».*

▶ LA SUPERVIVENCIA DE LOS INADAPTABLES

En honor a Charlie y Gust y los de su estirpe:

«El hombre razonable se adapta al mundo; el irrazonable insiste en tratar de adaptar el mundo a sí mismo. Por lo tanto, todo progreso depende del hombre irrazonable».
—G. B. Shaw, *Hombre y Superhombre*

«Siempre que se está logrando algo, he aprendido que lo está haciendo un monomaniaco con una misión».
—Peter Drucker

1. 2. 3. 4. 5. 6. 7. 8. 9. 10. 11. 12. 13. 14.

15. 16. 17. 18. 19. 20. 21. 22. 23. 24. 25.

26. 27. 28. 29. 30. 31. 32. 33. 34. 35. 36.

37. 38. 39. 40. 41. 42. 43. 44. 45. 46. 47.

48. 49. 50. 51. 52. 53. 54. 55. 56. 57.

58. 59. 60. 61. 62. 63. 64. 65. 66. 67.

68. 69. 70. 71. 72. 73. 74. 75. 76. 77. 78.

79. 80. 81. 82. 83. **84. 85. 86.** 87. 88.

89. 90. 91. 92. 93. 94. 95. 96. 97. 98. 99.

100. 101. 102. 103. 104. 105. 106. 107.

108. 109. 110. 111. 112. 113. 114. 115.

116. 117. 118. 119. 120. 121. 122. 123.

124. 125. 126. 127. 128. 129. 130. 131.

132. 133. 134. 135. 136. 137. 138. 139.

140. 141. 142. 143. 144. 145. 146. 147.

148. 149. 150. 151. 152. 153. 154. 155.

156. 157. 158. 159. 160. 161. 162. 163.

Pasión

84. ¡Secundo esa emoción!

La emoción importa.

¿Qué más hay?

¿Ha oído hablar de una historia de éxito que involucre a

... un director sinfónico desapasionado?
... un pintor aburrido?
... un millonario apático hecho a pulso?
... un empresario de 9 a 5?

Es una broma, ¿verdad?

¿La emoción y el papel del líder?

Daniel Goleman, Richard Boyatzis y Annie McKee lo expresan de esta manera en *The New Leaders* [Los nuevos líderes]:

«Los grandes líderes nos mueven. Encienden nuestra pasión e inspiran lo mejor en nosotros. Cuando tratamos de explicar por qué son tan eficaces, hablamos de la estrategia, la visión o las ideas poderosas. Pero la realidad es mucho más primaria: El gran liderazgo funciona a través de las emociones».

Reconozca la emoción.

Contrate por la emoción.

Evalúe por la emoción.

Promueva por la emoción.

Lidere por la emoción.

(*Siga* por la emoción).

«*Venda*» la emoción.

(Como dije: ¿Qué más?).

(Nota: *La emoción es tan importante en una firma de contabilidad de dos personas como en Apple. La firma exitosa de contabilidad de dos personas vive «para estar al servicio» de sus clientes. La firma de contabilidad de dos personas tiene como objetivo «asociarse con» su cliente para mejorar la comprensión y la apreciación de la «ecuación de negocios» por parte del cliente, además de asegurarse de que 1+1 = 2. «El contador emotivo» no implica en modo alguno la derogación de los deberes fiduciarios, pero sí implica una dedicación en el verdadero sentido del servicio y la asociación y, francamente, la indispensabilidad*).

85. ¡Una regla! ¡¡Mucho oro!!

La empresa, pública o privada, pequeña o enorme, está completamente relacionada con la humanidad, con servir a los seres humanos, con el crecimiento humano y la comunidad. Eso es obvio, o debería serlo. Pero *siempre* vale la pena un recordatorio, mucho más de lo habitual cuando reflexionamos sobre los chanchullos desconsiderados que nos condujeron a la peor crisis financiera en 75 años.

El hecho de pensar profundamente sobre estos fundamentos para las buenas épocas, las malas épocas, y todas las épocas («humanos que sirven a seres humanos») me recordó a mi viejo amigo, el difunto John McConnell, fundador de Worthington Industries. Un pragmático en exceso, como corresponde a un nativo de Ohio, John creía que el crecimiento y la rentabilidad fluían a partir de la equidad y la confianza. De hecho, él fue aún más lejos, ¡e insistió en que la Regla de Oro es un «manual de reglas» completo!

En lo que a mí respecta, él estaba en algo, y el éxito continuo de Worthington en tiempos muy difíciles en una industria muy dura (¡el acero!) es una prueba de la validez de las creencias «simples» de McConnell, que fueron vividas con pasión por miles de personas durante varias décadas.

Reflexionar sobre McConnell me hizo recordar a su vez una cita sensacional que encontré hace poco. Pertenece a Frank Crane, y dice: *«La Regla de Oro no es de ninguna utilidad para usted a menos que se dé cuenta de que se trata de su "jugada"».*

Si eso no lo frena en seco, no sé qué demonios lo haría. ¡A mí me detuvo de inmediato!

Y hablando de algo que es... **¡operativo de inmediato!**

Mensaje: **¡Es su jugada!**

Así que...

Piense... **ahora mismo**... en un problema espinoso con personas o clientes que lo estén volviendo loco.

Orientación operacional: Es su jugada.

¿Qué es lo que debe hacer?

¿Qué va a hacer?

¡Luces!

¡Cámara!

¡Acción!

¡Ahora!

> EN BUSCA DE LA EXCELENCIA: EL LEGADO DE McCONNELL

Veinticinco años y pico.

Una idea.

Lo duro es blando.

Lo blando es duro.

¿Busca rentabilidad?

¿Busca un crecimiento orgánico?

Respuesta: Personas comprometidas con apoyarse mutuamente en las buenas y en las malas.

Respuesta: Personas comprometidas de manera incansable con el crecimiento; prefieren ser despedidas que tenerle miedo al cambio.

Respuesta: Personas decididas a servirles de manera consistente a los clientes que pagan facturas.

Respuesta: Decencia.

Respuesta: Amabilidad.

Respuesta: Imparcialidad.

Respuesta: ¡La regla de oro!

Respuesta: ¡Su jugada!

(Gracias, John McConnell).

(Gracias, Frank Crane).

86. Aproveche los momentos.

Los negocios (y también la «vida», por supuesto) aumentan o decaen según la naturaleza y el carácter y el recuerdo persistente de lo que Jan Carlzon, el legendario jefe de línea aérea (SAS), llamó los «momentos de la verdad», esos fragmentos fugaces de un verdadero contacto humano que literalmente definen la Excelencia percibida de nuestra empresa, o la falta de esta.

Por lo tanto, nuestro objetivo, tal vez el principal, en empresas de todos los tipos y tamaños, es «GPMMDV»: **Gestionar para Momentos Memorables de Verdad.**

Cada decisión −acerca de la contratación, el despido, la supervisión, la capacitación, el desarrollo de sistemas, etc.− debe estar diseñada y llevada de manera inmediata y directa para apoyarse en la «producción» de Momentos Memorables de Verdad.

Comience reconociendo «su» importancia. Encuéntrelos. Defínalos. **(¡¡Con precisión!!).** Mapéelos **(¡¡Con precisión!!).** Pruébelos. Mídalos **(¡¡Con precisión!!).** Incentívelos. Etcétera.

Lo más importante: Lo animo a «utilizarlo», es decir, a elevar el término de Carlzon tal como ha sido ligeramente modificado por mí: «Gestionar para Momentos Memorables de Verdad» *per se*.

Lo más importante (Parte II): Pase todas **(t-o-d-a-s)** las decisiones por el «filtro GPMMDV»: ¿De qué manera este sistema, esta práctica de contratación, o lo que sea, afecta a nuestros GPMMDV? Si hay un problema; por ejemplo, si la agenda de la reunión semanal de operaciones no está relacionada de alguna manera con la mejora de nuestros GPMMDV, pregúntese por qué el tema está en la agenda en primer lugar, o cómo puede hacer que sea relevante para nuestros GPMMDV. Si un problema que está siendo discutido afecta o puede afectar *negativamente* los GPMMDV, reconsidérelo o reconfigúrelo.

En relación con esto último –el impacto negativo–, un CEO (su nombre y compañía se me escapan) está convencido de que unos GPMMDV positivos son mucho más importantes –-y no menos– en tiempos de crisis, cuando todos los clientes valen **por dos.** Por lo tanto, independientemente de las presiones, ¡tenga cuidado con la reducción excesiva de costos que degrada la calidad de los GPMMDV para nuestros Benditos clientes Restantes!

(Que quede claro: Carlzon logró un éxito impresionante al organizar-medir-incentivar-manejar toda la empresa en torno a su «producción» de «Momentos de Verdad»).

Para dar comienzo a la función: Haga de inmediato un inventario de oportunidades MMDV en relación con este proceso o del servicio prestado. Evalúe, cuantitativamente, el desempeño de su GPMMDV en este instante. Idea Importante: Involucre a *todo el mundo* (literalmente) con la actitud GPMMDV.

(Yo podría inclinarme normalmente a desechar la abreviación GPMMDV, pues parece un poco exagerada. Pero creo que esto es una excepción. Si usted acepta esta idea y trabaja en ella, lo insto encarecidamente a Gestionar para los Momentos Memorables de Verdad. Este GPMMDV podría ser digno de la burla inicial asociada con «otra sigla más»). (Me gusta el verbo «Gestionar para», porque sugiere que casi todo nuestro trabajo se destinará a la producción y mejora de los MMDV).

› REFORMA DE TÍTULOS

Siendo apenas un poco irónico, lo invito a que centre su atención en algunos de los títulos de trabajo propuestos a continuación. Y, sí, realmente me gustaría sugerirle que los tome más o menos en serio. Son «divertidos», y completamente serios. Las palabras (por ejemplo, los títulos de trabajo) gritan: *«Nos tomamos esto en serio y tenemos intención de escogerlo para la atención "estratégica"».* Tal vez estos títulos sean informales; y es obvio que no utilizaría ninguno como ellos. La idea aquí es mentalidad y sabor.

Adjunto:

- ¡Mago de momentos mágicos!
- ¡Maestro de Momentos Memorables de Verdad!
- ¡Reclutador de seguidores incondicionales!
- ¡Empresario de primeras y últimas impresiones!
- ¡Mago de GUAU!
- ¡Emperatriz de la Excelencia!
- ¡Capitán de regresos brillantes!
- ¡Princesa de la percepción!
- ¡Sultán de las redes sociales!
- ¡Director de la intimidad del cliente!
- ¡Rey de la Comunidad de clientes!
- ¡Reina de la retención de clientes!
- ¡Director gerente de éxtasis de posventa!

Estoy seguro de que ustedes entienden mi intención...

1. 2. 3. 4. 5. 6. 7. 8. 9. 10. 11. 12. 13. 14. 15. 16. 17. 18. 19. 20. 21. 22. 23. 24. 25. 26. 27. 28. 29. 30. 31. 32. 33. 34. 35. 36. 37. 38. 39. 40. 41. 42. 43. 44. 45. 46. 47. 48. 49. 50. 51. 52. 53. 54. 55. 56. 57. 58. 59. 60. 61. 62. 63. 64. 65. 66. 67. 68. 69. 70. 71. 72. 73. 74. 75. 76. 77. 78. 79. 80. 81. 82. 83. 84. 85. 86. **87. 88. 89. 90. 91.** 92. 93. 94. 95. 96. 97. 98. 99. 100. 101. 102. 103. 104. 105. 106. 107. 108. 109. 110. 111. 112. 113. 114. 115. 116. 117. 118. 119. 120. 121. 122. 123. 124. 125. 126. 127. 128. 129. 130. 131. 132. 133. 134. 135. 136. 137. 138. 139. 140. 141. 142. 143. 144. 145. 146. 147. 148. 149. 150. 151. 152. 153. 154. 155. 156. 157. 158. 159. 160. 161. 162. 163.

Presencia

87. Gerenciar deambulando. ¡Todo está a su alrededor!

En 1982, a medida que Bob Waterman, mi coautor de *En busca de la excelencia,* y yo nos preparábamos en nuestra habitación de un hotel de Manhattan para nuestra breve aparición en el programa *Today* con el fin de hablar del «libro», nos enfrascamos en una pelea amistosa. Resulta que a los dos nos encantó lo mismo de *En busca* y ambos queríamos pronunciar la palabra/ palabras en la televisión nacional. Al no tener pistolas de duelo a mano (a pesar de que estábamos justo al otro lado del río desde el lugar donde VP Burr había matado a Alexander Hamilton en un duelo en 1804), lanzamos una moneda al aire. Bob ganó... ¡y todavía me siento frustrado casi tres décadas después!

¿El poder de presumir en juego?

GD, o «Gerenciar deambulando», un concepto que aprendimos acerca de lo que era, cuando comenzamos nuestra investigación en 1979, una Hewlett-Packard mucho más pequeña e íntima.

Bien...

Bienvenidos a 2010. GD todavía funciona. Y su ausencia anunciará la ruina aún y para siempre.

Con GD, «lo que ves es lo que obtienes». Podría seguir por espacio de varias páginas (que tengo en el pasado) sobre los beneficios de permanecer íntimamente en contacto con los empleados, colegas y el mundo que nos rodea. Pero esta vez lo diré en términos simples:

¡Salga del cubículo!
¡Desconecte el terminal!
¡Guarde el iPhone/BlackBerry en el cajón!
Charle con todas las personas con las que se cruce en el camino... especialmente si no suele hablar con ellas.
Camine por aquellos lugares de su organización (¿de su vecindario? ¿de su ciudad?) por los que no camina normalmente.
Vaya más despacio.
Deténgase.
Charle.

(«Pare. Mire. Escuche». Fue el pequeño consejo que recibí, cortesía de la sabiduría de los cruces de ferrocarril de antaño).

Nota: El Correo electrónico/IM/Tuits... NO CUENTAN... como «charla».

«Deambule» = **Deambule.**

Un-pie-delante-del-otro.

(Me encontré con un ejecutivo de alto rango que trabaja en el sector de atención de la salud, y quien había asistido a un seminario de liderazgo muy importante. El instructor prominente le preguntó al grupo: «¿Quién es su enemigo principal?». No es de extrañar que las respuestas incluyeran «la competencia», «los ejecutivos que juegan a la política», «los sistemas anticuados», «los reglamentos irreflexivos». «No», espetó el instructor, «es su *escritorio*, quedarse pegado detrás de su escritorio y lentamente, o no tan lentamente, perder el contacto». ¡Amén!).

Idea ampliada: *Mandato de Deambular Ampliamente*... «en-contact-ismo» genérico.

¡Incluya el «deambular» en su agenda permanente y formal! Piense en esto: Recientemente estaba dando un discurso a vendedores minoristas. Para prepararme, me había quemado las pestañas estudiando. Leí como un loco. Permanecí en todos los enlaces de Google como si mi vida dependiera de ello. Llamé a una docena de expertos.

Mis datos fueron analizados. Mi discurso se bloqueó en su estado de «PPFinal». Eran las 3:00 p.m., y yo estaba en mi habitación del hotel en Chicago. Como necesitaba una pausa mental, decidí dar un paseo y fui a una tienda tras otra deambulando aparentemente sin rumbo, por poco más de dos horas.

Regresé a mi habitación. Desbloqueé mi PPFinal. Y más o menos comencé de nuevo. (Resultado, el discurso «podría haber sido peor»; la más alta calificación que le doy a uno de mis propios discursos). No les puedo decir precisamente lo que recopilé en ese paseo de dos horas. Puedo decirles que lo «cambió todo». Es decir, que me adentré «en la zona», habité física y emocionalmente la Venta-al-por-Menor-a-los-clientes-del-Mundo-del-Mañana... y de alguna manera propagué los frutos de mi recorrido a casi todas las frases de lo que expuse posteriormente.

Puede sonar contradictorio, pero «deambular sin rumbo» requiere una disciplina estricta. Todos caemos en rutinas, incluso en nuestra pasión por los viajes. La misma ruta. La misma gente. La misma hora del día. La misma duración. Etc., Etc. Tal vez usted deba comportarse como un planificador de seguridad personal; es decir, asegurarse de tomar una ruta diferente y aleatoria. Usted tiene que introducir de algún modo la espontaneidad y la falta de rumbo. Hacer una promesa de «deambular simplemente»... por lo menos media hora cada día. Usted se sorprenderá de lo que sucede cuando vuelve de nuevo a la pila de trabajo en su escritorio o al documento en su pantalla.

Soy un fanático del GD.
Juro por el GD.
En cualquier circunstancia y en todas.
¿Se unirá a mí?

(P-o-r f-a-v-o-r).

> **«¿PAPEL O PLÁSTICO?»**. **NO; PRESENCIA**

Estaba haciendo compras para la cena de Pascua en el atestado [mercado] Shaw, en Manchester Center, Vermont, alrededor de la 1:00 p.m., el sábado. Cuando salía, me encantó ver a un empacador esforzándose por aliviar la congestión. Me encantó aún más ver que mi... **empacador...** es decir, por su placa, era el...

¡¡Gerente de la tienda!!(!!)

¡Cuatro aplausos generosos!
(Y, por desgracia, siempre tan escasos).

88. ¡Todos los sentidos! ¡O ningún sentido!

Juro que puedo escucharlo.

Al exitoso CEO del banco comunitario.

(Asistió a uno de mis seminarios de cuatro días en el norte de California).

¡Juro que puedo escucharlo!

Pero, en realidad, fue hace dos décadas.

¡Pero juro que puedo escucharlo!

El tema era GD.

O Cerca del cliente.

O algo parecido.

Recuerdo la traducción que hizo de su mundo para lo que yo había estado discutiendo. Fue **(precisamente)** algo como esto:

«Tom, permíteme darte la definición de un buen oficial de préstamos. El domingo, después de la iglesia, mientras conduce a su casa, toma un pequeño desvío más allá de un centro de distribución al que le ha prestado dinero. No entra, escasamente reduce la velocidad, echa simplemente un vistazo a la pulcritud, al mantenimiento externo, a lo que sea, y lo absorbe con todos sus sentidos. Eso es todo».

Y eso fue todo.
En contacto.
Todos los sentidos.
Fugaz pero «real».

¿Acabo de explicar el alfa a través del omega de la debacle financiera?
¡Claro que no!

Pero, para decirlo suavemente, podríamos haber utilizado un poco más de manejar con «todos los sentidos» en el mundo de la banca hipotecaria. (¡Quizá también en algunas de las tiendas de Permuta de Incumplimiento Crediticio!).

¡No pierda el tiempo!
¡No se meta conmigo!
¡Sin malditas excusas!
¡Ahora mismo!
¡Planee el horario de «conducir»-«paseo» de esta semana!
¡El evento principal debe ser dentro de las próximas tres horas!
¡Ejecute!
¡Revise y ajuste!
¡Repita!
¡Por siempre!

89. Deje su billetera (o su cartera) en casa.

Hace poco olvidé sacar mi billetera mientras iba a comprar comestibles. (Cuando estoy en casa, soy el comprador designado de mi familia). Fue solo después de llegar a la tienda de comestibles –a treinta y cinco kilómetros de mi casa, la más cercana– que descubrí mi error. Por suerte, tenía un alijo de dinero guardado en la guantera, solo para este tipo de eventualidades. ¡Y cómo tuve que diezmar ese alijo (que no era tan pequeño) en mis cinco o seis paradas alrededor de la ciudad!

¿Y qué?

Yo, sin duda, al igual que usted, por lo general pago por cosas con plástico o hundiendo teclas. Hay muchos «ay» en el proceso. Sin embargo, el «ay» con la tarjeta de crédito dista mucho de retirar 138 dólares en la tienda de comestibles, 47 dólares para llenar un... *Subaru*, 78 dólares en una de mis paradas «habituales» en la librería, y más, más y más en un par de otras tiendas; por ejemplo, 68 dólares para comprar pescado fresco para cuatro personas. El sentido que uno tiene del verdadero costo de la vida aumenta por un orden de magnitud.

Para aquellos que viven solos o que trabajan en una pequeña oficina profesional o un negocio de venta al por menor, yo los instaría a repetir mi aventura de una forma u otra algún mes; después de pagar 20 dólares en la tienda de artículos de oficina, apuesto un ojo de la cara o más a que usted estará marcando el comienzo de una época de apretar más el cinturón... tan pronto como sea posible.

En las empresas medianas o grandes, si usted tiene departamentos que le informen, ¿qué tal si les cobra a los jefes de departamento, con facturas de papel –como se acostumbraba antes–, por los servicios prestados y les exige que paguen la factura escribiendo un cheque; no es tan fuerte como ver que el alijo en efectivo se reduce, pero es quizá un comienzo.

El punto más grande es obvio, aunque esquivo; ahora más que nunca, las empresas de todos los tamaños tienen que demostrar la realidad de una manera que tenga un gran impacto. No es la tontería de «trabajar como empleado por un día» que es solo un juego un poco divertido, sino algo más realista.

Hace muchos (muchos) años hice una temporada en el Pentágono, trabajando en construcciones militares, bases navales, etc. Un día, el almirante a cargo llamó a algunos de nosotros a su oficina. Trabajamos sobre todo traduciendo las necesidades del campo en pentagonés. (No estoy seguro de haberlo superado el todo). Las cifras eran, incluso en esa época, de miles de millones. El almirante dijo que todos éramos «condenadamente descuidados» con el dinero de los contribuyentes (un sentimiento maravilloso en el Gran Edificio de Cinco Lados), y que, a partir de ese instante, estaríamos obligados a poner todos los ceros: 2.300 millones serían ahora 2.300.000.000 de dólares, y así sucesivamente. No puedo prometerle que esta pequeña rutina terminara beneficiando al contribuyente; pero puedo decir que, tal como pretendía el almirante, nos hizo pensar dos veces. Una historia trivial, o no. Sea usted el juez.

Pague sus compras con dinero en efectivo la próxima vez.
También la reparación de su automóvil.
¿La cuenta en la tienda de insumos para oficina? Ídem.

Por las buenas o por las malas... arrastre el realismo a la puerta de la oficina.

90. Bájese de su pedestal, ¡y tenga cuidado con el sonido de la risa!

En su autobiografía, el general Norman Schwarzkopf revela, de manera casi central para su historia, pero quizá valga la pena mi breve recuento, que él simplemente no puede contar un chiste con eficacia. Se olvida de las cosas. No tiene el sentido del tiempo para hacerlo. Mete la pata en la línea de golpe. Etc. Pero ocurrió algo curioso cuando fue ascendido a general.

En el instante en que se puso una... **estrella**... en la solapa, al parecer, se volvió completamente hilarante, y sus compañeros empezaron a reírse a carcajadas con sus chistes, fueran malos o no.

El mensaje es obvio, y se aplica para todos los que gerencian, y no solo para los oficiales generales: *Cuidado con los subordinados que se ríen de sus chistes.* El hecho, y muy importante, es: Una vez que usted se convierte en jefe, ¡*nunca* volverá a oír la verdad no adulterada! **(Palabra clave: Nunca).** Y esto es casi tan cierto para un jefe de turno de 20 años en un Dunkin' Donuts en algún pueblo pequeño, como para el gerente mayor y el nivel medio, para el propietario de un negocio, o para el General S.

La cruda verdad es que si usted es un gerente, es una figura de poder. Punto. El éxito de los demás en el trabajo *está* ligado a sus caprichos y fantasías, por lo que los demás querrán complacerlo de manera natural, aunque de mala gana, y no querrán precisamente estar en desacuerdo con usted o pensar que sus chistes no tienen gracia. (No estoy sugiriendo que digan mentiras. Simplemente que a veces no son propensos a decir toda la verdad y nada más que la verdad. Es como reportar una «pequeña» metida de pata con un cliente).

Pero los «remedios» son claros y más o menos a prueba de tontos, aunque usted debe ser disciplinado al aplicarlos. En primer lugar, «hágase presente» sin importar la distancia. La exdirectora de la planta de GM, Pat Carrigan, la primera mujer en dirigir una planta de GM, causó una revolución local al ir todos los días a la zona de producción. (El anterior gerente de la planta, me dijeron en la cámara para un programa de PBS, nunca, **en media docena de años**, fue allí donde estaba la acción).

Una segunda estrategia es sortear obstáculos en su propia jerarquía. Mientras, el presidente de PepsiCo, el difunto Andy Pearson, visitaba una operación como Frito-Lay, y, después de un movimiento somero de cabeza al CEO, se dirigía directamente al *bullpen* donde vivían los gerentes subalternos de submarcas. Él escogía uno al azar, se sentaba con él o con ella durante una hora, y discutía con el mayor detalle imaginable lo que estaba pasando en su pequeña zona del bosque. Él no solo buscaba la fortaleza de los recursos de Frito, sino que se concentraba también en los datos sin masticar.

Una tercera estrategia, si usted está un par de niveles o más en la cima de la jerarquía, es tener cerca a un «polibueno» y de confianza. Llame a esto espionaje si es preciso, pero usted no le está pidiendo a esta persona que descubra a los empleados problema para recompensarlo. Más bien, la idea es tener a alguien amigable a mano que pueda olfatear alrededor y darle una retroalimentación directa sobre cómo huelen las cosas –y cómo huele *usted*– en el momento de la verdad. Obviamente, su grado de confianza en él/ella debe ser estratosférico; y las habilidades diplomáticas de esa persona deben ser muy buenas también.

Así que les recuerdo a todos los jefes, por cortesía del General Norman: **¡Cuidado con el sonido de la risa cuando cuente un chiste! ¡Cuidado con el comentario de admiración cuando vaya al trabajo con una bufanda o corbata nueva y deslumbrante!**

(Como siempre en el mundo real, hay una serie de advertencias. Para citar un ejemplo, cuando su visita a la primera línea se convierte en una... **Visita de Estado**... en la que todas las operaciones normales llegan a un punto muerto y todo el mundo exhibe sus MSC/Mejores Sonrisas de Comportamiento, no solo no ganará nada, sino que puede perder un poco mientras los demás se ríen de su intento por «ser uno con las masas». Como si esto fuera poco, algunas personas simplemente son más distantes que otras; aunque usted puede y debe «trabajar en esto», el cambio no ocurre con facilidad).

91. ¿Un gran plan? No; pasos pequeños (pasos *en el suelo*).

En *La carga del hombre blanco: El fracaso de la ayuda al desarrollo*, William Easterly, experto en construcción de naciones, se lamenta: «Occidente gastó 2,3 billones de dólares en ayuda exterior durante las últimas cinco décadas y aún no había logrado suministrar medicamentos de doce centavos a los niños para prevenir la mitad de todas las muertes por malaria. Occidente gastó 2,3 billones de dólares y aún no había logrado darle tres dólares a cada nueva madre para prevenir cinco millones de muertes infantiles... Pero yo y muchas otras personas con ideas afines seguimos tratando de no suspender la ayuda a los pobres, y asegurarnos más bien de que la reciban».

Easterly es el archienemigo del Gran Plan (las letras mayúsculas son suyas, no mías, por una vez) y un partidario de actividades prácticas de «Buscadores» (la «B» mayúscula es suya) que conocen los entresijos de la cultura, la política y las condiciones locales «en el terreno» con el fin de utilizar recursos locales, y conseguir medicamentos de 12 centavos para los miembros de la comunidad. Él escribe [el subrayado es mío]:

«En la ayuda exterior, los Planificadores anuncian buenas intenciones, pero no motivan a nadie para llevarlas a cabo; los Buscadores encuentran cosas que funcionan y se basan en ellas. Los Planificadores aumentan las expectativas, pero no se responsabilizan por cumplirlas; los Buscadores aceptan la responsabilidad por sus acciones. Los Planificadores determinan lo que se suministra; los Buscadores averiguan lo que está en demanda. Los Planificadores aplican planos globales; los Buscadores se adaptan a las condiciones locales. Los Planificadores que están arriba no conocen lo que está abajo; los Buscadores averiguan cuál es la realidad de abajo. Los Planificadores nunca escuchan si los destinatarios previstos consiguieron lo que necesitaban; los Buscadores saben si el cliente está satisfecho...

»Un Planificador cree que ya conoce las respuestas; piensa en la pobreza como en un problema de ingeniería técnica que sus respuestas van a resolver. Un Buscador admite que no conoce las respuestas de antemano; cree que la pobreza es una maraña complicada de acontecimientos políticos, sociales, históricos, institucionales y factores tecnológicos. Un Buscador espera encontrar respuestas a los problemas individuales solamente mediante la experimentación de ensayo y error. Un Planificador cree que los extraños saben lo suficiente como para imponer soluciones. Un Buscador cree que solo los que están adentro tienen los conocimientos suficientes para encontrar soluciones, y que la mayoría de las soluciones deben ser de cosecha propia».

(Nota: Disculpen la longitud de este extracto, pero la afirmación precedente es una de las más brillantes que he leído sobre la implementación de cualquier cosa y en cualquier lugar. Entre otras cosas, explica el porcentaje estratosférico de fracaso que tienen los consultores, en términos de planes implementados, y la cuota estratosférica en empresas de proyectos centrados en lo «personal» que terminan en lágrimas).

Estas son algunas de las «lecciones» que he extraído de William Easterly:

Lección: *¡Asista! ¡Permanezca!* «Botas sobre el terreno», «de forma permanente», en el *loci* de la implementación. (No más «permisos para estar en casa» si es posible; «contigo en esto» es el mensaje que debe enviarse).

Lección: Invierta en el estudio incesante de las condiciones «sobre el terreno», sociales, políticas, históricas y sistémicas

Lección: Hable con los «locales».

Lección: *Escuche* a los «locales» (Y *escuche*). (¡Con *paciencia* percibida!). (Y *escuche*). (Y *escuche*). (Y *escuche*). (Y *escuche*). (Y *escuche*). (Y *escuche*). (Y luego, *escuche* un poco más).

(Y escuche).

Lección: *Respete* a los «locales».

Lección: *Empatice* con los «locales».

Lección: Trate de mezclarse, adoptando las costumbres locales, mostrando deferencia cuando sea necesario, y nunca interrumpa al «hombre importante» delante de su gente, aunque, o especialmente, si usted cree que está completamente equivocado. (Guarde su «ayuda» para más tarde, en privado).

Lección: Por las buenas o por las malas, ¡red! Por ejemplo, busque a los primos segundos de los líderes locales, etc., ¡para obtener acceso indirecto a su tío que ha sido destituido en dos ocasiones!

Lección: ¡Todas las cosas llegan a quien Domine el Arte de la Indirección! (La ruta redux de los «primos segundos»).

Lección: Tenga una oficina verdaderamente de pacotilla, ¡y otros *des*-adornos! (¡Haga de la «invisibilidad» y la humildad sus mantras!).

Lección: Recuerde que usted no tiene, de hecho, las respuestas, a pesar de su doctorado con honores de la Universidad de Chicago, donde tuvo no un mentor, sino dos que recibieron el premio Nobel de Economía.

Lección: Independientemente de la magnitud del problema, proceda por ensayo (razonable en tamaño) y error, error, error. (Lema del fracaso: «Hágalo bien la primera vez!». Lema del éxito: «Hágalo básicamente bien, esperamos, ¡la 37ª vez!». ¡Y apresúrese a través de esos 37 intentos!)

Lección: El proceso del compromiso político-comunitario también debe abordarse como un proceso de aprendizaje por ensayo y error. (Una vez más, el enemigo consiste en «hacer las cosas bien la primera –o la segunda– vez»).

Lección: Saque el máximo provecho de la variación «sistémica». Algunos lugares-comunidades estarán muy por delante de los demás, y pueden actuar como «demos» totales o parciales, mientras usted cumple el papel del simple animador y guía. ¡Los «experimentos encontrados» pueden ahorrar años y tendrán el mérito de la adaptación local! (Por otra parte, las sensibilidades políticas pueden disuadir a una comunidad de adoptar el enfoque del otro; de nuevo, el Dominio del Proceso Político Local y el Dominio del Arte de la Indirección son imperativos).

Lección: Es posible que tenga «rachas malas» y largas. ¡Sea valiente!

Lección: Altere siempre el experimento para dar cabida a las necesidades locales; incluso el acto de *pequeñas* modificaciones locales *per se* es crítico, ya que el líder comunitario, con el fin de aceptar la «propiedad» y demostrar a sus electores que «estamos a cargo» debe parecer como si estuviera influido de manera directa y mensurable en el experimento.

Lección: El crecimiento (el proceso experimental y de expansión-emulación) debe ser orgánico, y proceder a un ritmo medido, impulsado, y no apresurado más allá de cierto punto.

Lección: ¡La velocidad mata! (Hasta cierto punto).

Lección: ¡Frustrar los procesos políticos mata!

Lección: ¡La introducción prematura de un producto o servicio mata!

Lección: ¡El exceso de publicidad mata!

Lección: ¡El exceso de dinero mata!

Lección: ¡El exceso de tecnología mata!

Lección: Lo contrario de las seis «lecciones» anteriores también es cierto. Si no puede hacer frente a la paradoja, está en el negocio equivocado. (Una vez más: ¡Cuidado con los dogmáticos!).

Lección: Los de afuera, para ser eficaces, deben tener un aprecio genuino –y *afecto*– por la gente del lugar, con quienes y para quienes están ¡trabajando!

Lección: La condescendencia es lo que más mata; los «locales» saben inimaginablemente más de la vida que los «benefactores» bien intencionados, ya sean jóvenes, o incluso, por desgracia, no tan jóvenes.

Lección: El progreso... DEBE... DEBE... DEBE... ser consistente con «la política local sobre el terreno» para aumentar así sea un poquito las probabilidades de sostenibilidad.

(«Política local»: «¡el último 95 %!»).
(¡Haga de esto «el último 98 %»!).
(Política: ¡Ámela, o váyase a casa! * ** ***).
(*Pista: Esto se aplica... ¡en todas partes!).
(**¡No hay progreso sin política!).
(***Ab-so-lu-ta-men-te cierto en todas partes).

Lección: Nunca olvide los atmosféricos, tales como las celebraciones numerosas por pequeños hitos alcanzados, la avalancha de elogios al líder local y a sus cohortes locales, mientras se mantiene asiduamente en la parte posterior del fondo de la multitud, etc.

Lección: El experimento ha fracasado hasta que los sistemas y las recompensas políticas, a menudo pequeños, estén vigentes, con las pruebas beta completadas, para aumentar las probabilidades de repetición.

Lección: La mayor parte de su personal sobre el terreno debe consistir en lugareños respetados; la presidenta o el CEO *de facto* o *de jure* deben ser locales; usted debe ser prácticamente invisible.

Lección: *Dedique enormes cantidades de tiempo social «sin sentido» con los líderes políticos locales;* en la primera Guerra del Golfo, Norman Schwarzkopf pasó sus noches, casi todas, ¡tomando té hasta las 2 o 3 a. m. con el príncipe de la corona para mitigar las preocupaciones saudíes acerca de tener tropas paganas en territorio sagrado!

Lección: Mantenga su plan de «puesta en marcha» sencillo, o corto y lleno de signos de interrogación, con el fin de permitir que otros tengan la penúltima y la última palabra.

Lección: ¡¡Y un centenar de otras cosas!!

Para resumir el resumen:

¡Asista!

¡Escuche!

¡Oiga!

¡Respete!

¡Empatice!

¡Sáltese los grandes teoremas!

Sumérjase e Intente e Intente y Ajuste y Vuelva a Intentarlo y Plagie a partir de Experimentos Existentes… ¡Hasta la Saciedad!

Muévase a un ritmo adecuado y urgente, ¡pero no a uno que sea digno de un titular en la prensa!

Honre a la política local como la sangre de su vida, ¡independientemente de la frustración del acompañante!

Reclute a las mujeres de la comunidad que estén muy involucradas. (Ver inmediatamente abajo).

(Probablemente no muchos de ustedes están trabajando para ONG u otros organismos que ofrecen ayuda. Pero más o menos todos nosotros estamos de tiempo completo en el negocio de… HLC/Hacer Las Cosas. En pocas palabras, el libro de Easterly es quizá el mejor tratado que he leído sobre el tema de la implementación, las cosas. Hay una bibliografía increíblemente pequeña sobre la implementación *per se*, lo cual es escandaloso. Estoy bastante seguro de que usted se beneficiaría de *La carga del hombre blanco*.

▶ LAS MUJERES SON… EL JUEGO DE PELOTA

Otra lección, de especial importancia, de *La carga del hombre blanco*:

Para los proyectos que afectan el desarrollo de la infancia, la salud, la educación o la comunidad, o el crecimiento sostenible de pequeñas empresas (la inmensa mayoría de los proyectos)… **las mujeres…** son, de lejos, las jugadoras locales más fiables y centrales y más poderosas de manera indirecta, incluso en los entornos más chovinistas. Su proceso característico de «implementación por indirección significa «vida o muerte» para el éxito sostenible del proyecto; además, los círculos concéntricos en expansión de los procesos tradicionales de redes femeninas, ofrecen de lejos el mejor camino para la «ampliación»/

expansión de un programa. (Los hombres pueden por lo general no comprender lo que está ocurriendo). Entre otras cosas, esta indirección en la red –un proceso mayoritariamente invisible tardará aparentemente «una eternidad» para «simplemente diles qué hacer» –el POE, de la mayoría de los hombres–y, luego, a partir de la nada, seguir una eternidad de discusiones dispersas tras una eternidad de opciones dispersas; usted se despertará una buena mañana y descubrirá que la cosa se ha hecho, que todo ha caído en su lugar «durante la noche», y que el sentido de la propiedad es casi universal, mientras que el enfoque «directo» del acoso por parte de los hombres conduce por lo general a un conflicto que se afianza más y más con el paso del tiempo. Imperativo concomitante: La mayor parte de su personal (de afuera) deben ser mujeres; por desgracia, lo más probable no visiblemente «a cargo».

1. 2. 3. 4. 5. 6. 7. 8. 9. 10. 11. 12. 13. 14.
15. 16. 17. 18. 19. 20. 21. 22. 23. 24. 25.
26. 27. 28. 29. 30. 31. 32. 33. 34. 35. 36.
37. 38. 39. 40. 41. 42. 43. 44. 45. 46. 47.
48. 49. 50. 51. 52. 53. 54. 55. 56. 57.
58. 59. 60. 61. 62. 63. 64. 65. 66. 67.
68. 69. 70. 71. 72. 73. 74. 75. 76. 77. 78.
79. 80. 81. 82. 83. 84. 85. 86. 87. 88.
89. 90. 91. **92. 93. 94. 95.** 96. 97. 98. 99.
100. 101. 102. 103. 104. 105. 106. 107.
108. 109. 110. 111. 112. 113. 114. 115.
116. 117. 118. 119. 120. 121. 122. 123.
124. 125. 126. 127. 128. 129. 130. 131.
132. 133. 134. 135. 136. 137. 138. 139.
140. 141. 142. 143. 144. 145. 146. 147.
148. 149. 150. 151. 152. 153. 154. 155.
156. 157. 158. 159. 160. 161. 162. 163.

Talento

92. Contrataciones: ¿Las aborda usted con un fanatismo flagrante?

En *Who: The A Method for Hiring* [Quién: El Método A para contratar], Geoff Smart y Randy Street señalan: «En pocas palabras, contratar es el aspecto más importante de los negocios; y sin embargo, sigue siendo lamentablemente mal entendido».

Estoy totalmente de acuerdo con las dos mitades de la afirmación:

«Más importante».
«Lamentablemente mal entendido».

Paul Russell, director de Liderazgo y Desarrollo de Google, añade: **«El desarrollo puede ayudar a personas maravillosas a ser cada vez mejores, pero si yo tuviera un dólar para gastar, gastaría... 70 centavos de dólar... consiguiendo a la persona adecuada en la puerta».**

Estamos interesados en la contratación, no hay duda de ello. *Pero...* ¿La tratamos... estratégicamente... como el «aspecto más importante de los negocios»? ¿Un taller de reparaciones de cuatro personas o Siemens? Mi estribillo constante relativo a estos temas: ¿¿Somos... «estudiantes profesionales de»... la contratación?? Tal como veo (¡de nuevo!): *Contratación* efectiva = *Carrera de lanchas* efectiva *en alta mar* = Un oficio, una profesión con un cuerpo de conocimientos que hay que *dominar*. (Si usted lee *Who*, será desafiado sin duda por los meticulosos rituales de contratación recomendados por Smart y Street; por lo menos, son dignos de un examen más exhaustivo).

93. Promoción: ¿Está construyendo un legado de «dos por año»?

Una vez hablé con el gurú de liderazgo Warren Bennis, a quien dediqué este libro, acerca de las promociones a cargos relativamente altos. La conversación fue como sigue:

Supongamos que usted tiene uno de los mejores puestos de trabajo de la organización durante cinco años. Supongamos, y esto suele ser acertado, que usted toma dos decisiones clave en materia de promoción al año. Entonces, es lógico pensar que solo *10* decisiones en cinco años *determinan* **(no «contribuyen a» pero, en efecto, «determinan»)** ¡su legado!

Por ejemplo, un general de cuatro estrellas de la Fuerza Aérea de EE. UU., a quien conocí, tenía un fuerte punto de vista acerca de la dirección de su servicio. Él no ocupaba el cargo más alto en la Fuerza Aérea, pero sin duda, marcó una diferencia a largo plazo tan importante o más que el más prominente.. En breve, seleccionó y desarrolló cuidadosamente a un pequeño puñado de generales que compartían su filosofía; y luego, antes de que fueran programados para rotar, él los nombró cuidadosamente en puestos de trabajo clave a lo largo de la Fuerza Aérea. Por lo tanto, «sus muchachos» se convirtieron en la nueva generación de quienes formulaban las políticas; la táctica fue notablemente eficaz.

Una vez más, escasamente lo estoy acusando a usted de ser un vago. No tengo... ninguna... duda sobre la seriedad con la que usted asiste a las decisiones de promoción. Pero una vez más, me pregunto: **¿Le presta a la decisión de promoción, si usted es, digamos, el CEO de una empresa grande, la misma atención que la prestada a una gran adquisición?** Ese es el nivel de importancia en términos de impacto; de ahí, que sea un criterio bastante decente de «atención merecida». Obviamente, la mayoría de nosotros no somos «CEO de grandes empresas», pero la idea es precisamente la misma en *cualquier* proceso de selección de jefes.

¿Decisión de promoción?
¡El fanatismo prevalece!

94. Desarrollo: ¿Está usted encontrando y cultivando supervisores de primera línea que sean de primera categoría (¿«semejantes a Dios»?).

¡El éxito en el mercado es maravilloso!
¡Los productos de primera calidad de los que usted se puede sentir orgulloso son algo maravilloso!
¡La integridad y la transparencia son maravillosas!

Pero ninguna de las tres resulta ser el principal determinante de la satisfacción de los trabajadores. Ese honor le corresponde, sin duda, al...

¡Hecho de si el empleado se lleva bien o no con su supervisor de primera línea!

(Nota: Esta *no* es una hipótesis. Los datos de investigaciones como *First, Break All the Rules: What the World's Greatest Managers Do Differently* [En primer lugar, rompa todas las reglas: ¿Qué hacen de manera diferente los gerentes más grandes del mundo?], de Gallup Marcus Buckingham, son claras. La satisfacción o insatisfacción del empleado con su supervisor de primera línea es... **el factor principal**... Claro e Inequívoco... en su mentalidad con respecto a su trabajo, y, por lo tanto, de su desempeño como empleado de caja o químico de investigación graduado en MIT).

¿Entonces?

(1) **¿Es usted, gran jefe, un... estudiante f-o-r-m-a-l de la Excelencia conductual del supervisor de primera línea?* (*Sí, otra vez, maldita sea, este tipo de cosas pueden estudiarse formalmente).**

(2) **¿Pasa usted... cantidades y cantidades (y luego más y más cantidades y cantidades) de tiempo... seleccionando a los supervisores de primera línea?**

(3) **¿Tiene usted el... mejor programa de capacitación en la industria (o algún subconjunto del mismo)... para los supervisores de primera línea?**

(4) **¿Usted actúa Formal y Rigurosamente... como un mentor... para los supervisores de primera línea?**

(5) **¿Está dispuesto, a pesar del dolor, a... dejar abierto el cargo de un supervisor de**

primera línea... hasta que pueda ocupar el puesto con alguien espectacular? (¿Y está dispuesto a utilizar una palabra como... «espectacular»... al juzgar a los aspirantes para el cargo?).

(¿Es posible que las decisiones de promoción para los supervisores de primera línea sean más importantes que las decisiones de promoción para los cargos VP?). **(Pista: Sí).**

No... estoy sugiriendo, una vez más, por supuesto... que usted no aborde con seriedad la selección, cuidado y alimentación del supervisor de primera línea. *Estoy*... sugiriendo... absolutamente en términos que no son prácticamente inciertos, que es probable que no lo tome tan en serio como podría hacerlo si lo viera precisamente como lo que es... una decisión... *estratégica*... de primer orden.

¡Estratégica!

Estoy sugiriendo que evalúe la estructura completa de los supervisores de primera línea con cierta prisa y empiecen a recorrer el camino hacia... una Excelencia Inigualable en la Supervisión... Creando el mejor programa imaginable de formación de supervisores de primera línea lo antes posible, y asignándole a cada supervisor de primera línea un mentor de alto nivel.

Tan pronto como sea posible = Ya.

(Nota: La selección-formación-desarrollo de los supervisores de primera línea es... **más importante en las empresas muy pequeñas**... que en las más grandes).

❯ EL TRÍO DEL «TALENTO»

Los tres últimos artículos (#92, #93, #94) constituyen los «tres Grandes» de RH; el verdadero «Trío del Talento»:

1. *Contratar* = Las decisiones de negocios más importantes.
2. Dos decisiones de *promoción* por año = Legado.
3. *Supervisores de primera línea* = Piedra angular para la moral, la satisfacción y la productividad de los empleados.

Seguidos en cada caso por mis «dos grandes» preguntas:
1. ¿Es usted un *estudiante* ávido de los tres problemas/oportunidades?
2. ¿Dedica una cantidad de tiempo adecuada (es decir, «*loca*») a estas tres cuestiones-oportunidades-fuentes estratégicas?

¿Qué tal, para ir un poco más lejos?:

Contratar + Dos promociones/año + Desarrollo de supervisor de primera línea = Estrategia de negocio de facto + Efectividad del liderazgo personal.

Mmmm.

95. Personas que lideran personas: Usted = historial de su desarrollo.

En Nueva Delhi, en la primavera de 2009, tuve a un general de alto nivel del ejército de la India en la primera fila de la sala de reuniones. No recuerdo los detalles, pero se acercaba la evaluación de los oficiales superiores para la promoción. Pensé, de manera atrevida, que «había... **UN**... asunto [en la evaluación para la promoción] que sobresalía ampliamente por encima del resto».

A saber: ¿Cuál es el historial de este candidato –en sus más mínimos detalles–, en el desarrollo de personas? Aunque escasamente asegurado en concreto, postulé que «ese asunto» podría ser algo como esto:

«En el último año [tres años, digamos, la duración de la asignación actual], mencione las tres personas a cuyo crecimiento usted haya contribuido más. Por favor, explique con mucho detalle en dónde estaba cada uno al comienzo del año, dónde están él o ella hoy, y hacia dónde se dirige cada uno en los próximos 12, 24 y 60 meses. Por favor, explique de manera relativamente detallada su estrategia de desarrollo en cada caso. Por favor cuénteme cuál fue su mayor decepción en términos de desarrollo este último año; mirando en términos retrospectivos, ¿podría o habría hecho algo de un modo diferente? Por favor, cuénteme acerca de su mayor triunfo –y desastre– en términos de desarrollo en los últimos 10 años. ¿Cuáles son las "tres cosas importantes" que aprendió en el camino sobre "el desarrollo de las personas"?».

Tal como lo veo, en cierto sentido, el papel del jefe *no* consiste, por ejemplo, en trazar estrategias. **El papel del jefe consiste en desarrollar las mejores estrategias.** Y así sucesivamente. Y esa idea, a su vez, es el subproducto de mi opinión permanente de que... el Trabajo prioritario... de la organización es desarrollar a las personas de adentro, y estar a la altura de la afirmación de Dave Liniger, fundador de RE/MAX:

«Somos una empresa de éxito en la vida».

Por último, tal como lo veo, esto se aplica de alguna manera a casi todas las promociones. Y tiene incluso una incidencia en la evaluación de una persona ajena a la gerencia, en, por ejemplo, un proyecto de tres meses. Esa persona de un rango relativamente bajo, por ejemplo, será responsable en varios casos y de manera indudable por lograr un «simple» hito, y para hacerlo –y hacerlo bien–, debe involucrar a miembros de su equipo, e involucrarlos de una forma que salgan con algunos aprendizajes experienciales que contribuyan un poco a su crecimiento en un período de tres meses (¡nada trivial!); por lo tanto, ella también se habrá lanzado de cabeza en el «negocio del desarrollo de personas».

Para reiterar: **La decisión de promoción debe estar dominada por el historial detallado de los candidatos en el desarrollo de personas; considerando una persona a la vez.** (Las afirmaciones de los candidatos deben ser revisadas con cuidado con las personas que los candidatos afirman haber desarrollado y con los subordinados de los candidatos en general).

Repetición:

¡Ahora mismo!
Como en...
¡Ahora!
¡Deje de hacer lo que está haciendo!

Por favor enumere.
¡Ahora mismo!
¡A las cinco personas!
¡A cuyo desarrollo usted ha contribuido!
¡Directamente!
¡De manera apreciable!
¡Y profundamente!
¡En los últimos 24 meses!

Está
Usted.
Contento.
¿Con la lista?
¿Consigo mismo?
¿Como un «desarrollador de personas»?

En caso «afirmativo»...
¡Fantástico!
¡Felicitaciones!

En caso «contrario»...
Qué.

Exactamente.

¿Piensa hacer al respecto?

¿A partir del lunes?

No.

A partir de esta tarde.

1. 2. 3. 4. 5. 6. 7. 8. 9. 10. 11. 12. 13. 14.

15. 16. 17. 18. 19. 20. 21. 22. 23. 24. 25.

26. 27. 28. 29. 30. 31. 32. 33. 34. 35. 36.

37. 38. 39. 40. 41. 42. 43. 44. 45. 46. 47.

48. 49. 50. 51. 52. 53. 54. 55. 56. 57.

58. 59. 60. 61. 62. 63. 64. 65. 66. 67.

68. 69. 70. 71. 72. 73. 74. 75. 76. 77. 78.

79. 80. 81. 82. 83. 84. 85. 86. 87. 88.

89. 90. 91. 92. 93. 94. 95. **96. 97. 98. 99.**

100. 101. 102. 103. 104. 105. 106. 107.

108. 109. 110. 111. 112. 113. 114. 115.

116. 117. 118. 119. 120. 121. 122. 123.

124. 125. 126. 127. 128. 129. 130. 131.

132. 133. 134. 135. 136. 137. 138. 139.

140. 141. 142. 143. 144. 145. 146. 147.

148. 149. 150. 151. 152. 153. 154. 155.

156. 157. 158. 159. 160. 161. 162. 163.

La gente

96. Todo (¡TODO!) consiste en... la calidad de la fuerza laboral.

Realmente detesto la siguiente frase: «Lo único que usted necesita saber». Por lo tanto, quiero hablarle acerca de... *lo único que usted necesita saber.*

La siguiente formulación proviene de un discurso que di en Shanghái en la primavera de 2009. Yo era parte de un programa que incluía a reconocidos consultores, economistas, etc. Empecé diciendo: «En las próximas horas ustedes oirán muchas recetas para lidiar con los tiempos inestables de hoy y prepararse para el futuro de China. Muchas de esas recetas implicarán el papel del gobierno en manipular palancas económicas, el tipo de ayuda que necesitan las grandes empresas y las PYMES, etc. Muchas de las sugerencias sobre el dinero –probablemente la mayoría– me parecerán literales en términos figurativos».

Quise decir cada palabra de esto.

Pero luego añadí que *mi* papel consistía en simplificar, audazmente, y quizá temerariamente, afirmar que, independientemente de las palancas económicas exhibidas, solo había un hecho único... **Una Cosa Que Realmente Importaba**... en el largo plazo para la salud de la empresa, y, de hecho, para la economía en su conjunto.

A saber:

La calidad y el carácter de la fuerza laboral. (Y, de forma concomitante, la incansable dedicación «24/7» de los líderes de la empresa para el desarrollo de todos y cada uno de los miembros de esa fuerza laboral).

Añadí que «solo existe una "fórmula ganadora"».

Las personas que son 100 %, todo el mundo, sin excepciones, receptivas al lema de I&D:

¡Comprometidas!

¡Involucradas!

¡Creciendo!

¡Aprendiendo!

¡Sin miedo! (¡alentadas indefectiblemente a probar cosas nuevas!).

¡Respetadas!

¡De confianza!

¡Apreciadas!

¡Con mentalidad independiente!

¡Enfocadas en el equipo!

¡Enfocadas en sí mismas, incluso cuando son capturadas en flagrancia, ¡en apoyar y posibilitar el crecimiento de los demás!* (*¡Un punto enorme! Apoyar y posibilitar el viaje de los demás hacia el Crecimiento y la Excelencia es una parte primordial del día laboral de todos. *Punto*).

¡Apasionadas por sus compañeros y sus clientes!

¡Informadas!

¡Abiertas! (¡fanáticas por compartir!).

¡Solidarias!

¡Comprometidas con la **Excelencia** en todo lo que hacen!

Y eso, a su vez, añadí, exige «líderes servidores» (robando descaradamente de Robert Greenleaf) al **100 %**... que estén dedicados **100 %**... **como su Prioridad principal y Labor principal**... a desarrollar a las personas, en los tiempos buenos y los malos, al 100 % de las personas que son o están:

¡Comprometidas!

¡Involucradas!

¡Creciendo!

¡Aprendiendo!

¡Sin miedo! (¡alentadas indefectiblemente a probar cosas nuevas!).

¡Respetadas!

¡De confianza!

¡Apreciadas!

¡Con mentalidad independiente!

¡Enfocadas en el equipo!

¡Enfocadas en sí mismas, incluso cuando son capturadas en flagrancia, en apoyar y posibilitar el crecimiento de los demás!

¡Apasionadas por sus compañeros y sus clientes!

¡Informadas!

¡Abiertas! (¡fanáticas por compartir!).

¡Solidarias!

¡Comprometidas con la **Excelencia** en todo lo que hacen!

Expliqué que, en mi opinión:

Esto se aplica en todo el mundo. En Estados Unidos y Brasil y Lituania y Estonia y Corea. Y en China, ya que persigue un futuro obviamente más y más dependiente de la incorporación de capital intelectual y creatividad en su portafolio empresarial. (China ya está a un paso de que se le asigne un papel como el «taller del mundo»).

Esto se aplica a la totalidad de las personas en la fuerza laboral. Al igual que con un equipo de fútbol o una orquesta sinfónica... **no hay «simples espectadores»**.

Esto se aplica en *todas* las industrias y para *cada* estrategia de precio-punto en esto. En Brasil, Magazine Luiza, el Walmart de ese país, está invariablemente en o cerca del tope de la lista de las «mejores Empresas para Trabajar», al igual que Wegmans, el tendero regional, y Container Store, están a la cabeza de la manada, pares de Google y Amgen en la lista estadounidense de los «mejores».

Esto se aplica a las empresas de *todos* los tamaños, desde las microscópicas hasta las gigantescas.

Esto se aplica en los tiempos buenos, y especialmente en los malos. Los trabajadores comprometidos y un firme compromiso con la EXCELENCIA por parte de esos trabajadores, no hará que los problemas del mercado

se evaporen, pero estas personas, sin embargo, representan la mejor oportunidad de campear la tormenta y salir más fuerte al final.

La estrategia es importante.
Los sistemas son importantes.
La financiación es importante.

Pero esto es... Lo Único Que Usted Necesita Saber.
¡La Gente Totalmente Comprometida y Elevándose Hacia Oportunida-
des Inimaginables de Crecimiento Personal y Empresarial, Gana!
Apostaría mi vida en esto.
(Supongo que sí).

▶ ¡SIN CASTILLOS EN MI AIRE!

Así que hice una lista de los atributos deseables de la fuerza laboral.
¿Y qué?

¿Acaso todo el idealismo de la idea de «castillos en el aire» está fuera de control?

Tal vez sí.
Y, sí, es una lista impresionante de características deseables.

Pero...

¿Cuál es la alternativa a apuntar en esta dirección?

Las palancas económicas manipuladas de manera efectiva son importantes.
(Mire los dos últimos años).
Los gastos de capital son importantes.
(No hay duda de ello).

Pero es el «capital humano» lo que importa al final.
Y el desarrollo del capital humano... *per se*... debe ser nuestra preocupación
permanente.

Nuestra obsesión.

Y a menudo no es nuestra preocupación u obsesión.

Dedicamos nuestro tiempo a desarrollar estrategias inteligentes.
Dedicamos nuestro tiempo a manipular los números.

Y los conceptos básicos del capital humano reciben poca atención.

Considere:

A medida que la recesión se intensificaba en Estados Unidos, uno de nuestros principales minoristas de aparatos electrónicos cerró sus cientos y cientos de puertas. Ese fue Circuit City. Mientras tanto, su principal competidor se disparó por las nubes. Ese fue Best Buy.

Cuando la recesión se cernía, Circuit City había corrido a reducir costos. Se deshizo de la mayoría de sus mejores vendedores, que tenían las comisiones más altas, y por lo tanto, añadieron enormemente a los costos laterales de la empresa en la ecuación a corto plazo.

Hace años, Best Buy había adquirido una pequeña empresa llamada «the Geek Squad». Se trataba de equipos SWAT de electrodomésticos que ayudaban a los clientes a resolver problemas mediante la instalación o el mantenimiento de sus compras. El servicio representado por el entusiasmado Geek Squad finalmente se convirtió en el sello de gran distinción de Best Buy, la Marca de la Excelencia según mi punto de vista.

En pocas palabras:

Circuit City se deshizo de sus mejores tipos cuando los tiempos se hicieron difíciles. Best Buy, en las mismas circunstancias difíciles, volvió a insistir en su compromiso con el servicio personalizado, suministrado por un personal enérgico y muy nutrido.

Creo que usted puede multiplicar esta historia por mil o por un millón, y aplicarla más o menos directamente a la economía nacional.

¿Circuit City contra Best Buy?
¡Escasamente «castillos en el aire»!

97. ¡Sea generoso con la gente! ¡Aumente el presupuesto de su gente!

Hay una tienda cerca de mi casa. Sus propietarios emprendieron lo que supuse que era una renovación de 500.000 dólares.

¡Bravo!
Salvo que...
Upss...

La actitud del personal, que antes era mala, es tan horrible como siempre. Es indiscutiblemente más mala ahora que el lugar tiene un aspecto tan agradable. ¡Francamente, me parece que los propietarios desperdiciaron básicamente los 500.000 dólares! (Bueno, eliminemos el «básicamente»).

¡Cambiaré un trabajo de pintura por una actitud genial cualquier día!

Esto me hace recordar un Tema Muy Importante, que se aplica para la firma de contabilidad de tres personas y para el estamento militar de EE. UU. Y para todo lo que hay en el medio. Es taaaaaan fácil, es taaaaaan visible quedar atrapado con el presupuesto de capital/los gastos de capital:

¡Es «permanente»!
¡Usted puede tomar fotografías del resultado!
¡No se necesitan días de enfermedad!

El presupuesto de las personas, por el contrario, consiste en...

Todos los intangibles.
«Cosas blandas».
No hay sesiones de fotos de las que hablar.

Así que *insisto* en que haga esto: Cuando haya bloqueado su presupuesto absolutamente, positivamente, inequívocamente para el próximo año, le pido/suplico/*ordeno* que fuerce la cerradura.

Por favor, por favor, por favor: Reduzca en un 15 % los gastos de capital proyectados.

Y: Destine esos ahorros para el presupuesto de la gente (reclutamiento, formación, gratificaciones, pagos, dotación de personal adicional, lo que sea)... ¡centavo por centavo o millón por millón!

(Si no puedo convencerlo de seguir mis instrucciones, tal vez pueda al menos convencerlo para ejecutar una simulación. Imagínese en detalle cómo *podría* ser una transferencia del 15 % de los fondos de inversiones en activos fijos a recursos humanos. Ejecute la simulación con ejecutivos, supervisores, personal subalterno. Discuta los resultados).

¡Por favor!
¡Por favor!
¡Por favor!

▶ ¿REDUCCIÓN DE COSTOS? «CONTÉNGALOS»

Artículo noticioso, enterrado (casi) en un montón de malas noticias económicas, especialmente para los minoristas:

The Container Store −el mejor lugar para trabajar en Estados Unidos hace un par de años, según *Fortune*− duplica (d-u-p-l-i-c-a) su (ya muy significativo) presupuesto de capacitación para empleados de primera línea.

¿Lógico?

No es exactamente ciencia de cohetes:

Una gran cantidad de personas aún compra durante las recesiones.

Es esencial que su «experiencia con Container Store» sea mejor que nunca para complacer al remanente consciente de los costos.

Por lo tanto: Prodigue atención, como nunca antes, a los incondicionales de primera línea que sirven a los clientes siempre tan valiosos.

98. Valore a los que van por el último 2 %.

Después de una brutal sesión de desbroce-paisajismo de dos horas a una temperatura de 90º (verano de 2008), yo estaba «más cansado que un perro», de una manera que define el término. Estaba hecho polvo y sin gasolina. Había forzado realmente mi viejo cuerpo al límite y más allá.

¡Pero había logrado hacer la tarea del día que me había propuesto!

¿O acaso no?

Mientras empacaba mis herramientas, le eché una última mirada al resultado de mi trabajo. Fino y casi elegante, pero... todavía estaba un poco desordenado, aquí y allá. El problema era que me quedaba una onza, o un gramo, de energía. «¡Rayos!, lo haré después», me dije a mí mismo, y giré la llave del encendido de mi Kubota RTV.

Permanecí sentado allí un minuto, goteando sudor. Y luego apagué el motor. Con todos los músculos gritando en señal de agonía (no exagero, así me sentía), bajé del Kubota, saqué un par de herramientas, y pasé los veinte minutos siguientes dándole al trabajo su toque final y luego un poco más, y poco más.

Aunque la viñeta es condescendiente, sin lugar a duda, es también uno de esos «recordatorios de lo obvio» que vale la pena recordarle a *usted*. A saber, que no se puede sobreestimar el valor de... **«quien va por el último 2 %»**. Esa persona que, a las 2:00 a. m. echa un último vistazo a la presentación a la Junta del día de mañana y descubre que dos números clave se transponen en la nota al pie de la diapositiva 47, y luego mira «una última vez **[más]**» cuando regresa a las 5:45 a. m. El carpintero que, aunque técnicamente ha «terminado» su trabajo, añade un último toque que altera el carácter del gabinete que ha pasado haciendo durante dos semanas, y luego lo lleva de vuelta a su taller para una re-re-revisión significativa (para él). Etcétera.

A veces llamamos «fastidiosos» a quienes van por el último por ciento. Es cierto, pero nadie **(¡literalmente nadie!)** es de mayor importancia para el éxito de lo que hacemos. Lo curioso fue que realmente me sentí *menos* cansado y *menos* adolorido después de trabajar en mi «último 2 %» que cuando empecé.

¡Recompense al «fastidioso» «que va por el último 2 %» como si fuera el Regalo por Excelencia de los dioses!

¡Lo es!

99. El axioma del entusiasmo y el corolario de las personas.

Axioma: *Solo las personas entusiasmadas pueden entusiasmar a los clientes a largo plazo, es decir, una y otra vez.*

Corolario: *Para hacer que nuestros colegas se entusiasmen, debemos poner —y conservar— el mantenimiento de su bienestar y de su estructura de oportunidades en la parte superior de nuestra agenda.*

Lo que debe significar necesariamente que...

(1) El empleado que sirve al cliente que paga es, para el líder, realmente, su cliente principal;

(2) Por lo tanto, el cliente que paga, en realidad está en segundo lugar.

(Que es lo que dirían Herb Kelleher, fundador de Southwest; Dave Liniger, fundador de RE/MAX; y Hal Rosenbluth, exjefe de Rosenbluth International, entre otros. He aprendido a sus pies y copiado directamente de los tres; gracias, señores).

Corolario adicional y la promesa de lealtad de la empresa:

Por la presente prometo...
Primero y ante todo
Apreciar y entusiasmar a las personas
Quienes a su vez tienen la oportunidad de
Apreciar y entusiasmar al cliente
E inducir al cliente a recomendarnos a los demás
Lo cual es el camino por excelencia al crecimiento y la rentabilidad.
Por los siglos de los siglos,
Amén.

1. 2. 3. 4. 5. 6. 7. 8. 9. 10. 11. 12. 13. 14.

15. 16. 17. 18. 19. 20. 21. 22. 23. 24. 25.

26. 27. 28. 29. 30. 31. 32. 33. 34. 35. 36.

37. 38. 39. 40. 41. 42. 43. 44. 45. 46. 47.

48. 49. 50. 51. 52. 53. 54. 55. 56. 57.

58. 59. 60. 61. 62. 63. 64. 65. 66. 67.

68. 69. 70. 71. 72. 73. 74. 75. 76. 77. 78.

79. 80. 81. 82. 83. 84. 85. 86. 87. 88.

89. 90. 91. 92. 93. 94. 95. 96. 97. 98. 99.

100. 101. 102. 103. 104. 105. 106. 107.

108. 109. 110. 111. 112. 113. 114. 115.

116. 117. 118. 119. 120. 121. 122. 123.

124. 125. 126. 127. 128. 129. 130. 131.

132. 133. 134. 135. 136. 137. 138. 139.

140. 141. 142. 143. 144. 145. 146. 147.

148. 149. 150. 151. 152. 153. 154. 155.

156. 157. 158. 159. 160. 161. 162. 163.

Género

100. ¡Pronombre de poder! O: El cliente es «ella».

«Olvídense China, India e Internet: El crecimiento económico está impulsado por las mujeres».
–Titular de *The Economist*

«*Una cosa es cierta: El ascenso de las mujeres al poder, que está vinculado al aumento de la riqueza per cápita, está sucediendo en todos los ámbitos y en todos los niveles de la sociedad. Las mujeres ya no se conforman con ofrecer una labor eficiente o con ser consumidoras… Con el aumento de los presupuestos y más autonomía para gastar, esto es solo el comienzo. El fenómeno solo crecerá a medida que ellas demuestren ser más exitosas que los chicos en el sistema escolar. Para un número de observadores, ya hemos entrado en la primera era de la "womenomics", la economía pensada y practicada por una mujer*».
–Aude Zieseniss de Thuin, fundadora del Foro Femenino para la economía y la sociedad, calificado como uno de los cinco mejores foros a nivel mundial por el *Financial Times*

Oigan, *c–h–i–c–o–s:*

Si las mujeres son sus/nuestros clientes primarios **(por lo general lo son, en términos comerciales, así como de bienes de consumo en Estados Unidos)**, olvídense de cosas como las interminables analogías de fútbol. Si las mujeres son sus/nuestras clientas primarias, refiérase siempre **(¡siempre!)** al cliente genérico como... **«ella».**

Obviamente, este asunto tiene muchos, muchos, muchos más elementos; ha sido una obsesión mía desde 1996. Pero el **lenguaje importa.**

«Ella».
Comience.
Ahora.

Suprima la jerga del fútbol (*et al.*).
Comience.
Ahora.

▸ EL PODER DE LOS BOLSOS, ELABORADOS EN JAPÓN

El mercado femenino en rápida expansión no es solo un fenómeno estadounidense, ni siquiera «occidental». Es decir:

«Goldman Sachs, de Tokio, ha ideado una canasta de 115 empresas japonesas que deberían beneficiarse del creciente poder adquisitivo femenino y cambiar vidas a medida que un mayor número de ellas comienzan a trabajar. Esto incluye sectores como los servicios financieros, y también el comercio minorista en línea, así como los de belleza, ropa y alimentos preparados. Durante la última década, el valor de las acciones de la canasta de Goldman ha aumentado un 96 %, frente al aumento del 13 % del mercado de valores de Tokio». (Fuente: *The Economist*).

101. ¡Las mujeres lideran! ¿Los hombres pueden aprender a aceptar esto?

Yo estaba escribiendo sobre una cosa u otra, y... **«naturalmente»...** me encontré refiriéndome a las travesuras del regreso, casi únicas en la historia del deporte, que hizo Joe Montana, mariscal de campo de los 49ers de San Francisco (NFL). (Viví en o cerca de San Francisco durante todo el reinado de Montana, y, de hecho, mi casa estaba cerca de la suya).

Por lo tanto, una vez más... ho-hum... **el-chico-utiliza-un-ejemplo-de-fútbol.** *Fue* un buen ejemplo. (Maldición). Y muchas mujeres *ven* la NFL, y toleran presumiblemente la brutalidad legal tres horas cada domingo. Pero también fue un típico ejemplo; y mío, el Sr. Gurú-Feminista de PME/prosa macho estándar.

Un mensaje principal de *Detalles IMPORTANTES* se ocupa del material «blando» que realmente es el material «duro» que sustenta la organización y la efectividad individual. El hecho es que una gran cantidad de «estas cosas» (por ejemplo, la primacía del desarrollo de relaciones) se les da de una manera bastante natural a la mayoría de las mujeres, y es una Noticia Importante y un problema para la mayoría de los varones. Por lo tanto, a veces me pregunto, sobre todo cuando doy vueltas en la cama, si este libro y los de su tipo tienen mucha o alguna relevancia para las mujeres. (Lo cual no es poca cosa, ya que actualmente las mujeres constituyen más del 50 % de la población gerencial en Estados Unidos; es decir, «mi» audiencia). O, ¿acaso algunas-muchas-la mayoría-todas-las lectoras se mueren de la risa, mientras yo trato –una vez más– lo obvio como una novela? (Por ejemplo, «Escuchar es una... Cosa Muy Buena»).

Ni idea.

Un examen detallado de este tema, aunque quizá «muy importante», está básicamente más allá del alcance de este libro. Pero ofreceré al menos un ejemplo fascinante, y, creo, convincente, que quizá valga la pena rumiar, por lo menos para los chicos, extraído de «experimentos de género que sorprenden incluso a los expertos», un título empaquetado en *Leadership and the Sexes: Using Gender Science to Create Success in Business* [El liderazgo y los sexos: Utilizando la ciencia de género para crear el éxito en los negocios], de Michael Gurian y Barbara Annis (las cursivas son mías):

«En la década de 1990, la Canadian Broadcasting Corporation/CBC hizo un cortometraje que registró un experimento en los estilos de liderazgo entre las mujeres y los hombres. CBC no les dijo a los participantes el objetivo del trabajo que harían ese día; el director simplemente dividió a los líderes de ambos sexos en dos equipos, y les asignó la misma tarea: construir un campo de aventuras. Los equipos fueron conformados no solo en un estilo casi militar al comienzo, incluyendo a miembros de equipo vestidos con uniformes, sino también con la salvedad de que los equipos podían cambiar su estilo y método como quisieran, siempre y cuando los resultados se produjeran a tiempo.

»El primer líder creó de inmediato una jerarquía con rangos y dio órdenes, yendo incluso al extremo de afirmar su autoridad pidiendo a los miembros que pulieran sus zapatos.

»El segundo líder no inspeccionó ni alineó sus "tropas", y se reunió más bien con los otros miembros en un círculo, preguntándoles: "¿Cómo lo estamos haciendo? ¿Estamos preparados?". "¿Hay otra cosa que debamos hacer?". "¿Creen que nos pondrán a prueba por el hecho de haber pulido o no nuestros zapatos?". En lugar de dar órdenes, el segundo líder les dio golpecitos en el brazo a los miembros de su equipo para tranquilizarlos.

»*Como parte del programa, CBC hizo preparativos para que los comentaristas corporativos vieran prepararse a los equipos. Inicialmente los comentaristas (en su mayoría hombres) no se sintieron impresionados por el estilo de liderazgo del segundo líder; su equipo no estaba "bajo control", sus miembros no estaban alineados, y "carecían de orden" (o al menos así parecía). Los autores pronosticaron que el segundo equipo no completaría la tarea con éxito. Sin embargo, cuando se completó el proyecto, el segundo equipo había construido un impresionante campo de aventuras tan bueno como el del primer equipo, y algunos aspectos fueron juzgados como mejores.*

»Al revisar sus observaciones, los comentaristas notaron que cuando el primer equipo estaba construyendo las estructuras para el campamento, se había presentado una discordia sobre quién estaba a cargo y quién había completado un trabajo determinado y quién no. El primer equipo mostró una falta de comunicación durante el proceso de finalización, lo cual creó problemas (por ejemplo, "¿No se supone que otra persona debía hacer esto?").

»Por otra parte, el segundo equipo tardó más tiempo en hacer ciertas cosas, pero debido a su énfasis en la comunicación y colaboración durante la realización de la tarea (por ejemplo, "Ensayemos esto" y "¿Qué opinas de eso?"), el equipo cumplió el objetivo de construir el campamento de aventuras a su propia manera positiva, y a tiempo».

Interesante, ¿verdad?

(Me pregunto cómo lo habrían hecho los chicos si Joe Montana hubiera sido el líder de su equipo).

❯ UNA JUNTA TONTA

Los datos apuntan (todo apunta en la dirección *equivocada*):

- El 16 % de los miembros de juntas S&P 500 son mujeres

- El 9 % de S&P 500, **45** empresas, tienen **cero** mujeres en sus juntas

- «El catalizador... recientemente realizó un estudio que muestra que las empresas con al menos tres directoras se desempeñaron significativamente mejor que el promedio en términos de rendimiento de capital [16,7 % mejor], de rentabilidad de ventas [16,8 % mejor] y de rendimiento del capital invertido [10 % mejor]». (Fuente: *Fortune*/2007).

---

102. Hombres, «entiendan los hechos»: Las mujeres son diferentes.

Me encanta la escritora Anita Shreve. (La mayoría de las mujeres se sorprenden por esto, mi esposa llama a sus libros clásica «literatura para mujeres»). Acabo de terminar, mientras escribo esto, su excelente libro *El peso del agua*. Pocos escritores —y tal como lo veo, prácticamente ningún escritor masculino– tratan de una manera tan lúcida o emotiva o con tanta profundidad, los dolorosos enredos de las relaciones que tenemos en la vida. Un hecho simple: Las mujeres aprecian por lo general y de una forma básicamente instintiva, los conjuntos complejos e imperfectos de las relaciones humanas. Los hombres están más o menos desorientados en este tema. (Las investigaciones, incluyendo las recientes en neurobiología, apoyan cada vez más esta dicotomía).

Traduciendo esto al mundo del diseño completamente importante por estos días e impulsado por la emoción, he llegado básicamente a una conclusión, después de una década y media de estudio, escritura y contemplación:

Los hombres no pueden diseñar con eficacia productos-servicios-experiencias para las mujeres.

Los hombres no pueden vender o hacer mercadeo para las mujeres de manera eficaz.

Los hombres que no estén de acuerdo con esto están delirando.

Los hombres (TIENDEN A) abordar y lidiar con el mundo de una forma fundamentalmente Lineal. Algunos giros. Algunas vueltas. Poca reflexión. (Obtenga la información. Actúe. Siga adelante. Deje que las fichas caigan donde sea).

Las mujeres (TIENDEN A) ver curvas y giros y retrocesos en cada camino que implique la interacción de seres humanos. Las mujeres aprecian y viven para esas curvas y zigzags; dichas circunvoluciones son la esencia de la experiencia humana en la Tierra. Los hombres se sienten horrorizados por, o por lo menos son desdeñosos de, las mismas cosas, calificándolas como «blandas». El hecho de leer a Anita Shreve revivió con toda claridad mi conciencia de que mi enfoque profesional para casi todo (las palabras que uso, las historias que cuento, mi ritmo, mis gestos) son... TOTALMENTE VARONILES.

No puedo cambiar eso, por más que lo intente. Pero puedo intentar... *algo.* Y ustedes también.

› CUMPLIR LAS PROMESAS

Atención, hombres y niños: Si se encuentran involucrados de alguna manera en el desarrollo o en la comercialización de productos que algunas mujeres, en algún lugar, pudieran comprar, entonces... **por favor**... hagan la siguiente promesa:

Prometo... que nunca participaré en ningún tipo de discusión de productos-servicios-experiencias que incluyan a las mujeres como clientes, a menos que una tercera parte o más de los presentes, y en posiciones de autoridad, sean mujeres.

Prometo... que trabajaré sin descanso para garantizar que las opiniones de las mujeres se escuchen primero y al final, y estén claramente incorporadas de manera predominante en cualquier y en todos los planes de acción que impliquen el desarrollo y la comercialización de nuestros productos y servicios.

Prometo... que no descartaré una iniciativa dirigida principalmente a las mujeres, a menos que ellas estén casi unánimemente de acuerdo.

Prometo adicionalmente... que me convertiré en un «pionero» para obtener puntos de vista sentados en las mujeres con claridad, llevarlos a lo establecido, y que trabajaré sin descanso para garantizar que la representación femenina en todas y en cualesquier posiciones de liderazgo sea al menos consistente con la forma de los mercados que servimos o deseamos servir.

¿Quiénes de ustedes están listos para convertirse en mis compañeros en esta promesa?

(No le estoy pidiendo que siga esto de manera «servil». Obviamente, no hay razón para pensar que usted lo haría. Y sé que me he vuelto radical en este tema, no como una cuestión de justicia social, sino por razones económicas; a saber, la magnitud de la oportunidad y el hecho de que tan pocos «hagan las cosas» de manera «estratégica» y «dejen tanto sobre la mesa». Por otro lado, creo que sería difícil poner en entredicho, por razones lógicas, más o menos una «promesa» que es más o menos como usted la ve aquí. Su llamado, obviamente: ¿por qué no lo discute con sus colegas?).

103. ¿Está vestido para el éxito? O: Lo que la historia del movimiento por el sufragio femenino me enseñó acerca de insistir e insistir.

En última instancia fue, para ser más precisos, la madre de Harry Burn quien hizo toda la diferencia. Esta sufragista le escribió a su hijo, de 24 años y el legislador más joven de Tennessee, y le dijo: «No te olvides de ser un buen chico y de ayudar a la señora Catt...». Él lo hizo, inclinó la balanza en una votación de 49-47, y llevó, efectivamente, a su fin una lucha que en su forma más abierta había durado 72 años, 1 mes y 7 días. Instados por la señora Burn, y tras el voto valiente de Harry, el 18 de agosto de 1920, unas 26 millones de mujeres estadounidenses obtuvieron el derecho al voto de inmediato.

La primera vez que me vestí de mujer fue el 31 de marzo de 2007. Asistí a una fiesta de disfraces (en Dorset, Vermont) y traté valientemente de representar a Elizabeth Cady Stanton, llamada con razón la Madre de los Derechos de las mujeres estadounidenses, del Movimiento sufragista femenino.

Pero me estoy adelantando...

La idea de la fiesta era que tenías que vestirte como alguien a quien admiraras, *y* estar preparado para responder a las preguntas como lo habría hecho el admirado personaje. Pensé que sería muy divertido, y por lo tanto, me lo tomé en serio. ¿Franklin? ¿Churchill? ¿Lord Nelson? ¿John Paul Jones? ¿John Cleese/Monty Python? No hay problema, los tenía identificados a todos ellos. Y un traje adecuado difícilmente sería un reto (por ejemplo, Churchill, cigarro y el brandy; Nelson o Jones, telescopio plegado o trozos de mi enmohecido uniforme de la Marina que tengo desde hace 40 años; y puedo representar a Cleese casi tan bien como Cleese a Cleese, al menos en mi mente).

Eso fue cinco semanas antes de la fiesta. Y ahora, al final de la tarde del 31 de marzo de 2007, siguiendo la orientación de Susan «en materia de vestidos» y la de una amiga cercana, Lola Van Wagenen, una historiadora eminente de las mujeres, me puse una peluca blanca y un vestido largo y negro, cortesía de una tienda de disfraces de Boston, y, a pesar de tropezar con mis dobladillos una y otra vez [«Bienvenida a nuestro mundo», Lola], estaba listo para salir y, por cortesía de una docena de libros fascinantes, devorados apresuradamente en una docena de viajes en avión, listo para responder a las preguntas y declamar, entre otras cosas, sobre la señora Burns, su pequeño hijo Harry, Carrie Chapman Catt, y, por supuesto, la agitadora enojada y perseverante, Elizabeth Cady Stanton.

Yo estaba realmente avergonzado, después de casi quince años defendiendo pública y tenazmente el cambio en el papel aún menor que tienen las mujeres en los negocios y el gobierno, que ignoraba casi por completo la historia asombrosa del movimiento por los derechos de las mujeres estadounidenses. Y lo que es peor, también ignoraba los horribles detalles de la condición de las mujeres en nuestra sociedad hace apenas 100 años, lo que hace que el uso de la palabra «*esclavas*» fuera alarmantemente apropiado. No fue una coincidencia que el movimiento de las mujeres estadounidenses, puesto en marcha de manera efectiva en Seneca Falls, Nueva York, el 13 de julio de 1848, creciera a la par con el movimiento abolicionista en nuestro país.

¡Pero esas cinco semanas fueron una delicia absoluta! Simplemente no hay nada, pero nada, que me guste más que hincar los dientes y el corazón y el alma en un nuevo tema histórico como este. (Todavía no se enseña en escuelas; luego de indagar en mis seminarios, quedé nada menos que atónito al descubrir que la mayoría de las mujeres nunca aprenden nada de Elizabeth Cady Stanton). Devoré una docena de libros de la obra siempre original y polémica de la señora Stanton, así como los libros sobre la vida de Susan B. Anthony para estudiantes de escuela secundaria básica. En particular, aprendí mucho de:

In Her Own Right: The Life of Elizabeth Cady Stanton [En su propio derecho: La vida de Elizabeth Cady Stanton], de Elisabeth Griffin
Ladies of Seneca Falls [Damas de Seneca Falls], de Miriam Gurko

Century of Struggle: The Women's Rights Movement in the United States
[Siglo de lucha: El Movimiento por los derechos de las mujeres en Estados
Unidos], de Eleanor Flexner y Ellen Fitzpatrick

- Me enteré de la fatídica reunión-almuerzo en Seneca Falls, el 13 de
julio de 1848, ofrecida por la señora Stanton, y a la que asistieron cinco
«damas», incluyendo a Lucretia Mott, una de las superestrellas posteriores del movimiento; y me enteré de la convención, convocada a toda
prisa que se celebró solo seis días más tarde, la primera de su tipo, y de la
reacción brutalmente negativa y degradante al cónclave.
- Leí con asombro sobre la ausencia Total (¡con «t» mayúscula!) de los
derechos de las mujeres estadounidenses y, casi tan importante, sobre el
desprecio que sentían prácticamente todos los hombres, desde los ignorantes hasta los más instruidos, por sus así llamados seres frágiles, vacuos
y en gran parte inútiles. Y me enteré –concluí–, que, como he dicho
antes, las mujeres eran, *de facto* y *de jure*, equivalentes a esclavas, pues se
les negaron los derechos fundamentales y triviales por igual, e incluso un
mínimo de respeto.
- Como orador que soy, me enteré del papel crítico que tuvieron las poderosas mujeres oradoras en el movimiento por los derechos de la mujer, en
especial las hermanas Grimke, las primeras mujeres estadounidenses en
hablar en público a una audiencia donde había hombres, y su respuesta
despreciable a ellas.
- Me enteré del flujo de pequeños pasos hacia adelante (algunos derechos
menores de propiedad establecidos por el Estado de Nueva York, y que
fueron derogados posteriormente); y de la primera concesión del derecho
al voto en el Territorio de Wyoming en 1870 por un voto «legislativo» de
6 a favor, 2 en contra, y una abstención (el 23 de julio de 1890, Wyoming
se convirtió en el primer *estado* en conceder el derecho al voto a las mujeres: ¡Bravo!).
- Me enteré de la maldad sin cesar y de la amargura y de las tácticas «y trucos sucios» empleados por legisladores masculinos, barones de los medios
y «hombres en la calle» de todas las clases que asistieron a la lucha de 72
años, de ese almuerzo/contubernio de cinco personas en Seneca Falls,
en julio de 1848, de Nashville y de la ratificación de la Decimonovena
Enmienda a la Constitución de Estados Unidos de América, el 26 de
agosto 1920.

- Aprendí sobre el papel del optimismo «demencial» (la palabra es mía), y de la implacabilidad sin par que marcó al movimiento... **909 campañas políticas** (en su mayoría fracasos), entre 1868 y 1920, según Carrie Chapman Catt (campañas en las convenciones estatales del partido para incluir el tema del sufragio femenino: 277; campañas en las legislaturas estatales para obtener enmiendas al sufragio ante los votantes: 480; campañas ante 19 Congresos sucesivos de Estados Unidos; etc).

- Y supe que no estaba solo en mi propia ignorancia de la historia del movimiento de los derechos de las mujeres estadounidenses, y, por lo tanto, de mi desconocimiento *de facto* (la ignorancia *nunca* es una excusa) del papel y la gran cantidad de mujeres en nuestra llamada democracia igualitaria. Típico de nuestro enfoque «moderno» para las mujeres-en-la-historia-estadounidense, fue la «destacada» *Oxford History of the American People* [Historia Oxford del pueblo estadounidense], del «destacado» historiador Samuel Eliot Morison, que rinde homenaje a la Decimonovena Enmienda con dos frases (¡cuéntenlas!) en una sección de su libro que lleva el título exaltado de «El contrabando y otros deportes». Hay un monumento a Morison en la avenida Commonwealth, en Boston, por la que paso rutinariamente cuando me ejercito caminando; ahora resoplo burlonamente a propósito y evito su mirada bronceada cuando paso frente a este despreciable cerdo machista (irónicamente, hay un monumento a las pioneras de los derechos femeninos unas dos manzanas después del centro comercial Commonwealth Avenue, y realmente hago una venia, tal como corresponde).

- «El derecho de los ciudadanos de Estados Unidos a votar, no se debe negar o restringir por Estados Unidos ni por ningún estado debido al sexo. (Dicho sea de paso, no fue sino hasta el año 1956, hace un escaso medio siglo, cuando el número de mujeres votantes igualó al número de hombres).

Estoy obsesionado con esta historia, ya que describe un viaje personal (el mío) para alejarme de la ignorancia, un viaje que fue un golpe importante, según creo. (Ahora hablo ruidosamente para llamar mucho más la atención sobre la historia del movimiento por los derechos femeninos, que aún son desgraciadamente mezquinos, una condición que no se ha corregido hasta el día de hoy). También estoy obsesionado con esta historia porque la innovación, incluyendo la social, es el tema «de negocios» más cercano y caro a mi corazón profesional, y el asunto de negocios más importante de esta época y, francamente, de todas.

Mi argumento de larga data es que toda innovación es irracional, no lineal, y cualquier cosa menos que el producto de planes y de grupos de enfoque; consiste más bien en la ira hasta el punto de la rabia que finalmente se desborda (del sufragio a la computadora personal); «un pequeño grupo de hermanos» (vaya, las Cinco Maravillosas Hermanas de Seneca Falls y una serie de sucesoras); la disposición a sufrir despiadados ataques difamatorios y el oprobio indecible de la naturaleza tanto profesional como personal, pasión (!!!!!!!); implacabilidad (!!!!!!! **–72 años, 1 mes y 7 días–** desde el almuerzo en Seneca Falls hasta la ratificación de la Decimonovena Enmienda presentada por Tennessee, el estado número 36 en hacerlo; y las 909 campañas políticas); tolerancia para un revés tras otro, tras otro, y golpes de suerte, como la terquedad de la madre bendita de Henry Burn.

Todo lo anterior hizo que el sacrificio de llevar una peluca y un vestido largo durante cinco horas, en honor a Elizabeth Cady Stanton, ¡pareciera un asunto de poca monta! (Mmmm, ¿debería haberme disfrazado de la madre de Henry Burn?).

Mi heroína, la señora Stanton, según Elisabeth Griffin, *In Her Own Right: The Life of Elizabeth Cady Stanton* [En su propio derecho: La vida de Elizabeth Cady Stanton]:

«Ella fue derrotada una y otra vez y otra vez, pero continuó la lucha con una impaciencia apasionada».

«Había sobrevivido a su marido, a la mayoría de sus enemigos, y extenuado a sus aliados. Su mente permaneció alerta, su estado de ánimo optimista, y su actitud combativa». [A la celebración del cumpleaños número 80 de Elizabeth Cady Stanton asistieron 6.000 personas].

Gracias, Elizabeth Cady Stanton.

➤ RÉCORD DE CAMPEONATO

¿Lecciones?

Tengo una sola:

Un récord de I victoria y **908** derrotas de facto (un «promedio de bateo» de ,001 en 909 campañas políticas) está **bien y es genial, y es más que suficientemente bueno para el Salón de la Fama, ¡si la causa vale la pena el esfuerzo y el dolor y el oprobio personal!**

1. 2. 3. 4. 5. 6. 7. 8. 9. 10. 11. 12. 13. 14.
15. 16. 17. 18. 19. 20. 21. 22. 23. 24. 25.
26. 27. 28. 29. 30. 31. 32. 33. 34. 35. 36.
37. 38. 39. 40. 41. 42. 43. 44. 45. 46. 47.
48. 49. 50. 51. 52. 53. 54. 55. 56. 57.
58. 59. 60. 61. 62. 63. 64. 65. 66. 67.
68. 69. 70. 71. 72. 73. 74. 75. 76. 77. 78.
79. 80. 81. 82. 83. 84. 85. 86. 87. 88.
89. 90. 91. 92. 93. 94. 95. 96. 97. 98. 99.
100. 101. 102. 103. **104. 105. 106. 107.**
108. 109. 110. 111. 112. 113. 114. 115.
116. 117. 118. 119. 120. 121. 122. 123.
124. 125. 126. 127. 128. 129. 130. 131.
132. 133. 134. 135. 136. 137. 138. 139.
140. 141. 142. 143. 144. 145. 146. 147.
148. 149. 150. 151. 152. 153. 154. 155.
156. 157. 158. 159. 160. 161. 162. 163.

Innovación

El «axioma Sagrado de I&D»:

En las buenas y en las malas. Hay un montón de estrategias atractivas de innovación, y he abanderado muchas de ellas. Pero también hay un gasto considerable y pasado de moda en I&D. (Y de proteger a toda costa la I&D en tiempos difíciles). Puede que el $$$ tenga que ser reducido cuando la economía se desploma. Pero no «reduzca todos los proyectos poco convencionales»; mantenga un portafolio de un tamaño decente, aunque haya sido recortado, de Cosas Verdaderamente Extrañas. Pase lo que pase, retenga a sus mejores tipos y, si es humanamente posible, arrebáteles algunas nuevas estrellas a los competidores que son lo suficientemente estúpidos como para dejarlos ir. (Tal vez usted les pueda ofrecer la oportunidad de, al menos, empezar a trabajar en algunos de sus proyectos favoritos y menos convencionales). Además, en tiempos apretados, es probable que se presente la oportunidad de adquirir pequeñas empresas que se han quedado sin plata; esto es un potencial Negocio Muy Grande.

En las grandes empresas y en las pequeñas. La I&D agresiva no es solo la fuente de la gran empresa. ¡De hecho, podría decirse que es más importante para la Empresa de Servicios Profesionales de dos personas que para el gigante torpe **(!!!)**; si el negocio es lento en esa miniempresa de dos personas, podría ser el momento perfecto para seguir adelante con algún tema de estudio que usted haya abandonado; invertir cuatro o cinco horas a la semana en seminarios web interesantes que podrían producir una remuneración verdaderamente rentable, etc.

Incluya proyectos grandes y pequeños. Asegúrese de que el portafolio de I&D incluya muchos proyectos puntuales y a corto plazo. (Muy a menudo, estos proyectos pequeños crecen hasta convertirse en el más Grande de los Grandes).

En cada departamento. ¡¡¡UNA I&D AGRESIVA ES TAN IMPORTANTE EN LAS FINANZAS Y EN LAS COMPRAS Y EN LOS RECURSOS HUMANOS Y EN LA LOGÍSTICA COMO EN TI O EN EL DESARROLLO DE NUEVOS PRODUCTOS!!! (NO HAY MANERA DE EXAGERAR LA IMPORTANCIA DE ESTO. La «ventaja competitiva» debe determinar las características de los recursos humanos tanto como lo hace el Desarrollo de Nuevos Productos). **(!!!!!!)**

¡A través de la «cadena de suministro»! Tener vendedores, proveedores, clientes, etc., cuyo gasto en I&D es el primer cuartil en sus industrias, es de suma importancia y debe ser medido.

¡En sistemas! Los sistemas innovadores son tan importantes como los productos innovadores. (Ver la ejecución impulsada por sistemas de dos décadas en Dell que cambió el mundo). ¡Gerencie muy bien esto!

Dándole a todo el mundo dinero para «jugar». Darles a todos en la organización la oportunidad de tener un poco de dinero (y un mentor) en sus manos con el fin de jugar (el término adecuado) con una idea nueva es esencial. (3M fue pionera en esto, Google es niño del cartel actual). (Una vez más, esto es aún más sensible en casos diminutos que en grandes).

Pensando en el «Capital de Riesgo». Los fondos internos de capital de riesgo pueden llegar a miles de millones de $$$ en Intel, pero la idea central consiste en lanzar una red amplia y especulativa para inversiones potenciales. (Esto podría significar, para el propietario de un restaurante, algo como una beca de 10.000 dólares para un chef estrella en ciernes para asistir a un curso de cocina de alto vuelo en Francia. El restaurante Chez Panisse practica algo semejante a esto).

Llegando a las universidades. Las excelentes universidades de investigación son Tesoros Nacionales. (EE. UU. tienen un enorme porcentaje de estas). Las asociaciones, mayores y menores, con dichas universidades, son una parte importante de la estrategia de I&D de la empresa innovadora.

> **USTED, YO Y I&D**

Innovación = ¡El juego de todo el mundo!
Dictamen: **Cada departamento deberá estar comprometido por igual con los proyectos formales de I&D y con la evaluación comparativa formal con sus compañeros en capacidad de innovación y eficacia en la investigación.**

El mejor en su clase/el mejor en el planeta de I&D es responsable de *cada* unidad. *Sin excepciones.*

Por lo tanto: Señora compradora, por favor haga una lista de sus proyectos formales de I&D en curso. Si no hay uno, o si no es «notable» o si no «ay, Dios mío»... entonces manos a la obra.

Entrada en vigor formal en la declaración de valores: **«La investigación es una preocupación de todos».**

Para su información: Esta es una idea entre las «diez mejores» dentro de las 163 que se expresan en este libro.

105. Adhocracia: Ámela o déjela.

Según mi experiencia, la mayoría de los proyectos realmente innovadores se inventan a sí mismos de manera efectiva, en lugar de ser el producto de un proceso de planificación formal; y su crecimiento es también en su mayoría orgánico y marcado constantemente por giros y vueltas extrañas y mesetas de una duración aterradora.

Una cultura efectiva de la innovación es en gran medida *ad hoc*, lo cual vuelve locos a muchos altos gerentes tradicionales. Para ellos, la «adhocracia» es poco mejor que «mafiacracia».

Pero si ellos no pueden «entenderlo», entonces no pertenecen.

Innovación = Adhocracia.
(Punto).

Sugerencia: Si su organigrama «tiene mucho sentido», entonces es probable que usted no tenga una empresa particularmente innovadora. La adhocracia requiere olvidarse de supuestos de linealidad, sustituir las curvas y espirales y ovillos estilo Jackson Pollock por líneas rectas y curvas de 90°.

(Nota: No estoy argumentando que los planes sean peligrosos. Solo son peligrosos si usted los toma en serio. La preparación es esencial, pero aún más esencial es el deseo de dejar de lado un plan en un instante y dirigirse en una dirección examinada).

¿Acción?

(1) Organice tanto trabajo como sea posible **(¡prácticamente todo!)** en equipos de proyectos. Una estructura de equipo de proyectos, incluso en lugares como mi antiguo empleador, McKinsey, tiende a ser más fluida, con límites más porosos, y áreas de trabajo menos limitadas. Por otra parte, usted tiene la oportunidad de crear –y luego destruir–, equipos de proyectos de todas las formas y tamaños. Se necesitarían muchas más palabras para describir de manera útil una estructura-no estructura que más o menos se invente y se destruya a sí misma (¡«destrucción creativa»!).

(2) Ponga a «personas de afuera» por toneladas en todos los equipos; la membresía mezclada, diversa e impermanente conduce a un formato organizacional más flexible.
(Axioma: Diversidad = Innovación).

(3) Cree rituales y rutinas ricas de redes sociales internas para alentar a cualquiera a jugar en *cualquier* juego. Cisco Systems lo llama «liderazgo emergente» y ha apostado su futuro en esto. Los líderes, basados en la energía y la experiencia, «emergen» desde cualquier lugar, lideran por un tiempo cuando tiene sentido, y luego las riendas cambian de manos más o menos automáticamente.

(4) Contrate y promueva por la flexibilidad demostrada. (*Es* un rasgo observable).

106. Más allá de la Excelencia: «El estándar desquiciado».

Amazon ha cambiado el mundo.
eBay ha cambiado el mundo.

Craigslist ha cambiado el mundo; ha martillado alrededor de un trillón de clavos en ataúdes de periódicos, entre muchas otras cosas que ha sacudido como un terremoto de 8.0+ en la escala de Richter.

Craigslist tiene más tráfico que Amazon o eBay.

(Aunque es una empresa privada, Craigslist tiene una capitalización proyectada de mercado que ronda los miles de millones de dólares).

Amazon tiene **20.000** empleados.
eBay tiene **16.000** empleados.
Craigslist tiene... **30** empleados.

Mensaje: Hay más de una manera de despellejar un gato, incluso un gato completamente moderno.

¿Acción «pragmática»?

Entre otras cosas, cada (**¡cada!**) vez que comience un proyecto, no importa cuán pequeño sea, acuda a varias PSR: personas seriamente raras, y pídales sus puntos de vista sobre lo que está haciendo usted. Continúe haciendo esto hasta que encuentre un par de personas que estén tan desquiciadas, que más o menos hablen galimatías.

En efecto, puede *ser* un galimatías, y de hecho, probablemente *sea* un galimatías, pero tal vez una o dos veces en la vida, será alguien y un enfoque que equivale a un plano para hacer el trabajo de 10.000 personas con 10, al estilo Craigslist contra Amazon y eBay.

No se dedique seriamente hasta que haya develado un par de ideas que tengan un puntaje perfecto de 10, o al menos de 8, en la... Escala de Locura.

Al menos, usted habrá desplegado su mente, que es el mejor régimen de ejercicios de todos; como máximo, usted puede haber dado un paso de bebé para ser incluido en los libros de historia.

> ## ▶ EL CLIMA, YA SEA QUE QUERAMOS CONOCERLO O NO

Tengo dos libros a mi lado mientras escribo esto:

The Weather Channel: The Improbable Rise of a Media Phenomenon [El Weather Channel: El ascenso improbable de un fenómeno mediático] (Frank Batten con Jeffery Cruikshank)]

ESPN: The Uncensored History [ESPN: La historia sin censura] (Michael Freeman)

La idea de un canal exclusivamente sobre el clima, y de un canal exclusivamente deportivo, se consideraron como fantasías de lunáticos delirantes.

Ambos conjuntos de «locos» tardaron una eternidad en probar sus puntos. Sin embargo, ambas propiedades alcanzaron una popularidad sin igual (usuarios por millones y más millones) y valores de mercado de varios miles de millones de dólares cada uno.

Me *encantan* los libros como estos. No es tanto que me «inspiren»; más bien, ¡me «recuerdan» toda la sensibilidad de prestar una atención seria a las llamadas cosas sin sentido!

107. Fuera de las sombras: *Skunk Works*, Revisitado.

Lockheed inventó el término *Skunk Works* [lit. «Taller de zorrillos o mofetas»] como un apelativo para Programas Avanzados de Desarrollo. Aunque hay versiones contradictorias sobre el origen exacto del término, la historia oficial sitúa el nacimiento de los primeros *Skun Works* en la década de 1940. Era una unidad pequeña, localizada en Burbank, California, que utilizó un enfoque totalmente poco convencional para el desarrollo de aviones militares esenciales, por ejemplo, el famoso avión espía Blackbird SR-71, un pilar de nuestro paquete táctico durante la Guerra Fría, en un tiempo récord a un costo mínimo con la máxima innovación, y ejecutado por un grupo asombrosamente pequeño de personas increíblemente motivadas. (¿Demasiado bueno para ser cierto? Estoy de acuerdo excepto por una cosa: *fue* cierto).

Me encontré con los *Skunk Works* de Lockheed a comienzos de la década de los ochenta, y de inmediato me enamoré perdidamente. Siempre había estado convencido de que las «vías normales» rara vez producían innovación en las Grandes Empresas. Y yo estaba buscando modalidades y lugares que apestaban a burócratas reinantes. Y *Skunk Works*, reunió todos los requisitos a la perfección.

En la Introducción, informé que este libro era en gran parte un «regreso a lo básico». Bueno, la idea de los *Skunk Works* es tan sencilla como lo es para mí cuando se trata de innovación. Yo había adorado tanto la idea de *Skunk Works* en la década de los ochenta, que le di a mi empresa de consultoría en Palo Alto el nombre de «*Skunk Works*, Inc.». Mis colegas y yo llevamos a cabo, seis o siete veces al año, «*Skunk Camps*» [«Campamentos de zorrillos»], seminarios intensivos de innovación y estrategias de cinco días de duración, a orillas del Pacífico (oportunamente), destinados a regenerar el «*Spirit of the Skunk*» [«Espíritu del zorrillo»] en las entrañas de las corporaciones cansadas. (Naturalmente, y en retrospectiva, las empresas rara vez se mostraron cansadas; nuestros «zorrillos» provenían en gran parte de empresas de tamaño medio, como W. L. Gore o Perdue Farms, y estaban decididas a no calcificarse). Yo llevaba incluso un elaborado «traje de zorrillo» para dirigir la «graduación», que me concedió la American Electronics Asociation por mi ayuda para que dejaran de ser «aburridos».

Todo esto (¿demasiada información?) es una manera de largo aliento de decir que, de alguna forma, por las buenas o por las malas, usted tiene que encontrar la manera de engañarse a *sí mismo*. Cómo hacer ese truco que lo sorprende con la guardia baja. Cómo sobrepasarse a *usted mismo*. No garantizaré mucho en este mundo, o en este libro. Pero prácticamente garantizo —no, garantizaré—, que las estructuras estándar no harán el truco cuando se trata de innovación y renovación, incluso en empresas de tamaño moderado, y mucho menos en las Bestias Incompetentes.

Así que la idea genérica de «*Skunk Works*» es una «cuadrilla de hermanos y hermanas» inconformista por naturaleza, y decidida a hacer las cosas a su propia manera, que habita en el inframundo, que escandaliza a la cultura predominante mientras persigue lo que ellos creen que es un sueño trascendental. (Las empresas como Xerox y Apple también han utilizado estas unidades con un gran impacto en varias épocas pasadas).

Hay varias maneras de construir operaciones similares a *Skunk Works*.

Estas son algunas, cuyo único propósito es el de bromear, y escasamente son un conjunto exhaustivo:

Invente un universo paralelo. Las grandes empresas ganan en gran medida a través del foco, que puede ser invaluable, y que también conduce invariablemente a la calcificación de la cultura, el personal y las labores. Una forma de evitar esto es crear lo que llamo un Universo Paralelo. Es efectivamente una «empresa fantasma» con su propio personal, y de hecho, con su propia cultura.

Por ejemplo, a medida que las escuelas de negocios vieron declinar el atractivo de las maestrías de dos años con carácter residencial, muchos sintieron al mismo tiempo un fuerte aumento en la demanda de educación ejecutiva a tiempo parcial y en la educación continuada de negocios en general. Pero los profesores «estándar» utilizados para los estudiantes «estándar» y las clases «estándar» en horas «estándar», se opusieron con frecuencia al cambio propuesto. Varias escuelas inteligentes crearon escuelas dentro de las escuelas, utilizando activos exteriores (otros profesores, instalaciones semidistantes), para experimentar y efectuar la educación ejecutiva. (Algunas de estas operaciones de «universo paralelo» ni siquiera informaban al decano ni a la jerarquía de las escuelas de negocios, pero encontraron un hogar en las operaciones de educación genérica y continuada de las universidades. Una operación ejecutada de «universo paralelo» realmente integrada al Departamento de Inglés de la universidad, ¡ofreció autonomía para la operación ejecutiva y añadió dinero a las arcas empobrecidas del Departamento de Inglés!). En algunos casos, la escuela dentro de la escuela finalmente se reintegró con el «padre» pero solo después de haber adquirido suficiente músculo para resistirse a la cultura reinante; en algunos casos, el éxito de la organización fantasma eclipsó en realidad al de la organización tradicional. (Idea clave: No pierda el tiempo tratando de cambiar la cultura reinante. ¡Las posibilidades son muy pocas! Siga haciéndolo en otro escenario).

Proyectos puntuales. Todas las unidades de *todos* los tamaños deberían montar al menos una especie de Trabajos de Zorrillos puntuales, es decir, un grupo separado que persiga proyectos inadecuados o poco adecuados. Un «grupo» de este tipo puede ser tan pequeño como una persona en un departamento de seis; es decir, esto se aplica realmente a *todas* las unidades de *cualquier* tamaño. (También se aplica igualmente a las *pequeñas* empresas; en una empresa de video de cuatro personas, una de las cuatro debería pasar el 50 % de su tiempo en algo «poco convencional», tal vez en una colaboración «poco convencional» con otro equipo pequeño).

Centros de excelencia. Un enfoque más formal para innovaciones importantes implica la creación de algo así como «centros de Excelencia». GlaxoSmithKline, por ejemplo, creó siete CEDF, Centros de Excelencia para el Descubrimiento de Fármacos. Anteriormente, GSK utilizaba una enorme organización funcional para adelantar su labor de desarrollo, a medida que la guerra habitual y funcional, y los procesos hipercomplejos ralentizaron las cosas y, a menudo, las simplificaron mediante compromisos del más mínimo común denominador. Ahora, los CEDF autosuficientes y dirigidos por poderosos jefes de proyectos, obstaculizaron algunos de los asuntos anteriores; los resultados tempranos son prometedores.

Centros de Excelencia en el Diseño. El Diseño, con mayúsculas, es cada vez más la vía principal al producto o al servicio diferenciador. Muchas compañías están actualmente más allá de la palabrería vacía, pero muy lejos de incorporar plenamente los numerosos aspectos del diseño en el corazón de la cultura de la empresa. Un enfoque eficaz, una variación sobre ese tema, es un Centro de Excelencia en el Diseño con el objetivo declarado de convertirse nada menos que en un «caldo de cultivo» de la Excelencia global. Por ejemplo, Samsung siguió este camino, renovó toda la empresa (el gran diseño *es* Samsung, alrededor de 2010), y le está haciendo una gran competencia a Sony; Samsung modeló de hecho el camino para las aspiraciones *nacionales* de Corea para la diferenciación de una nación entera a través del compromiso integrado a la Excelencia en el Diseño.

La idea general de operaciones aquí es que, independientemente de que las empresas sean grandes o pequeñas, de venta al por menor o de tecnología, de recursos humanos o de TI, usted no puede depender de los programas «normales» y convencionales de innovación, ni siquiera en ámbitos dedicados a la innovación *per se* como la I&D, para ofrecer productos (el verdadero y nuevo redentor de la empresa), un problema enorme dada la creciente y absoluta importancia de la capacidad de innovación de primer nivel. Usted *debe* crear una especie de infraestructura paralela y alejada de lo convencional. Repito: Para un departamento de formación de cinco personas, donde el Imperativo de la Innovación es tan fuerte como lo es para la empresa en su conjunto, esto puede consistir en una «asignación extraña», de «apenas» tres meses y a tiempo parcial para una persona. Ante todo (1) manos a la obra y, repito (2) no espere a que lo convencional ofrezca los productos, las probabilidades de que lo hagan son bajas, *muy* bajas.

108. EV (No, no es un tipo de camión).

«Si yo hubiera dicho "sí" a todos los proyectos que rechacé, y "no" a todos los que acepté, habrían funcionado más o menos del mismo modo».
–David Picker, ejecutivo de estudio cinematográfico, citado en *Adventures in the Screen Trade* [Aventuras en el negocio de la pantalla] (citado por Leonard Mlodinow, profesor de física en Caltech, y autor en el libro, *The Drunkard's Walk: How Randomness Rules Our Lives* [La caminata del borracho: De qué manera la aleatoriedad gobierna nuestras vidas]

Si, como creo fervientemente... **La Aleatoriedad Gobierna Nuestras Vidas...** entonces su defensa... **solamente (lógica)**... es-debe refugiarse en el mensaje de la llamada... **ley de los números grandes.** Es decir, cualquier éxito que se obtiene al intentar las cosas suficientes para que las probabilidades de hacer *algo* bien se inclinen hacia usted.

Conclusión:

La Fórmula Ganadora por Excelencia y Quizá Solo un Éxito Seguro»:

* Embárrela vigorosamente.

**Empiece hoy.

***Por favor.

▶ EL SECRETO DEL NEGOCIO CINEMATOGRÁFICO

Una aguda observación, atribuida a un guionista desconocido de Hollywood:

«¿Has notado que **"Qué demonios"** siempre es la decisión correcta?».

Nota: Lo admito. Encontré la cita, no en el programa ejecutivo de una escuela de negocios de Harvard, sino en una tienda de novedades cerca de Cambridge, Massachusetts. Hay un mensaje aquí, parte del cual es considerar el valor de una tarjeta de 4 dólares frente a un programa de 4.000 dólares al día en ENH. La tarjeta, sin embargo, cuesta mucho más de cuatro dólares; pedí un par de cientos y las repartí como dulces en los seminarios.

109. ¿Qué ha convertido en un prototipo últimamente?

¡No permita quedarse atascado!

(Qué declaración tan tonta).

(Pero, de nuevo, mi objetivo en este libro consiste en recordarle gran parte de cosas «tontas» que se quedan en el camino).

Hecho: **Siempre**... hay... *algo*... *alguna cosa pequeña*... que usted puede comenzar a/hacer en los próximos **30 minutos**... para dar un pequeño paso concreto hacia la solución de un problema o la creación de una nueva oportunidad.

Mis colegas y yo llamamos a esto... **«Actitud Rápida de Prototipos».** Michael Schrage, del MIT, nos ofrece lo que creo que es una Verdad Muy Grande: **La Innovación... es... per se... la reacción a un prototipo.** Para avanzar, usted debe tener alguna cosa horneada a un octavo de la cual hablar, lanzar y jugar con... Tan pronto como sea posible.

(Schrage también nos dice que la actitud-enfoque es un... **Juego en Serio.** De hecho, ese es el título de un libro suyo, que está firmemente grabado en mi lista «LOS 10 MEJORES LIBROS DE NEGOCIOS DE TODOS LOS TIEMPOS»).

Si usted tiene una idea genial, no se duerma en ella.

No la investigue hasta la saciedad.

Consiga un amigo, o tres (no más).

Busque una sala de conferencias vacía.

Ahora mismo.

Empiece a modelar-burlarse un poco acerca de donde usted ha llegado hasta aquí.

A continuación, muéstreselo a una media docena de amigos de confianza. TPCSP.

Reciba sus aportes precipitados, y no los «considerados»; sino los «apresurados».

Siga adelante con la segunda ronda...

Con la tercera.

Con la cuarta.

Con la cuarenta y cuatro.

Lección/Mensaje:

Haga un Prototipo.

Ahora.

Ahora = *Próxima media hora.*

> ## «JUGAR EN SERIO» SUPERA A LA PLANEACIÓN EN SERIO (¡EN SERIO!)

«El prototipo eficaz puede ser la competencia básica más valiosa que una organización innovadora puede aspirar a tener».
–Michael Schrage

«No se puede ser un innovador en serio a menos que esté listo, dispuesto y sea capaz de jugar en serio. "Jugar en serio" no es una contradicción; es la esencia de la innovación».
–Michael Schrage, *Serious Play*

«Claro que hemos cometido errores. La mayoría de ellos eran omisiones en las que no pensamos en un principio, cuando desarrollamos el software. Los enmendamos haciéndolo una y otra vez. Hacemos lo mismo hoy en día. Aunque nuestros competidores todavía se chupan el dedo tratando de hacer el diseño perfecto, ya estamos en la versión **quinta** del prototipo. Cuando nuestros rivales están listos con los alambres y tornillos, nosotros estamos en la versión **décima.** Es algo que se remonta de nuevo a la planeación frente a la actuación: Actuamos desde el primer día; otros planean cómo planear durante meses».
–Michael Bloomberg, *Bloomberg by Bloomberg*

110. El infierno no conoce la furia: Celebre a los «perturbadores de la paz».

El escritor-editor-historiador y hombre del mundo Harold Evans tenía problemas con la película *El aviador*. No por las actuaciones o la cinematografía, sino por su creencia obstinada en que el papel principal en la saga de la revolución en las aerolíneas no pertenecía a Howard Hughes, sino a Juan Trippe, jefe de Pan Am, quien entre otras cosas fue la fuerza impulsora detrás de la introducción del B747. Evans ofrece un argumento sólido:

> *«¿Qué motivó a Trippe? Una furia de que el futuro siempre estaba siendo secuestrado por personas con pequeñas ideas, por sus primeros socios que no querían ampliar las rutas del correo aéreo; por las naciones que protegían a los portadores de banderas con subsidios; por los elitistas que consideraban el acto de volar como viajes de lujo, como un privilegio que solo unos pocos podían disfrutar; por los operadores de cartel que manipulaban los precios. La democratización que efectuó Trippe fue tan real como la de Henry Ford».*
> –Harold Evans, «Trippe the Light Fantastic» en el *Wall Street Journal*

Creo que la Madre de [Casi] Toda Innovación es... la **furia.** Sentir rabia por cómo son las cosas... aunada con una determinación «irracional» (estadísticamente inapropiada) para vencer a los innumerables protectores del *statu quo* y encontrar e implementar una mejor manera.

(El lanzamiento del B747 es un capítulo. La construcción del canal de Panamá es otro. Pero, por lo general, también lo es el lanzamiento de un nuevo y revolucionario programa de tutoría en un departamento de recursos humanos de dieciséis personas).

Hay miles de artículos y docenas de libros sobre las «fuentes de la innovación». Y en lo que a mí respecta, todos son más o menos... *cuentos*.

Sí, en lo que a mí respecta, hay una y solo una «fuente de innovación»:

La furia.

O... las **«personas realmente enojadas»**... como prefiero decirlo con mayor claridad.

La vida de un innovador, casi independientemente del tamaño de la innovación (las personas luchan contra las más pequeñas con la misma tenacidad como contra las grandes), es un verdadero infierno. Todos los guardianes del *statu quo* son sus enemigos. Esto incluye alrededor del cien por ciento de sus jefes, custodios designados e incondicionales de «la forma en que hacemos las cosas por aquí». ¿Por qué es necesaria la furia? Muy simple: Con el fin de sobrevivir al ataque de estos Guardianes Poderosos del Ayer, y salir indemne por el otro extremo, esta persona tiene que estar realmente bombeada en un cien por ciento del tiempo, y verdaderamente equipada con piel muy gruesa; es decir, tiene que estar real y verdaderamente enojada con las cosas como son.

¿Cuál es el mensaje operativo aquí?

Si usted es un jefe que se propone implementar un gran cambio, comience a buscar hoy mismo a... Personas Enojadas. (Siempre están ahí, y a menudo escondidas).

Si la recesión obliga a hacer recortes, no lo utilice de forma automática, como una empresa lo hizo de manera desastrosa, como una oportunidad para eliminar a los «inadaptados», así llamados por las reseñas anteriores de Recursos humanos. (Innovación a secas, no es una frase demasiado fuerte).

Cuando contrate, busque evidencia clara de las veces en que un cliente potencial ha tomado el calor mientras persigue algo importante, si todas las referencias dicen, «es fácil llevarse bien con ella» entonces preocúpese por eso.

Tenga cuidado en general de las personas que están de acuerdo con usted el 97 % del tiempo, y el 100 % cuando se trata de un asunto importante. Los aduladores profesionales tienen poco tiempo o energía de sobra para perseguir la innovación.

Toda (TODA) innovación proviene de la furia.
Contrate la furia.
Busque la furia.
Dele espacio a la furia para Perturbar la Paz.

(¿Esto puede ir demasiado lejos? *Por supuesto.* ¡Pero el problema en 9 de 9,3 casos no irá lo suficientemente lejos! Así que opte por reclutar... a los Furiosos. La mayoría de las empresas, inevitablemente se deslizan cuesta abajo antes de lo que uno se imagina, y una razón importante es el hecho de no seguir reclutando inadaptados, o la falta de voluntad de los inadaptados para aceptar ofertas de empleo debido a la futilidad percibida de tratar de hacer cosas nuevas).

111. La innovaciónl5: Lo que sabemos hasta ahora...

Las bibliotecas están llenas de libros acerca de la innovación; yo mismo he escrito uno o dos. (Por ejemplo, *The Circle of Innovation*, 1997 [El círculo de la innovación]. Y recientemente escribí (¿tecleé?) «La innovación 122», disponible en tompeters.com; sí, cuéntenlas, son 122 ideas sobre la innovación. Nunca ha habido y nunca habrá una «última palabra», ni las últimas 100.000, en relación con la innovación. Así que lo que sigue a continuación tampoco lo es. Sin embargo, sentí una necesidad apremiante de dedicar un artículo a resumir mis cuatro décadas de indagación en ese tema, incluyendo algunas cosas que ustedes han visto de una forma más efusiva en estas páginas; y todo ello en 969 palabras:

(1) **Inténtelo. Repita. Repita.** Quien intente el mayor número de cosas gana. Yo estudio la historia de la innovación. No hay ni un solo ganador del premio Nobel que no haya explicado su victoria más o menos así: «Hicimos más experimentos». (Y no soy un historiador del premio Nobel que haya fracasado en sacar a relucir la palabra «implacable»). Haciendo un prototipo de esto: Una forma particular de intentar; algún modelo de alguna parte de «eso» que todo el mundo tiene la oportunidad de intentar. El gurú de la innovación Michael Schrage, afirma que una competencia marcada en la creación de prototipos *per se* es la Ventaja primordial del Innovador. (Él ofrece incluso una medida, «tiempo promedio para hacer un prototipo»).

(2) **Celebre el fracaso.** Palabra clave: CELEBRE. No «tolere», «celebre»; si «la mayoría de los intentos» son el rey, entonces «la mayoría de los fracasos» son necesariamente el príncipe heredero.

(3) **Descentralice sin descanso.** Se trata de «la ley de los números grandes»; descentralizar significa realmente más «intentos estadísticamente independientes». Con, digamos, seis divisiones o un portafolio de seis equipos discretos de proyectos con diferentes tipos de líderes, las probabilidades de que haya al menos un Gran Triunfo, o dos, ¡aumentan!

(4) **Universo paralelo.** Con frecuencia, la resistencia al cambio es tan intensa que uno debe, en efecto, renunciar a los canales normales. Una respuesta: Cree un «nuevo mundo» que sea condenadamente independiente con nuevos amigos, una nueva ubicación, una nueva actitud, etc., etc.; sí, un «universo paralelo» o, mi término favorito, un *Skunk Works*.

(5) **Buscadores.** El hecho es que la mayoría de las organizaciones, incluso las relativamente pequeñas, abundan en innovación, si usted se toma la molestia de buscarlas. Los observadores de organizaciones, como Bob Stone y William Easterly, nos instan a olvidarnos de reinventar la rueda, y a concentrarnos en nuestra propia cosecha de fabricantes de ruedas. Sin embargo, usted tiene que tener una Red de Inteligencia muy buena para encontrarlos; la mayoría están escondidos. Su labor es encontrarlos. Celebrarlos. Animar a otros a visitarlos. A continuación, deje que comiencen los juegos personalizados de replicación.

(6) **El axioma de pasar el rato.** Cada decisión de «pasar el rato» es una decisión de «sí» o «no» en materia de innovación, es decir, pasar el rato con personas interesantes lo hace a usted más interesante; pasar el rato con personas corrientes lo hace a usted más corriente. De manera universal, los empleados. Los clientes. Los vendedores. Etc. Por ejemplo, los «vendedores Geniales» que nos embuten a la fuerza «vendedores estratégicos» que se especializan en decirnos lo que queremos oír, a fin de preservar su negocio. Estudio de un caso extraordinario: *«[El CEO A. G.] Lafley ha cambiado el enfoque de P&G en inventar sus propios productos para desarrollar las invenciones de los demás, al menos en la mitad del tiempo».* (Ha funcionado; casi un milagro entre los gigantes dormidos).

(7) **«d»iversidad.** La llamo «diversidad con "d" minúscula». Es decir, diversidad en cualquier dimensión imaginable. (!!) En todas y en cada una de las situaciones. Más variedad = ¡Mayores probabilidades de éxito-Guau!

(8) **Coinvente con personas de afuera.** Una vez más, la idea es buscar nuevos aportes y un gran banco de pruebas; trabajar codo a codo con clientes pioneros les da una ventaja a ellos, y a usted también. Su «uso exclusivo» por un tiempo puede ser un pequeño precio a pagar. Lo último, ¡el crowdsourcing! Dios Mío, ¡el Poder de Todo el Mundo demostrado todos los días!

(9) **Escucha «estratégica».** Esta «competencia funda-
mental» bien desarrollada es clave para cosechar ideas de cualquiera y todas
las fuentes imaginables, crear grandes alianzas, estimular a las tropas, etc.
¿Hay *algo* más potente o más cercano al verdadero corazón de la innovación
sostenida?

(10) **Contrate y promueva a innovado-
res.** La mejor prueba del potencial de la innovación es... un historial
de innovación. Si está evaluando a un candidato de 26 años y no tiene
casos-de-innovación-de-los-cuales-vanagloriarse acerca de su pasado–,
entonces no espere mucho en el futuro. En cierta medida, tenga en cuenta que esto se aplica a todos los trabajos; es decir ¡la meta es la curiosidad
universal!

(11) **La Excelencia multifuncional/EMF.** El
90 % (¿95 %?) de la innovación requiere o puede beneficiarse inconmensura-
blemente de trabajar mediante las fronteras funcionales, por lo que Golpear
Fronteras/Amor por la Frontera X es clave para el éxito de la innovación.
(Muchos de los esfuerzos de innovación, probablemente la mayoría, enu-
meran un pésimo comportamiento multifuncional como una de las causas
«entre las tres primeras» y, a menudo «la principal» causa).

(12) **El oficial de destrucción de compleji-
dad y sistemas.** Los sistemas son imprescindibles. Los sistemas
constriñen, estrangulan y crecen y crecen y crecen. Debemos declarar la
guerra a nuestros propios sistemas, aunque dependamos de ellos, para asegurarnos de que la libertad siga reinando.

(13) **Igualdad I&D.** «La investigación» no es la carta exclusiva
del personal de nuevos productos ni de publicidad. *Cada (¡¡!!)* departamento
necesita una actividad de I&D bien financiada y de gran prestigio; la expectativa clara es que cada unidad/función sea tan conocida por su historial de
innovación como por su ejecución de tareas estándar. Esto, en conjunto,
puede ser el «Secreto primordial de valor agregado».

(14) **¡Diversión! ¡Autodesprecio!** Innovar consiste
en romper las reglas; y a menudo, *nuestras* reglas. Hay una cierta picardía con
respecto a las organizaciones innovadoras; no hay diversión ni juegos, pero
sí placer en restregar un dedo en el ojo de las convenciones, especialmente
en una o más de nuestras propias convenciones. (Recuerde: Cuando se trata
de innovación, el mayor Enemigo somos nosotros mismos y, aterrador-pe-
ro-cierto, ¡nuestros éxitos más preciados del pasado!).

(15) **¡Buena suerte!** ¡La entropía prevalece! ¡El desempeño a largo plazo deteriora! Trabajar en cada-maldita-cosa-en la que-usted pueda-pensar-para aumentar las probabilidades de renovación, ¡aumenta las probabilidades de derrotar a la Oleada Perpetua de Entropía!

Ahí tiene. *Bonne chance*: ¡usted la necesita!

1. 2. 3. 4. 5. 6. 7. 8. 9. 10. 11. 12. 13. 14.

15. 16. 17. 18. 19. 20. 21. 22. 23. 24. 25.

26. 27. 28. 29. 30. 31. 32. 33. 34. 35. 36.

37. 38. 39. 40. 41. 42. 43. 44. 45. 46. 47.

48. 49. 50. 51. 52. 53. 54. 55. 56. 57.

58. 59. 60. 61. 62. 63. 64. 65. 66. 67.

68. 69. 70. 71. 72. 73. 74. 75. 76. 77. 78.

79. 80. 81. 82. 83. 84. 85. 86. 87. 88.

89. 90. 91. 92. 93. 94. 95. 96. 97. 98. 99.

100. 101. 102. 103. 104. 105. 106. 107.

108. 109. 110. 111. **112. 113. 114.** 115.

116. 117. 118. 119. 120. 121. 122. 123.

124. 125. 126. 127. 128. 129. 130. 131.

132. 133. 134. 135. 136. 137. 138. 139.

140. 141. 142. 143. 144. 145. 146. 147.

148. 149. 150. 151. 152. 153. 154. 155.

156. 157. 158. 159. 160. 161. 162. 163.

Escuchar

Escuchar es...

(Y cuando lea «escuchar», por favor reemplace «OBSESIÓN» con la escucha).

Escuchar es... la prueba del *Respeto* por excelencia.

Escuchar es... el corazón y el alma del *Compromiso*.

Escuchar es... el corazón y el alma de la *Bondad*.

Escuchar es... el corazón y el alma de la *Consideración*.

Escuchar es... la base de la verdadera *Colaboración*.

Escuchar es... la base de la verdadera *Asociación*.

Escuchar es... un *Deporte en Equipo*.

Escuchar es... una *Habilidad Individual Desarrollable.**

(*Aunque las mujeres son inherentemente mucho mejores en esto que los hombres).

Escuchar es... la base para la *Comunidad*.

Escuchar es... la piedra angular de las *Empresas Conjuntas que funcionan*.

Escuchar es... la piedra angular de las *Empresas Conjuntas que duran*.

Escuchar es... el núcleo de la *Comunicación Multifuncional* eficaz.*

(*Lo que, a su vez, es el Atributo primordial de la eficacia organizacional**).

(**Lo sé, y sigo repitiendo esto, solo porque el «Atributo primordial» no es una exageración).

Escuchar es... el motor de la *EJECUCIÓN superior.*

Escuchar es... la clave para *hacer la Venta.*

Escuchar es... la clave para *Conservar el Negocio del cliente.*

Escuchar es... el motor del *desarrollo del Network.*

Escuchar es... el motor para el *mantenimiento del Network.*

Escuchar es... el motor para la *expansión del Network.*

Escuchar es... *Aprender.*

Escuchar es... la condición *sine qua non de la Renovación.*

Escuchar es... la condición *sine qua non de la Creatividad.*

Escuchar es... la condición *sine qua non de la Innovación.*

Escuchar es... la esencia de *adoptar las opiniones Diversas.*

Escuchar es... *Estrategia.*

Escuchar es... la *Fuente primordial del «valor agregado».*

Escuchar es... el *Diferenciador primordial.*

Escuchar es... *Rentable.**

(*El «R.D.I» de la escucha es mayor que el de cualquier otra actividad).

Escuchar respalda... El *Compromiso con la EXCELENCIA.*

¿Está de acuerdo con lo anterior?

Por lo cual no me refiero a una lectura rápida y a un movimiento somero de la cabeza, sino a un examen de cada declaración y a una evaluación cuidadosa de su sentido literal.

(Sospecho que usted estará de acuerdo superficialmente, pero eso no es lo que estoy buscando aquí, por su bien).

(Estoy tratando de llevar este «asunto de escuchar» a un nivel totalmente distinto).

(Por estos días utilizo la «lista de escucha» que aparece arriba como la plataforma de lanzamiento para mis presentaciones).

Si está de acuerdo, después de una revisión y discusión minuciosas, ¿escuchar no debería ser entonces... *Un valor fundamental*?

Si está de acuerdo con lo especificado, ¿escuchar no debería ser... *quizá... El Valor Principal?**

(*«Somos Oyentes Eficaces: tratamos la EXCELENCIA en la Escucha como la parte central de nuestro compromiso con el

Respeto, la Participación, la Comunidad y el Crecimiento», o algo así).

Si está de acuerdo, ¿escuchar no debería ser... *una Competencia Básica?*

Si está de acuerdo, ¿escuchar no debería ser... *la Competencia Fundamental Primordial?*

Si está de acuerdo, ¿escuchar no debería ser... *un «tema» explícito de la «agenda» en cada reunión?*

Si está de acuerdo, ¿escuchar no debería ser... *nuestra Estrategia per se?* (Escuchar = Estrategia).

Si está de acuerdo, ¿escuchar no debería ser... *la habilidad primordial que buscamos al Contratar (para cada puesto de trabajo)?*

Si está de acuerdo, ¿escuchar no debería ser... *el atributo primordial que examinamos en nuestras Evaluaciones?*

Si está de acuerdo, ¿escuchar no debería ser... *la habilidad primordial que buscamos en las decisiones de promoción?*

Si está de acuerdo, ¿escuchar no debería ser... *la prioridad primordial en la formación en todas las etapas de la carrera de todos, a partir del Primer Día hasta el ÚLTIMO día?*

Si está de acuerdo, ¿qué va a hacer al respecto... *en los próximos 30 MINUTOS?*

Si está de acuerdo, ¿qué va a hacer al respecto... *en su PRÓXIMA reunión?*

Si está de acuerdo, ¿qué va a hacer al respecto... *al final del DÍA?*

Si está de acuerdo, ¿qué va a hacer al respecto... *en los próximos 30 DÍAS?*

Si está de acuerdo, ¿qué va a hacer al respecto... *en los próximos 12 MESES?*

Nota: Hay un millón más –en serio– de cosas por decir. Como, por ejemplo, la diferencia **Profunda** entre «escuchar» y «*oír*». Y, gracias a Dios, hay un millón de palabras para leer sobre el tema; para empezar, vea mis sugerencias más adelante.

Quiero «mantener las cosas simples» en esta formulación particular. Por lo tanto, los dejo con solo una sugerencia operativa «de arranque»: Inicie discusiones serias sobre los puntos anteriores... **Hoy.**

Nota: Escuchar. Habilidad. Disciplina.

Palabra clave: **Practique.**

Practique.

Practique.

▶ ¡ESCUCHE! ¡PREGUNTE! ¡LEA!

La siguiente es una verdadera «biblioteca» de libros acerca de escuchar y hacer preguntas. La verdad es que no he leído cada uno de principio a fin; por lo tanto, no hay recomendaciones «a ojo cerrado». Pero el mismo hecho de que haya tantos libros sobre este tema debería conducir a la comprensión de que escuchar no es algo improductivo ni pasivo. Usted debe estudiarla. Y practicarla. Y luego practicarla un poco más.

- *Listening Leaders: The Ten Golden Rules to Listen, Lead & Succeed* [Líderes que escuchan: Las diez reglas de oro para escuchar, liderar y tener éxito]: Lyman-Steil y Richard Bommelje
- *El arte de escuchar:* Rebecca Shafir
- *Effective Listening Skills* [Habilidades eficaces de escucha]: Dennis Kratz y Abby Robinson Kratz
- *Are You Really Listening?* [¿Está escuchando realmente?]: Paul Donoghue y Mary Siegel
- *Active Listening: Improve Your Ability to Listen and Lead* [La escucha activa: Mejore su capacidad de escuchar y de liderar]: Michael Hoppe
- *Listening: The Forgotten Skill* [Escuchar: La habilidad olvidada]: Madelyn Burley-Allen
- *Leading with Questions: How Leaders Find the Right Solutions* [Liderando con preguntas: ¿Cómo los líderes encuentran las soluciones adecuadas al saber qué preguntar?]: Michael Marquardt
- *Smart Questions: Learn to Ask the Right Questions for Powerful Results* [Preguntas inteligentes: Aprenda a hacer las preguntas adecuadas para obtener resultados poderosos]: Gerald Nadler y William Chandon
- *The Art of Asking: Ask Better Questions, Get Better Answers* [El arte de preguntar: Haga mejores preguntas, obtenga mejores respuestas]: Terry Fadem
- *How to Ask Great Questions* [¿Cómo hacer preguntas maravillosas?]: Karen Lee-Thorp
- *Change Your Questions, Change Your Life* [Cambie sus preguntas, cambie su vida]: Marilee Adams
- *Asking the Right Questions: A Guide to Critical Thinking* [Haga las preguntas correctas: Una guía para el pensamiento crítico]: Neil Browne y Stuart Keeley

113. ¿Es usted un gerente de «18 segundos»?

En *How Doctors Think* [¿Cómo piensan los médicos?], el doctor Jerome Groopman nos dice que... **la mejor fuente de evidencia**... en la enfermedad de un paciente es... **el paciente.** Y luego menciona informes investigativos de que los médicos interrumpen a sus pacientes, en promedio, dieciocho segundos después de que el paciente comienza a hablar.

Repito: **Interrumpen.
18 segundos.**

No puedo señalar una investigación equivalente (aunque sin duda existe), pero apostaré una cerveza, o un paquete de seis, o una caja, o un camión lleno de cerveza Sam Adams, a que existen, per cápita, tantos **«interruptores a los 18 segundos»** entre los gerentes como entre los médicos.

Así que...

**Deténgase.
Deje de interrumpir.
Me refiero a usted.
(¡Y a mí!)**

Agenda:

Practique.

Busque retroalimentación.

Ofrezca retroalimentación después de *cada* interacción.

Utilice videos de las reuniones para observarse a sí mismo, contando las interrupciones.

Trabaje esto en grupo.

Reclute a su familia y amigos para que le ayuden en el hogar o en las fiestas o en un viaje de pesca. **(!!)**

(Si usted es hombre, su esposa o ser querido podría... *pagarle*... ¡Para dejar que le ayude!).

Esto no es «importante».
Esto es... **i-m-p-o-r-t-a-n-t-e.**

Esto es... **e-s-t-r-a-t-é-g-i-c-o.**

Practique.
Practique.
Practique.
Practique.

> **SEA UN SOCIO «SILENCIOSO»**

En referencia al protagonista, Paul Christopher, un oficial de campo de la CIA en *Los fantasmas de Christopher*, el autor Charles McCarry escribe: *«Él [Christopher] había aprendido desde que era muy joven, que, si guardaba silencio, la otra persona finalmente llenaría el silencio»*. McCarry también nos dice que la clave de Christopher para interrogar es callarse y no interrumpir; el señor Christopher afirma que «todo el mundo tiene una historia que contar, solo si usted tiene la paciencia para esperar por ello, y no interponerse en el camino».

El libro es ficción.
La idea es un hecho de oro sólido.

---

114. Obtenga la historia. Conceda el respeto.

«Fue mucho después cuando comprendí el secreto de papá. Él se ganó el respeto al darlo. Él hablaba y escuchaba al niño de cuarto grado en Spring Valley que

lustraba zapatos de la misma forma en que hablaba y escuchaba a un obispo o presidente de universidad. Estaba seriamente interesado en quién eras y en lo que tenías por decir».

–De *Respect* [El respeto], de Sara Lawrence-Lightfoot, profesora de Harvard

Un mensaje maravilloso (y poderoso).
¡*Todo el mundo* tiene algo que contar!

Es su oportunidad laboral... como consultor, jefe, compañero de proyecto, lo que sea... ¡para sacarlo a la luz!

«Sacarlo» en el sentido de extraerlo, y de entenderlo y, por lo tanto, de entender, un poco, a quien habla.

Durante un viaje a Londres, me transportó un hombre que a veces transporta a Richard Branson. Branson es famoso por, entre muchas otras cosas, sus, literalmente... **cientos de cuadernos**... en los que registra meticulosamente lo que oye de los clientes de Virgin y prácticamente de cualquier otra persona con la que converse.

Mi conductor confirmó el hábito de Sir R, y dijo que un viaje con él es una conversación agotadora y continua sobre el mundo visto a través de los ojos del *conductor*. «**Él me entrevistó durante 90 minutos, sin parar»,** me dijo el muchacho con evidente admiración, **«a medida que nos alejábamos de Gatwick».** Mientras conversábamos, el conductor (que también se llamaba Richard) admitió que **«todo el tiempo me hizo sentir como si yo tuviera algo importante que decir».**

Mensaje/s:

¡El conductor/Richard II tenía algo que decir!
(Axioma: **TODO EL MUNDO TIENE UNA HISTORIA VALIOSA, ¡DESESPERADA POR SALIR!**)
¡El conductor/Richard II *es* importante!
(Axioma: **¡CONÉCTESE!**).

Richard I/Branson aprendió sin duda una cosa o siete, debidamente registradas.

(Axioma: **¡PREGUNTE SIMPLEMENTE! ¡Y SIGA PREGUNTANDO!**).

¡Richard I/Branson hizo un amigo-confidente-informante ¡de por vida!

(Axioma: **EXTRAIGA UNA HISTORIA, HAGA UN AMIGO-DEVOTO**).

Richard II/conductor le trasmitirá la historia de Richard I/Branson no a cien, sino a mil personas... y por lo tanto, propagará voluntariamente, de forma gratuita, la mitología de la marca que rodea a Richard I/Branson.

(Axioma: **CONÉCTESE. PREGUNTE SIMPLEMENTE. OBTENGA UNA HISTORIA. CONSIGA UN AMIGO. CREE UN «GENERADOR DE ZUMBIDO»**).

Todo porque Sir Richard estaba decidido a... ¡Conectarse, ESCUCHAR y obtener la historia!

Así que...

¡Conéctese!
¡Escuche!
¡Obtenga la historia!
(Recuerde: **Todo el mundo** [cada uno] **tiene una historia**).

Así que...

¡Practique!
¡Practique!
¡Practique!
¡Practique!

«Fue mucho después cuando comprendí el secreto de papá. Él se ganó el respeto al darlo. Él hablaba y escuchaba al niño de cuarto grado en Spring Valley que lustraba

zapatos de la misma forma en que hablaba y escuchaba a un obispo o presidente de universidad. Estaba seriamente interesado en quién eras y en lo que tenías por decir».

–De *Respect* [El respeto], de Sara Lawrence-Lightfoot, profesora de Harvard

▸ NO CABECEE, ASIENTA

Una vez (en Helsinki, por lo que recuerdo), yo estaba siendo entrevistado, a través de una intérprete. No era una entrevista agresiva, pero la interlocutora estaba tratando de excavar bajo la superficie. Y eso fue lo que hizo; después del hecho, me sorprendí al darme cuenta de lo sociable que había sido ella.

¿Su «arma»? Ella era bastante agradable, pero no de manera abrumadora. Eso no era todo. Su arma era (por fin me di cuenta)... *asentir*. Constantemente. Y... tomar notas copiosas. El cabeceo era evidente y constante, no semioculto por ningún medio. Y la toma de notas también era pronunciada.

Y eso me encantó por completo, lo cual es doblemente sorprendente porque, como he dicho, había una traductora entre nosotros dos; y triplemente increíble porque obviamente, no era exactamente mi primera o una de mis primeras 5.000, entrevistas. Además, estoy excepcionalmente bien entrenado en la psicología de las ratas, al estilo de B. F. Skinner.

¿Qué estaba pasando? *Al asentir con la cabeza y tomar notas, independientemente de mi nivel de conciencia de lo que sucedía [«ella quiere que yo deje escapar algo». «Ella asiente como loca»]. Ella me estaba respetando a mí y a lo que yo tenía por decir; y al tomar notas, en particular, indicándome que lo que yo decía era tan brillante que valía la pena inmortalizarlo.* No es de extrañar que yo compartiera mis secretos anteriormente más ocultos; esto es una exageración, pero, francamente, no por mucho.

Estos son, pues, dos «trucos» que están garantizados –garantizados– para mantener a una persona hablando:

(1) Asienta con la cabeza sin parar y con frecuencia.
(2) Tome notas de manera ostentosa.

Ambas tácticas/trucos le gritan a la otra persona: *«Usted es importante e interesante; debo captar para la eternidad las perlas de sabiduría que está impartiendo».*

(Nota: No me gusta escribir sobre cosas como esta, pero en el tema de los «trucos», añadiré uno más que cumple con el estándar de «infalible». El rompehielos *perfecto* es **siempre**: «¿Tiene hijos? ¿Qué hacen?»).

Citas
34

No hace falta decir que tengo un archivo muy grande de citas para todas las ocasiones. De ese conjunto monstruoso, armé un subconjunto de 34 «joyas». Las presento aquí, para su información. (En mi opinión, cada una de ellas sugiere una cosa «para hacer» bastante obvia. Una cierta cantidad de repetición; simplemente quería ofrecer el conjunto en un solo lugar).

Esto es:

«Haz cada día una cosa que te asuste».
–Eleanor Roosevelt

«La vida es una aventura atrevida, o nada».
–Helen Keller

«Dime, ¿qué es lo que planeas hacer con tu vida indómita y preciosa?».
–Mary Oliver

«Todos los seres humanos somos empresarios. Cuando estábamos en las cavernas, todos éramos autónomos... Buscábamos nuestros alimentos, y nos alimentábamos a nosotros mismos. Ahí fue donde comenzó la historia de la humanidad... Y la suprimimos a medida que llegó la civilización. Nos convertimos en mano de obra porque [ellos] nos estamparon: "Eres mano de obra". Nos olvidamos de que somos empresarios».
–Muhammad Yunus

«Las dos cosas más poderosas que existen: una palabra amable y un gesto considerado».
–Ken Langone, cofundador de Home Depot

«La necesidad humana más profunda es la necesidad de ser apreciado».
–William James

«Fue mucho después cuando comprendí el secreto de papá. Él se ganó el respeto al darlo. Él hablaba y escuchaba al niño de cuarto grado en Spring Valley que lustraba zapatos de la misma forma en que hablaba y

escuchaba a un obispo o presidente de universidad. Estaba seriamente interesado en quién eras y en lo que tenías por decir».
–Sara Lawrence-Lightfoot, *Respect*

«Si no escuchas, no vendas nada».
–Carolyn Marland, MD, Guardian Group

«Todo el mundo vive de la venta de algo».

–Robert Louis Stevenson

«Doctorado en liderazgo. Curso breve: Haga una lista breve de todas las cosas que le han hecho y que le parecen aborrecibles. No se las haga a los demás. Nunca. Haga otra lista de cosas que le han hecho y que le encantaron. Hágaselas a otros. Siempre».
–Dee Hock, fundador de Visa

«Nunca dudes que un pequeño grupo de personas comprometidas puede cambiar el mundo. De hecho, es la única cosa que lo ha hecho».

–Margaret Mead

«¿ESTÁS SIENDO RAZONABLE? La mayoría de las personas son razonables; es por eso que solo les va razonablemente bien».
–Paul Arden, *Whatever You Think, Think the Opposite*

«NO CULPES A NADIE. NO ESPERES NADA. HAZ ALGO».
–Bill Parcells, entrenador de fútbol

«Nadie te da poder. Simplemente lo tomas».
–Roseanne

«Vivir es lo más raro del mundo. La mayoría de las personas existen; eso es todo».
–Oscar Wilde

«Lo único sobre lo cual tienes poder es ser bueno en lo que haces. Eso es todo lo que hay; ¡no hay nada más!».
–Sally Field

«Lo único que necesitas saber acerca del éxito individual sostenido: Descubre lo que no te gusta hacer y deja de hacerlo».
–Marcus Buckingham, *The One Thing You Need to Know*

«¿Has invertido tanto este año en tu carrera como en tu auto?».
–Molly Sargent, consultor de DO y entrenador

«La diferencia [entre la ambición "digna" y la "simple" ambición] está bien ilustrada por el contraste entre la persona que dice que "quiere ser escritor", y la persona que dice que "quiere escribir". El primero quiere que lo señalen en los cócteles; el último está preparado para pasar largas horas solitarias en un escritorio; el primero quiere un estatus, el segundo un proceso; el primero quiere ser, el segundo quiere hacer».
–A. C. Grayling, sobre Milton, en *Meaning of Things: Applying Philosophy to Life*

«Esta es la verdadera alegría de la Vida, el ser utilizado para un propósito que tú mismo reconoces como poderoso... En lugar de un zopenco pequeño, febril y egoísta de aflicciones y rencores, que se queja todo el tiempo de que el mundo no se dedica a hacerlo feliz».

–G. B. Shaw, *Hombre y superhombre*

«No puedo decirle cuántas veces pasamos por peces gordos para los chicos que pensábamos que eran mejores personas, y observamos a nuestros chicos hacerlo mucho mejor que los nombres importantes, no solo en el aula, sino en el campo y, por supuesto, después de graduarse. Una y otra vez, los hombres más valiosos se diluyeron, y nuestros niños y recién llegados escarbaron su camino hasta llegar a equipos de toda la conferencia y All-America».
–El legendario entrenador de fútbol americano Bo Schembechler, «Reclutar por el carácter», de *Bo's Lasting Lessons*.

«No son los más fuerte de una especie los que sobreviven, ni los más inteligentes, sino los más sensibles al cambio».
–Charles Darwin

«Las personas más exitosas son aquellas que son buenas en el plan B».
–James Yorke, matemático, sobre la teoría del caos, en *The New Scientist*

«Si las cosas parecen bajo control, simplemente no estás yendo lo bastante rápido».
–Mario Andretti, piloto de carreras

«No te puedes comportar de una manera tranquila y racional. Tienes que estar ahí, en la franja loca».
–Jack Welch, CEO retirado de GE

«Creo que todo se reduce realmente a una elección simple. Ocúpate de vivir, u ocúpate de morir».
–*Cadena perpetua* (Tim Robbins)

«Permanece hambriento. Permanece alocado».
–Steve Jobs, Apple

«Eres el narrador de tu propia vida, y puedes crear o no tu propia leyenda».
–Isabel Allende

«Un líder es un vendedor de esperanza».
–Napoleón

«No hay nada que sea más contagioso que el entusiasmo».
–Samuel Taylor Coleridge

«Un hombre que no sonría no debe abrir una tienda».
–Proverbio chino

«Antes de que puedas inspirar por la emoción, debes estar inundado de esto. Para poder propiciar lágrimas en otros, las tuyas deben fluir. Para convencerlos, tú mismo debes creer».
–Winston Churchill

«Si tus acciones inspiran a otros a soñar más, a aprender más, a hacer más y a ser más, eres un líder».
–John Quincy Adams

«Es probable que dentro de un año desees haber comenzado hoy».

–Karen Lamb

1. 2. 3. 4. 5. 6. 7. 8. 9. 10. 11. 12. 13. 14.

15. 16. 17. 18. 19. 20. 21. 22. 23. 24. 25.

26. 27. 28. 29. 30. 31. 32. 33. 34. 35. 36.

37. 38. 39. 40. 41. 42. 43. 44. 45. 46. 47.

48. 49. 50. 51. 52. 53. 54. 55. 56. 57.

58. 59. 60. 61. 62. 63. 64. 65. 66. 67.

68. 69. 70. 71. 72. 73. 74. 75. 76. 77. 78.

79. 80. 81. 82. 83. 84. 85. 86. 87. 88.

89. 90. 91. 92. 93. 94. 95. 96. 97. 98. 99.

100. 101. 102. 103. 104. 105. 106. 107.

108. 109. 110. 111. 112. 113. 114. **115.**

116. 117. 118. 119. 120. 121. 122. 123.

124. 125. 126. 127. 128. 129. 130. 131.

132. 133. 134. 135. 136. 137. 138. 139.

140. 141. 142. 143. 144. 145. 146. 147.

148. 149. 150. 151. 152. 153. 154. 155.

156. 157. 158. 159. 160. 161. 162. 163.

Curiosidad

**115. Si tiene que preguntar...
Entonces pregunte (y pregunte
y pregunte).**

«No invierto en nada que no entienda».
–Warren Buffett**

(*Piense: ¿Debería llevar esta cita en una tarjeta?).
(**Buffett también dijo que si usted necesita una computadora para entender los números de una empresa, no invierta).

¿Hay una mejor manera de resumir la forma en que podríamos haber evitado la actual crisis económica que la filosofía simple de Warren Buffett? Probablemente no. (Aunque incluso Buffett cometió algunos errores bastante considerables que, a diferencia de muchos otros, es el primero en admitir).

Una implicación práctica que le insto a convertir en un conjunto de resoluciones conexas:

«Lideraré la liga en hacer preguntas tontas».
«Me convertiré en preguntador en jefe».
«Me convertiré en jefe de preguntas tontas».
«Llenaré los espacios en: preguntaré hasta "entenderlo" lo suficientemente bien como para repetirlo».

«Persistiré hasta que lo "entienda", independientemente de lo denso que pueda parecerme en el momento».

«Lucharé contra mis instintos siempre tan profundamente arraigados, y diré en repetidas ocasiones: "¿Podrías decir eso una vez más, un poco más despacio?"».

«Evaluaré parcialmente a los demás debido a su habilidad y persistencia en... hacer preguntas tontas».

«Contrataremos en parte según la curiosidad instintiva percibida o medida». (Para cada vacante).

Tráguese el orgullo, especialmente si usted es un jefe «importante». ¡Pregunte hasta que entienda! Mientras «más tonta» sea la pregunta, ¡mejor! Si la otra persona está irritada con usted, o decide que es menos inteligente de lo que pensaba debido a sus preguntas «estúpidas», ¡considere eso entonces como la Victoria Total!

¡Pregunte!
¡Pregunte!
¡Pregunte!
(¡Y luego vuelva a preguntar!).

Regla: Por encima de todo, «aprecie los detalles», la cosa extraña y «pequeña» que aparece en la nota n.º 7 al Apéndice C que simplemente no tiene sentido para usted; averígüelo hasta descubrir lo que significa.

Si soy competente en esto, se lo debo todo a Allen Puckett, mi primer jefe en McKinsey & Co. Allen está claramente en la lista de «los cinco mejores», de «los tipos más inteligentes con los que he tenido el privilegio de trabajar». Observé a Allen-el-consultor (¿no se supone que estamos en la cima de las cosas?) hacer Preguntas Increíblemente Tontas a CEOs que le estaban pagando un montón de dinero solo para descubrir que el Sr. CEO de cincuenta millones de dólares al año no tenía idea o estaba mal informado. (Gracias, Allen).

Acción: Comience con esto en su próxima reunión. **Hoy.** Será incómodo sin duda, pero siga adelante. (Es posible que usted lo convierta en un juego, y muy valioso, por cierto. Por ejemplo, en la próxima sesión que usted dirija, ofrezca de antemano una banana como una recompensa a la persona que haga la pregunta tonta, ya sea iluminadora o no. Recuerde, la mayoría de las preguntas «tontas» son de hecho bastante tontas; entonces, tenga respuestas claras. Pero una de cada veinte, o una de cada diez, o una de cada cincuenta preguntas «tontas» revelan la Veta Madre de la Comprensión).

116. Recompense el NS (No sé).

Los jefes y los empleados «brillantes» son muy propensos a caer en la trampa de no reconocer cuando no saben la respuesta o tienen problemas con el concepto. (Los CEO que se embolsan bonos de 75.000.000 dólares no entendieron por completo los superderivados ofrecidos por sus doctorados en matemáticas de la Universidad de Chicago; bienvenidos a las Recessionus Gargantúas). El jefe piensa: «Se supone que debo saber eso», y es reacio a admitir que no lo sabe. Rara vez miente de manera flagrante, pero está muy inclinado a ocultar su ignorancia. Lo mismo sucede con esos empleados «brillantes», a quienes se les pagan grandes sumas de dinero para ser brillantes, para no saber.

El hecho es que no solo debemos reconocer fácilmente (¿alegremente?: «Para eso **te** contraté») cuando no sabemos algo, si no también *averiguar* activamente las cosas que no sabemos, o los «NS». Tal vez usted deba empezar sus reuniones con la pregunta: «¿Cuáles son nuestros NS aquí?» (y terminar la reunión del mismo modo).

Podemos, y debemos, hacer que sea positivo... **y loable**... que alguien diga «NS» cuando él/ella/usted/yo NS. Por supuesto, eso no implica premiar la pereza de «no me molesté en...», sino recompensar más bien el hecho de decir la verdad, a lo Grande, especialmente cuando se trata de grandes agujeros en nuestro conocimiento. Aclame en público a la persona que reconozca —*delante de un jefe*— que él o ella «no conocen» los hechos aquí, o la respuesta a esto o lo otro. De hecho, usted podría hacer un juego (¡un juego en serio!) de la identificación de los «NS» con respecto a cualquier análisis o acción propuesta.

Francamente, los buenos inventarios de NS pueden ser mucho más importantes para el éxito que los inventarios de LS. (Obviamente, lo sé).

(Nota: Todas las cosas buenas pueden ser llevadas demasiado lejos. Como jefe, usted tiene que tener cuidado y crear una atmósfera en la que la «búsqueda de NS» no degenere en una serie de «momentos de lo tengo», como ocurrió en McKinsey).

117. Trabaje la fuente de agua. O: ¿Chismea usted lo suficiente?

¡Un cerebro grande!
¡Un pensamiento lógico!
¡Capacidad analítica!
¡El corazón de la diferencia humana!
¿Correcto?
¡Incorrecto!

¿El corazón de la «diferencia humana»?
¡Los chismes!

El cerebro humano es aproximadamente nueve veces más grande, en términos de tamaño corporal, que el de los mamíferos en general. La razón es fascinante, y básicamente va en contra de la intuición. Estamos, por supuesto, muy lejos de ser la especie más fuerte. ¿Cómo hicimos entonces para prevalecer sobre los Grandes Bichos con Garras? Respuesta: No por la habilidad intelectual al calcular trayectorias de ojivas (lanzas), sino uniéndonos en grupos y siendo más listos y organizados que las bestias. *(¡Administración!)* Y, ¿qué unió a estos seres humanos?

Un cerebro que creció para dar cabida a: **¡los chismes!**

Como sostiene el psicólogo evolucionista británico Robin Dunbar, nuestros cerebros se expandieron casi en su totalidad para almacenar información social. **(¡¡¡Asuntos de relaciones!!!).** Para hacer una historia verdaderamente larga en otra verdaderamente corta, estos «asuntos de relaciones» nos permitieron elaborar el «pegamento social» destinado a reforzar la cohabitación en grupos de tamaño considerable; al desarrollar habilidades de cohesión social, mejoramos o maximizamos lo que ahora llamamos «eficacia organizacional»... y nos convertimos en Reyes y Reinas de la jungla y más allá.

Mi punto aquí es sugerir que cualquier persona, tal como lo hacen tantas (esp. los varones, esp. varones con formación técnica con maestrías en BA), quienes desestiman o disminuyen los «asuntos de relaciones» y «los asuntos de comunicación», **y en particular «los asuntos políticos»** como «la parte blanda», es no solo un tonto ignorante, sino que niega también la esencia de lo que significa ser humano.

Mensaje I: Un índice **(muy)** elevado de tiempo «perdido» dedicado al desarrollo de las relaciones ofrece, con mucho, el más alto «rendimiento de la inversión». **(Por ejemplo: En mi experiencia, son básicamente los tontos quienes «no toleran a los tontos ["los que pierden el tiempo"] fácilmente»).**

Mensaje II: ¡Así que dedíquese a «perder el tiempo»! (Y, a menudo, coseche). (Nota: No nací ayer. Por supuesto, hay mucha «tontería política». Pero tenga **mucho cuidado, la ira «absurda» de un hombre con «las malditas tonterías» es «el camino sinuoso» de otra mujer «a la riqueza y el poder»**).

(Fuente para la mayoría de esto: *No Two Alike: Human Nature and Human Individuality* [Ninguna se parece a la otra: La naturaleza humana y la individualidad humana], de Judith Rich Harris).

1. 2. 3. 4. 5. 6. 7. 8. 9. 10. 11. 12. 13. 14.

15. 16. 17. 18. 19. 20. 21. 22. 23. 24. 25.

26. 27. 28. 29. 30. 31. 32. 33. 34. 35. 36.

37. 38. 39. 40. 41. 42. 43. 44. 45. 46. 47.

48. 49. 50. 51. 52. 53. 54. 55. 56. 57.

58. 59. 60. 61. 62. 63. 64. 65. 66. 67.

68. 69. 70. 71. 72. 73. 74. 75. 76. 77. 78.

79. 80. 81. 82. 83. 84. 85. 86. 87. 88.

89. 90. 91. 92. 93. 94. 95. 96. 97. 98. 99.

100. 101. 102. 103. 104. 105. 106. 107.

108. 109. 110. 111. 112. 113. 114. 115.

116. 117. **118. 119. 120. 121. 122.** 123.

124. 125. 126. 127. 128. 129. 130. 131.

132. 133. 134. 135. 136. 137. 138. 139.

140. 141. 142. 143. 144. 145. 146. 147.

148. 149. 150. 151. 152. 153. 154. 155.

156. 157. 158. 159. 160. 161. 162. 163.

Aprender

Alcanzando el nivel: El aprendizaje de toda una vida es una misión-declaración obligatoria.

«Lo único que usted no puede permitirse no hacer es aprender».
–Hank Paulson, exsecretario del Tesoro de EE. UU.

Gerson Barbosa, un comentarista de mi blog, dijo: *«La declaración de misión de Johns Hopkins incluye "Cultivar su capacidad para un aprendizaje para toda la vida, para fomentar una investigación independiente y original, y para llevar los beneficios del descubrimiento al mundo"».*

Eso me dio una doble sacudida.
(Uno de esos... «Lo sabía. Sí, es muy importante»).

En nuestro mundo rápidamente cambiante, el aprendizaje de por vida ya no es una opción; es una necesidad de la vida (o de la muerte) profesional, tal como más y más personas están empezando a comprender. Este es el caso de usted a los 17, 27, 47 o 67 años, y Dios sabe que esto se aplica para mi gran amigo, a quien dedico este libro, Warren Bennis, ¡voraz en la profundidad y amplitud de su búsqueda de conocimientos a sus ochenta y pico de años!

(¡Hablando de alguien que pone a prueba sus pasos! Usted podría escuchar todavía el eco del roce de nuestras sillas en el piso del restaurante en Santa Mónica, cuando él me preguntó: «¿Qué has aprendido desde la última vez que te vi?», y yo me comporté, a los 67 años, como un estudiante de diecinueve mientras me sentía avergonzado).

En pocas palabras: Creo firmemente que un enfoque explícito con respecto al «aprendizaje de toda una vida» para todos los que estén a bordo, ¡bien podría ser la ventaja más sostenible que una organización de cualquier tipo pueda tener!

Por lo tanto, sugiero encarecidamente (¡¡!!)... **«Un compromiso incansable por parte de cada uno de nosotros con un aprendizaje intensivo y de por vida»**... o que algo semejante a esto se convierta en una parte formal de su declaración-misión de valores. Esto merece estar allá en la estratosfera con aspectos como la calidad superior y la rentabilidad.

▸ PLAN DE ESTUDIOS

«Syllabus» afirma sobre el aprendizaje permanente de la organización:

(1) Un compromiso fundamental con el aprendizaje de por vida se aplica a... **todo el equipo...** en el departamento de limpieza del Marriott, así como en las madrigueras de I&D en Amgen.

(2) El apoyo financiero es clave, pequeño y grande. (Tenga cuidado con recortar demasiado en este aspecto en los momentos difíciles).

(3) El apoyo *a las experiencias de aprendizaje no relacionadas con el trabajo* es parte del paquete: **¡Nuestro objetivo es inculcar una obsesión con el aprendizaje formal y genérico!**

(4) Apoyar este compromiso a través de las familias de los empleados también es importante, de ser posible.

(5) Diséñelo en el paisaje físico y electrónico; oportunidades de aprendizaje visiblemente «insistentes» o incorpore diariamente oportunidades de microaprendizaje en sus réplicas agudas.

(6) Clubes de apoyo, virtuales y reales, y cualquiera y todas las formas de la organización social con objetivos de aprendizaje explícitos.

(7) Incluya los «logros y metas de aprendizaje permanentes» en la contratación formal y en el proceso de evaluación, al frente y en el centro.

119. ¡Estudie más que ellos!

El entrenador de tenis Brad Gilbert estuvo clasificado una vez como el tenista núm. 4, a nivel profesional, del mundo. Pero él no era un tenista innato. Su gran éxito llegó (después de una muy irregular carrera que estaba a punto de abandonar antes de tiempo) cuando reconoció que él no era un tenista innato. Su respuesta podría haber sido lanzar su raqueta a las tribunas. En cambio, se dedicó a los libros.

O, más bien, escribió uno.

Gilbert era un tipo que, cuando los otros chicos se iban a tomar una cerveza después de un partido, se quedaba viendo más partidos, hablaba de tenis con todo el mundo... y lo anotaba todo. (¿Recuerda los cientos de cuadernos de Branson?). Gilbert comenzó su libro negro, tomando notas sobre todas las cosas, especialmente sobre otros jugadores a los que se había enfrentado, o que podría enfrentar. El resultado, el eventual ránking núm. 4, seguido de una excelente carrera como entrenador, trabajando con tenistas como Andre Agassi y Andy Roddick.

No es de sorprender que uno de los secretos de entrenamiento de Gilbert haya sido el hecho de continuar sus propios estudios, así como convertir a sus jugadores en estudiantes (lo que, a veces, no es poca cosa... con esos «tenistas innatos»). El entrenador Gilbert reconoce que tal vez haya unos pocos, como John McEnroe, que pueden salir adelante sin dedicarse a los libros... pero para nosotros los mortales esto es un pobre consuelo.

Esto se traduce sin duda en el año 2010, uno por uno, al Mundo del Trabajo en el que usted y yo participamos. Me encantaron estas frases de Tom Friedman, columnista del *New York Times*: «Cuando yo era pequeño, mis padres me decían: "Termina tu cena; los chinos se están muriendo de hambre". Yo, por el contrario, me encuentro queriendo decirles a mis hijas: "Terminen sus tareas; la gente en China e India se están muriendo por el trabajo de ustedes"». El tenis o las finanzas o la ingeniería o el barismo... vale la pena repetir esta lección «simple». (Un colega mesero puede, de hecho, ser el estudiante más asiduo que conozco, y vale la pena y paga).

¡Estudie!
¡Estudie!
¡Estudie!

¿A los 27 años?
¡Estudie!

¿A los 47 años?
¡Estudie!

¿A los 67 años (yo)?
¡Estudie!
¡Estudie!
(¡Y luego estudie un poco más!).

(Estoy estudiando ahora más duro que al principio de mi carrera como «gurú»; ¡el mercado es más duro y las cosas se están moviendo más rápido!).

(Y he redoblado verdaderamente mis esfuerzos de estudio ya que la recesión ha tomado mucha fuerza; las presentaciones que quedan son tremendamente competitivas).

120. ¡Lea más que ellos!

Me encantan las librerías... incluso en la época de Amazon. Y no hay ninguna que me encante más que Hatchards, en Piccadilly, Londres (fundada en 1797). A fin de prepararme para mi peregrinación anual en Navidad a Hatchards (añadí un día a mi viaje desde Dubai a Boston, única y exclusivamente para ir a Hatchards), y vacié mi mochila antes de ir a la tienda. ¡Ah! Terminé enviando una caja grande a casa. Y también terminé con una cuenta de 400 dólares por concepto de libros, la cual es alta incluso para mis estándares.

¡GRACIAS, MAMÁ PETERS!

Ella hizo de mí el lector maníaco y empedernido que soy en la actualidad. Nada contribuye más a mi bienestar personal y profesional. Pensé que me alegraría pasar el resto de mi vida en un apartamento arriba de Hatchards, bajando para intercambiar libros en el instante en que me avisaran.

¡Lea!

¡Lea ampliamente!

¡Sorpréndase con las lecturas que escoge!

¡Lea profundamente!

¡Lea con frecuencia!

¡¡¡¡¡LEA más que la «competencia»!!!!!

¡Tome notas!
¡Resuma!
¡Comparta con otros lo que lee!

(No para impresionarlos, sino egoístamente, porque no hay otra manera de incorporar lo que ha aprendido).

¡Cree/únase a un club de lectura!

¡Lea!

¡Lea!

¡Lea!

(Para su información: *no* leo rápido, lo cual es una sorpresa para muchos).

121. ¡Escriba más que ellos!

En un viaje mortal de Houston a Bangkok, leí *La luz del día*, de Graham Swift. ¡Qué maestro! Sacó tanta emoción de la nada que quedé más o menos destrozado cuando llegué al final de mi viaje. Él encasilla la fragilidad humana con tanta perfección...

Transición:

Soy ingeniero.

Soy bueno en todo lo matemático.

(No es jactancia, es algo natural).

La escritura no se me ha dado, no se me da, y no se me dará de forma natural. (Son las 3:45 a. m. en Nelson, Nueva Zelanda, mientras edito y reedito este material, laboriosamente).

Todavía no valgo nada en lo que a mí respecta, pero al menos soy un trabajador decente. Y tal vez he encontrado mi «voz».

¿Quieren saber por qué?

¡Porque he trabajado hasta el cansancio!

(«He trabajado hasta el cansancio» = escribí, escribí, escribí... y escribí).
(Y escribí).

¡Escribir bien es importante!
(Puede mover montañas).

Las probabilidades son que, ni usted ni yo pondremos a prueba la destreza de Graham Swift, pero bien podemos ser mucho, mucho mejor de lo que somos... lo que *sí* importa.

Por lo tanto, he trabajado hasta el cansancio en su escritura, desde tuits hasta mensajes de correo electrónico hasta entradas de blog a cartas a su madre, cada una es una oportunidad. (Estoy impresionado de lo mucho que se puede aprender escribiendo, con un poco de claridad, un tuit de 140 caracteres).

▶ GRANT, ESCRITURA

Ulysses S. Grant fue probablemente el general más eficaz de Estados Unidos. Tenía muchas habilidades, y su escritura lúcida, curiosamente, era una de las más relevantes. Sus órdenes a sus generales antes de las batallas eran obras maestras de claridad y brevedad.

La escritura es importante... en el campo de batalla en Vicksburg, así como en la sala de la junta.

122. Tiempo de inscripciones: La maestría en administración de negocios de la gente.

Durante mucho tiempo he sido un crítico acérrimo de las maestrías en administración de empresas; este criticismo fue el punto *de facto* de *En busca de la excelencia*. Bob Waterman y yo, aunque somos ingenieros (Waterman de minas, y yo civil) y ambos tenemos maestrías en Administración de Empresas de Stanford y también somos consultores de McKinsey (este último es una meca del análisis empresarial de sangre fría), lamentamos el énfasis permanente del negocio en los números y su correspondiente, *de facto* y *de jure*, falta de interés de los llamados «asuntos» blandos de las «personas».

Pues bien, la crisis económica de 2007 ++ subraya e intensifica el mensaje de los más de 25 años que tiene nuestro libro. Y, por desgracia, ilustra la poca distancia que hemos recorrido*, y lo lejos que tenemos que ir. (*¿O acaso hemos ido hacia atrás?).

Por mucho más tiempo que 25 años (tal vez ya unos 40), he enfocado mi vida laboral en los «asuntos de la gente» y en los «asuntos de la implementación», los cuales han sido descuidados. Ahora, con la lengua ligeramente en la mejilla, ofrezco aquí mi plan de estudios prospectivo y sin comentarios de maestría en administración de empresas.

Menú del curso básico

- ## Gestión de Personas I, II, III
- ## Siervo del Liderazgo I, II
- ## Ejecución I, II, III
- Crear un entorno de «Ensáyelo ahora»/Celebre los fracasos
- Maximizar el RDLIELR (Retorno de la Inversión en las Relaciones)
- Valor agregado a través XFX/EXCELENCIA multifuncional/«Ir abajo», el arte de *Networking* de Nivel inferior

- Valor agregado al convertir *todos* los «Departamentos» en ESP/ Empresas de Servicios Profesionales/Centros de Excelencia y un Asombroso Valor Agregado
- **Ventas I, II**
- EXCELENCIA en el servicio
- Crearle experiencias INCREÍBLES al cliente
- Contabilidad I, II
- **Responsabilidad I, II**
- Dominio del Calendario/Gestión del tiempo
- GD I, II (Gerenciar deambulando)
- Fomentar y cosechar la curiosidad
- El diseño-como-estrategia
- Ofrecer presentaciones maravillosas I, II
- **Escucha estratégica y activa I, II (¿III?)**
- **Cortesía/ «agradecimiento»- Reconocimiento/Consideración/ Decencia/Respeto/ Apología-como-Estrategia**
- Conocimiento de sí mismo
- La **Excelencia** como aspiración, la **Excelencia** como Estándar para la evaluación del comportamiento. La **Excelencia** en todas partes. La **Excelencia** en todo momento.

Menú electivo

- Reclutar los mejores talentos para todos los trabajos
- **Reclutar por Sonrisas, Entusiasmo, Energía, y otras «cosas blandas»**
- Fomentar el Talento/Ayudar a las personas (empleados, clientes, vendedores, comunidades) a Crecer Desmesuradamente y Realizar Sus Sueños
- Construir «Sistemas hermosos»/ Construir antisistemas para atacar el exceso de complejidad de los sistemas
- **Las Mujeres como Líderes Preeminentes**
- El arte de encontrar y desarrollar bichos raros
- Construir Centros de Innovación «*Skunk works*»/Presupuestos «negros»/«por fuera de los libros»
- El arte *y* la ciencia de influir en los demás I, II

- El papel preeminente de la Emoción/Percepción/Irracionalidad en Positivamente Todo
- Crear o cambiar la «Cultura» de una Unidad
- Ir con Ánimos al sitio de trabajo
- Mercadeo
- **Mercadeo y desarrollo de productos para Mujeres I, II**
- **Mercadeo y desarrollo de productos para Boomers-Geezers I, II**
- Creación rápida de prototipos de todas las cosas, y el arte de jugar en serio
- Aumentar la Tasa Metabólica de una Unidad
- **Diversidad de poder en todas partes y de todas las clases**
- El poder de la Transparencia Universal
- Finanzas
- Estrategia de negocios

Aunque admito que la lengua *está* dentro del alcance de la mejilla, el *espíritu* abarcado por lo anterior es muy serio. (Si no los 10 años para metérselo debajo de la correa de uno). En cuanto a los aspectos prácticos, tenga en cuenta al menos estas *sensibilidades* cuando esté diseñando su currículo de capacitación.

▶ CAMBIOS

Implícito en lo anterior están una serie de retornos en el rumbo de más o menos 180°. Entre ellos:

De:	A:
Economía	Psicología
Mercadeo	Ventas
Estrategia	Ejecución
Hombres	Mujeres
Finanzas	Contabilidad
Duro	Blando
Liderazgo atractivo	Gerencia vieja y aburrida

1. 2. 3. 4. 5. 6. 7. 8. 9. 10. 11. 12. 13. 14. 15. 16. 17. 18. 19. 20. 21. 22. 23. 24. 25. 26. 27. 28. 29. 30. 31. 32. 33. 34. 35. 36. 37. 38. 39. 40. 41. 42. 43. 44. 45. 46. 47. 48. 49. 50. 51. 52. 53. 54. 55. 56. 57. 58. 59. 60. 61. 62. 63. 64. 65. 66. 67. 68. 69. 70. 71. 72. 73. 74. 75. 76. 77. 78. 79. 80. 81. 82. 83. 84. 85. 86. 87. 88. 89. 90. 91. 92. 93. 94. 95. 96. 97. 98. 99. 100. 101. 102. 103. 104. 105. 106. 107. 108. 109. 110. 111. 112. 113. 114. 115. 116. 117. 118. 119. 120. 121. 122. **123. 124. 125. 126.** 127. 128. 129. 130. 131. 132. 133. 134. 135. 136. 137. 138. 139. 140. 141. 142. 143. 144. 145. 146. 147. 148. 149. 150. 151. 152. 153. 154. 155. 156. 157. 158. 159. 160. 161. 162. 163.

El tiempo

123. **Puede ser que sea más tarde de lo que piensa.**

Un «par de minutos» tarde es... tarde.
Cinco minutos tarde es... tarde.
Uno punto tres minutos tarde es... tarde.
Tarde es... Tarde.
«¿Mejor tarde que nunca?».
Nunca.
Punto.

Temprano no es tarde.

Temprano es respeto.

Temprano = «Me importa».

(Importa).

(Llegar temprano a una reunión no es una señal de que usted está «ansioso», es una señal de que usted es... PUNTUAL).

(Tarde es rudo).

(George Washington nunca llegaba tarde).

(No pretendo insultarlo con esto, pero este *es* un libro sobre lo [ignorado con demasiada frecuencia] «obvio»).

124. Saque tiempo para un comportamiento inteligente.

El ajetreo prevalece. Pero los mismos momentos que exigen velocidad-velocidad-velocidad, también exigen creatividad sin igual, y esto no siempre coincide con semanas laborales de noventa horas, especialmente con semanas de noventa horas una y otra vez. Así, en el transcurso del día, la semana y el año, encuentre la manera de hacer una pausa refrescante.

Y hágala.

Algunos, como yo, ansiamos las pausas de meditación de dos minutos. **(Incluso, las pausas de meditación de un minuto).** Las tardes de película o lo que sea para un equipo que está estresado debido a un plazo muy apretado pueden hacer maravillas. Las vacaciones de más de 10 días son una necesidad.* **(*Casi todas las personas que conozco, coinciden en que se requieren unos 10 días para entrar en la «zona de relajación». Punto. Gates lo hace anualmente).** Dos días libres al final o, especialmente, en medio de un viaje de negocios difícil tiene sentido. El punto más importante es... trabajar conscientemente en desestresarse. Esta idea es absoluta y positivamente «estratégica»; de ninguna manera es simplemente una «buena cosa para hacer».

NOTA1: ¡¡¡Trabaje en su respiración!!!

NOTA2: Confíe en mí... **P-o-r f-a-v-o-r**... esto se aplica a personas de 27 años o mayores de 67.

NOTA 3: Ah, el jefe *debe* «modelar el camino».

> **ADICTOS AL «CRACKBERRY»: TIEMPO PARA DESINTOXICARSE**

¡EL DICHOSO BLACKBERRY SE ESTROPEA!

EL MUNDO *NO* SE ACABARÁ SI USTED ESTÁ FUERA DE CONTACTO POR 20 MINUTOS.

O POR UNA HORA.

O POR UN DÍA.

EL MUNDO HA LLEGADO CASI A SU FIN PORQUE, DE HECHO, DEMASIADA GENTE «BRILLANTE» HA TRABAJADO 60/60/24/7/365-366... Y SE TOMÓ UN DESCANSO TOTAL DEL SENTIDO COMÚN. (Es decir, claro que los PDA ayudaron a la gente de Wall Street a mantenernos fuera del tanque. No).

SI USTED ESTÁ CONSTANTEMENTE EN SU BLACKBERRY, SE DEBE PRINCIPALMENTE A UN... **SENTIDO ARROGANTE Y AGOTADOR DE LA AUTOIMPORTANCIA, TOTALMENTE ALEJADO DE LA REALIDAD.**

125. Tiempo para... ¡Soñar despierto!

Dov Frohman es un pionero en la industria de los semiconductores. Entre (muchas) otras cosas, comenzó Intel Israel y fue significativamente responsable del crecimiento del sólido sector de alta tecnología de Israel. Con Robert Howard, que nos dio, de manera sorprendente, un libro realmente original sobre el liderazgo, *Leadership the Hard Way: Why Leadership Can't Be Taught—and How You Can Learn It Anyway*. [El liderazgo por las malas: ¿Por qué el liderazgo no se puede enseñar, y, de todos modos, cómo puede aprenderlo] (¡Buen título!).

Algunos títulos provocadores de los capítulos son: «Insistiendo en la supervivencia», «El liderazgo bajo fuego» (literalmente: Israel; recuerden), «Haciendo uso de las oportunidades fortuitas». En un capítulo titulado «Las habilidades blandas del Liderazgo duro», Frohman sorprende (o, al menos, me sorprendió) al insistir en que el líder-gerente debe sacar al menos el 50 % de su tiempo de las tareas rutinarias. Esto es:

«La mayoría de los gerentes pasan mucho tiempo pensando en lo que planean hacer, pero relativamente poco tiempo pensando en lo que no planean hacer. En consecuencia, quedan… tan atrapados luchando contra el fuego del momento, que realmente no pueden atender las amenazas a largo plazo y los riesgos que enfrenta la organización. **Así que la primera de las competencias blandas del liderazgo por las malas es cultivar la perspectiva de Marco Aurelio: evitar el ajetreo, liberar su tiempo, permanecer centrado en lo que realmente importa.**

»Permítanme decirlo sin rodeos: cada líder debería mantener de forma rutinaria una parte sustancial de su tiempo **–yo diría tanto como 50 %– sin programar***… Solo cuando usted tiene una "decantación" sustancial en su horario —horario no programado—, tendrá el espacio para reflexionar sobre lo que está haciendo, aprender de la experiencia, y recuperarse de sus errores inevitables.*

»Los líderes que no tienen este tiempo libre terminan abordando las cosas solo cuando hay un problema inmediato o visible… La respuesta típica de los gerentes a mi argumento sobre el tiempo libre es: "Todo eso está muy bien, pero estas son todas las cosas que tengo que hacer". Sin embargo, perdemos mucho tiempo en actividades improductivas. Se requiere de un gran esfuerzo por parte del líder para sacar el tiempo libre para las cosas verdaderamente importantes».

La segunda idea poco convencional y maravillosa del mismo capítulo es «soñar despierto».

«La disciplina de soñar despierto»: «**Casi todas las decisiones importantes de mi carrera de negocios fueron, en cierta medida, el resultado de soñar despierto**… Para estar seguros, en todos los casos tuve que recopilar una gran cantidad de datos, hacer un análisis detallado, y formular un argumento basado en los datos para convencer a los superiores, colegas y socios de negocios. Pero todo eso vino después. **Al principio, solo estaba el soñar despierto.**

»Con soñar despierto, me refiero a un pensamiento impreciso y no estructurado, sin un objetivo concreto en mente… **De hecho, creo que soñar despierto es un modo distintivo**

de la cognición, especialmente adecuado para los problemas complejos y "difusos" que caracterizan a un entorno empresarial más turbulento...

»Soñar despierto es también un medio eficaz para hacer frente a la complejidad. Cuando un problema tiene un alto grado de complejidad, el nivel de detalle puede ser abrumador. Cuanto más se centra uno en los detalles, más se corre el riesgo de extraviarse en ellos... **Hasta los niños saben cómo soñar. Pero muchos, tal vez la mayoría, pierden la capacidad a medida que crecen».**

Ninguna de estas sugerencias es fácil de implementar, y eso es obviamente, un eufemismo. Sin embargo, creo que debemos intentarlo. La trayectoria de Dov Frohman en un entorno completamente duro y tan veloz como el rayo es impresionante. Y confío en su autoevaluación de los motivos de este éxito, y los dos citados aquí son los principales de ellos. Por lo tanto, sugiero que vale la pena su tiempo y el de sus líderes colegas sopesar: **50 % del tiempo no programado.** (Y el señor Frohman está, sin duda, más ocupado que usted y yo). **Soñar despierto como la Principal Fuente de la Estrategia.**

(Nota: Si usted decide jugar un poco con esto, trate de seguir el dictamen del 50 % de Frohman. Evoque lo que eso significa. No el 20 % o el 30 %... sino el 50 %. Tal vez usted no puede alcanzar esto, pero examinar la idea del 50-*per-se* claramente vale la pena).

126. Domine el arte de los hitos.

Un viaje reciente de Tinmouth, Vermont, a Boston, Massachusetts (280 kilómetros), me hizo pensar en otra cosa además de las paradas en *boxes*. Yo estaba retrasado, y tomando nota de mi progreso a través del odómetro y varios puntos de referencia y marcadores de la autopista. A medida que mi estado de ánimo sufría altibajos, comprendí el poder de las metas manejables en todas las formas de actividad.

Amasar 173 o más millas, toda la tarea, es, por supuesto, la Gran Enchilada, pero un pensamiento horrible y desmotivador a las 4:00 a. m. que con frecuencia es mi hora de salida si mi objetivo es evitar el fuerte tráfico matinal de Boston. El tipo de cosas que me impulsan es... «puntuar» el trayecto fácilmente alcanzable de 21 kilómetros de mi casa a Dorset, Vermont. *(¡¡Hurra, he hecho un comienzo notable!!).* Del mismo modo, recorrer los 19,3 kilómetros de Gill, Massachusetts (casi a mitad de camino de Vermont), hasta Erving, Massachusetts, es francamente estimulante (significa recorrer alrededor del 50 % del tramo de la carretera de 43 kilómetros con el tráfico más pesado).

Mientras pensaba en esto, me di cuenta de un montón de cosas:

(1) Los hitos son de suma importancia, no importa lo trivial o repetitiva que sea la tarea.

(2) Los **«hitos»** son un verdadero arte por razones psicológicas, tanto o más que por razones de «sustancia».

(3) Los hitos verdaderamente triviales muchas veces no tienen sentido, incluso si son «logros» e «hitos» importantes; recorrer la corta distancia de Dorset a Stratton no es gran cosa y realmente no es un motivador.

(4) El «poder» de los hitos es variable. Por ejemplo, al comienzo o cerca del final de una tarea, un hecho aparentemente trivial puede parecer absolutamente grandioso. «Bueno, he hecho *algo»;* esto es lo que siento segundos después de las 4 a. m., cuando llego al extremo de la carretera rural que comienza en nuestra casa, poniendo así detrás de mí el primer clic, o el primer kilómetro, en la realidad adormecedora de un escaso 0,4 % del total. (El poder de los hitos también varía con otras dimensiones. En el contexto del día laboral, por ejemplo, los hitos más bien pequeños que son los acicates fundamentales para que el *equipo* haga el trabajo, pueden parecerle bastante insignificantes al *jefe*; por lo tanto, su publicación generalizada tal vez no sea una gran idea).

(5) Hay una zona ideal... **«el hito perfecto»**. Esos 21 kilómetros desde mi casa a Dorset, o los 19 kilómetros de Gill a Erving, son un triunfo; lo bastante sustanciales para ser de importancia, para merecer un puño arriba a las 4:23 a. m., y constituir un «progreso notable».

(6) Hay una línea muy delgada entre lo «trivial» en un extremo y lo «desalentador» en el otro. (Un tramo de 43 kilómetros, si se piensa de esa

manera, es francamente desalentador: «Dios mío, estos 43 kilómetros de la Carretera 2 son interminables»).

Cada vez que se acerca el larguísimo invierno de Vermont, temo el hecho de que en mis días realmente pésimos me veré obligado a poner en práctica mi adicción a caminar enérgicamente en mi banda caminadora. ¡*Detesto detesto detesto* ejercitarme en espacios interiores! Pero con referencia a este punto, hice un esfuerzo descomunal en una nueva banda caminadora un tiempo atrás. ¿Por qué? *Sobre todo, porque el indicador y acumulador de distancia marca tres decimales en lugar de dos.* Anhelo un progreso constante y mensurable mientras estoy en la maldita máquina, y nada, pero nada, es «trivial». Siento que el viento está en mi espalda mientras el odómetro pasa de 2,7 kilómetros a 2,8. En la vieja máquina, forcejear para pasar de 2,7 a 2,8 me tomó aproximadamente... UNA ETERNIDAD.

¡Ah, el poder de los hitos!

Usted es de hecho bienvenido a descartar la trivialidad de mis ejemplos aquí, pero lo insto a prestar la máxima atención al... **Arte de los Hitos**. De hecho, es de suma importancia si, al igual que yo, usted cree en el poder último y permanente de lo que llamo «XJ», la búsqueda incesante de la eXcelencia en la eJecución.

Acción: Conviértase en un «activista de hitos». Use los hitos como una cuestión de rutina, pero hágalo con el mayor cuidado, solo como se explica parcialmente arriba; es decir, conviértase en un profesional de los hitos, así como en un activista de los hitos.

Nota: Los «hitos» son un esfuerzo de grupo, y no una actividad de arriba hacia abajo.
Nota: El arte de celebrar los hitos también es digno de su estudio y aplicación (¡ávidos!).
Nota: Esto *es* Muy Importante.

1. 2. 3. 4. 5. 6. 7. 8. 9. 10. 11. 12. 13. 14. 15. 16. 17. 18. 19. 20. 21. 22. 23. 24. 25. 26. 27. 28. 29. 30. 31. 32. 33. 34. 35. 36. 37. 38. 39. 40. 41. 42. 43. 44. 45. 46. 47. 48. 49. 50. 51. 52. 53. 54. 55. 56. 57. 58. 59. 60. 61. 62. 63. 64. 65. 66. 67. 68. 69. 70. 71. 72. 73. 74. 75. 76. 77. 78. 79. 80. 81. 82. 83. 84. 85. 86. 87. 88. 89. 90. 91. 92. 93. 94. 95. 96. 97. 98. 99. 100. 101. 102. 103. 104. 105. 106. 107. 108. 109. 110. 111. 112. 113. 114. 115. 116. 117. 118. 119. 120. 121. 122. 123. 124. 125. 126. **127. 128. 129. 130.** 131. 132. 133. 134. 135. 136. 137. 138. 139. 140. 141. 142. 143. 144. 145. 146. 147. 148. 149. 150. 151. 152. 153. 154. 155. 156. 157. 158. 159. 160. 161. 162. 163

El diseño

127. El diseño está... ¡En todas partes!

«Todo es diseño».
–Richard Farson, *The Power of Design: A Force for Transforming Everything*

¡Diseño!
¡Es muy genial!
Es muy... **¡Poderoso!**
Y: ¡Es generalizado!
(Véase la cita anterior).

Claro, el «diseño» significa la cadena de productos magníficos de Apple u Oxo o Herman Miller o John Deere. Pero se aplica igualmente a la «presentación» del curso de formación que usted está a punto de ofrecer. Y la «atención plena del diseño» está en el corazón del nuevo proceso de compras que usted desvelará en una organización de veinte personas. Y es el alma de la zona de recepción en una firma de contabilidad de tres personas; y el corazón de los Informes Formales que ofrece esta contabilidad. (Mucho antes de que el Diseño fuera «genial» –¡y la «D» fuera escrita con mayúscula de manera rutinaria!–, McKinsey tenía un departamento a gran escala dedicado a reportar el diseño. ¿Cuál es el margen de maniobra en el formato para los informes del cliente? CERO).

Por lo tanto, si usted es serio sobre el diseño:

(1) Se convierte en parte de **cada** proyecto (c-a-d-a), de pequeño a grande, en *cada* (c-a-d-a) departamento.

El diseño es Sony... en *todo* lo que hacen.

El diseño es Apple... en *todo* lo que hacen.

El diseño es BMW... en *todo* lo que hacen.

El diseño es Starbucks... en *todo* lo que hacen.

El diseño es Nike... en *todo* lo que hacen.

El diseño son los Yankees de Nueva York... en *todo* lo que hacen.

El diseño es Barack Obama... en *todo* lo que hace.

El diseño es Nicolás Sarkozy... en *todo* lo que hace.

El diseño *debería* ser la subunidad de ingeniería de cuatro personas... en *todo* lo que hace.

El diseño *debería* ser usted... en *todo* lo que hace.

(2) **Cada** proyecto tiene un «defensor de diseño» formal.

(3) **Todo el mundo** es alentado por medio del ejemplo para «enfocarse en el diseño». (Y esto es parte de su evaluación formal). (Todo el mundo = La gestión general de la limpieza en el hotel, el socio gerente a la recepcionista en contabilidad o departamento de asesorías).

(4) El diseño siempre es considerado en cinco dimensiones: (a) facilidad de uso, (b) simplicidad, (c) estética, (d) «genial»/«Guau»/«digno de un jadeo» y (e) **Excelencia**.

(5) **Cada** espacio de trabajo es un ejemplo vivo de la Excelencia en el diseño; canta «nuestra canción».

(6) La EXCELENCIA en el diseño se aplica tanto a **todos** los procesos empresariales como a *todos* los productos.

(7) El diseño de por sí se aborda explícitamente en **cada** plan escrito de trabajo.

(8) Aunque el diseño no siempre es «libre», enfocarse en el diseño no es un elemento de costo, y la EXCELENCIA en el diseño se aplica por lo menos tanto a la «gama baja» como al segmento de lujo del mercado.

(9) La Evaluación del Diseño hace parte de **todas** las evaluaciones de los proyectos. (Robé esto de Boots the Chemist en el Reino Unido).

(10) Si usted es un Gran Jefe, debería haber un... **Director de Diseño**... que viva en el «corredor del poder» con el Director Financiero, Director de Mercadeo, etc. (Si usted es un «pequeño jefe», debería exigir un «campeón de diseño» nombrado, cuyo deber colateral consista en representar el «punto de vista de diseño» en toda la unidad de trabajo del producto).

(11) «La atención plena en el diseño» o la «EXCELENCIA en el diseño» debería (¡debe!) ser parte de la **Declaración de los Valores Centrales** de la organización.

(«La Excelencia en el Diseño será una marca comercial de todo lo que hacemos por fuera de nuestra empresa, y en todas nuestras actividades internas también». O algo así).

(12) El Diseño de por sí debe ser directa e indirectamente parte de **todos** los Programas de formación.

(13) Etc.

(14) Etc.

> **¡ESPERO QUE HAYAMOS ANOTADO!**

En mis borradores de este libro, y confío en que esto se muestre aquí, yo estaba tan preocupado por el diseño como por la prosa. Hay una cierta narrativa extensa, pero muchos de nuestros artículos son cortos y destinados a ser impactantes-enérgicos-provocativos, etc. Me obsesioné con el «aspecto y sensación»;

creo religiosamente (selección correcta de palabras) que «el aspecto *es* el mensaje», y que no puedo de ninguna manera, dar una forma a mi intención con *Detalles IMPORTANTES* a menos que la presentación refleje, y luego lleve muuuuy adelante, el «tono» y «alma» del texto.

Procedí de esta manera a partir de *The Tom Peters Seminar* en 1993. Luego, en 2003, abandoné una de las cinco principales editoriales del mundo, Knopf, para trabajar con Dorling Kindersley, simplemente porque son incomparables en el diseño de libros, y yo quería hacer nada menos que «re-imaginar» (el título subsiguiente del libro de DK) el libro de negocios *per se* de modo que coincidiera con los tiempos hiperenergéticos. Si no hubiéramos tenido mucho éxito con *¡Re-imagine!*, no habría sido por falta de una aspiración grande/grandiosa, ¡o por no intentarlo!

¿Hemos visto el mismo estándar estratosférico aquí en HarperStudio?

Usted será el único juez.

Pero, de nuevo, si nos quedamos cortos, no será porque fuimos modestos en nuestros objetivos, aunque con una meta muy diferente para el libro; no había ninguna intención de extender el aspecto de Dorling Kindersley. En lugar de ello, espero que el aspecto y la sensación y el texto en este documento den vida a la idea –y al alma– ¡de «detalles IMPORTANTES»!

¡El Diseño es yo!

(Y espero que el diseño-sea-usted).

(Hora de jactarme: Cuando empecé mi por entonces incipiente cruzada de diseño a mediados de la década de 1980, tenía una cohorte real en el mundo de los oradores/«de los gurús» de Chris Lorenz, del *Financial Times*. Unos años más tarde, sentí el máximo placer egocéntrico cuando David Kelley, fundador de IDEO, me calificó públicamente como «el líder mundial del diseño en los negocios»; creí que Steve Jobs hubiera merecido ese calificativo. Hurra por mí. ¡Hoy puedo decir con deleite que les he dado ese apodo de «líder embajador» a docenas o cientos de personas! El diseño es visto ahora por muchos como el «diferenciador principal» en muchos rincones del mundo comercial, aunque las palabras a menudo son la norma, que es por lo que aún estoy gritando, incluso aquí).

(¡Sí, el diseño lo *es* todo!).

(En cuanto al epígrafe #127, Farson afirma que yo lo dije primero, y yo digo que él lo dijo primero; no importa).

128. ¿Quiere «lamerlo»?

Steve Jobs sostiene que la definición de un producto de excelente diseño es uno que... **«querras lamerlo»**. (Aproveché la oportunidad durante un discurso y saqué mi disco duro WD/Western Digital compacto, elegante y negro frente a más de mil personas y lo lamí, y afortunadamente obtuve una buena respuesta; nunca lo habría hecho fuera de Estados Unidos, sabe Dios a qué pecado podría equivaler en alguna parte).

BMW anunció un nuevo modelo de automóvil como... **Radicalmente Emocionante.**

Los economistas coinciden en que inducir a las personas a... abrir sus billeteras... es la cura a la recesión.

Y yo afirmo que todo se reduce al tipo adecuado de martillo.
Un martillo que... *quiera lamer.*
Un martillo que sea... *radicalmente fascinante.*
Y un martillo que... le induzca a hacer un gasto que no tenía la intención de hacer.

Respuesta: Mi martillo TuF-E-Nuf. Este martillo pequeño y magnífico, en realidad el... **Mini Martillo TuF-E-Nuf con saca clavos**... es una verdadera innovación, incluso una innovación trascendental. (Según mis propias convicciones). La cabeza parece que tiene, y tiene, el peso de un martillo pesado normal. Pero el diámetro del mango tiene solo cinco pulgadas de largo, la mitad de la longitud normal. Y el agarre es maravilloso, a la altura del nivel de la línea de utensilios de cocina marca OXO, fáciles de agarrar. El resultado neto es la capacidad de maniobrar en espacios estrechos, mientras se mantiene casi todo el poder de un martillo de tamaño completo, y a manera de bono, ¡tener una obra de arte escultural! Terminé comprando seis martillos de estos para regalar en la Navidad de 2008, incluyendo, dichoso sea el espíritu navideño, uno como regalo para mí, ¡que utilizo como pisapapeles o sujetalibros cuando no golpeo clavos!

¡El *diseño* maravilloso manda!

¡La *innovación* es el rey!

¡La *funcionalidad* anota puntos!

¡La lameabilidad y lo radicalmente emocionante son estándares que valen la pena intentar!

¡La *Excelencia* no conoce fronteras!

(Y... hay más cosas para diseñar –y vivir–, ¡que los iPods y los iPhones!).

129. Señal de diseño: ¿Puede ir allá desde acá?

La ocasión en la que casi llego tarde para un discurso se debió a... unas pésimas direcciones, nada menos que por parte del cliente. Se trataba de un gran (!!) centro de convenciones de varias calles de extensión. Llegaba con el tiempo un poco ajustado. (Normalmente doy pasos muy grandes, pero yo estaba muy ocupado como para hacer cambios de última hora, y...). El conductor y yo estábamos confundidos con la dirección, y el teléfono celular del cliente no estaba recibiendo llamadas. Finalmente elegí un lugar, salí, y comencé la búsqueda. Inmediatamente, 25 minutos más tarde, y esperando lo peor, salí a mi destino, momento en el cual todo el mundo fue presa del pánico, desde Washington, DC (la agencia de mis oradores), a Vermont (mi oficina en casa) y hasta el cliente. Todo debido a unas direcciones incompletas-imprecisas-confusas y luego la señalización.

Eso me hizo pensar: Las direcciones, las señales, los manuales son la sangre de la vida, en este caso y más o menos en general. Y la mayoría de las instrucciones-señales-manuales son; bueno...

patéticas.

Confunden.

Frustran.

... *dan pena*.

Son decididamente poco profesionales, mi epíteto por excelencia en este libro, incluso por debajo de «dan pena».

Pero estas guías (direcciones-señales-manuales) deberían ser... **obras de arte** (maldita sea)... Ventajas más que desventajas... Miembros con toda honra del Paquete de «valor añadido». Deberían estar a la cabeza de dimensiones, tales como estas:

¡Claras!
¡Sencillas!
¡Atractivas!
¡Hermosas!

E: **¡Impresionantes!** (¿Por qué no?).

Le ordeno (o lo haría si pudiera) gastar −en términos de tiempo, dinero y cuidado−, como el proverbial marinero borracho en direcciones-señales-manuales.

Haga de sus manuales (señales/direcciones)... ¡obras de arte! (*Son* una parte sumamente importante de la experiencia que usted ofrece; ¡recuerde mis *riffs* sobre los Grandes Comienzos!).

¿La lección genérica? Compruebe cada ápice de material de instrucción del lugar; interno, así como aquella con la que los clientes y proveedores interactúan:

¿Está claro?

¿Hermosas? (!!!!)

¿Sencillas? (¡Pero completas?).

¿EXCELENTES?

Las probabilidades son MUY altas de que usted no haga un esfuerzo suficiente en el material interno y externo. (Especialmente en relación con las «cosas simples»; no hay tal cosa).

Trabaje en ello como un grupo. Pruébelo con los extraños. Pruébelo con su esposa. Pruébelo con sus hijos. Pruébelo con el chico del taller de automóviles.

Imite a los pintores del puente Golden Gate, que no paran, terminan un trabajo de pintura, y luego comienzan de inmediato otra vez. Del mismo modo, elija algunos elementos de material de instrucción y evalúelos, continúe sobre una base medida, por siempre.

Esto es muy importante. Aquí voy otra vez añadiendo más burocracia; usted necesita una persona con un rango muy alto, tal vez un vicepresidente, que tenga un título semejante a Jefe de Diseño Instructivo de Uso Fácil de Cada-Cosa.

⟩ LA PRÁCTICA (PEN) LO HACE PERFECTO

A las 6:00 p.m., de una tarde de verano, mientras llevaba a cabo mi pasión por desbrozar y cortar en la granja, aparentemente desperté un nido de avispas enterrado en el barro. En poco tiempo, me picaron tal vez una docena de veces; una avispa quedó atrapada debajo de mi camisa. Por suerte, no sufrí una conmoción anafiláctica. Pero en pocas horas la reacción se había propagado por todo mi cuerpo. Fui a la sala de emergencias a la mañana siguiente después de una noche verdaderamente horrible. (El doctor estaba muy molesto de que yo no hubiera ido antes).

La buena noticia es que doce horas después, yo estaba en vías de recuperación, gracias a una inyección de Benadryl del tamaño de un elefante, y otra de prednisona; gracias a esta última, habría dado positivo sin duda en una prueba de dopaje olímpico. La mala noticia: una vez que recibí tantas picaduras, mi predilección por toda la anafilaxia en el futuro se disparó. La buena noticia adicional es que si uno se prepara, puede controlar estas reacciones con un Epi-Pen. (El EpiPen, que debe llevar en todos los momentos apropiados, le permite autoadministrarse una descarga de adrenalina, que por lo general es una protección adecuada contra el desastre hasta que pueda apresurarse a una sala de emergencias).

Todo esto es un preludio a mi historia del diseño. (*Siempre* he tenido una «historia del diseño»). El EpiPen, al ser aplicado en el muslo (a través de la ropa, si es necesario), expulsa una aguja que a su vez inyecta la epinefrina. El paquete incluye dos dosis cargadas y con seguro. Ahora lo referente a las instrucciones: Hay un tercer dispensador *para practicar su administración.* Después de ser picado por una chaqueta amarilla, de nuevo, y Dios me ayude, ¡no hay tiempo para leer las instrucciones! Así que el dispensador práctico, sin la aguja y la epinefrina, le permite extraer el pasador como usted lo haría en realidad, y si golpea el muslo lo bastante duro, indica que ha realizado la prueba correctamente; el dispensador práctico es infinitamente reutilizable.

Como todos sabemos, los manuales son casi siempre (más de 99 % de las veces) exasperantes. (El término más adecuado es «son una porquería». Lo siento con los übersensibles. Es la cruda realidad). Esta fue la excepción, por no decir más. Había un minimanual, pero el inyector de la práctica excedía el manual. Confíen en mí, tengo un par de probadores para esto y aquello (uno para medir el azúcar en la sangre), y las instrucciones merecen la calificación estándar de una D o insuficiente... si mi estado de ánimo es generoso.

Así que felicitaciones para los diseñadores del EpiPen, ganador de la Medalla de Oro por el Diseño de Uso Fácil.

(Aquí, un indicador de la enormidad de la oportunidad: Cuando usted encuentra incluso un solo buen ejemplo, se destaca de la manada. ¡La manada establece un obstáculo muy bajo!).

130. Amor + odio = Poder del diseño.

El diseño consiste en la... **emoción.**

Por otra parte, *no* consiste en «gustarle» o «disgustarle» algo.

El impresionante poder... del diseño... proviene precisamente del hecho de que consiste en la emoción sin barniz.

Consiste en el... **amor.**

Consiste en el... **odio.**

ME ENCANTAN, ME ENCANTAN y ME ENCANTAN mis Ziplocs; tienen literalmente un millón de usos, y nunca salgo de casa sin una caja o dos.

ODIO, ODIO y ODIO el filtro de mi cafetera Cuisinart: ¡es casi imposible de verter el agua sin derramarla!

(Realmente «odio» utilizar «odio» para referirme al producto de una empresa determinada, pero mi defensa en este caso es que realmente lo odio. Es posible que a usted le encante. Ese es el propósito de esta opción, que es personal y emocional).

Me ENCANTA, ME ENCANTA y ME ENCANTA la sencillez de los controles de mi cafetera Black & Decker. Un interruptor: **Encendido.** O: **Apagado. (!!)**

ODIO, ODIO y ODIO **(ODIO)** los tres dispositivos (!!) que se necesitan para controlar mi TV por satélite y reproductor de DVD.

Así es el diseño.
¡Qué herramienta **(de poder)**!

¡Trátela con cuidado!

Y recuerde: «La atención plena en el diseño» es un rasgo «cultural». No es el producto de un «programa». Tampoco es el producto de un «diseñador superestrella», cuyos servicios son adquiridos por una suma asombrosa.

(Estoy totalmente a favor de los diseñadores superestrella, cuando se lo merecen. Mi punto aquí es que la simple compra de un diseñador no altera probablemente la cultura de una empresa).

Primeros pasos: Aumente la conciencia, aprenda el lenguaje genérico del diseño. Ponga en marcha una amplia discusión sobre el diseño en nuestra vida cotidiana. (Involucre a todos; esto no es «solo para los artistas», es un juego **de-todos nosotros**). Hable de «cosas que le encanten». Y... de «cosas que odie». Que no estén particularmente relacionadas con la compañía o con los productos o servicios de su departamento; de hecho, lo mejor es centrarse en cosas ordinarias, como experiencias en restaurantes o utensilios de cocina o sitios web. Esto debería ayudar a aumentar la conciencia de las Emociones Fuertes que, subjetivamente, evocan los buenos y malos diseños. Deje que esta discusión ubicua se fusione lentamente con la evaluación de los asuntos más cercanos a casa, cosas en la Web, procesos de negocios, la calidad de los contactos con los clientes, la calidad de instalaciones para el personal, la calidad de las flores en el mostrador de recepción.

1. 2. 3. 4. 5. 6. 7. 8. 9. 10. 11. 12. 13. 14.
15. 16. 17. 18. 19. 20. 21. 22. 23. 24. 25.
26. 27. 28. 29. 30. 31. 32. 33. 34. 35. 36.
37. 38. 39. 40. 41. 42. 43. 44. 45. 46. 47.
48. 49. 50. 51. 52. 53. 54. 55. 56. 57.
58. 59. 60. 61. 62. 63. 64. 65. 66. 67.
68. 69. 70. 71. 72. 73. 74. 75. 76. 77. 78.
79. 80. 81. 82. 83. 84. 85. 86. 87. 88.
89. 90. 91. 92. 93. 94. 95. 96. 97. 98. 99.
100. 101. 102. 103. 104. 105. 106. 107.
108. 109. 110. 111. 112. 113. 114. 115.
116. 117. 118. 119. 120. 121. 122. 123.
124. 125. 126. 127. 128. 129. 130. **131.**
132. 133. 134. 135. 136. 137. 138. 139.
140. 141. 142. 143. 144. 145. 146. 147.
148. 149. 150. 151. 152. 153. 154. 155.
156. 157. 158. 159. 160. 161. 162. 163.

Detalles

131. El caso del caramelo de dos centavos.

Hace años, escribí acerca de una tienda al por menor en los alrededores de Palo Alto, una buena, que tenía una caja de caramelos de dos centavos en la caja. Posteriormente recordé el «pequeño» gesto de despedida de los caramelos de dos centavos como un símbolo de todo lo que es excelente en esa tienda. Decenas de personas, desde minoristas a banqueros a quienes suministran incrementos de plomería a propietarios de casas, que han asistido a mis seminarios y me han recordado, a veces quince o veinte años después, «la historia de los caramelos de dos centavos», me hablan del efecto considerable que tuvo sobre la forma en que hacían negocios, metafóricamente y en términos reales.

Pues bien, el fenómeno de los Caramelos de Dos Centavos ha golpeado de nuevo, con fuerza y en el más improbable de los lugares.

Durante años, la «marca» de Singapur ha sido más o menos el «lugar que funciona» en el sudeste de Asia. Su legendaria eficiencia operativa en todo lo que hace ha atraído empresas de todo tipo para instalarse allí. Pero a medida que «el resto» de la zona geográfica cerraba la brecha de la eficiencia y China continúa su carrera ascendente, Singapur decidió hace un par de años «rebautizarse» a sí mismo no solo como un lugar que funciona, sino también como una ciudad emocionante, que tiene ese factor especial. (Participé en una de las primeras conferencias de cambio de marca, que también contó con personajes de la talla de Anita Roddick, Deepak Chopra, y Narayana Murthy, fundador y supermán de Infosys).

La legendaria eficiencia operativa de Singapur empieza, como de hecho debería ser, en los puertos de entrada; el aeropuerto es un buen ejemplo. Desde inmigración al reclamo de equipaje hasta el transporte al centro de la ciudad, los servicios no tienen igual en el mundo en cuanto a rapidez y eficiencia.

Saga...

Los servicios de inmigración en Tailandia, tres días antes de un viaje a Singapur, fueron toda una molestia. («Memorable»). Y entrar a Rusia algunos meses antes de eso, no fue pan comido. Sin duda, y sobre todo después del 9/11, la entrada a Estados Unidos no ha sido un proceso que uno confunda precisamente con llegar a Disneylandia, ni se distingue por una actitud que grite: «Bienvenido, invitado de honor».

Por otro lado, los servicios de inmigración de Singapur:

El *formulario de entrada* era una maravilla de simplicidad.

Las *filas* eran cortas, muy cortas, con *más que* un personal *adecuado*.

El proceso era *sencillo* y *discreto*.

Y:

La oficial de inmigración podría haber conseguido fácilmente trabajo en Starbucks; era toda sonrisas y cortesía.

Y:

¡Sí!

¡Sí!

Y... ¡sí!

¡¡¡Había un pequeño tarro de dulces en cada portal de Inmigración!!!

El «mensaje del tarro de dulces» en una docena de maneras:

«¡¡Bienvenido a Singapur, Tom!! ¡Estamos absolutamente locos de placer de que se haya decidido a venir acá!».

¡Guauu!

¡Guauu!

¡Guauu!

Y...

Pregúntese... AHORA:

¿¿¿Cuál es mi «caramelo de dos centavos» **(personal, departamento, proyecto, restaurante, bufete de abogados)**???

¿Cada parte del proceso de trabajar con nosotros/conmigo incluye ¿caramelos de dos centavos?

Como grupo, ¿pensamos en «caramelos de dos centavos»?

En términos operativos: Haga **«de los dos centavos»** una parte integrante de «la forma en que hacemos negocios por aquí». No aborde con timidez la así llamada sustancia, pero recuerde que... **la percepción es la realidad**... y que la percepción está determinada por caramelos de dos centavos tanto como por esa llamada sustancia dura.

Inicio: Haga que su personal compile «historias de caramelos de dos centavos» durante las próximas dos semanas en sus transacciones rutinarias de la «vida». Comparta esas historias. Tradúzcalas a «nuestro mundo». E impleméntelas.

Repita con regularidad.

Por siempre.

(Con recesión o no, usted puede permitirse dos centavos de dólar).

(De hecho, se trata de una idea «barata» y particularmente brillante para una recesión; sin duda, usted no maximiza las Oportunidades de Dos Centavos. **¡Y qué oportunidades son!**).

> LA IDEA «APROPIADA»

¡*Minimizar* las CQHSM/cosas que han salido mal es una cosa (muy) buena! («CQHSM» fue originalmente una de las medidas de calidad de los fabricantes de automóviles que los clientes enumeraron para el distribuidor acerca de sus problemas en los primeros 100 días aproximadamente luego de haber adquirido un auto).

Maximizar las CQHSB/**Cosas que han salido bien,** ¡también es una cosa (muy) buena!

Céntrese en ambas.

No reduzca las CQHSM.

Pero tampoco reduzca las CQHSB.

(En una época en que la mayoría de las cosas –por ejemplo, los autos– funcionan sorprendentemente bien, maximizar las CQHSB tiene a menudo más impacto que una reducción pequeña y marginal en CQHSM).

Por lo tanto: ¡Mapee y mida las CQHSB!

¡No es una variable «blanda»!

Para continuar: Examine la experiencia de un externo o interno, por ejemplo, llamando a la empresa. Supongamos, por el momento, que, en términos de excelencia operativa, todo va bien. Ahora: Encuentre **5 «CQHSB»**... cosas «pequeñas», positivas y memorables «que han salido bien», y que distingan esta experiencia.

132. Si el sobre no encaja, ¡olvídese de él!

Unas pocas aventuras en el servicio al cliente:

- Mi local de Starbucks permaneció abierto unos minutos de más y el barista hizo algo que ya había puesto a un lado, llenar mi pedido.

- Cuando le entregué mi termo a la barista en otro local de Starbucks, lo llenó sin hacerme preguntas, a pesar de que en ese momento no era un pedido estándar. (Creo que me cobraron menos: el precio de dos tazas grandes por lo que eran sin duda tres tazas grandes. Ah, y **lavaron completamente el termo antes de llenarlo, sin que yo lo pidiera, ¡o incluso imaginara!**).

- Mi local de Whole Foods abre por lo general a las **8 a. m.** Pero debido a que varios de nosotros estábamos esperando, abrieron a eso de las

7:45 a. m. Y sus empleados fueron muy serviciales; me dieron una disertación muy completa sobre diversos cortes de carne, entre otras cosas.

• La Escuela de Posgrados en Negocios de Stanford, mi amada (y soy sincero) Stanford GSB, me envió un cuestionario por correo ordinario en preparación para mi reunión de MBA. Tuve algunas dificultades para llenarlo. Cuando estuve listo para enviarlo por correo, descubrí que no cabía en el sobre que lo habían enviado; rompí el cuestionario y lo arrojé a la papelera de reciclaje. (¿Se ha preguntado qué les pasa a los programas de MBA? **¡La falta de atención a los sobres!** (¿Creen que estoy bromeando?).

¿Usted se esfuerza al máximo en ir «un poco» «más allá del libro» para ayudar a los clientes? ¿Autoriza-anima a todo el mundo (a todo) para romper «un poco» las reglas de manera que se inclinen hacia el cliente? ¿Usted pide ejemplos de estiramiento severo en el comportamiento y lo celebra con gran entusiasmo? ¿Usted abre «un poco» antes de lo anunciado? ¿Sus sobres son del tamaño correcto? Tenga en cuenta que para dar respuestas positivas a *todas* estas preguntas, se requiere, tal vez paradójicamente, una obediencia a la Excelencia operativa herméticamente controlada y, al mismo tiempo, apertura para romper las reglas con el fin de ser especialmente útil a la clientela o a los compañeros de uno. (Crear una cultura en una corporación grande que sea «suelta» y «apretada» al mismo tiempo, es pan comido. De hecho, tratar con esta paradoja, en lugar de evitarla, es uno de los mayores desafíos gerenciales. Se puede decir, con cierto grado de certeza, que si usted evita esto, habrá una peligrosa deriva hacia un mayor seguimiento de reglas «seguras» y a una iniciativa menos expresada; por lo tanto, la paradoja debe abordarse de forma proactiva).

Las 25 empresas incluidas en la lista de «Campeones del servicio al cliente» de *BusinessWeek* en 2007, toman muy, muy, muy, pero que **muy** en serio los «detalles pequeños» y los proveedores de servicios de primera línea que hacen o deshacen el Movimiento de los Detalles.

¿Y usted?
¿Personalmente?
¿Su equipo?
¿Su empresa?

¿Cómo lo sabe?

¿Sin lugar a duda?

¿Qué está haciendo al respecto?

¿Para estimular más de lo mismo?

¿Para... **recompensarlo**... cuando sucede?

¿Hoy?

¿Ahora?

Los «grandes objetivos» (¡creo en ellos religiosamente!) ¡son espectaculares! ¡Bravo!

Sin embargo, como somos humanos (vea el epígrafe de Henry Clay al comienzo de este libro), las cosas diminutas suelen ser, de hecho y por lo general, la base para el recuerdo de la actividad; la belleza de la costa dálmata de Croacia, donde fui de excursión por una semana en 2008, se desvanece; pero durante millones de años recordaré al croata a lo largo del camino que, espontáneamente, me invitó a tomar una taza de té.

133. Todo consiste en el barro.

Es la «estación del barro» en Vermont mientras escribo, tal como todos la llamamos de manera muy apropiada. Los autos y camiones, en particular, parecen pelotas voladoras de barro.

Durante una caminata rápida (¡y llena de fango!), pasé por el estacionamiento del Hotel Equinox, en Manchester Village, Vermont. Estaban haciendo una renovación masiva. El contratista principal era Bread Loaf Construction, probablemente el mejor de Vermont (de hecho, superior por cualquier estándar), fuera de Middlebury.

Pero la gente de Bread Loaf no debe ser tan inteligente como creo; es decir, que al parecer no sabían que era la temporada del barro. Las camionetas de todos los contratistas en el estacionamiento y los camiones de FedEx y UPS, también confirmaron la imagen de la «bola de barro» que acabo de sugerir. A excepción de Bread Loaf. Tenían dos camiones de tamaño considerable en el lote. Ambos, siguiendo la tradición de BL, estaban pintados de rojo, como el departamento de bomberos.

Y ninguno de los dos –y no exagero aquí– tenía el más mínimo rastro de suciedad aparente, o de barro, o incluso de polvo.

A finales de la tarde, tuve una larga entrevista con un funcionario importante de la agencia de publicidad TBWA/Chiat/Day, y, como es lógico, el tema pasó a ser el de la marca. De mi boca, y sorprendiéndome, salió: **«La marca es un camión brillante rojo, limpio, chillón del contratista en la temporada de barro en Vermont».** Charlamos acerca del hecho de que la marca también consiste en... **todo**. Por un lado, eso no es muy útil u operativo. Por otro lado, nos recuerda que nada, absolutamente nada, es irrelevante para la marca individual, o para la imagen de marca de una empresa de construcción en Vermont, o para Contadores Susan Axelrod, o Megacorp Inc.

La definición por excelencia de un «todo»: Carl Sewell, con sede en Dallas, es propietario de una cadena de concesionarios de automóviles, incluyendo una «tienda» Cadillac en Dallas.

Carl compró un... **barredor de calles**.

Lo primero que un cliente potencial ve de Sewell Village Cadillac es la calle delante de la instalación. Por lo tanto, **Carl decidió tomar lo que su cliente vería al llegar –¡la calle!– de las manos de la ciudad y encargarse de ella**; es justo decir que el «Proyecto Calles Limpias» es un elemento no trivial de su marca. Eso también explicaría los fantásticos arreglos de flores en el interior, dignos de Hoteles Four Seasons de Issy Sharp, Campeones de Flores de Todos los Tiempos. (Me gustaría ver la cuenta de flores que recibe Issy; me pondría pálido, aunque Issy no).

Por lo tanto **(y ordeno):**
Pare.
Ahora mismo.
Revise el mostrador de recepción.
Revise la zona de recepción.
(Revise la calle, incluso en Manhattan).

Revise el baño.

Revise el último correo electrónico de su cliente.

Revise, etc.

Revise, etc.

Revise diez «pequeñas cosas».
Ahora mismo.

¿Cada uno es impresionantemente y sorprendentemente Excelente?

¿Cada uno confirma, extiende y transmite su «promesa de marca»?

¿Usted, personalmente?

¿Su departamento de formación?

¿Su compañía de seguros de seis personas en Main Street?

¡Su división de BigCo?

(Recuerde, un detalle muy IMPORTANTE: ¡¡¡¡¡¡¡¡**Usted tiene el control absoluto aquí!!!!!!!!!** Hay cosas que *no puede* permitir que sucedan, sin duda; pero no importa la experiencia que tenga, o importa el estado de la economía, usted *puede* proyectar la Excelencia en la Marca por medio de mil «variables atmosféricas» que al final determinan mayoritariamente la percepción cliente-empleado).

(Juzgo que hay un poco de duplicación en este punto. Digo: **¡Hurra!**).

134. Piense en el letrero del cartel. «Nos importa». «No nos importa».

Estaba caminando por un centro comercial gigantesco, visitando una tienda que había sido remodelada. Por lo general, es de los mejores exponentes profesionales de carteles de diseño y mercadeo de «experiencia».
Pero... el lugar era un desastre.
Me hizo pensar. No soy un «maniático del orden». Por el contrario, soy desordenado. Pero eso es en mi casa. No en mi profesión. Selecciono

hoteles en gran medida en función de si tienen o no servicio de planchado de 1 hora, o de 24 horas al día. (Es un hecho). Me pagan (muy) bien por lo que hago. *¡No me pagan por asistir a un discurso como si hubiera dormido con la ropa puesta!*

El espacio comercial en cuestión estaba lleno de clientes y visitantes. (Bien por ellos). Pero se había vuelto muy desordenado en el curso del día (ajetreado). Mercancías apiladas y esparcidas. Basura en el suelo. Cajas entreabiertas cerca del mostrador de la salida.

Etc.
(Etc.).

Para mí, el espacio... GRITABA... **«No Nos Importa».**
Hay una gran cantidad de Grandes tiendas al por menor, o grandes lo que sea. Pero muy cerca, o en la cabecera de la fila, está: «¡NOS IMPORTA!», y comienza con el «aspecto y la sensación».

No estoy proponiendo una ultralimpieza sin pasión. Eso también puede ser fácilmente un desencanto. Estoy sugiriendo que usted (jefe) pida formalmente **a todo el mundo** que asuma **toda** la responsabilidad por mantener las cosas «profesionales» siempre... *que ponga sus gafas de «Nos importa» y sus globos oculares en el sitio.* Solo hay que hacer una pregunta: Si yo estuviera caminando allí como un cliente o prospecto o recién contratado, ¿qué observaría en los primeros 0,4 segundos? ¿Dónde estaría la puntuación del 1 al 10 en la escala «Nos importa»?

(Nota: Esto es exactamente tan cierto para un bufete de abogados de dos personas como para una cadena nacional minorista).

Nos importa.
No nos importa.
(Elija su opción).
(No hay término medio).
(En realidad... No hay término medio. Piense en ello).

1. 2. 3. 4. 5. 6. 7. 8. 9. 10. 11. 12. 13. 14.
15. 16. 17. 18. 19. 20. 21. 22. 23. 24. 25.
26. 27. 28. 29. 30. 31. 32. 33. 34. 35. 36.
37. 38. 39. 40. 41. 42. 43. 44. 45. 46. 47.
48. 49. 50. 51. 52. 53. 54. 55. 56. 57.
58. 59. 60. 61. 62. 63. 64. 65. 66. 67.
68. 69. 70. 71. 72. 73. 74. 75. 76. 77. 78.
79. 80. 81. 82. 83. 84. 85. 86. 87. 88.
89. 90. 91. 92. 93. 94. 95. 96. 97. 98. 99.
100. 101. 102. 103. 104. 105. 106. 107.
108. 109. 110. 111. 112. 113. 114. 115.
116. 117. 118. 119. 120. 121. 122. 123.
124. 125. 126. 127. 128. 129. 130. 131.
132. 133. 134. **135. 136. 137. 138. 139.**
140. 141. 142. 143. 144. 145. 146. 147.
148. 149. 150. 151. 152. 153. 154. 155.
156. 157. 158. 159. 160. 161. 162. 163.

Basura

135. El enemigo interior. O: No hay costo más alto que el de la rigidez.

En su columna del 2 de junio de 2009 en el *New York Times*, «El lodazal por delante», David Brooks comienza su evaluación del fiasco de GM citando un memorando interno escrito en... **1988**... por el vicepresidente ejecutivo Elmer Johnson:

«Hemos subestimado enormemente la manera tan profundamente arraigada que tienen las rigideces organizacionales y culturales que obstaculizan nuestra habilidad para ejecutar».

Esa cita me recuerda a otra, de Norberto Odebrecht, director de Odebrecht, el conglomerado de industrias pesadas con sede en Brasil:

«Los datos extraídos del mundo real dan fe de un hecho que está por fuera de nuestro control: Todo lo que existe tiende a deteriorarse».

Hecho «simple»: Acompañando a la antigua designación de GM como la «más grande», llegaron las «rigideces» olímpicas. Uno se acuerda de otra cita, esta por parte de *Pogo*, de Walt Kelly:

«Hemos encontrado al enemigo y somos nosotros».

Las escuelas de negocios, siempre las víctimas propiciatorias en mis delirios, se centran en la troika «genial» de EFM (Estrategia de Finanzas y Mercadeo). Y, sin embargo, son las «cosas» *internas* de la organización, especialmente las MIA o muy secundarias en las escuelas de negocios (no lo suficientemente atractivas), las que hacen tropezar a las empresas. No las «malas estrategias», sino... las **«rigideces»**... que impiden la capacidad de... **«ejecutar»**... son las culpables del pobre desempeño en 9 de 9,01 de los casos.

Toyota *no* perjudicó a GM.
Honda *no* perjudicó a GM.
Nissan *no* perjudicó a GM.

GM perjudicó a GM.

Esto no es una noticia.
Sin embargo, vale la pena reiterarlo.
Y lo haré.
Otra vez.
Y otra vez.
Y luego otra vez.

Hemos encontrado al enemigo.
Somos nosotros.

⟩ MIRE ADENTRO Y RELÁJESE

Las «rigideces» no solo son el problema de los Gigantes.

La rigidez es una enfermedad en una firma de contabilidad de tres personas y en restaurantes de once mesas que abrieron apenas hace un año.

Deje de hacer lo que está haciendo.
Ahora mismo.

Llame a su mejor cliente. Pregúntele: «¿*Cómo vamos... en comparación con un año atrás? ¿Hace seis meses? ¿Estamos haciendo que tu vida sea más complicada? ¿Somos más burocráticos de alguna manera, forma o modalidad pequeña (especialmente pequeña, de un acrecentamiento lento del aletargamiento, al igual que la placa arterial; ese es el asunto) ¿Lo estamos frenando? ¿Alguna vez decimos: "¿Me gustaría hacer eso por ti, pero..."?*».

Llame a su mejor vendedor.
Repita lo de arriba.
Palabra por palabra.

Visite a su nueva empleada. Pregúntele: «¿*Has encontrado procedimientos desde que estás aquí que creas que son tontos o demasiado complicados? Si es así, ¿has comunicado tus preocupaciones? Si no es así, ¿por qué no? ¿Hacemos que sea intimidante para que un "recién llegado" transmita dichas preocupaciones? Si has comunicado estas preocupaciones, ¿has sido elogiada por hacerlo? (O, Dios nos ayude, ¿mirada con recelo?). ¿Se ha presentado un seguimiento que sea más o menos inmediato?*».

En cada reunión del Grupo Ejecutivo, reserve 15 minutos para discutir la «cosa más tonta que hemos hecho últimamente»; insista en que los miembros lleven los casos más recientes para discutirlos. Logre algún acuerdo concreto en el acto y no levante la sesión hasta que haya logrado Elementos de Acción de 7-, 14-, y 21- días con una responsabilidad asignada.
GM se puso rígida un segundo-a-la-vez.
Usted también.
(Su unidad se ha vuelto más rígida en el tiempo que tardó en leer esta pequeña sección).
(Créalo).

136. ¡Conviértase en un derviche de la descentralización!

Situación: Un domingo. Zona de registro de Lufthansa. Aeropuerto Logan, Boston. Aeropuerto calmado. El padre delante de mí tiene a su niño con una correa. El chico está lleno de energía (es decir, aburridamente normal), y forcejea contra la correa al estilo de Lulú, mi hipermaníaca pastora australiana.

No estoy interesado en la pérdida de los niños en los aeropuertos.
(Sí, ha sucedido, y es horrible).
Estoy inalterablemente opuesto a las «correas para niños».
Francamente, me enfermó un poco, aunque me abstuve de decir cualquier cosa.

Crianza de hijos.
Delegar.
Estructura organizacional.
Gobernabilidad en general.

En muchos sentidos, la mayor preocupación en todos los ámbitos que acabamos de mencionar se reduce al clásico debate jeffersoniano-hamiltoniano sobre la centralización frente a la descentralización. **(Llamo al debate centralización-descentralización... «el sumamente importante primer 100 %». Es decir, ¡que es más o menos todo el juego de pelota!).**

Jefferson creía en «Nosotros, el pueblo», y, de hecho, en la revolución perpetua. Hamilton dijo: Hay que centralizar, mejorar el orden y establecer un ejecutivo fuerte para liderar el camino. (Estamos luchando con «eso» cada día, 220 años más o menos después, como debería ser; no se puede resolver por definición).

¿Qué tan apretadas las riendas?
(Orden, eficiencia).
¿Qué tan sueltas?
(Iniciativa, innovación).

El niño nunca aprenderá hasta que se valga por sus propios medios y haya pasado por una serie completa de desastres. Pero usted no quiere que le suceda ningún mal, ¡así que mantiene las riendas apretadas!

**¡Deténgase!
Suspenda el «análisis racional».**

¡Sáltese el argumento del «equilibrio»! ¡Vaya al grano!

Cada *persona que figura en los libros de historia es, por definición...* **locamente desobediente.** *No «cree en el hecho». Siente desprecio por sus «mejores». Y, sin embargo, les decimos a nuestros hijos que se «queden quietos, sigan las reglas, y se comporten bien» en la escuela. (Y si no lo hacen, les ponemos una correa metafórica de poliéster o químico/Ritalina).*

Estos pensamientos son el producto no solo de mi experiencia en Logan-Lufthansa, cuando me mantuve callado, sino también de un reciente debate público con un cliente sobre la imposición (la palabra correcta, según yo) de los estándares de «mejores prácticas» en una empresa grande.

Me *encantan* las «mejores prácticas».
Detesto las «mejores prácticas».

Me... **encantan**... las mejores prácticas... **Si**... son «cosas interesantes» que salen a partir de un trillón de fuentes dispares dentro y fuera de la empresa y la industria, disponibles para que cada uno de nosotros podamos aprender de ellas.
Detesto... las mejores prácticas, cuando se exige el mimetismo: *«Hazlo como Memphis, ¡o de lo contrario...!».*

(Nota: La «mejor práctica» rígidamente aplicada = CERO = Desviación de Estándares = Regresión antes que Progreso).

Cierto, muy cierto, nunca se tiene «eso»/el balance *adecuado* entre centralización y descentralización (nación, crianza de hijos, su unidad de 27 personas).
Pero... le apuesto *(¡le garantizo!)* que... **lo entenderá mal l-e-n-t-a-m-e-n-t-e.**
Es decir, a menos... que sea administrada **fanáticamente** (de nuevo, la palabra correcta) ... hay un movimiento inexorable hacia la centralización. Lo llamo... **DCI/Derivación Centralista Inherente.** Como Obispo ordenado en la Alta Iglesia de la Descentralización, sugiero humildemente que la centralización artera, o DCI, ¡es la causa de los grandes colapsos corporativos!

Básicamente, consiste en lo siguiente: *Una estructura descentralizada y existente está vigente. Un problema nos golpea entre los ojos, uno muy fuerte. La solución es...* **siempre** *(de nuevo, garantizar)... lo mismo. Unas pocas, o más, normas y regulaciones para reducir las probabilidades de que se repita. El tiempo pasa. Se presenta un nuevo problema. Y, de nuevo, implantamos de manera sensible algunas reglas más en su lugar. Con el tiempo, estas respuestas...* **individualmente razonables***..., y su interpretación expansiva por varias generaciones de gerentes que flexionan sus «músculos de autoridad» (¡llámelo como es, justificando su existencia profesional!), conducen a una iniciativa e innovación cada vez menores y, finalmente, a la parálisis, del tipo GM. Confíe en mí, esta* **es** *la historia.*

¡Meter la pata!
¡Endurecerse!
¡Evite metidas de pata!
¡Estancarse!
¡Morir!

Por lo tanto: ¿Cuáles son los procedimientos precisos para mantener una vigilancia constante a fin de limitar y de hecho revertir la proliferación de los procedimientos-originalmente-sólidos-que-se-han-convertido-colectivamente-en-un-cáncer-burocrático?

Para principiantes... **policía anti-DCI** *(por favor, use el término)...*

Armado...
y Peligroso...
y Autorizado/Alentado para actuar.

(Sugiero también, además de los policías anti-DCI, un sistema formal de... **DI**, o Detectores de Idioteces. Piense en ello como en su red de satélites NSA. Y en un... **OEJDRDB**, u Oficial en Jefe de Remoción de Basuras, con una oficina al lado del OJF y OJI y DO).

¿Ha ejercido de forma explícita algún Procedimiento formal Anti-DCI:

¿Esta semana?
¿Hoy?
(¡Demuéstrelo!).

(Repito: La «idea de la acción» consiste en procedimientos muy formales y diseñados específicamente para individuos responsables de bloquear «DCI» tal como sucede. Y un compromiso de liderazgo en todos los niveles para medir y gestionar de forma proactiva las actividades anti-DCI).

▶ TODAS LAS MANOS EN LA PORQUERÍA

«La descentralización» no es una «cosa de CEO».
Es una... «**cosa de todo el mundo**».

La descentralización es una... **¡actitud!** «La descentralización *no* es un pedazo de papel. No soy yo. Está en tu corazón, o no».
–Brian Joffe, CEO de BIDVest

Es la Voluntad **(¡¡el deseo!!)** de «delegar», de darles la cabeza a los demás, de enviarlos en Tours de Aventura, todos los días.

«Si le [parece] doloroso y asustador, entonces usted realmente está delegando».
–Caspian Woods, dueño de un pequeño negocio

---

137. Juegue el... ¡gran juego de la remoción de mugre!

Commerce Bank (ahora propiedad de Toronto-Dominion) revolucionó más o menos la banca minorista en la costa este de Estados Unidos. Por un lado, entre tantísimas, las terminales informáticas en las sucursales de Commerce tenían un... **botón rojo**... en el teclado. Cuando usted (el cajero) se encontraba con cualquier obstáculo autocreado (por el banco) para servir al cliente... apretaba el botón rojo. El impedimento que usted descubría sería observado y formalmente abordado, y si se emprendían acciones, tal como solía ser el caso, usted recibía una recompensa económica por haber descubierto cualquier tipo de obstáculo que se interponía entre el cliente y una excelente experiencia de servicio.

(Commerce también tenía la regla de «Dos "No"». Si un cliente pedía la combinación de la Bóveda del Banco... al cajero no se le permitía decir ¡«No»! En primer lugar, el cajero tenía que hablar con la supervisora; si ella decía «No», entonces y solo entonces el cajero podía rechazar la solicitud del cliente. La idea es que el banco moviera cielo y tierra; en referencia incluso a la petición más escandalosa, para tratar de decir «Sí» a cualquier cosa que quisiera el cliente. De hecho, Commerce se llamó a sí mismo... **«El banco sí»**... precisamente porque hizo todo lo posible para responder afirmativamente a casi cualquier deseo del cliente).

Mi punto-sugerencia aquí es que usted invente su tipo de Botones Rojos (o regla de «Dos "No"») para su departamento de tres personas, equipo temporal de proyectos de nueve personas, restaurante de 17 mesas, o división de 235 personas. Es decir, que imite al Commerce Bank, creando procesos formales para la identificación y extracción de la mugre e involucrando a todo el mundo en el... **Gran Juego de Remoción de mugre.** Piense en esto en un nivel aún más alto de abstracción como una «cultura de remoción de mugre» «estratégica», una filosofía en toda regla respaldada por una infraestructura informal para tratar de mantener a raya el «crecimiento inevitable de mugre», o incluso para revertirlo. Una gran cantidad de posibilidades están ahí para implementarlas:

- Una Promesa de Lealtad Antibasura cada mañana.
  (¿Está «yendo esto demasiado lejos»? **¡No!** La mugre es el exterminador principal de la eficacia organizacional. Punto). (Recuerde... ¡GM destrozó a GM!).
- Un elemento mugre en *cada* agenda de la reunión.
- Un ejecutivo antimugre de «nivel C»: OJRM, Oficial en Jefe de Remoción de Mugre.
- Recompensas para Identificadores y Removedores de Mugre en todos los niveles.
- Castigos para Cultivadores de Mugre en todos los niveles. (Esto también podría convertirse en un juego. En lugar de una «carta formal al archivo», el hecho de crearse dificultades unos a otros y hacer la vida

más difícil para personas internas y externas podría ser tratado como un deporte, teniendo un efecto positivo y maravilloso).

- Dispositivos para medir continuamente y de forma automática el aumento de la mugre y sistemas y procedimientos y procesos de afloramiento de Complejidad/acumulamiento de mugre.
- Su versión de Botones Rojos visibles para todos y cada uno, y el «proceso de «Dos "No"».
- Etc.

Implemente esto... ¡hoy!

(Es un deber).

La mugre crece... **60/60/24/7/365.**

138. La rutina del porcentaje del 1 %: Elimine un mundo de «bazofia» en tan solo 45 minutos.

Conduje un seminario en el Reino Unido hace varios años para una empresa de tamaño medio. (¿50 millones de dólares?). Un consultor generalista era mi copresentador; para ser más exactos, él se encargó de los primeros dos tercios del día, y yo ofrecí el gran final (eso espero).

A eso de las 2:00 p. m., él puso un fin abrupto al evento, y dijo:

«Quiero asegurarme de ganar mi tarifa completa hoy, y algo más. Paremos y hagamos un ejercicio de 45 minutos».

Él explicó que *cualquier* operación puede reducir en *cualquier* momento un 1 % de su presupuesto. (Todos tenemos «llantas», independientemente de las circunstancias; no muchos con un IMC de un solo dígito). Aunque me opongo en general (y con vehemencia) a los recortes generalizados, no tengo absolutamente ningún problema con la idea del 1 %; ¡a veces suceden cosas desagradables! A continuación, el líder dividió a los grupos por funciones; se representaron unas cinco, según recuerdo. Les dio a los subgrupos 30 minutos exactos para identificar el 1 % de su equipo. Luego, hizo que cada grupo informara en público durante dos o tres minutos; esta recitación pública, me dijo él, aumentaba las probabilidades de ejecución, también les proporcionaba ideas a otros.

De hecho, los grupos identificaron fácilmente su 1 % que informaron en consecuencia. En realidad, no hubo quejas.

Lo llamé un par de meses más tarde para preguntarle cómo habían salido las cosas. (Él era un asesor habitual de la empresa). Dijo que el éxito había sido casi uniforme, y que un par de grupos habían decidido repetir el ejercicio por cuenta propia cada pocos meses. Dada su cercanía con el CEO, y mi juicio más general, supongo que me dio un informe veraz.

(Por cierto, a los grupos no se les permitió identificar más de un 1 %. Esto no era un esfuerzo genérico de reducción de costos; el objetivo se decía que era, deshacerse de un 1 %).

Así que:
¡Hágalo!

Ya sea que usted dirija una firma de dos personas (o una firma de una sola persona, para el caso), o un equipo de proyectos de tamaño medio por seis meses, o una unidad de 723 personas, esta tarde... reúna a su equipo de liderazgo, o a todos en el departamento, y saque el 1 % (ni más ni menos) de su presupuesto/costos anuales proyectados. Como dijo mi colega, ¡cualquier persona puede hacer de hecho esta tarea y no le debe tomar más de una hora! Las matemáticas simples nos dicen lo poderoso que es esto, con un costo proyectado de 100.000 dólares, usted puede cosechar una recompensa de 1.000 dólares con bastante facilidad. (Con 5.000.000 de dólares en costos, usted podrá embolsarse 50.000 dólares, y tal vez evitar el despido de alguien).

Los pequeños ahorros se suman.

(Por cierto, esto también funciona para las finanzas personales).
(Repita cada 90 días).
(En las épocas malas, o en las buenas).

139. Objetivo: Hacer «que el sentido común» sea más común.

Gran parte del gigantesco desorden financiero-económico en el que estamos se puede atribuir a un fracaso del sentido común, a menudo por los así llamados mejores entre los mejores y brillantes entre los brillantes, incitando entre sí en una serie implícita de «te reto». Todos somos, de hecho, «expertos» en nuestros propios mundos, y con demasiada frecuencia perdemos el contacto con la realidad, en menor o mayor medida.

Hay una serie de cosas que uno puede hacer para lidiar con esto, pero en esta instancia solo quiero sugerir rutinariamente propuestas o presupuestos de funcionamiento, o lo que sea, pequeño o grande, por un **«Defensor con Sentido Común».** Este mediador, singular o plural, formal o informal, podría ser un cónyuge o un vecino que sea dueño de un restaurante, o la mujer con los pies en la tierra que dirige el centro de distribución de South Podunk con la que usted conversó en la reunión de gestión en Orlando el año pasado. (No puede ser de ningún modo alguien de su propia unidad organizacional, ni siquiera una persona «contraria»; incluso los llamados contrarios se atienen en un 90 % a «la forma en que hacemos las cosas por aquí»).

Es de suponer que usted tenga tres o cuatro proyectos funcionando en estos momentos. Llame a su amigo Jack, que dirige las finanzas del concesionario local de Toyota. Ofrézcale boletos para el juego de los Reales de la próxima semana si él dedica un par de horas para revisar sus documentos de planeación de proyectos en los próximos días. Repita este proceso, ¡rutinariamente! ¡obsesivamente! con todos los Jacks y Janes y Annes y Rogers. El precio de las entradas a juegos de béisbol o a palcos de ópera serán triviales en comparación con el valor agregado y las metidas de pata que usted se evitará.

De hecho, ya que usted carga sobre sus hombros un problema espinoso en este momento, ¿qué tal si descuelga el teléfono ahora mismo y llama a Jack, Jane, Anne, o a Roger?

1. 2. 3. 4. 5. 6. 7. 8. 9. 10. 11. 12. 13. 14.
15. 16. 17. 18. 19. 20. 21. 22. 23. 24. 25.
26. 27. 28. 29. 30. 31. 32. 33. 34. 35. 36.
37. 38. 39. 40. 41. 42. 43. 44. 45. 46. 47.
48. 49. 50. 51. 52. 53. 54. 55. 56. 57.
58. 59. 60. 61. 62. 63. 64. 65. 66. 67.
68. 69. 70. 71. 72. 73. 74. 75. 76. 77. 78.
79. 80. 81. 82. 83. 84. 85. 86. 87. 88.
89. 90. 91. 92. 93. 94. 95. 96. 97. 98. 99.
100. 101. 102. 103. 104. 105. 106. 107.
108. 109. 110. 111. 112. 113. 114. 115.
116. 117. 118. 119. 120. 121. 122. 123.
124. 125. 126. 127. 128. 129. 130. 131.
132. 133. 134. 135. 136. 137. 138. 139.
140. 141. 142. 143. 144. 145. 146. 147.
148. 149. 150. 151. 152. 153. 154. 155.
156. 157. 158. 159. 160. 161. 162. 163.

Empresa

140. Una organización es «la gente sirviendo a la gente». (¡Punto!).

Un viaje difícil a Siberia (¿tautología?) para dar un seminario de todo el día me hizo pensar sobre los fundamentos de organizar y de las organizaciones. Más o menos me sorprendí a mí mismo cuando la siguiente definición salió de mi teclado, casi espontáneamente:

Empresa* (*en su máxima expresión):

Una actividad empresarial emocional, vital, innovadora, alegre, creativa y emprendedora que maximiza el crecimiento individual y estimula el máximo potencial humano concertado en el servicio incondicional a los demás.

Por un lado, esta definición supone dar un paso muy grande. Es idealista más allá del ámbito del sentido común. Pero examínela... **palabra por palabra**. Evoque lo contrario de cada palabra, y considere las posibilidades:

¿Queremos una organización sin emociones, o una emocionante? (Esta es una pregunta lo suficientemente práctica, ¿verdad?).

¿Queremos una organización sin alegría? ¿La alegría es «práctica» en el Mundo del Trabajo? (Dado que dicho mundo es donde pasamos la mayor parte de nuestras horas conscientes como adultos, espero que la posibilidad de la Alegría no sea completamente ilusoria).

Y así.

He utilizado esta formulación 100 veces, literalmente en cada rincón del globo. Y para mi deleite, la mayoría de la gente en mis seminarios –de Estonia a Corea a Austin–, se inscribe en la «opción Siberia». (A diferencia de «mándelo a casa en el próximo avión»). No «inscribirse» en el sentido de tomar un juramento de sangre, sino en el sentido de acordar que cuando usted examina las palabras... UNA A LA VEZ... y cuando usted evoca lo contrario de cada palabra, es probable que esté de acuerdo en que, si bien es de hecho una aspiración imponente, tampoco se debe desestimar.

Las organizaciones existen para *servir*.
El verdadero resultado: *Personas* sirviendo a *personas*.

Si la pertenencia a su club (organización) no está dirigida a un desarrollo «alucinante» para cada miembro del personal y a un servicio «asombroso» para cada cliente y otro miembro de la familia extendida, entonces...

¿Qué demonios es el punto?

▸ ¿QUÉ PASÓ CON LOS ÚLTIMOS TRES AÑOS?

No puedo comenzar a decirle lo importante *y* práctico que creo que es este punto.

No puedo comenzar a decirle lo mucho que me gustaría salir de esta página, y sacudirlo y gritarle...

Usted puede hacer esto.

Me sigo diciendo...

SI NO ES ESTO, ¿QUÉ?

Usted se hace cargo de un departamento. Veintiocho personas. Su objetivo es hacer que sea una «unidad que funcione sin problemas». A medida que pasa el tiempo, y usted trata con un problema menor tras otro (todos lo hacemos), su aspiración se convierte realmente en «pasar el día».

Y lo próximo que sabe, es que usted realmente «ha pasado el día» unas 700 veces. Y han pasado tres años. No ha habido motines. Y sus evaluaciones anuales han sido siempre «muy muy buenas».

Pero, ¿qué tiene usted realmente para mostrar por... **tres años enteros de su vida preciosa?**

En realidad, no mucho. La «supervivencia competente» podría ser una descripción exacta. Pero nadie está derribando la puerta para entrar a su unidad. Y usted realmente no tiene uno ni dos... logros... **estupendos** para presumir o sobre los cuales descansar.

Bueno, no creo que eso sea lo suficientemente bueno.

Para usted.

Para las personas de su unidad.

Le ruego... sí, le suplico... que revise la definición-aspiración con la que inicié este artículo.

Le ruego... sí, le suplico... que converse con sus compañeros y su gente y con cualquier persona que usted pueda sobre lo... QUE PODRÍA SER.

Le ruego... sí, le suplico... que «salga en público» con un documento llamado, más o menos... **«aspiraciones Elevadas de Crecimiento y Excelencia»**... y que luego lo use como una prueba de fuego contra la cual juzgue...

... cada decisión, pequeña o grande;

... cada proyecto, pequeño o grande;

... cada actuación de la gente, pequeña o grande.

Creo que hay una buena posibilidad de que, si usted se mueve tan pronto como sea posible, dentro de tres años usted podrá mirar hacia atrás y decir...

«Dios mío, lo hicimos...».

«Qué genial...».

«Qué "guau"...».

Y, sí, la gente de toda la organización estará tocando su puerta, suplicando (sí, suplicando) para registrarse y convertirse en parte de su... **Mejor Espectáculo del Mundo.**

141. El Mandato FSP: «Un trabajo que vale la pena pagar».

Retrocedamos unas décadas para entender el mandato y las oportunidades de valor añadido del mañana: Hank fue quizá la persona más independiente y segura de sí misma que conocí, y ciertamente la persona menor de 30 años con una mente más independiente. Trabajó varios meses para mí en 1978, durante mis días en McKinsey, en un proyecto de distribución para Frito-Lay en Dallas. Los dos teníamos orígenes similares, no especialmente brillantes, y ambos terminamos estudiando ingeniería, él mecánica, y yo civil. Pero nuestros caminos divergieron desde entonces. La Marina de EE. UU. pagó mis estudios, y devolví el favor con cuatro años de servicio. Él se había ido a trabajar, a un confín del mundo prácticamente solo, como un ingeniero de campo joven y muy independiente y responsable en Schlumberger, la firma de servicios de yacimientos petrolíferos basada en I&D, magra y humilde, fundada por franceses, y con sede en Texas.

Debido a mi amistad con Hank, continué siguiendo a Schlumberger, a través de algunos éxitos y fracasos, en su mayoría éxitos, durante los próximos 25 años. A principios de 2008, un artículo de portada de *BusinessWeek* informó que un Schlumberger más-insolente-que-nunca podría tomarse el mundo: «EL GIGANTE AL ACECHO DE PETRÓLEO EN GRANDE: Cómo está reescribiendo Schlumberger las reglas del juego de la energía». En resumen, Schlumberger sabe cómo crear y manejar los campos petroleros con llave en mano, en cualquier lugar, desde la búsqueda y la perforación hasta la producción a gran escala y la distribución. Mientras China y Rusia, entre otros, hacen jugadas en el campo energético, las empresas estatales están bloqueando a las independientes más grandes. En cambio, se están dirigiendo a los nuevos reyes de Gran Escala, gestión de proyectos a largo plazo, y los nuevos reyes llevan los mismos overoles de Schlumberger que llevaba mi amigo Hank.

En el centro del centro del «imperio» Schlumberger hay un miembro de la familia relativamente nuevo, notablemente reminiscente de la enorme Unidad de Servicios Globales de IBM (por estos días, servicios globales

= IBM), y del equipo de logística de UPS, que maneja cadenas enteras de suministro para compañías enormes. La versión de Schlumberger se llama simplemente GIP, por Gestión Integrada de Proyectos. Se encuentra en un edificio anodino cerca del Aeropuerto Gatwick, y su jefe dice que hará «lo que sea que un propietario de yacimientos petrolíferos quisiera, desde la perforación hasta la producción», es decir, como señaló *BusinessWeek*, «[GIP] se aleja del papel tradicional [de Schlumberger] como proveedor de servicios* y profundiza en áreas dominadas alguna vez por las empresas más grandes». (*Mi amigo Hank permaneció solitario en plataformas marinas remotas, interpretando registros geofísicos y similares).

Tal como lo veo, Schlumberger se está transformando atropelladamente en lo que podría convertirse en la más grande y potente «FSP» (Firma de Servicio Profesional) de la historia. Por otra parte, los caminos de este tipo, desde IBM y UPS y Schlumberger, están abiertos a muchas, tal vez incluso a la mayoría de las empresas de cualquier campo que usted pueda nombrar. Piense en los *Geek Squads* de Best Buy, las unidades de servicio móvil que son la ventaja competitiva de Best Buy en el comercio minorista de artículos electrónicos; o los componentes «FSP» de muchas unidades «industriales» gigantescas de GE, las cuales producen más del 50 % de los ingresos de las unidades; incluso empresas como MasterCard están incursionando en este campo. Los Asesores de MasterCard están dirigiendo actividades completas de sistemas de pago para algunos de sus clientes, penetrando cada vez con mayor profundidad en el corazón de las operaciones de los clientes.

En realidad, hay ramificaciones aún mayores de esta línea de pensamiento. De hecho, Tom Rants, uno de mis «cinco mejores» está instando a *todos* los «departamentos» de una organización a volver a concebirse como un proveedor llave en mano de servicios en toda regla, en una «FSP» *de facto* o *de jure* con ánimo de lucro. Y, del mismo modo, insto a las empresas de todo tipo a considerar el hecho de apuntar a crecer a través de la «FSP». La transformación de Schlumberger-IBM-UPS-GE-MasterCard-Best-Buy —y es solo eso— es una cuestión tanto de actitud como de «programas».

Por lo tanto, considere tratar «la idea FSP» por su tamaño:
- ¿Qué constituye una «FSP» eficaz?
- ¿Somos (nuestro departamento, por ejemplo) una «FSP» al menos en espíritu?

- ¿Realmente (nuestro departamento) practica el TQVLPP?: **¡¿Un Trabajo que Vale la Pena Pagar?!** (Esto es esencial; si el Departamento de compras envió facturas a sus clientes internos, a otros departamentos y divisiones, ¿esos clientes estarían de acuerdo en que los servicios de Compra valían mucho dinero? Por ejemplo, ¿habían ahorrado dinero suficiente para hacer un negocio en nombre de una cierta división en la empresa, habían logrado una entrega temprana que le había encantado al cliente-usuario final?)
- ¿Cuáles serían los primeros pasos hacia la transformación de nosotros mismos en una FSP *de facto* o *de jure* en los próximos 12-18 meses?

En resumen, creo que la «Idea de la Firma de Servicios Profesionales» es fundamental para el potencial de muchas empresas, incluyendo, o especialmente, las *pequeñas*, para diferenciarse a sí mismas en el entorno cada vez más competitivo actual y del mañana. En particular, estas «FSP» pueden ofrecer potencialmente y de forma espectacular unos servicios diferenciados que estén limitados solamente por su imaginación.

(Para estimular la discusión, y no suelo hacer dicha sugerencia interesada, usted podría considerar el hecho de mi libro *La empresa de servicios profesionales 50: Cincuenta maneras de transformar su departamento en una empresa de servicios profesionales, cuyas marcas registradas sean la pasión y la innovación.*

142. No deje que el «enemigo» dirija su vida.

«Obsesionarse con sus competidores, tratar de igualar o de mejorar sus ofertas, dedicar tiempo todos los días queriendo saber lo que están haciendo, y/o medir a su empresa contra la de ellos; estas actividades no tienen un resultado bueno ni triunfador. Más bien, usted simplemente le está prohibiendo a su empresa encontrar su propia manera de ser verdaderamente significativa para sus clientes, personal y perspectivas. Usted bloquea a su empresa para encontrar

su propia identidad y comprometerse con las personas que pagan las facturas [...] Sus competidores nunca han pagado sus cuentas y nunca lo harán».
–Howard Mann, *Your Business Brickyard: Getting Back to the Basics to Make Your Business More Fun to Run*

El señor Mann también cita a Mike McCue, ex VP/Tecnología de Netscape:

«En Netscape, la competencia con Microsoft fue tan intensa, que nos despertábamos por la mañana pensando en cómo íbamos a lidiar con ellos y no en cómo íbamos a construir algo maravilloso para nuestros clientes. Ahora comprendo que nunca, nunca puedes apartar tus ojos del cliente. Incluso en vista de una competencia masiva, no pienses en la competencia. Literalmente no pienses en ellos».

Yo digo:
¡Amén!

No deje que el «enemigo» dirija su vida. Trate hasta lo imposible de seguir el consejo exacto del Sr. McCue: «*En serio,* no pienses en ellos». Es muchísimo más fácil decirlo que hacerlo, sin duda, pero la autoconciencia es un comienzo.

Y, como es casi siempre una necesidad de implementación, un simple ritual, aleje de manera deliberada y sistemática (con previsión, durante el pensamiento, y después de «revisar» una idea adicional) sus conversaciones (y pensamientos, si es posible) de su equivalente de: «¿Qué está haciendo Microsoft?». («¿Qué está haciendo la firma de contabilidad de enfrente?» o «¿Qué está haciendo el nuevo restaurante italiano del centro?»); cuando esto sucede, y lo hará, suspenda el encuentro. Y diga, a modo de ritual, algo así como: «La mudanza del nuevo concesionario de Honda no es el problema. La profundidad de las relaciones que tenemos con nuestros clientes *actuales* es el problema, y también la oportunidad. Generemos 10 ideas nuevas en los próximos 30 minutos en cuanto a cómo podemos renovar nuestra relación con las personas que nos compraron autos hace más de tres años, pero que no han vuelto a nuestro concesionario desde entonces». (O algo así). Es decir, redirija la conversación directamente al desempeño.

Sé que me repito.

Pero correré el riesgo.

Nosotros... somos el problema.

Ellos **no**... son... el problema.

Tenemos una fuente única de Excelencia: **Nosotros.**

143. Ame a sus competidores.

Por extraño que parezca, me he encontrado con dos situaciones en las últimas 24 horas (mientras escribo) en las que alguien quería restringir las actividades de un competidor. En un caso, relacionado con un seminario que yo iba a dar, el organizador no quería que asistiera un profesional y amigo mío cercano, que trabaja en el sector de capacitación, y que era por lo tanto un competidor indirecto del organizador. En otro caso, relacionado con un producto en el que estoy trabajando, me pidieron no hablar favorablemente de un competidor. Me negué rotundamente a acceder a ninguna de las dos peticiones, por motivos morales y comerciales.

¡En la parte superior de mi lista de prioridades de *negocios* está el deseo de que mi mercado global crezca a pasos agigantados! Claro, como el número de personas que dan discursos y seminarios y escriben libros y blogs y tuits sobre temas similares se ha disparado, mi «cuota de mercado» ha bajado considerablemente.

(Estuvo casi en un 100 % después de *En busca de la excelencia*, cuando yo era más o menos el único «gurú gerencial» *público*). Pero mis ingresos se han disparado en el proceso; el axioma de la «parte más pequeña de un pastel mucho más grande».

Por otra parte, quiero que (¡estoy desesperado por!) a mis competidores les vaya fenomenal! Si lo hacen, las acciones de la industria de los «gurús» en su conjunto, que a veces es tambaleante, aumentará.

En resumen, quiero que mis competidores prosperen. *Y* celebro su presencia en mis eventos. *Y* les recomiendo constantemente a los participantes de mis seminarios que asistan a los seminarios de mis competidores. Voy al extremo (en mi blog «cool Friends» y entrevistas a través de endosos de libros, por ejemplo) ¡de *mejorar* sus carreras!

¿Todo esto sugiere una racha altruista? Tal vez. Pero en gran parte no. Para empezar, creo que cuando uno habla mal de, o intenta rebajar a los competidores de cualquier forma, o trata de limitar sus actividades, los «rumores se propagan». Y uno desarrolla una reputación como difícil y egocéntrico y, bueno, como un imbécil egoísta.

Más importante:

Creo (¡lo sé!) que mi única defensa efectiva a largo plazo frente a la competencia (piense en Apple frente a sus competidores incondicionales) es hacer un trabajo único y mejor, y ganar y retener a aquellos que están interesados en las cosas por las que me preocupo.

En los días de gloria originales de IBM, una de las Reglas de oro del legendario Thomas Watson Sr. era: «Nunca hables mal de un competidor». De hecho, *cualquier* violación a esta regla era una «ofensa resultante en el despido», sin mediar palabras. A medida que IBM tuvo problemas en la década de los ochenta, la regla cayó en desuso, y la excelente reputación de la empresa se vio empañada en consecuencia. Volviendo a mi premisa básica, el problema real de IBM fue la pérdida de su anterior nivel de productos y, sobre todo, la distinción en el servicio; su única defensa restante consistió en degradar a los demás.

Por lo tanto, respaldo plenamente al señor Watson. Mi objetivo es ser un miembro muy valorado... **y solidario**... con mi comunidad profesional. Hablando en términos crudos, creo que es una ventaja competitiva increíblemente fuerte y sustentable.

«Gane» con un producto notablemente mejor.
«Gane» con relaciones más profundas.
«Gane» cuando su industria esté prosperando y tenga una buena reputación.

¡¡Desarrolle a sus competidores!!
¡¡Desarrolle a toda su industria!!

Y... si escucha que un competidor no está cumpliendo con los plazos, perdiendo ingresos, o experimentando cualquier tipo de fracaso, en lugar de sumar críticas, considere la posibilidad de echar una mano de ayuda reposada. Confíe en mí, será un honor para su beneficio a largo plazo.

¡La decencia manda!

(Y, paradójicamente, cuanto más competitiva la situación de «perro come perro», más importante es la «ventaja de la decencia»).

Como dice Nathan Schock, uno de los comentaristas de mi blog en relación con este tema:

«Esto es especialmente importante para aquellos de nosotros que trabajamos en los servicios profesionales situados por fuera de las principales áreas metropolitanas. A medida que toda nuestra industria mejora en nuestra ciudad, las grandes empresas son menos propensas a buscar esos servicios fuera de nuestra ciudad. Nuestra agencia de publicidad cree que cualquier cosa para que la industria mejore en nuestra ciudad, mejorará nuestra posición».

¡Gracias, Nathan!
¡Amén!

Los 50 «ha» principales

Mientras esperaba una mañana en el aeropuerto de Albany para abordar un vuelo de Southwest Airlines hacia Baltimore-Washington International, vi la última *Harvard Business Review*, en cuya portada había un «artículo principal» con una calcomanía amarilla y brillante. Tenía las palabras «mapee su posición competitiva». Se refería a un artículo escrito por mi amigo y colega admirado, Rich D'Aveni.

La obra de Rich es uniformemente de primer nivel, y he dicho lo mismo públicamente en varias ocasiones, desde hace 15 años. Por otra parte, estoy seguro de que este artículo también es muy bueno, aunque admito que no lo leí.

De hecho, desencadenó una «reacción Tom» furiosa y negativa, como la llama mi esposa. Por supuesto que creo que usted debe preocuparse por su «posición competitiva». Pero en lugar de la obsesión con la posición competitiva y otras abstracciones, como lo hacemos invariablemente las escuelas de negocios y los consultores, más bien me pregunté acerca de algunas «cuestiones prácticas», que creo que es mucho, mucho más importante para la salud «estratégica» a corto y largo plazo de la empresa, pequeña o enorme.

Por lo tanto, en lugar de hacer hincapié en los mapas competitivos o de buscar un «océano azul» (espacio vacío, según el popular libro *La estrategia del océano azul*), lo insto a prestar atención a algo así como a mis 50 «ha» principales, como los llamo. La lista podría ser fácilmente tres veces más larga, pero esta debería mantenerlo ocupado durante un tiempo. Por supuesto, la hipótesis subyacente es que si usted hace de forma proactiva las cosas «pequeñas» que aparecen a continuación, ¡su «posición competitiva» mejorará tanto que el mapeo será un asunto secundario!

Entonces:

1. ¿Ha llamado a un cliente... *hoy*?

2. ¿Ha visitado a un cliente... en los últimos 10 días?

3. ¿Ha tenido en los últimos 60 a 90 días... un seminario en el que varias personas de la operación de un cliente clave (diferentes niveles, diferentes funciones, diferentes divisiones) interactuaran, a través de un facilitador, con varias de sus personas? (Objetivo: Nos integra totalmente con nuestros clientes principales, y deja claro que queremos conocerlos en todos los niveles).

4. ¿Ha agradecido a un empleado de primera línea por un pequeño acto de amabilidad... en los últimos tres *días*?

5. ¿Ha agradecido a un empleado de primera línea por un pequeño acto de amabilidad en las últimas... tres horas?

6. ¿Ha agradecido a un empleado de primera línea por tener una gran actitud... *HOY*?

7. ¿Ha reconocido –públicamente– en la última semana a uno de sus amigos por un pequeño acto de *cooperación multifuncional*? (Los pequeños actos sociales que mejoran la unión multifuncional pueden ser mi obsesión principal).

8. ¿Ha reconocido –públicamente– en la última semana a uno de «ellos» por un pequeño acto de cooperación multifuncional con su equipo?

9. ¿¿¿Ha invitado en el último mes a un líder de *otra función* a su reunión semanal de las prioridades del equipo???

10. ¿Ha llamado-visitado personalmente en la última semana-mes a un cliente interno o externo para organizar, preguntar o disculparse por alguna cosa pequeña o grande que haya salido mal? (¿No hay razón para hacerlo? Si es así –en su mente–, entonces usted está más fuera de contacto de lo que me atrevía a imaginar. Lástima).

11. Ha tenido en los últimos dos días una conversación con alguien (un par de los niveles de «abajo») acerca de los plazos específicos concernientes a los próximos pasos de un proyecto?

12. ¿Ha tenido una conversación en los últimos dos días con alguien (de un par de niveles «abajo») acerca de plazos específicos relacionados con los próximos pasos de un proyecto... *y* qué puede hacer usted específica e inmediatamente *para eliminar un obstáculo?* (Recuerde, el jefe como DDRDO, Director de Remoción de Obstáculos).

13. ¿Ha celebrado en la última semana el logro de un *hito* «pequeño» (¡o grande!)? (Es decir, ¿es usted un fanático de los hitos? ¿Es usted un fanático de las celebraciones?).

14. ¿Ha revisado en la última semana o mes alguna estimación en la dirección «equivocada» (es decir, ha reconocido que las cosas eran más problemáticas de lo estimado anteriormente) y se ha disculpado por hacer un estimado muy deficiente? *(Usted debe recompensar públicamente, de una u otra manera, la revelación de verdades difíciles y la comunicación de malas noticias).*

15. ¿Ha instalado en su mandato como jefe de departamento de personal un esquema muy amplio de satisfacción del cliente para todos sus clientes internos? (Con importantes consecuencias para dar en el blanco o errar).

16. ¿Ha hecho en los últimos seis meses una *visita-«tour»* muy visible e intensiva, y de una semana de duración, sobre las operaciones de los clientes externos?

17. ¿Ha puesto un fin abrupto en los últimos 60 días a una reunión, y «ordenado» a todos salir de la oficina y dirigirse *de inmediato* «al campo» con el fin de solucionar (s-o-l-u-c-i-o-n-a-r, ¡finito!) algún/cualquier problema persistente y «pequeño» a través de la acción práctica inmediata?

18. ¿Ha tenido usted en la última semana una discusión a fondo de un «asunto» «trivial» y «genial de diseño» que se le haya ocurrido a alguien – *lejos* de su industria o de su función–, en un sitio web, en un producto o en su empaque? Y, ¿ha instado/insistido en que cada uno (*cada* uno) esté atento para traer y presentar «cosas increíblemente geniales que he encontrado» acerca de la «vida cotidiana»?

19. ¿Ha tenido una reunión informal en las últimas dos semanas –al menos de una hora de duración–, con un empleado de primera línea, para discutir las «cosas que hacemos bien», las «cosas que hacemos mal», y «qué haría falta para convertir este trabajo en algo parecido a su «trabajo ideal»?

20. ¿Ha tenido una reunión general en los últimos 60 días para discutir las «cosas que hacemos mal»... y que podamos solucionar en los próximos 14 días? (Con un seguimiento *exactamente* 14 días después).

21. ¿Ha tenido, en el último año, un día intenso fuera de las instalaciones con cada uno de sus principales clientes internos, seguido por una celebración sustancial de las cosas que han «salido bien» en ambas partes?

22. ¿Ha estimulado a alguien de forma privada en la última semana para hacer algo de carácter familiar, que usted teme que podría estar abrumado por la presión del plazo?

23. ¿Se ha aprendido los nombres de los hijos de todas las personas que le rinden cuentas a usted? (Si no es así, usted tiene 30 días para solucionarlo. No, que sean 15).

24. ¿Ha invitado a almorzar, en el último mes (¿dos semanas?), a una persona *rara*, ajena e interesante? ¿Y ha hecho un seguimiento cuidadoso de «almuerzos con tipos raros»?

25. ¿Ha invitado en el último mes a una persona ajena interesante y rara a asistir a una reunión importante?

26. ¿Ha discutido en los últimos tres días algo interesante en una reunión más allá de su industria, que haya visto en una de sus lecturas, etc.? (Esto significa más de un correo electrónico suyo con un hipervínculo o dos).

27. ¿Ha dicho en una reunión: «Encontré esta idea interesante en [un lugar extraño] en las últimas 24 horas»?

28. ¿Le ha pedido a alguien en las últimas dos semanas que le informe sobre algo, cualquier cosa que constituya un acto de servicio brillante prestado en una situación «trivial»: restaurante, lavado de autos, etc.? (¿Y discutió luego la relevancia de su trabajo, y aplicó *de inmediato* alguna cosa pequeña de lo que ellos observaron?).

29. *¿Ha examinado en detalle en los últimos 30 días (hora por hora) su calendario para evaluar el grado en que «el tiempo realmente empleado» refleja sus «prioridades propugnadas»?* (Y ha hecho que todo el mundo en el equipo repita este ejercicio).

30. ¿Ha realizado una presentación en los últimos dos meses a su grupo por parte de una persona ajena y «rara»?

31. ¿Ha realizado una presentación en los últimos dos meses al grupo por parte de un cliente, cliente interno, o proveedor mostrando «trabajadores» que están tres o cuatro niveles más abajo en la organización de proveedor/cliente/cliente interno (y en su organización)?

32. ¿Ha realizado una presentación en los últimos dos meses al grupo sobre una idea genial más allá de-nuestra-industria, por parte de dos de sus personas?

33. ¿Ha redireccionado en cada reunión de hoy (y por siempre) la conversación a los aspectos prácticos de la implementación en relación con algún problema ante el grupo?

34. ¿Ha tenido en cada reunión de hoy (y por siempre) una discusión final sobre los «puntos de acción que deben ser tratados en las próximas **4, 24, 48** horas»? (Y luego hizo pública esta lista, y le hizo un seguimiento en 4 o 24 o 48 horas). (Y se aseguró de que todo el mundo tuviera al menos uno de estos elementos).

35. ¿Ha tenido una discusión en los últimos seis meses sobre lo que se requeriría para obtener reconocimiento en un sondeo local-nacional de «*mejores sitios para trabajar*»?

36. ¿Ha aprobado en el último mes un curso de formación *exterior-genial-diferente-muy diferente* para una de sus personas?

37. ¿Ha *impartido* un curso de formación de primera línea en el último mes?

38. ¿Ha discutido en la última semana la idea de la excelencia per se? (Lo que significa, cómo llegar allá, en referencia a un proyecto actual).

39. ¿Ha discutido la idea del «Guau» en la última semana? (Lo que podría significar, cómo aplicarla a un proyecto «rutinario» en curso).

40. ¿Ha evaluado en los últimos 45 días algún proceso interno importante en cuanto a los detalles de la «experiencia» que rodea su uso, así como los resultados medidos que ofrecen a clientes externos o internos?

41. ¿Ha hecho que una de sus personas haya asistido en el último mes a una reunión a la que se suponía que usted asistiría, dándoles por lo tanto una exposición inusual a personas de mayor rango?

42. ¿Se ha sentado en los últimos 60 (¿30?) (¿15?) **(¿7?)** días con un amigo o «*coach*» de confianza para hablar de su «estilo de gestión» y de su impacto a corto y largo plazo en el grupo?

43. ¿Ha pensado en los *últimos tres días* en una relación profesional que era un poco espinosa, y llamó a la persona involucrada para discutir los problemas y mejorar el clima? (Asumiendo la «culpa» totalmente merecida o *no*, para dejar que un asunto se encone).

44. ¿Ha entrado en las... **dos últimas horas**... a la oficina-espacio de trabajo de alguien (dos niveles «abajo») durante cinco minutos para preguntarle «*¿Qué opinas?*» sobre un asunto que surgió en lo que era más o menos una reunión finalizada? (¿Y permanecido alrededor de 10 minutos aproximadamente para escuchar y tomar notas de forma visible?).

45. ¿Ha mirado a su alrededor («observado»)... en el último día... para evaluar si la diversidad del grupo refleja con bastante precisión la diversidad del mercado al que sirve? (¿Y comenzado a actuar sobre disparidad, si es que existe?).

46. ¿Ha hecho un gran esfuerzo en alguna reunión en el último día, para asegurarse de que una persona normalmente reticente haya participado en una conversación y luego usted le haya agradecido, tal vez de forma privada, por su contribución?

47. ¿Ha realizado en los últimos cuatro meses una sesión de equipo completo durante medio día, dirigida específicamente a comprobar la «cultura corporativa» y el grado en el que somos fieles a ella, con presentaciones de personas relativamente de menor rango, incluyendo personas de primera línea? (¿Y con un esfuerzo decidido para mantener la conversación limitada a los casos «pequeños» y del «mundo real», y no a la teoría?).

48. ¿Ha hablado en los últimos seis meses sobre la *Promesa Interna* con respecto a la *Marca*, es decir, lo que usted y la organización les prometen a los empleados en términos de respeto y oportunidades de crecimiento?

49. ¿Ha dedicado en el último año un día completo fuera del trabajo para hablar de aspiraciones (individuales y grupales)?

50. ¿Ha llamado a un cliente... hoy?

❯ ¿HA... COMENZADO?

Obviamente espero que utilice esta lista. Quizá de la siguiente manera:

1. Hágala circular en su equipo.
2. Póngase de acuerdo en no más de media docena de elementos para actuar como una Lista de Acción de Arranque.
3. Escoja un elemento.
4. Hágalo hoy.
5. Repita una vez por semana.

Nota: Obviamente, esta lista está destinada a ser sugestiva, y no definitiva. Usted puede desarrollar la suya, adaptada a su situación. La «idea importante» que anima este libro es abordar estos «pequeños detalles» que, en conjunto, son el corazón y el alma y las entrañas de una organización eficaz dedicada a la «Excelencia en todo lo que hacemos».

1. 2. 3. 4. 5. 6. 7. 8. 9. 10. 11. 12. 13. 14.

15. 16. 17. 18. 19. 20. 21. 22. 23. 24. 25.

26. 27. 28. 29. 30. 31. 32. 33. 34. 35. 36.

37. 38. 39. 40. 41. 42. 43. 44. 45. 46. 47.

48. 49. 50. 51. 52. 53. 54. 55. 56. 57.

58. 59. 60. 61. 62. 63. 64. 65. 66. 67.

68. 69. 70. 71. 72. 73. 74. 75. 76. 77. 78.

79. 80. 81. 82. 83. 84. 85. 86. 87. 88.

89. 90. 91. 92. 93. 94. 95. 96. 97. 98. 99.

100. 101. 102. 103. 104. 105. 106. 107.

108. 109. 110. 111. 112. 113. 114. 115.

116. 117. 118. 119. 120. 121. 122. 123.

124. 125. 126. 127. 128. 129. 130. 131.

132. 133. 134. 135. 136. 137. 138. 139.

140. 141. 142. 143. **144. 145. 146. 147.**

148. 149. 150. 151. 152. 153. 154. 155.

156. 157. 158. 159. 160. 161. 162. 163.

Re-imaginando

144. ¡Cree una «catedral»! (Si no, ¿qué?).

Me pidieron dar el discurso inicial en la primera gran conferencia, organizada por el Instituto Australiano de Gestión, en honor a la obra de Peter Drucker. Sentí una enorme responsabilidad y dejé que mi imaginación se elevara sobre el tema de los fundamentos de la organización. Empecé con una definición escueta. Las organizaciones deben ser...

... no menos que catedrales en donde el poder total e impresionante de la Imaginación y el Espíritu y la Habilidad Empresarial nativa de diversos individuos se desate en una búsqueda apasionada por la... Excelencia.

«Catedral/es» es una Palabra Importante. Mi uso no pretende ser religioso en ningún sentido formal, de ahí la «c» minúscula. Sin embargo, en términos de potencial humano (¿cuasi-religioso?), veo a todas las organizaciones eficaces como impulsadas... **primero y ante todo**... por un Compromiso Amplio con el Crecimiento de los Miembros.

Un salón de clases en una escuela primaria debería... ser... **obviamente** una «catedral». Pero también lo debe ser un departamento de *contabilidad* o de *formación*.

No hay duda de que: Las organizaciones deben servir con eficacia a sus clientes externos para sobrevivir, y mucho más para prosperar. Pero la línea de mi lógica es, por lo menos para mí, tan clara como el agua y no admite alternativas:

No podemos esperar que un Servicio Excelente, Imaginativo y Energético les sea ofrecido rutinariamente a nuestros clientes, a menos que nuestros empleados de primera línea (con contacto con el cliente y en las funciones de apoyo) que prestan ese servicio superior se involucren en una Búsqueda Vigorosa y Personal del Crecimiento y la Excelencia.

Como he dicho varias veces antes, no puedo pedirle a usted que «crea en mi acto». Le pido que piense en ello, y en sus consecuencias **(¡enormes!)**.

Su unidad de cualquier tamaño, ¿es realmente...

«... no menos que una catedral en la que el poder total e impresionante de la Imaginación y el Espíritu y el Talento Empresarial nativo de diversos individuos se desate en la búsqueda apasionada por la... Excelencia»?

Y si no lo es, o si eso o algo parecido a ello no es el objetivo, entonces díganme cuál es la alternativa.

Por favor.

Catedral.
Imaginación.
Espíritu.
Talento empresarial.
Diverso.
Pasión.
Excelencia.

¿¿¿¿¿¿O???????

(Nota: Este reto –la organización como una catedral dedicada al desarrollo humano– es simplemente colosal. Y pensé en esto antes de escribir. Y he ensayado la idea en todo el mundo, de Dubái a Shanghái a Nueva Delhi a Helsinki a Joinville, Brasil, a San Antonio, Texas. En las discusiones hay un acuerdo de que «Si no es esto, ¿qué?» es, de hecho, una pregunta sensata, al menos digna de una conversación seria. Estoy totalmente convencido de que algo como esto tiene sentido comercial).

«Ponerse en marcha» en este caso es en gran parte cerebral; hable de ello con los compañeros de trabajo, con los amigos que conozca en pequeñas y grandes empresas. Usted puede hacer evaluaciones de empresas cerca de su casa. Un banco comunitario lo hace de esta manera, y otro no. O un taller mecánico A versus un taller mecánico B. Aunque hacer cosas positivas para la gente es bueno, este es un orden muy diferente de cosas; esto es realmente un compromiso para construir y mantener no menos que una catedral».

Está.
Usted.
Preparado.
Para.
Ello.

(Y, repito, si *no*, ¿Cuál es la alternativa?).

145. Posibilite sueños. (Si no, ¿qué?).

El gerente de sueños, el libro de Matthew Kelly basado en la parábola no es por lo general mi tipo de libro. Pero la premisa de Kelly me contagió, y se ha convertido en una parte central de mi trabajo. La idea es simple: ¡*Todo el mundo* tiene un sueño! Y si podemos ayudarles a cumplir esos sueños, entonces él y ella serán unos seres humanos más comprometidos, lo que, en términos prácticos, será de provecho para la organización a medida que se esfuerza por servir a sus clientes. Kelly escribe:

«El propósito de una empresa es convertirse en la mejor versión de sí misma. [Pero] una organización solo puede convertirse en la mejor versión de sí misma en la medida en que las personas que conducen esa organización se estén esforzando para convertirse en las mejores versiones de sí mismas».

Cuando reflexione en esto (lentamente, muy lentamente, ¡por favor!), es evidente y profundo: «Nosotros», el equipo, es solo tan bueno como la participación y el compromiso con el crecimiento *personal* y el logro y la Excelencia por parte de todos y cada uno. (Es obvio en el fútbol y en la danza, ¿por qué no en tiendas de comestibles y en la oficina de contabilidad?). «La pregunta es», continúa Kelly, «¿Cuál es el propósito de un empleado? La mayoría diría, "ayudar a la empresa a lograr su propósito", pero estarían equivocados. [Reflexione lentamente de nuevo]. Eso es ciertamente parte de la función del empleado, pero el propósito principal de un empleado es llegar a ser la mejor versión de sí mismo».

Como se ha dicho, el título del libro es El gerente de sueños. De hecho, Kelly afirma que ayudar a otras personas a lograr sus sueños de manera explícita −negocios directamente relacionados o no− es *una*, o incluso *la* tarea principal que tiene un jefe. El jefe, tanto para servir a su cliente como para hacer las tareas en general, se convierte en un «facilitador de sueños»; es decir, trabaja con el ghanés de 28 años del departamento de mantenimiento para alcanzar su sueño de un título universitario de dos años. Para repetir la cadena de la lógica: Si esa persona de 28 años se siente totalmente apoyada en su sueño-crecimiento personal, las probabilidades de que aspire a hacerlo y haga su trabajo de mantenimiento con Excelencia serán muy altas.

Y... ¿usted también?

Es decir, ¿es usted **(explícitamente)** un «facilitador de sueños»?

(O, para empezar, ¿sabe cuáles son los sueños de sus empleados?).

> ## LIDERE, SIGA, Y SALGA DEL CAMINO

Nuestro objetivo es servir a nuestros clientes de manera brillante y rentable en el largo plazo.

Servir a nuestros clientes de manera brillante y rentable en el largo plazo es el producto de servir de manera brillante en el largo plazo a las personas que sirven al cliente.

Por lo tanto, nuestro trabajo como líderes –el alfa y el omega y todo lo demás entre esto– consiste en fomentar el crecimiento sostenido y el éxito y la participación y el entusiasmo y el compromiso con la Excelencia de aquellos que, de uno en uno, sirvan directa o indirectamente al cliente final.

Nosotros –los líderes de todas las tendencias– estamos en el «Crecimiento y Desarrollo Humano y en el Éxito y la Aspiración a la Excelencia Empresarial».

«Nosotros» [los líderes] **solo crecemos cuando «ellos»** [todos y cada uno de nuestros colegas] **están creciendo.**

«Nosotros» [los líderes] **solo tenemos éxito cuando «ellos»** [todos y cada uno de nuestros colegas] **están teniendo éxito.**

«Nosotros» [los líderes] **marchamos enérgicamente hacia la Excelencia cuando «ellos»** [*todos y cada uno de nuestros colegas*] **están marchando enérgicamente hacia la Excelencia.**

Punto.

146. Lance el «proyecto Ray».

Muy rara vez «dedico» una presentación. Pero hace un tiempo inicié una presentación con una diapositiva de PowerPoint que decía... **«para Ray».**

Como en: Ray Charles.

Susan y yo habíamos visto la película *Ray* en DVD. Para estar seguros, es una obra magnífica. Sin embargo, la inspiración para la dedicatoria de la presentación no era la Excelencia de la película, sino más bien, la de su tema.

En breve:

Ray Charles es la encarnación del Espíritu de ¡Re-imaginar!

Una y otra y otra vez, él optó por Inventar y Seguir Su Propio Camino, por escupir en la cara de las cosas seguras, al flujo asegurado de dinero, a los asesores poderosos... y más bien marchar en la nueva dirección musical en la que su Espíritu quiso marchar.

Sin duda, la película es una historia extraordinaria de superar la adversidad, de la ceguera al racismo a las drogas y a la fama en sí. Pero para mí fue, sobre todo, un... **¡Homenaje Inigualable al Poder y la Gloria del Reimaginar Valiente y en Solitario!**

¡Para Ray Charles!

Vean *Ray*.
(Tal vez con colegas cercanos).
Si usted está inclinado, haga un gráfico detallado de sus reimaginaciones.
(¡Sospecho que lo dejarán asombrado!).

Inicie un «archivo Ray»... o un «archivo de reimaginación».
Garabatee reflexiones sobre su propia y posible reimaginación.
Recorte fotos.
Guarde entradas de blogs.

El «problema» es tan tan tan tan tan fácil de enunciar. Ya estamos anotando días de 12 horas, y mantenerse al día es una pesadilla. No hay «tiempo extra» para... ¡el Proyecto Ray! Sin embargo (confíe en mí en este caso): Las probabilidades son altas, muy altas, de que si usted pudiera proyectarse 10 años en el futuro, se preguntaría por qué demonios no había...

Proyecto Ray.2010.

O, tal vez, utilizar la designación de los tiempos... **Usted 3.0.**

(Hay tiempo para el Proyecto Ray.2010/Usted 3.0, por la sencilla razón de que no hay *no* tiempo).
(No soy la primera persona que le dice esto).

(No seré la última persona que le diga esto).

(Pero estoy en lo cierto).

(Y la siguiente persona que se lo diga a usted estará bien).

(Y tal vez, solo tal vez, usted se verá impulsado a la acción).

(Y, gane *o* pierda, usted se alegrará de haber sido impulsado a la acción).

(El tiempo vuela).
(Créalo).

147. ¿Realismo? ¡No en mi reloj!

Afirmación:

¡El realismo es la muerte del progreso!
¡Pisotee el realismo!
¡Más o menos!

Recientemente terminamos un proyecto de construcción de verano en nuestra granja de Vermont. Nos esforzamos al máximo para presupuestar correctamente; conseguimos contratistas para reelaborar las estimaciones y rediseñar en consecuencia. (Y, oigan, me formé como ingeniero de construcción). Dicho todo esto, parece que el proyecto cuidadosamente estimado en 40.000 dólares ascendió casi a 70.000 dólares. (Mm, más o menos).

¿Qué hay de nuevo?

El Big Dig [La gran escavación] en Boston estuvo casi cuatro veces por encima del presupuesto, según recuerdo. Para el eurotúnel, creo que el aumento fue de casi tres veces lo presupuestado. (Etc. Etc. Etc. Etc.).

Decidí hacer una investigación pequeña e informal en una cena con fiesta, preguntando a varias personas por sus proyectos caseros. Tres preguntas:

(1) ¿Cómo le fue comparado con el presupuesto para proyectos completados un par de años atrás?

(2) Si hubiera sabido el precio real cuando usted comenzó, ¿habría seguido adelante?

(3) En retrospectiva, ¿el precio final valió la pena?

Para la P1, la respuesta varió de aproximadamente el 5 % sobre el plan (si pueden creerlo; soy escéptico) a cinco veces el plan (algo que creo).

En cuanto a la P2, cuatro de las seis personas a quienes les pregunté dijeron que «de ninguna manera» habrían comenzado si hubieran sabido en lo que se estaban metiendo; y los otros dos estaban en el límite.

En cuanto a la P3, la satisfacción después del hecho, cinco dijeron en efecto: «¡Sí! Lo haríamos de nuevo»; todos los cinco de esos cinco «sí» fueron dogmáticos en el sentido en que **«Sí»** lo harían de nuevo. Y uno de ellos dijo: «Tal vez sí, tal vez no». Es obviamente peligroso extrapolar a partir de una muestra tan pequeña y de un tema tan trivial, pero mi lectura de la historia, de los negocios, y en general, dice que este fenómeno es tan común como puede serlo. Además, en la parte posterior de la mente, uno *sabe* muy bien que el precio será mucho mayor de lo que estaba previsto.

¿Y mi punto? Sí, es mejor que venga un director financiero que sea muy bueno para calcular números, pero si usted deja que él o ella lleven la batuta, no habrá mucho que dirigir. Por supuesto, sé que «maldita sea si lo haces, maldita sea si no». Por otra parte...

¡El progreso (todo el progreso) depende claramente de la ilusión y el engaño!

En cuanto a mí, titular de una maestría en ingeniería de construcción de Cornell, votaría sí en retrospectiva para cada uno de mis principales proyectos en casa, incluso si, como es el caso, pagar por ellos ha añadido de una manera no poco trivial al recuento de mis noches parlanchinas en la carretera.

¡Valore a sus soñadores!
Domine «la crianza de soñadores».

Traducción práctica:
¿Usted insiste en que cada equipo de proyecto, por pequeño que sea, tiene un soñador «poco realista» a bordo?

¿Usted, como jefe, se asegura de que a medida que pretenda mantener los dedos del soñador en el fuego, no logre apagar su fuego?

En pocas palabras: **2,476 (rango, 2,218 a 2,886) aclamaciones efusivas para las fantasías de los soñadores! No... TRES aclamaciones efusivas para aquellos soñadores y sus fantasías, * pierdan o ganen, vivos o muertos.**

(*¿Mi opinión? Una fantasía que se persigue **es** un «triunfo» todas las veces).

1. 2. 3. 4. 5. 6. 7. 8. 9. 10. 11. 12. 13. 14. 15. 16. 17. 18. 19. 20. 21. 22. 23. 24. 25. 26. 27. 28. 29. 30. 31. 32. 33. 34. 35. 36. 37. 38. 39. 40. 41. 42. 43. 44. 45. 46. 47. 48. 49. 50. 51. 52. 53. 54. 55. 56. 57. 58. 59. 60. 61. 62. 63. 64. 65. 66. 67. 68. 69. 70. 71. 72. 73. 74. 75. 76. 77. 78. 79. 80. 81. 82. 83. 84. 85. 86. 87. 88. 89. 90. 91. 92. 93. 94. 95. 96. 97. 98. 99. 100. 101. 102. 103. 104. 105. 106. 107. 108. 109. 110. 111. 112. 113. 114. 115. 116. 117. 118. 119. 120. 121. 122. 123. 124. 125. 126. 127. 128. 129. 130. 131. 132. 133. 134. 135. 136. 137. 138. 139. 140. 141. 142. 143. 144. 145. 146. 147. **148. 149. 150. 151.** 152. 153. 154. 155. 156. 157. 158. 159. 160. 161. 162. 163.

Guau

148. Si no hay un Guau, entonces... Nada.

¿«Eso» estalla?
¿«Eso» suelta chispas?
¿«Eso» lo hace sonreír?

¿Es... **Guau?**

Si «eso» (grandioso o mundano) no es GUAU... ¡rehágalo!
¡O no lo haga!

Este es... su día.
No es el día de «ellos».

Este día le pertenece... EN ÚLTIMA INSTANCIA... a usted.
No a «ellos».

¡Esclavos de los cubículos únanse!
¡Titanes del technicolor regocíjense!
¡Libérense de los grilletes del conformismo!

Simplemente diga/grite un «¡No!» gutural a un ¡No-GUAU!

Así que...

¡GUAU!
¡Ahora!

Sin tonterías.
Esto *es* factible.

(No tengo gafas rosadas. Pocos hombres de 67 años las tienen. Tengo días malos, y meses malos. Y, para el caso, años malos. Y por desgracia, doy discursos horribles, o por lo menos, no muy maravillosos. Pero soy incapaz, en cualquier cosa que haga, de estar satisfecho con menos de un 8 en la escala GUAU del 1 al 10. Eso es tan cierto para el microproyecto de desbrozar y cortar que hago casi todos los días en mi granja de Vermont en verano, como para los discursos con fines de lucro... y para este libro. ¿¿¿¿Por qué no el GUAU como una meta ordinaria»????).

Sí.
Esta es... **SU**... vida.
Este es... **SU**... momento.

> **¡AHORA USTED ESTÁ COCINANDO!**

Piense en GUAU/no GUAU, en términos aparentemente triviales: Las probabilidades de que usted preparará la cena esta noche son razonablemente altas. Y es probable que usted esté cansado; entre otras cosas, porque tuvo una pelea con su jefe detestable esta tarde. Y, además, su otro significativo raramente agradece sus esfuerzos culinarios en aquellas ocasiones en la que usted se parte el lomo. Así que usted calienta una lata de chili. (Me *encanta* el chili en lata).

O puede esforzarse. Y si se esfuerza, aunque solo sea un par de veces a la semana, incluso una vez a la semana, las probabilidades de que se convertirá en un cocinero muy bueno son muy altas, y las cenas fenomenales se convertirán en una pieza central de su relación con su pareja. Y cuanto más siga el círculo virtuoso, más disfrutará el hecho de cocinar y más...

El hecho garantizado es que el mundo será un lugar diferente dentro de un año, gracias al hecho de condimentar una actividad rutinaria con unas cucharadas de Guau.

Eso es GUAU en una cápsula. (Aunque como he dicho, me encanta el chili en lata).

149. ¿Qué lo hace a usted tan especial. O: Lo «único» supera a lo «mejor».

Le garantizo que cualquier lector —desde cualquier lugar, en cualquier negocio— puede aprender algo del siguiente libro: *Retail Superstars: Inside the 25 Best Independent Stores in America* [Superestrellas al por menor: Al interior de las 25 mejores tiendas independientes en Estados Unidos], de George Whalin, gurú de la venta al por menor.

¿Garantizo?
¡Sí!

Estas son las tiendas que, literalmente, les dan un nuevo significado a las palabras «especial», y «dignas de admiración» y «¡GUAU!» que ejemplifican una de mis «10 citas favoritas», de Jerry García (The Grateful Dead):

«No quieres ser simplemente el mejor de lo mejor. Quieres ser el único que hace lo que hace».

Retail Superstars comienza, de forma natural (**!**), en Fairfield, Ohio, sede del Mercado internacional Jungle Jim. La aventura en «compraentretenimiento» como lo llama Jungle Jim, comienza en el estacionamiento y sigue con 1.600 quesos y, sí, con 1.400 variedades de salsa picante, para no mencionar 12.000 vinos con precios de 8 a 8.000 dólares por botella; todo esto le es ofrecido a usted por 4.000 vendedores de todo el mundo. Al igual que casi todas las tiendas en este libro, los clientes acuden a sus puertas desde todos los rincones el mundo.

Están Abt Electronics en Chicago, Zabar's en Manhattan, y Bronner's Christmas Wonderland en Frankenmuth, Michigan, un pueblo que tiene apenas 5.000 habitantes. La «tienda» Bronner, de 98.000 pies cuadrados, ofrece cosas como 6.000 adornos de navidad, **50.000** árboles, y cualquier otra cosa que usted pueda nombrar si está relacionada con la Navidad.

Está Ron Jon Surf Shop en Cocoa Beach, Florida.
Y Junkman's Daughter en Atlanta.
Y Smoky Mountain Knife Works en Sevierville, Tennessee.

Terminamos el recorrido donde empezamos, en Ohio. Esta vez visitaremos a la ferretería Hartville en Hartville, Ohio.

Estas tiendas demuestran-prueban muchas cosas:

¡Usted puede crear un atractivo mundial y prosperar como independiente en la Era de los Minoristas de Caja Grande!
¡Usted puede hacer cualquier cosa!
¡Usted puede ser de cualquier parte!
¡Usted puede crear *cualquier* cosa... **¡extrañamente-sorprendentemente-estupendamente especial!**

«¡La atención al cliente» encuentra una nueva definición!
«¡La maestría escénica» encuentra una nueva definición!

Si usted dirige un departamento de *capacitación*... puede aprender de este libro.
Si usted dirige un departamento de *ventas* de 1 o 101 personas... puede aprender de este libro.

Si usted dirige un departamento de *compras*... dedicado al cuidado **extrañamente-sorprendentemente- estupendamente especial de clientes inter- nos...** usted puede aprender de este libro.

Usted puede aprender sobre... lo *Especial*.

Usted puede aprender acerca de ser... *«los únicos que hacemos lo que hacemos»*.

Usted puede aprender acerca de... *«la experiencia de mercadeo»*.

Usted puede aprender acerca de... la *irrelevancia* de Competidores de Tamaños Muy Grandes... si usted es lo suficientemente especial.

Usted puede aprender acerca de... *Mantener la EXCELENCIA.*

Inside the 25 Best Independent Stores in America le da un nuevo significado a mi frase conocida:

La EXCELENCIA. Siempre.

Si No hay EXCELENCIA, ¿entonces Qué?

Si No hay EXCELENCIA ahora, ¿entonces Cuándo?

Como ya he dicho, con una autocerteza tan extravagante: *garantizo* que cualquier lector que participe en cualquier actividad, y que lo desee, puede aprender de este libro.* (*Usted realmente debería ir a algunas de estas tiendas; llámelo un Tour de la Excelencia).

Así que:

¿Su producto o servicio es...

¿Especial?

¿Tan... **condenadamente especial...** que les quita «el aliento» a usted y a sus clientes?

Viva el súper-sorprendente-increíble-GUAU-de-los únicos-que hace- mos-lo-que hacemos-MODALIDAD-de-ESPECIAL.

(O muera intentándolo profesionalmente).

(¡Por qué no!)

› EL GUAU COMO UNA ASPIRACIÓN LEGÍTIMA: MI AVENTURA EXCELENTE

«Ellos» dicen ¡GUAU! es «demasiado». La vida es bastante normal de un día a otro. Tal vez sea cierto, pero lo «imposible» también es cierto. En mi corta estadía de seis décadas en el planeta, algunas cosas monumentales que no podían suceder posiblemente, sucedieron realmente:

- Hitler y Tojo fueron derrotados; y las naciones vencidas se convirtieron en grandes democracias y en grandes potencias económicas. (Nací el día en que los soldados estadounidenses desembarcaron en el norte de África).

- India obtuvo su independencia y se convirtió en la democracia más grande del mundo, y, finalmente, inició el camino hacia la preeminencia económica.

- Los campesinos chinos se rebelaron, y 35 años después adoptaron el capitalismo.

- Europa se convirtió en un símbolo enorme y brillante de la paz y la prosperidad y la democracia después de siglos de ser el territorio más sangriento del planeta.

- Aunque el camino ha estado y está lleno de baches y han recurrido retrocesos, diversos tipos de democracia han florecido en todo el mundo.

- Los afroamericanos vieron al movimiento por los derechos civiles lograr un hito tras otro, y un afroamericano se convirtió en presidente de Estados Unidos.

- El Muro de Berlín fue erigido y 30 años después, para sorpresa de casi todos, fue demolido prácticamente de la noche a la mañana.

- Nelson Mandela fue encarcelado y perseveró y fue liberado y perdonó y se convirtió en presidente de la Sudáfrica posapartheid, prácticamente sin derramamiento de sangre.

- Yuri Gagarin viajó al espacio exterior.

- Neil Armstrong pisó la luna.

- El cielo se llenó de satélites, transformando las comunicaciones.

- Los computadores, generación tras generación tras generación, lo cambiaron todo de manera efectiva.

- El teléfono celular ha cambiado nuestra forma básica de comunicación.

- La Internet ha cambiado nuestras formas básicas de comunicación y mucho, mucho más.

- Numerosas enfermedades fueron erradicadas, y muchas fueron contenidas.

- Un órgano fue trasplantado con éxito.

- Estados unidos hizo una transición pacífica tras una transición pacífica tras una transición pacífica a medida que la presidencia cambiaba de manos, de un partido político al otro.

Cada una de las aventuras anteriores requiere recorrer un camino largo, largo con baches en abundancia. Pero lo «imposible» se hizo posible y luego realidad... una y otra vez y otra vez y otra vez.

¿«Guau» como en «demasiado»?

Qué vergüenza.

Piense otra vez.

150. ¿Es digno de asombrar?

¿Hará planes para afrontar la tarea «mundana» de hoy para hacer que los demás se queden asombrados en vista de su audacia?

Como alumno de McKinsey and Co., en 2004 recibí un correo electrónico de la firma, informando sobre su respuesta al tsunami en el sudeste asiático. Lo leí, asentí, y seguí adelante. (Pero no lo «eliminé» por alguna razón desconocida). Volví a abrirlo unas cuantas horas después y me sentí impelido a enviarle un correo electrónico al socio director de McKinsey. Le dije que la respuesta era «perfectamente adecuada», pero agregué que las empresas tienen un representante de mal gusto por estos días (y eso fue *antes* de la crisis financiera), y que McKinsey era considerado ampliamente como el hogar de los principales consejeros para la gerencia global superior; por lo que, reconvine, lo veía como una oportunidad desperdiciada en el sentido en que la respuesta de McKinsey no había logrado... **«asombrarme por su atrevimiento».**

No es de sorprender que no recibiera ninguna respuesta del hombre importante de McKinsey. Pero también le envié una copia a Bob Waterman, mi viejo amigo y colega en McKinsey, y coautor de *En busca de la excelencia*, quien me ofreció apoyo en abundancia. (Gracias, como siempre, Bob).

Olvidémonos de McKinsey. Lo más importante es que en nuestras «respuestas» a la tragedia y a la oportunidad, «lo suficientemente bueno» es algo menor que una manera centelleante de pasar por la vida.

¿Qué tal, en cambio, y a modo de aspiración, mi término...

¿«digno de dejarme asombrado»?

Por lo tanto, ¿su respuesta a la «tarea» principal de hoy califica para una... Medalla Certificada del Asombro?

(Seguramente, dirá usted, yo [Tom] vivo en el mundo de la fantasía. Hay un montón de cosas que solo se deben hacer y no tienen por qué producir «asombro». Reconozco que es aparentemente cierto, y, de hecho, el estado por defecto de la naturaleza. Sin embargo, este libro está dedicado principalmente a la idea de que los pequeños detalles no son, de hecho, pequeños; los llamados «pequeños detalles» son, en realidad, «dignos de asombrarnos». Van desde los caramelos de dos centavos de Singapur al mostrador de inmigración (#131) al poder de un «simple» «gracias». Estos «actos pequeños», considerados de manera consciente, son, en conjunto, la diferencia entre el éxito y el fracaso en cualquier cosa, desde trabajar como mesero a ser candidato a presidente de Estados Unidos. En resumen, creo de manera sincera que prácticamente todo puede ser... «digno de asombrarnos»).

En caso de duda, haga de su posición por defecto el estándar de Steve Jobs. Pregunta: ¿Dónde se coloca su proyecto en una escala coronada por su...

«¡Increíblemente disparatado!».

Bien, ¿lo es?

❯ POESÍA SONRIENTE

Tomado de un anuncio impreso de BMW, septiembre de 2009:

Alegría

Sobre el respaldo de esta palabra construimos una empresa.

Independiente de Todo el mundo.

Que no rinde cuentas a nadie, salvo al conductor.

No nos limitamos a fabricar automóviles.

Somos creadores de emoción.

Somos guardianes del éxtasis, de emociones y escalofríos,

De las risas y sonrisas y todas las palabras que no se pueden encontrar en
el diccionario.

Somos la Alegría de conducir.

Ninguna empresa de automóviles puede rivalizar con nuestra historia.

Ni replicar nuestra pasión, nuestra visión.

La innovación es nuestra columna vertebral, pero la Alegría es nuestro
corazón.

No nos desviaremos de nuestro propósito. Lo alimentaremos.

Haremos que la Alegría sea más inteligente. La promoveremos, la
probaremos, la romperemos, y luego la construiremos de nuevo.

Más eficiente, más dinámica.

Daremos al mundo las claves para la Alegría y ellos le darán un paseo.

Y mientras que otros tratan de prometerlo todo, nosotros prometemos una
cosa.

La más personal, valorada y humana de todas las emociones.

Esta es la historia de BMW.

Esta es la historia de la Alegría.

¿Puede usted igualar esto al describir el proceso de su proyecto de
reingeniería?

151. El extremismo en la defensa del GUAU no es un vicio.

Las corporaciones están cayendo como fichas de dominó. Los directores generales están siendo decapitados a un ritmo récord. ¿Por qué? Las soluciones incrementales en tiempos discontinuos rara vez funcionan, o nunca.

El axioma se aplica por igual a una empresa de contabilidad grande, y a una pequeña con dos personas. Y a mí. Y a usted. Eche un vistazo al Calendario de Mañana. De hoy, para el caso. Encuentre y subraye algo –**cualquier cosa**– en ese calendario que represente un pequeño paso hacia algo extremo. Algo grande. Algo monumental. (¡Y preocúpese bastante si no hay nada!).

Pregúntese cómo llevará su «portafolio» al siguiente nivel... y al nivel después de ese. Para empezar, tal vez:

- «Almuerce» esta semana con un nuevo amigo/compañero de trabajo potencialmente importante/interesante.
- Revise un proyecto –¡hoy! – para aumentar su novedad. Luego dé ese primer paso nuevo, ¡hoy! Pregúntese: **«¿Puedo imaginarme hablando de este proyecto a un posible empleador o cliente dentro de dos años?».** Si las probabilidades parecen bajas, siga revisando ese prospecto de proyecto.
- Ponga en marcha una Sociedad de Radicales, un grupo informal que evalúe mutuamente los proyectos ajenos en términos de su audacia.

En pocas palabras: ¡Nunca deje que su portafolio de tareas posibles se convierta en algo completamente soso y desabrido!

❯ ARCHIVE ESTA IDEA...

La idea del «portafolio» es bastante potente. Su conjunto de las 10 asignaciones más recientes (proyectos identificables y discretos con resultados fácilmente descriptibles) es un «portafolio». Su lista actual de los cinco proyectos activos es un portafolio, al igual que el conjunto de diapositivas de la obra que un pintor envía al propietario o director de una galería. «Administre» ese portafolio. Por ejemplo, asegúrese de que todos los proyectos relumbren cuando se trate de la ejecución. Pero asegúrese también de que uno de ellos lleve su aprendizaje a una dirección completamente nueva. Asegúrese de que uno o dos realmente presionen el límite, como se acaba de describir.

Asegúrese de que cada proyecto del portafolio incluya al menos algo «notable».

Así que...

Tómese la «idea del portafolio» literalmente, y en serio.

Revise su portafolio con un amigo, o con su jefe. Desarróllelo para maximizar sus fines egoístas (crecimiento) y sus fines desinteresados (máxima contribución al grupo).

Si usted es jefe, utilice los portafolios de proyectos de los empleados como una asignación de recursos y una herramienta fundamental de ejecución.

1. 2. 3. 4. 5. 6. 7. 8. 9. 10. 11. 12. 13. 14.
15. 16. 17. 18. 19. 20. 21. 22. 23. 24. 25.
26. 27. 28. 29. 30. 31. 32. 33. 34. 35. 36.
37. 38. 39. 40. 41. 42. 43. 44. 45. 46. 47.
48. 49. 50. 51. 52. 53. 54. 55. 56. 57.
58. 59. 60. 61. 62. 63. 64. 65. 66. 67.
68. 69. 70. 71. 72. 73. 74. 75. 76. 77. 78.
79. 80. 81. 82. 83. 84. 85. 86. 87. 88.
89. 90. 91. 92. 93. 94. 95. 96. 97. 98. 99.
100. 101. 102. 103. 104. 105. 106. 107.
108. 109. 110. 111. 112. 113. 114. 115.
116. 117. 118. 119. 120. 121. 122. 123.
124. 125. 126. 127. 128. 129. 130. 131.
132. 133. 134. 135. 136. 137. 138. 139.
140. 141. 142. 143. 144. 145. 146. 147.
148. 149. 150. 151. **152. 153. 154.** 155.
156. 157. 158. 159. 160. 161. 162. 163.

152. Bienvenido a la era de la gestión metabólica.

Todos sabemos que la carrera legendaria, finalmente, la gana la Tortuga. Bien, los tiempos cambian, la velocidad de Google o de Alibaba es el nuevo límite (hasta que el récord sea superado, lo cual será muy pronto), y ahora estamos viviendo oficialmente en la Era de la Liebre.

Punto.

Como señaló Larry Light, director de mercadeo global de McDonald's, en *Advertising Age* [La era de la publicidad]: «Hoy en día, eres propietario de las ideas por una hora y media aproximadamente».

Mi «remoquete» para lidiar y prosperar en la Era de la Liebre es...

Gestión metabólica.

Creo que una de las *tareas principales*... del jefe... consiste en trabajar Intencionadamente y Conscientemente y Perpetuamente para acelerar el Metabolismo Corporativo (equipo de proyectos, etc.).

¿Cómo puede estimular su metabolismo corporativo? Algunas ideas:

- Demuestre una urgencia personal... *por hora-al día-de manera consciente.*
- Contrate por ello. *(Carl Sewell, mi amigo que tiene un concesionario de autos, dice que busca personas ansiosas «que, literalmente, no puedan quedarse quietas» durante una entrevista. Un cazatalentos muy conocido invita a almorzar a candidatos a Manhattan, y frunce el ceño si no son imprudentes).*
- Promuévalo.
- Prémielo. *(Reconozca al «Demonio de la velocidad de la Semana» en la charla del lunes por la mañana).*
- Recompense en grande a las personas... *que abandonan voluntariamente lo que están haciendo para ayudar a los demás a cumplir con el plazo...* incluso si los otros son responsables en gran parte por su difícil situación.
- Exhiba un **fanatismo**... perpetuo... por la simplificación de procesos, y manténgalos simples y no permita que les crezcan percebes. **(Simplificación = velocidad).** *(Usted también necesita, literalmente, un DS: Director de Simplificación).*
- Exhiba un fanatismo... perpetuo... por la coordinación multifuncional libre de fricción. *(Recompense y promueva a quienes «hacen las cosas». Degrade o separe a quienes no lo hagan). (La fricción multifuncional es... siempre... «el Asunto de Velocidad» primordial).*
- Mida, Mida y Mida. (Medidas altamente visibles, ampliamente publicadas).
- Incluya la velocidad *per se* en las agendas de las reuniones.
- Establezca metas; olvídese del «gradualismo». Busque una reducción del **75 %, 95 % o 98 %** en el tiempo que tarda en hacer X o Y o Z. *(Los objetivos audaces inspiran y realmente son posibles en el mundo de la velocidad. De hecho, sugiero algo así como no aceptar nunca una sugerencia para «acelerar» que sea inferior al 50 %).*

> **LLAME A SU CORREDOR DE «VELOCIDAD»**

Piense en Progressive Insurance, una de mis empresas favoritas con un alto índice metabólico:

- «[El CEO Peter] Lewis ha creado una organización llena de personalidades inteligentes, tipo A, a quienes se les anima a correr riesgos, incluso si eso a veces conduce a errores».

- **«Una cosa que hemos notado es que ellos siempre han sido muy buenos para evitar la negación. Reaccionan rápidamente a los cambios en el mercado».**
  –Keith Trauner, gerente de portafolio que sigue a Progressive

- «Cuando cuatro huracanes sucesivos golpearon a la Florida y a los estados vecinos, en agosto y septiembre [2004], Progressive envió más de 1.000 ajustadores de reclamaciones al sudeste. Resultado: 80 % de las 21.000 reclamaciones presentadas se habían pagado a mediados de octubre, una cifra impresionante. Esto agradó a los titulares de seguros y probablemente ayudó a Progressive debido a que los retrasos en los pagos de reclamaciones normalmente significan mayores costos».

- Y... mi lewis-ismo favorito: **«Ya no vendemos seguros. Vendemos velocidad».**

153. Paredes de los «ayeres». Paredes de los «mañanas».

¿Qué aspecto tienen sus paredes?
¿De «ayer»?
¿O de «mañana»?

Ayer = Placas de premios del pasado y fotografías de grupo de fiestas pasadas. Etcétera, etcétera.

Mañana = Fotos de trabajo en progreso de los proyectos en curso. Recortes de prensa interesantes sobre nuevos productos recién lanzados. clientes conseguidos o vendedores contratados en los últimos 30 días. Seis nuevas contrataciones que se reportaron en los últimos 30 días. Etcétera, etcétera.

Obviamente, uno está encantado con esos premios maravillosos, y escasamente estoy sugiriendo que sean arrojados a la basura. Es el «giro» en lo que estoy interesado; ¿qué hace una persona ajena? O, por ejemplo, ¿qué ve un nuevo empleado? ¿Un museo? ¿Reverencia por el pasado? ¿O indicios de un futuro emocionante? En mi caso, ¿tengo portadas de libros antiguos en las paredes? ¿O la maqueta de la portada de este libro? El primer lugar debe ocuparlo este libro, ¿verdad?

(Nota: Esta idea es *de facto* robada de Steve Jobs. Cuando él regresó a Apple desde el desierto, en 1997, uno de sus primeros actos fue eliminar todos los rastros de la vieja gloria de su oficina y de las instalaciones de Apple en general. El creía que la línea de productos que heredó era opaca, y quería que el aspecto del lugar reflejara el trabajo en curso, no los íconos de antaño).

154. Desperdiciando su vida: Le guste o no, ¡el trabajo es vida!

Algunos dicen que utilizo palabras como **«guau».** Dicen que «yo no puedo convertir cada día en la oficina en una «aventura en la EXCELENCIA».

Bueno, «ellos» tienen un punto, hasta cierto punto.
Pero no es un gran punto.

Déjenme ser crudo, grosero y seco, pero no dulce.
Hagamos simplemente un cálculo simple:

Cuando usted está llegando a los 30, digamos, la época de permanecer despierto todas las noches hasta las 2:00 a. m. más o menos ha quedado atrás. Por lo tanto, digamos que se despierta en promedio a las 6:30 a. m. y se duerme a las 11:00 p. m. (más o menos). Eso son 16,5 horas de vigilia; digamos que 17. Usted simplemente pierde, por ejemplo, dos horas del día, un poco más de una hora en su viaje de ida y vuelta, y 45 minutos en lo que sea. Así que ahora tenemos 15 horas «utilizables».

Suponga que su jornada laboral ordinaria es de 8:15 a. m. a 5:30 p. m., lo que me parece correcto. (No estoy citando investigaciones aquí, a excepción de años y años de observación casual). Así que los días laborales equivalen a 9,25 horas, o a 8,75 cuando se le resta el almuerzo.

Lo que quiere decir, que usted está gastando, de lunes a viernes, alrededor de 8,75... o del **60 %**... de las 15 horas utilizables en el trabajo.

Lo que significa... *que, si usted desperdicia su tiempo de trabajo, está desperdiciando más de la mitad de su «vida» «consciente».*

Esa es una penalidad muy severa a pagar si usted está desperdiciando su trabajo, haciendo lo mínimo, y no está convirtiendo su día de trabajo en una experiencia de crecimiento de cualquier tipo (o de alto desempeño).

Bueno, no, no creo que usted vaya a suscitar un «Guau» en cada proyecto. O a sacar el «10 perfecto» en la escala de la Excelencia.

Pero yo sugeriría que si usted no está buscando con bastante regularidad algo así como el «Guau», o la Excelencia, con su trabajo, usted está real y verdaderamente...

Desperdiciando más de la mitad de su vida.

(No importa cuántos cálculos haga, no se me ocurre ninguna otra respuesta).

1. 2. 3. 4. 5. 6. 7. 8. 9. 10. 11. 12. 13. 14.

15. 16. 17. 18. 19. 20. 21. 22. 23. 24. 25.

26. 27. 28. 29. 30. 31. 32. 33. 34. 35. 36.

37. 38. 39. 40. 41. 42. 43. 44. 45. 46. 47.

48. 49. 50. 51. 52. 53. 54. 55. 56. 57.

58. 59. 60. 61. 62. 63. 64. 65. 66. 67.

68. 69. 70. 71. 72. 73. 74. 75. 76. 77. 78.

79. 80. 81. 82. 83. 84. 85. 86. 87. 88.

89. 90. 91. 92. 93. 94. 95. 96. 97. 98. 99.

100. 101. 102. 103. 104. 105. 106. 107.

108. 109. 110. 111. 112. 113. 114. 115.

116. 117. 118. 119. 120. 121. 122. 123.

124. 125. 126. 127. 128. 129. 130. 131.

132. 133. 134. 135. 136. 137. 138. 139.

140. 141. 142. 143. 144. 145. 146. 147.

148. 149. 150. 151. 152. 153. 154. **155.**

156. 157. 158. 159. 160. 161. 162. 163.

Impacto

155. Olvídese de la longevidad. Piense en el «frenesí dramático».

De vez en cuando camino rápidamente mientras escucho alguno de los discursos más destacados del reverendo Martin Luther King. Lo hago por razones espirituales, y francamente, también profesionales. No hay declamaciones, incluyendo las de Churchill, que sean tan conmovedoras. (Y escucho un montón de discursos...).

Podría dedicar fácilmente 5.000 palabras sobre los detalles de la Excelencia para hablar del doctor King, desde la emoción a la brevedad, a la construcción increíblemente lenta de la narrativa, al uso sin igual de la aliteración, al llamado urgente a la acción, a la vergüenza de esos seguidores que se cruzaban de brazos y no hacían nada. Uno de los discursos más extraordinarios de King tuvo lugar en Memphis, inmediatamente antes de que fuera asesinado. En este, él anticipa el trágico suceso. Me detuve y escuché un breve fragmento tres o cuatro veces, escribiendo mientras oía:

«Bueno, no sé qué va a pasar ahora. Me esperan días difíciles. Pero realmente no importa ahora. Porque he estado en la cima de la montaña. Y no me importa. Al igual que cualquiera persona, me gustaría vivir una larga vida. La longevidad tiene su lugar, pero no me preocupa eso ahora. Solo quiero hacer la voluntad de Dios. Y él me ha permitido subir a la montaña. Y he mirado por encima. Y he visto la Tierra Prometida. Tal vez no llegue allí con ustedes. Pero quiero que sepan que

esta noche, nosotros, como pueblo, llegaremos a la Tierra Prometida. Así que estoy feliz esta noche. No estoy preocupado por nada. No temo a ningún hombre. Mis ojos han visto la gloria del regreso del Señor».

Me dan escalofríos... de nuevo... mientras escribo esto, y soy reacio a trivializar, pero quiero hacer otra observación.

«La longevidad tiene su lugar, pero no me preocupa eso ahora...».

Simplemente no creo en eso de «construido para perdurar» de ninguna manera, forma o sentido, y este pasaje refuerza esa creencia perdurable. **«Construido para impactar»** es/ha sido/será mi grito de guerra. El doctor King cambió el mundo, y murió a los 39 años.

Para continuar con la trivialización de las palabras del doctor King, esta es mi traducción empresarial: Netscape es mi compañía favorita. Netscape nació, cambió el mundo... y murió, a los seis años aproximadamente. Estoy tratando de cambiar el mundo a toda costa y de alguna manera muy pequeña; tengo solo unos pocos años para hacerlo, y he decidido de manera deliberada no crear ninguna «institución» para tratar de promover mi causa cuando haya fallecido; el mundo se encargará de difundir las ideas que me importan (¡o no!), sin mi presencia. Francamente, la longevidad me tiene sin cuidado. He hecho lo que puedo y lo que me importa también y tan duro y tan ruidosamente como puedo. Y eso es lo que seguiré haciendo, siempre y cuando siga respirando.

Y eso es eso.

No tengo absolutamente ningún interés en la longevidad.

Kjell Nordström y Jonas Ridderstråle expresan esta idea particularmente bien en *Funky Business* [Negocio contemporáneo]: «Pero, ¿y qué si [el exjefe de planeación estratégica de Royal Dutch Shell] Arie De Geus se equivoca al sugerir, en *The Living Company*, que las empresas deben aspirar a vivir para siempre? La grandeza es fugaz y, será cada vez más fugaz para las corporaciones. **El objetivo primordial de una organización de negocios, un artista, un atleta, o un corredor de bolsa puede ser... explotar en un dramático frenesí de creación de valor durante un corto espacio de tiempo, en lugar de vivir para siempre**». El progreso, en mi opinión, y sin duda influenciado significativamente por el hecho de vivir un cuarto de siglo en Silicon Valley, es una serie de dichas explosiones; muchos, muchos hombres y unas pocas empresas, como Apple o Netscape o Google, cambian el mundo. Bravo.

Una última expresión de esta idea, de Simone de Beauvoir: «La vida está ocupada tanto en la perpetuación de sí misma como en superarse a sí misma; si todo lo que hace es mantenerse a sí mismo, entonces vivir es solamente no morir».

De nuevo:

«Puede que no llegue allá con ustedes [pero] mis ojos han visto la gloria...».
–King

«Explotar en un frenesí dramático de creación de valor».
–Nordström y Ridderstråle

«Si todo lo que hace es mantenerse a sí mismo, entonces vivir es solamente no morir».
–de Beauvoir

¿El «frenesí dramático de la creación de valor» suena demasiado exótico?
¿Poco práctico?
Creo que no.
(Y por su bien, espero que no).

Ahora mismo: Pregúntese a sí mismo y a sus compañeros...

¿Cómo podemos alterar nuestro proyecto actual para abordar/abarcar la idea del «frenesí dramático de la creación de valor»? ¿Cómo nos aseguramos de que, en alguna dimensión o dimensiones, el proyecto tiene como objetivo hacer una pausa con respecto a la práctica convencional, incluso a partir de las «mejores prácticas» identificadas? Una persona ajena, que conoce nuestro territorio en general, lee nuestra descripción del proyecto como está en este momento, luego vuelve a leer una parte, y dice: «Eso de lo que usted está hablando acerca de intentar en las entrevistas de contratación es nuevo para mí. Mmmm, muy interesante. Sí, interesante, interesante...».

Sostengo que esta es una idea m-u-y **práctica**. Sostengo que es práctica porque si usted *no* intenta hacer esto, le *garantizo* que sus ojos no verán la gloria, sino que bien podrían ver el desempleo o la línea «externalizada».

¿Éxito a «largo plazo»? ¡Yo elegiría los años de 1994 a 1998 de Netscape sobre cualquier alternativa a la que usted pueda darle un nombre!

‣ LOS PROBLEMAS CONTIENEN UN MENSAJE

El famoso economista austríaco Joseph Schumpeter afirmaba que las economías progresan gracias a... **«los vendavales de la destrucción creativa».**

F. A. Hayek, promotor del mercado libre y premio Nobel, describió la creatividad capitalista, la esencia del progreso, como un... **«proceso de descubrimiento espontáneo».**

Jane Jacobs, la economista urbana, autora de *The Death and Life of Great American Cities* [Muerte y vida de las grandes ciudades de Estados Unidos], señaló que las ciudades vitales tienen una rica mezcla de espacios comerciales y residenciales cercanos entre sí; ella llamó a esta mezcla... **«variedad exuberante».**

El progreso, según personas como Schumpeter-Hayek-Jacobs, proviene directamente de los problemas acuciantes. La inestabilidad *per se* es la clave. No solo estoy totalmente de acuerdo, sino que también pienso en la «variedad exuberante» como «cultura corporativa», o incluso como «cultura de departamentos», creo que es la clave para el crecimiento orgánico, el éxito, y para atraer y retener talentos vigorosos e inquietos, interesados en crear valor.

---

156. ¿Qué tal reemplazar su lista de «Me gustaría que fuera» por otra que diga «Hazlo ahora»?

«No puedo esperar hasta la primavera».

«¡No puedo esperar hasta la ¡temporada de fútbol!».

«No puedo esperar hasta que haya terminado de preparar esta maldita presentación».

«No puedo esperar hasta que Fulano y Perano se decidan, de manera que podamos avanzar».

El hecho es que decimos mucho este tipo de cosas.
¡Guácala!

¡Malo!
¡Horrible!
¡Horripilante!

Su interlocutor (yo) ha alcanzado la dulce marca de 16... Vaya, digamos que 67. Y como no espero vivir hasta los 134, puedo decir con seguridad que estoy jugando en la segunda mitad. Y, por lo tanto, me niego a dejarme caer en la trampa de «Me gustaría que fuera el próximo miércoles», aunque a menudo lo hago de cierta manera.

Al menos me he disciplinado hasta el punto de darme una bofetada verbal en la cara cuando el «no puedo esperar hasta...» acude a mi mente.

Uno preferiría, razonablemente, que la cirugía hubiera terminado, que los exámenes finales fueran cosa del pasado, que su hijo/hija regresara de Irak. Sin embargo, y no soy un practicante del zen, el objetivo, tal como en *el* objetivo, es siempre, tal como en siempre, aprovechar absolutamente al máximo el momento, porque, para señalar la perogrullada obvia, pero a menudo ignorada en la práctica, *el* momento, *este* momento, es lo *único* que alguna vez tendremos.

Y esto es absolutamente cierto y seguro a los 27 o 37 o 47 o a los 57, como a los 67 años.

Aún no soy muy bueno para mantener esta perspectiva, y con frecuencia «deseo que este viaje hubiera terminado» para poder volver a casa. Bueno, quiero estar en casa, pero mi vida durante los próximos días está *aquí*, *no* allá, y sé muy bien que no quiero desperdiciar ni un instante de ella.

Usted tampoco debería.

Por lo tanto: ¿Cómo va a superar el «me gustaría que fuera» y hacer que la próxima *reunión*, o los próximos 15 minutos sean especiales? **(Por favor, por favor, hágase esta pregunta. Ahora mismo).**

(Me he formado en parte como un científico conductista; creo que las ratas de B. F. Skinner en sus laberintos tienen mucho que enseñarnos. Por lo tanto, creo firmemente en los rituales de comportamiento. Creo en preguntarme rutinariamente: «Oye, ¿cómo vas a hacer... **que los próximos 15 minutos...** importen?»).

El alma de la estrategia empresarial

Por lo general, pensamos en la estrategia empresarial como en algún tipo de declaración ambiciosa de posicionamiento en el mercado: «Nuestro objetivo es ser la empresa consultora de gestión más importante que sirve a empresas de tamaño medio en el suroeste», o algo así. Sin duda, eso es parte de esto. Pero creo que la «fortaleza estratégica» principal de cualquier empresa-organización es... la «superioridad interior». Es decir, la superioridad en aspectos como el reclutamiento, el desarrollo y la ejecución de talento, relaciones magníficas (es decir, con todas las personas con las que tengamos contacto), y el deseo universal de «perseguir implacablemente... la Excelencia... en todo lo que hacemos». Por lo tanto, ofrezco humildemente los siguientes 51 «consejos habituales» –«recordatorios de lo obvio» (en contraposición a la «astucia» en el mercadeo o a las «maniobras taimadas y "estratégicas"» o a la prestidigitación financiera) para crear una «estrategia» «ganadora» que sea inherentemente sostenible. Varios han sido asuntos incluidos de elementos anteriores. El objetivo aquí es proporcionar algo así como un conjunto de alfa-omega, lo más sucintamente posible.

Entonces:

1. «Gracias». Mínimo varias veces al día. ¡Mídalo!

El más raro *(y más poderoso)* de los regalos:

«¡Gracias!».

El reconocimiento de las contribuciones o del apoyo es de un valor inestimable para consolidar las relaciones, y propiciar aportes futuros y respaldo boca-a-boca. Por cierto, usted puede practicar «agradecimientos»; esta es una habilidad que *puede aprenderse*. Y también es *medible*.

En pocas palabras: Esto debe convertirse en un hábito-ritual con el fin de tener éxito.

En pocas palabras: ¡Mídalo!

2. «Gracias», «Gracias» y «Gracias» de nuevo. «¡Gracias a todos ustedes!».

Mensaje: Agradezca a todos, incluso a los que estén involucrados tangencialmente en alguna actividad, especialmente a aquellos «en la profundidad de la jerarquía». *No hay «pequeños» actos de apoyo.* El «trabajo real» de las organizaciones tiene lugar varios niveles por debajo de la «cúpula». El reconocimiento y la inclusión de los miembros de «apoyo» de un equipo, sin importar lo indirectos que sean, tienen un valor multiplicador cuando se trata de hacer las cosas; tal vez no haya *nada* que sea de mayor importancia.

3. Sonría. Trabaje en ello.

Las sonrisas cambian el mundo; piense en Nelson Mandela o en Dwight D. Eisenhower. Sus sonrisas mantuvieron juntos a los aliados el Día D en el caso de Eisenhower (la suya era llamada «una sonrisa irresistible»), y eliminó el odio en un grado asombroso en el caso de Mandela. Las sonrisas son clave para retener clientes; piense en Starbucks. Y, no es broma, usted puede trabajar en ello.

4. Pida disculpas. Incluso si «ellos» tienen «casi toda» la culpa.

Discúlpese si usted tiene el 10 % de la culpa. O el 1 %. Pida disculpas especialmente si le duele, sobre todo si la persona a la que está pidiendo disculpas es un «enemigo». Haga un seguimiento de sus esfuerzos. «El poder de las disculpas», literalmente, no tiene igual. Término exacto: «No tiene igual».

5. Reprenda a todos los que juegan el «juego de la culpa».

Y si lo juegan constantemente, y no pueden dejarlo pasar, entonces déjelos pasar. El juego de la culpa ralentiza las cosas, arruina la cooperación en las fronteras internas (¡¡sumamente importante!!), y puede agriar a toda la organización.

6. Contrate según el entusiasmo.

El entusiasmo es el virus por excelencia. Su poder es impresionante. Puede y ha movido montañas literalmente. Obras como nuestro Ferrocarril Transcontinental y el canal de Panamá fueron construidas con entusiasmo tanto como con trabajo duro. Mida este rasgo en la contratación y en las promociones. En cuanto usted, no flaquee nunca, sobre todo cuando sea aparentemente «imposible» de mantener.

7. Poco entusiasmo. No hay contrataciones. Ningún trabajo. Ni promociones. Nunca.

En pocas palabras: el PRIMER TEMA en TODAS las listas de criterios de trabajo debe (debería) ser: «*Entusiasta*».

8. Contrate optimistas. En todas partes.

No confunda una «actitud positiva ante la vida» con un optimismo sin sentido. Como dijo a *Time* Tal Ben-Shahar, profesor de psicología de Harvard: «Un optimismo sano significa estar en contacto con la realidad. Ciertamente no significa ser un optimista redomado y creer en todo lo que es genial y maravilloso». La revista *Time* añade: «Ben-Shahar describe a los optimistas realistas como "optimalistas"; no los que creen que todo sucede para bien, sino quienes hacen lo mejor de las cosas que suceden».

De nuevo, mi mantra, dichos rasgos «blandos» no son «blandos». De hecho, son de la mayor importancia «estratégica» en términos colectivos. Tómelos en serio. Haga que el hecho de buscarlos (contratar, promover) sea una práctica formal.

9. Criterios de contratación para todos los puestos de trabajo: ¿Le gustaría almorzar con él-ella?

Debemos poner a prueba la calidad de «agradable» en cada candidato serio para todos y cada uno de los puestos de trabajo. No es necesario «enamorarse» de un candidato, pero la química y el hecho de caerle en gracia es importante. Después de todo, es el pegamento social que conduce al éxito en un equipo de hockey o de recursos humanos. (Y. *Repito*. ¡En el hecho de trabajar en las barreras funcionales internas-externas!)

10. Contrate por los buenos modales.

Si algún éxito que he tenido tiene una causa singular, es la obsesión por los buenos modales que mi madre me inculcó. Los refrené en el pasado, pero ahora me pongo de rodillas y agradezco. (Y, oigan, ¡le funcionó a George Washington!)

11. No rechace a los «alborotadores», es decir, a aquellos que se sienten incómodos (furiosos) con el statu quo.

Contrate por los modales. *Y contrate por la grosería.* Las personas enojadas son la primera (quizá la única) fuente de innovación, pequeña y grande. Hay una línea delgada entre el quejoso crónico y el empresario (interno o externa) que intenta arreglar las cosas que le molestan. El empresario transforma su ira en acción.

12. Exponga a todos los posibles empleados a algo inesperado-raro. Observe su reacción.

De alguna manera u otra debemos afrontar la *resiliencia*. Una ocurrencia rara es ciertamente una estrategia bastante débil; la sugerencia solo tiene la intención de plantear la cuestión. Otra posibilidad consiste en buscar los principales problemas técnicos y contratiempos durante la travesía de una persona, y evaluar la agilidad y la fortaleza de carácter que demuestre en su respuesta.

13. Respuesta abrumadora a las más pequeñas metidas de pata.

Abrumar = ¡Abrumar! Siga/mida esto. Gaste $$ en ello. Dedíquele tiempo. Hable al respecto. Establezca un estándar sumamente alto para el tiempo y la intensidad de la respuesta. Recuerde la Ley de Hierro, el Santo Axioma:

El problema rara vez/nunca es el problema. La respuesta al problema invariablemente termina siendo el verdadero problema.

14. ¡La percepción lo es todo!

Los ingenieros detestan esto. (Y soy uno). Hay un millón de estudios académicos (o al menos varios miles) que miden la irracionalidad del hombre. Nuestra reacción a las cosas es, pura y simplemente, emocional. Puedo manejar un retraso de dos horas en el vuelo si me mantienen informado, y me pongo furioso por un retraso de 30 minutos si no me dicen nada. Debemos siempre —primero y ante todo—, prestar una consideración absoluta a la «percepción».

Repita el mantra: *LA PERCEPCIÓN ES TODO LO QUE HAY.*
Pista: Lo es.

15. ¡La vida es teatro!

Todo el mundo *es* un escenario. Cada uno de nosotros *es* un actor. (Todas las veces). Esto es tan cierto en la prestación de servicios logísticos como en dirigir un hotel, y es la realidad del aula de tercer grado y del Ejército de EE. UU. en guerra y centrado en crear una estabilidad comunitaria en las aldeas remotas de las montañas de Afganistán. «Lograr» la «rutina teatral» es la esencia de la estrategia. (Un analista dijo que el éxito notable del papa Juan Pablo II se derivó en parte de su formación juvenil en el teatro; él utilizó el boato incomparable de su papado para volver a encender la fe en todo el mundo).

16. **Llame a un cliente.**

Ahora mismo. (Deje de leer esto: ¡haga la llamada ya!).

17. **Llame a otro cliente.**

Ahora mismo. (Deje de leer esto: ¡haga la llamada ya!).

18. **Llame a otro cliente más.**

Ahora mismo. (Deje de leer esto: ¡haga la llamada ya!).

19. **La contratación es probablemente lo más importante que haga usted.**

La contratación, dicen algunos, es simplemente lo más importante que hace una organización. Por lo tanto, simple y llanamente, ¡debe convertirse en una *obsesión*! (Todos estamos de acuerdo en que es «condenadamente importante», pero realmente estoy insistiendo en la «obsesión»; y, sorprendentemente, eso es poco común). Usted (cada líder) debe seguir un PhD. *de facto* en la contratación. Mensaje (redux): Usted *puede* convertirse en un «estudiante muy aplicado» de esta «parte blanda».

20. **Contrate «raros».**

Por el bien de la innovación y en aras de la renovación perpetua, necesitamos una gran dosis de bichos raros. «Extraños», como alejados de la trayectoria «normal»; por ejemplo, pasar tres años en los Cuerpo de Paz en África después de la universidad; es un campeón de vela; canta en un coro de la BBC. ¡Cuidado con la semejanza en la contratación y la promoción! (Y cuidado con no estar al tanto de dicha semejanza, que es con frecuencia el caso).

21. **Conviértase en un estudiante de todos aquellos a los que usted conozca.**

Nelson Mandela estudió asiduamente a su grupo de guardias en Robbins Island como alguien que pretendía convertirse en un médico con estudios en anatomía. Harvey Mackay describe brillantemente el proceso de convertirse en un experto en las personas con las que nos relacionamos en *Swim with the Sharks Without Being Eaten Alive* [Nade con los tiburones sin que se lo coman vivo]. El «negocio» de los líderes eficaces es, ante todo, las relaciones. Los mejores, como Bill Clinton, eran estudiantes obsesivos de las personas desde una edad muy temprana. (Clinton escribía sobre prácticamente todas las personas que conocía). ¡Trabaje con diligencia en su doctorado en relaciones! Nunca vaya «con las manos vacías» ni siquiera a la más informal de las reuniones; imite a Clinton, ¡y considere cada contacto como una oportunidad «estratégica»!

22. Conviértase en un estudiante de sí mismo.

«Para desarrollar a otros», dice Marshall Goldsmith, el gurú del *coaching* ejecutivo, «comience consigo mismo». ¿Le parece ensimismado? Lo es hasta cierto punto, pero es una piedra angular del éxito de cualquier líder. Los jefes, sobre todo los de alto nivel, tienden a ser lamentablemente ignorantes acerca de la forma en que tratan a los demás. Por ejemplo, Richard cree que es quizá demasiado tolerante; la mayoría de sus colegas creen que su mal genio es constante. Richard también cree ser un buen oyente; «ellos» creen que él interrumpe constantemente. Este tipo de lenguaje parece una caricatura; confíe en mí (¡no confíe en usted!), no lo es.

23. No es «blando», ¡nene!

La decencia es rentable. Con mayúsculas.
La consideración es rentable. Con mayúsculas.
La bondad es rentable. Con mayúsculas.
La integridad es rentable. Con mayúsculas.
El respeto es rentable. Con mayúsculas.
La apreciación es rentable. Con mayúsculas.
La cortesía es rentable. Con mayúsculas.
Escuchar es rentable. Con mayúsculas.

«La decencia», la «consideración», etc. son el verdadero lenguaje de unas relaciones excelentes-sostenibles, y de ahí,

el verdadero lenguaje de la «maximización de los beneficios».

Punto.

24. Lo «d»iverso siempre gana.

Lo llamo «diversidad con 'd' minúscula». No estoy hablando de justicia social; mi numerito es la eficacia de la empresa. O, al menos, esa es la parte que usted está buscando en estas páginas. Más y más investigaciones están desprestigiando el hecho de depender excesivamente de los expertos. (Y eso fue *antes* del actual fiasco financiero, engendrado a espaldas de los mejores y muy brillantes). En esencia: *Cualquier* toma de decisiones o ejecución de procesos debe incluir simplemente toda forma de diversidad que usted pueda evocar: H, M, negro, blanco, universidad de élite, ninguna universidad, predicadores, maestros, bajo, alto... lo que sea. ¡Mídalo! (Repito: La evidencia que respalda esta noción tiene 10 millas de ancho y 10 millas de profundidad).

25. La «nueva diversidad», Bienvenida la multitud.

El «crowdsourcing» se perfila como la herramienta de innovación, ejecución y mercadeo más poderosa de la historia. Desde Wikipedia hasta encontrar nuevos yacimientos de oro, trabajar-la-multitud electrónica es un ACM invaluable: Arma de Creación Masiva. Aplicación: a todo el mundo. A cada negocio. En todas partes.

26. Almuerce con personas en otras funciones.

Por enésima vez en este libro (y, sí, un poco más en el futuro):

Por la presente, re-re-declaro que las comunicaciones multifuncionales, o los «silos», son invariablemente la causa principal de los problemas de ejecución y la causa principal de oportunidades de innovación desperdiciadas.

(¡Repita! ¡Sí!).

He llegado a creer, casi «religiosamente», que los remedios «sociales» «simples» son mucho más importantes que los sistemas formales y que el software superguau-atractivo-impecable. Almorzar con personas en otras funciones es una devoción religiosa. Se trata de tener personas en otras funciones en cada reunión semanal de revisión. Se trata de las ceremonias de premiación para aquellos en otras funciones que han ayudado a su equipo. Envíe muchísimas notas de «agradecimiento» a aquellos en otros lugares que le han ayudado. (MÁS DE LA MITAD DE SUS NOTAS DEBERÍAN SER PARA PERSONAS EN OTRAS FUNCIONES. MIDA ESTO). No deje pasar un solo día sin fomentar de manera *proactiva* el desmantelamiento de las paredes funcionales por medio de las «herramientas sociales».

27. Almuerce «con los de abajo», «dele un giro» a las operaciones de los clientes, y se llevará la venta y mantendrá el negocio.

La mayor parte de la toma de decisiones en relación con la adquisición o implementación de un nuevo sistema (telecomunicaciones, software) está fuertemente influenciada por los posibles usuarios «abajo de la línea», y el análisis «vaya» «no vaya» de su servicio o artilugio es por lo general más o menos, en su mayoría más, elaborado tres niveles «abajo» en la organización del cliente. Su objetivo es encontrar y cultivar con paciencia a estas personas «tres niveles abajo». (Pista: Las mujeres son mucho mejores en esto que los hombres; tienden a estar más dispuestas a ignorar el rango formal y a invertir en cualquier lugar y en todas partes según el valor posible).

28. Almuerce «con los de abajo», «conecte» a su propia operación dos o tres o más «niveles» «hacia abajo», ¡y vea cómo se dispara el éxito de su implementación!

El «trabajo real» en *cualquier* empresa de tamaño considerable se hace dos o tres o cuatro niveles «abajo», incluso en las organizaciones hiperconectadas, aunque algo aplanadas de hoy; aplaste su ego, e invierta «allá abajo». Entre otras cosas, los que están «allá abajo» tienden a no ser apreciados; por lo tanto, su atención será muy bienvenida y su RAA (Red Allá Abajo) pagará grandes dividendos. (Estaría tentado a poner esto en mi Lista personal «el mejor» cuando pienso en mis éxitos en grandes organizaciones como la Marina de EE. UU., la Casa Blanca, y McKinsey & Co).

29. Administre el «axioma de Pasar el Rato» como si se tratara de un asunto de vida o muerte; lo es.

Somos –inequívocamente– aquellos con los que pasamos el rato. Manténgase con personas «interesantes» y vuélvase más interesante. Manténgase con personas «sosas», y se volverá más soso. Pase el rato con personas en otras funciones, y mejore la comunicación multifuncional. Salga con clientes y vendedores extraños, y será arrastrado al futuro. Salga con personas de 19 años y vea cómo su uso de la Red se vuelve más interesante y extenso. Poco, o nada, es más importante para la innovación que una «gestión de mantenerse con». *¡Gestiónela! ¡Mídala!* (Pensamiento asustador del día: «Usted será como las cinco personas con las que más se asocia: esto puede ser una bendición o una maldición» –Billy Cox).

30. Usted es donde usted se sienta.

La forma en que usted dispone el espacio físico de su oficina puede ayudar a eliminar las barreras y alterar (*completamente*) los patrones de comunicación, y los resultados críticos. Hable acerca de una «herramienta poderosa», de una que sea lamentablemente subutilizada e incomprendida. Un CEO contrata a su primer jefe corporativo de diseño, y sitúa al nuevo Jefe Gurú de Diseño al lado de la oficina del CEO. Pronto, todo el mundo en las esferas de la alta dirección está tarareando «el himno del diseño». Una tarea extraña para hacer que desafía la sabiduría convencional, poner al equipo de trabajo en una oficina a 6.000 millas de distancia. (O al menos 60).

31. Trabaje en las habilidades de escucha de todo el mundo.

La escucha efectiva debería estar cerca de/en la parte superior de la habilidad de todos. De hecho, ¡es tan «estratégica» como puede serlo! La mayoría de nosotros, especialmente los jefes de larga data, somos muy malos oyentes; casi todos los hombres, jefes o no, son bastante terribles. La buena noticia, como nos han enseñado Stephen Covey y otros: Escuchar es una habilidad que puede aprenderse, y es mejorable. La Ecuación de Oro:

**Escuchar mejor = gerenciar mejor
Mejor venta = mejora en la implementación.
¡¡Créalo!! Apréndalo, ¡¡aunque le cueste la vida!!**

32. Vuélvase un estudiante serio de las entrevistas.

Usted ha visto a grandes entrevistadores en la televisión. Parecen ser capaces de extraer cualquier cosa de cualquiera. Un aspecto fundamental de la vida profesional consiste en extraer información de manera eficaz. Más allá de las habilidades generales de escucha (ver inmediatamente arriba), trabaje en las habilidades de entrevista; una vez más, un tema digno de *estudio* formal y de inversión *significativa*.

33. Vuélvase un estudiante serio para hacer presentaciones.

¡Escuche! ¡Hable! Pasamos gran parte/la mayor parte de nuestro tiempo en estas dos actividades. Entonces, ¿por qué hay tan pocos de nosotros que somos estudiantes serios de estas dos habilidades fundamentales del hombre? Ser bueno, muy muy muy bueno, en cualquiera de ellas es tan difícil como ser bueno, realmente bueno, en neurocirugía. El hecho de no poder hacer excelentes presentaciones –de dos minutos o de dos horas, planeadas por un mes o espontáneas– ha frenado en seco un trillón de carreras de alto potencial. Como señaló «D.A.W.» en *The [Martha's] Vineyard Gazette*: «Los bolígrafos son más poderosos que las espadas. Pero nada se compara con las cuerdas vocales».

34. Apunte a nada menos que a los «mejores» gerentes «del mundo» y de primera línea.

La evidencia es amplia y clara. La satisfacción de los empleados (retención, etc.) está más influenciada por la calidad de su supervisor, en particular, por su supervisor de primera línea. *Por lo tanto, se puede decir con exactitud que la selección y desarrollo del supervisor de primera línea es una de las actividades «estratégicas» más importantes de una empresa.* Aunque pocos se toman a la ligera la decisión de promover al supervisor de primera línea, muy pocos se *obsesionan* con esto en la medida en que deberían, teniendo en cuenta la importancia del resultado. Por otra parte, la observación general es que la calidad de la *capacitación* y la *tutoría* de los supervisores de primera línea es por lo general espantosa, o descuidada en el mejor de los casos.

35. Líderes desde el primer día. «¿Todo el mundo es un líder?».

Esto es totalmente posible, y de un valor inestimable. Ya se trate de un papel principal en un asunto pequeño durante un picnic para empleados en el Día de la Recordación, o de la responsabilidad por la logística para un viaje de campo, asígneles a las personas de menor rango la responsabilidad del liderazgo desde el principio, sino desde el primer Día, y luego, durante el primer mes. De ahí que «el desarrollo del liderazgo» se convierta en una actividad-tema general desde el primer momento, «24/7». Esto es muy, muy, muy importante; liderar incluso tareas diminutas es algo que enseña (1) responsabilidad hacia los demás y hacia los resultados, (2) «romper las reglas» cuando sea necesario, (3) rendición de cuentas, (4) el poder del trabajo en equipo, (5) el viejo y simple ajetreo, (6) etc., (7) ¡muchos etc.!

36. Usted = sus (pocas) decisiones de promoción.

El jefe-de-jefes recibe, en promedio, dos decisiones serias de promoción al año, o tal vez solo una. Supongamos que usted dura cinco años en un trabajo. Eso equivale a no más de 10 decisiones de promoción. Premisa: *Esas decisiones determinan más o menos su legado.* Al final de una carrera, su «producto» más importante son las personas que usted ha desarrollado. El «balance final» es obvio: ¡¡Usted no puede poner demasiado esfuerzo en estas decisiones!!

37. «La gente, la gente». Punto.

«Hay dos clases de personas». ¡Qué afirmación tan tonta! Sin embargo, en una dimensión, creo que es más o menos cierta: *Hay* personas que «se apartan» de la gente, y otras no. Estas últimas pueden ser «contribuyentes individuales» increíblemente importantes, pero por lo general no deberían dirigir a otras. He probado esta hipótesis con numerosos líderes muy exitosos, especialmente con propietarios de negocios; en pocas palabras, ellos concuerdan, el 100 % no sería una exageración. El Sr./Sra. X debería ser una persona con talento financiero para dirigir un departamento de finanzas, o un logístico talentoso para dirigir un departamento de logística. Pero el *gran líder* logístico logrará resultados excelentes al desarrollar superestrellas, un superequipo, y al implementar cosas en toda su «red» superior «de personas» en la organización como un todo.

38. El negocio del «éxito en la vida».

El cliente es bien servido exactamente en la medida en que la persona que está sirviendo al cliente es igualmente bien servida. O no. Esto es obvio, y tan a menudo como no, o más a menudo que no, es más violado que observado. Hay que recordar que Dave Liniger, fundador de RE/MAX, sostiene que está en el negocio del «éxito en la vida»; su objetivo es partirse el lomo para permitir que sus agentes y corredores inmobiliarios tengan éxito. Matthew Kelly, en *The Dream Manager*, afirma que hacer que los sueños de sus clientes se hagan realidad depende de hacer que los sueños de las personas que sirven a sus clientes se hagan realidad, y ayudar por lo tanto a estas últimas a realizar sus sueños se convierte en la preocupación apropiada del gerente. En general, entonces, el compromiso con el crecimiento de aquellos que sirven a su cliente, en lugar del cliente *per se*, se convierte en la verdadera Labor Primordial del jefe; y a su vez, en la tarea «maximizadora de ganancias» por Excelencia.

39. Contrate-promueva por la curiosidad demostrada.

La curiosidad es un rasgo individual muy importante. Pero más amplia es la idea de hacer que la «curiosidad» sea parte de la «cultura» de la organización. Por ejemplo, en su enfoque general de la contratación, usted puede recorrer un largo camino evaluando la curiosidad al observar el estilo que tiene el candidato para responder a las preguntas (amplias o estrechas), y la naturaleza ecléctica (o no) de los antecedentes demostrados. Un propietario muy exitoso de una empresa de servicios profesionales insiste, al contratar, que el candidato tenga al menos un *profundo* interés sustancial más allá del conjunto de habilidades «requeridas»; particularmente, y curiosamente, para sus ingenieros, la mayoría de los cuales están involucrados en actividades de desarrollo comunitario en el extranjero.

40. *Womenomics* 101.

En todo el mundo, las mujeres compran más del 80 % de los bienes de consumo. Y en Estados Unidos, las mujeres también compran alrededor del 50 % de los bienes y servicios comerciales (las mujeres ocupan más del 50 % de los cargos gerenciales del país). En términos más generales, Aude Zieseniss de Thuin, fundadora del Foro de Mujeres para la Economía y la Sociedad, se refiere al arribo de la «*Womenomics*... la economía pensada y practicada por mujeres». Una consecuencia obvia (¡debería ser obvia!) es que la representación de las mujeres en los equipos ejecutivos y en las juntas debería ser un reflejo de su poder adquisitivo. El hecho es que los hombres son lamentablemente ignorantes sobre las necesidades del mercado femenino en términos de desarrollo, comercialización y distribución de productos, es decir, prácticamente de todo. Curiosamente, esta, la más grande de todas las oportunidades del mercado, sigue siendo burdamente infraatendida alrededor del mundo.

> **UNA FÓRMULA NO TAN SECRETA**

$M = 2 (C + I)$

Apréndase esta ecuación de memoria. Interpretación: El tamaño del «mercado femenino» es el doble del tamaño del mercado chino y del indio combinados. (En realidad, es *más* del doble). (Y está creciendo y creciendo y creciendo).

La mayoría de las empresas no lo entienden, incluyendo, sorprendentemente, según Michael Silverstein y Kate Sayre (*Harvard Business Review*, septiembre 2009), a la mayoría de las empresas que *creen* que «lo entienden».

¿Cómo se explica la falta de esfuerzos dirigidos a esta... **Oportunidad... Monstruosa e Inigualable... muy poco Secreta... y a Nivel Global?**

No lo sé.
O: ¿Estupidez?

¡Mire!
¡Aquí!
¡Mujeres!
¡La oportunidad de mercado más grande del mundo!
¡Toda suya!

41. Aprobando el «test del estrabismo».

«Para ser una empresa líder en productos de consumo», señala el ex CEO de PepsiCo Steve Reinemund, «es fundamental contar con líderes que representen a la población que servimos». Pepsi lo hace. ¿Y usted? Mi prueba: *Cuando usted escudriña las imágenes en la página de un informe anual en el que aparece el Equipo Ejecutivo y/o la Junta, ¿el género, el tono de la piel, la distribución por edades y nacionalidades coinciden más o menos con la demografía del mercado servido?* Si usted no pasa el «test del estrabismo», la pregunta obvia es: ¿Cuál es su programa de seis meses, un año, y dos años, incluyendo los «próximos pasos» inmediatos para abordar el asunto?

42. La historia grande-enorme (y tomada a la ligera) del mercado en los próximos 25 años.

Enfóquese en el próximo cuarto de siglo: *Crear productos y servicios para, y vender y distribuir al mercado absurdamente grande, ridículamente rico para*

las personas mayores de 50 años, que crece a la velocidad de la luz. (Los «boomers»
nacidos entre 1946 y 1964, y los «geezers», el boomer + la horda). Hablamos
sin cesar sobre el uso de «herramientas revolucionarias basadas en la Web»
para convertir el mundo en «segmentos de mercado de uno». Está bien,
pero no ignore los dos mercados, de lejos, más grandes (no «segmentos»
sino «mercados»), los cuales son patéticamente mal entendidos y lamentablemente desatendidos. Uno: las mujeres. Dos: los *boomers* y los *geezers*. (Y
«2A», que combina lo mejor de lo anterior: Mujeres *Boomers-Geezers*). El
aumento y el aumento (y el aumento) de los *boomers* y los *geezers* es simplemente la «tendencia demográfica» más significativa de la historia. Sin
embargo, la comercialización y el desarrollo del producto-servicio sigue
centrado de lleno en los jóvenes; en «la importantísima franja demográfica
de 18 a 44 años» en particular. Las oportunidades perdidas son asombrosas. El tsunami *boomer-geezer* es absolutamente-positivamente, y de manera inequívoca, ¡la «megatendencia del mercadeo» en los próximos 25 años!

43. ¡Inténtelo! ¡Inténtelo! ¡Inténtelo!

Como base para *En busca de la excelencia*, Bob Waterman y yo examinamos las prácticas de gestión en las 40 y pico de empresas con mejor
desempeño. A partir de este trabajo emergieron lo que se llaman «los
Ocho Fundamentos». El primero era «Una tendencia a la acción». En
términos más generales, afirmo que solo he aprendido una cosa «con
seguridad» en las últimas cuatro décadas y media: «Quien intenta la
mayoría de las cosas gana». Lo digo en serio; esto no tiene un ápice de
hipérbole. Por lo tanto, no hay nada más importante para el éxito de un
negocio que una «cultura de "intentarlo"». Por desgracia, inculcar esto
es una tarea endiabladamente difícil. Una mentalidad de "intentarlo" es
como respirar en 3M o Google o Alibaba, y un anatema en GM, aunque
esta última ha estado tratando de cambiar las cosas en esta dimensión
por más de 25 años.

44. ¡Meta la pata! ¡Meta la pata! ¡Meta la pata!

Si «intentarlo» es el principal Factor de Éxito empresarial, «meter la pata»
es el principal Corolario del Éxito. Intentar un montón de cosas, de manera
rápida, es meter la pata en un montón de cosas de manera rápida. Y el «truco» «cultural» consiste en aprender a *amar* esos rápidos fracasos; en *recom-*
pensarlos y *celebrarlos*.

45. **Simplifique los sistemas. Constantemente.**

Con Internet o sin Internet, con Web 2.0 o sin Web 2.0, computando en la nube o utilizando el ábaco, todas las organizaciones terminan por asfixiarse con la creciente complejidad de .sus sistemas. Sistemas: No se puede vivir sin ellos. Sistemas: No se puede vivir con ellos. Mi consejo: Literalmente, y no en sentido figurado, cree un «departamento de Guerra», ¡un brazo «oficial» de la organización dedicado a librar una guerra contra nuestros propios sistemas! Debemos trabajar tanto en *des*organizar como lo hacemos en organizar. (¡Y recompense en consecuencia a los «des-organizadores» eficaces!).

46. **Simplifique. Una página. Máximo. En todo.**

Conviértase en un fanático de los resúmenes de 10 palabras. Planes y políticas de una página. Etc. El arte de reducir las cosas es un arte de suma importancia. ¿Un plan estratégico? Seguro, pero que no tenga más de una página de largo. (Usted puede tener 10.000 páginas de apéndices, pero el «esencial» no debe ocupar más de una página). (Tal vez todos los documentos principales de las corporaciones deberían seguir la regla de Twitter: 140 caracteres como máximo)

47. **Simplifique.**

Punto. (Muuuuuuyy importante, el exceso de complejidad y de suciedad en general llevan de rodillas a 1 de 1 empresas gigantes. Piense en la segunda ley de la termodinámica, piense en la entropía. Pero nunca deje de tratar de revertir la marea, o al menos de mantener a raya las fuerzas del mal/ complejidad).

48. **¡El calendario nunca miente!**

Sus gloriosas prioridades que cambian el mundo deben de alguna manera mantenerse en línea con el «mundo real» en el que vive. *El tiempo es su único y verdadero recurso.* (Sé que se ha dicho antes y antes de eso, ¿y qué? Siempre es necesario repetirlo). Y la manera en que usted reparte el tiempo −visible para todos y cada uno− es la única verdadera declaración de lo que realmente le importa a usted. Las distracciones son la vida. Sin embargo, usted debe de alguna manera y en cierta medida invalidar esa «realidad» sórdida. Por lo tanto, administre su calendario *religiosa* y *rigurosamente*. Nada, pero nada, es de mayor importancia «estratégica».

49. Usted necesita un «compañero de calendario».

Alinear su tiempo con sus prioridades en vista de un trillón de distracciones, es un trabajo duro y requiere de un acompañante honesto, que le advierta cuando sus prioridades defendidas y asignación de tiempo estén peligrosamente desalineadas. (Pista: Esa es la mayor parte del tiempo). Esta es una tarea «estratégica» *diaria*; las evaluaciones semanales y mensuales están muy bien, pero el Único Día –HOY– ¡es la métrica que importa! (Confíe en mí, ¡por favor! ¡USTED NECESITA AYUDA «EXTERIOR»! ¡LA «VOLUNTAD» NO ES SUFICIENTE!).

> ### ▶ SEA UN TIPO (TIPA) DE «CALENDARIO»
>
> **Axioma I:** Usted = Su calendario.
> **Axioma II:** Los calendarios nunca mienten.
> **Axioma III:** «No tome» decisiones = decisiones más importantes.
> **Axioma IV:** El control del tiempo no es una tarea en solitario.

50. Todos necesitamos a alguien «que nos diga la verdad».

Esto se aplica al presidente y al general, pero también al supervisor de 26 años. Los jefes nunca escuchan la «pura verdad». Por lo tanto, necesitamos un amigo especial que nos diga las cosas como son. ¡Y *que* las diga como son! Esta es la verdad multiplicada por cien después de la segunda o tercera promoción!

51. La EXCELENCIA en todo lo que hacemos.

En mi opinión no-objetiva, el valor de perseguir sin descanso EXCELENCIA *per se* es literalmente infinita. Mi Mantra: La EXCELENCIA es un modo de mentalidad de poder sin igual. Cuando le preguntaron cuánto tiempo le tomó «alcanzar ese nivel», Tom Watson, el legendario CEO de IBM, aparentemente respondió...

«Un minuto».

(Esto fue décadas antes de *Empresario de un minuto*). En ese minuto, usted se promete que nunca volverá a hacer algo que no sea Excelente; esa es la versión de la Excelencia de Alcohólicos Anónimos. Y al igual que AA, la «respuesta» es que solo se requiere un instante para rendirse, pero (la buena noticia) «un día a la vez» para siempre.

Por un lado, hay «enfoques sistémicos» para incrustar diversas formas de «Excelencia» en una organización. Los llamados programas de calidad Seis Sigma son un ejemplo. Sin embargo, al final del día, esta «cosa de la Excelencia» es ni más ni menos que personal. Una persona, una decisión, un minuto: Nunca más otra cosa que no sea Excelente. La Excelencia, la búsqueda sin adornos de esta en los tiempos buenos y, en especial, en los difíciles, es el... **Alma de la Estrategia** verdadera e inmutable.

❯ NUESTRO CREDO/UN TRABAJO EN PROGRESO

El credo de Johnson & Johnson ha superado la prueba del tiempo, ha tenido un valor pragmático (por ejemplo, durante la crisis de Tylenol), y ha demostrado ser digno de su peso en algo mucho más valioso que el oro. En consonancia con las opiniones incluidas en el Corazón de la Estrategia, intenté un credo; con muchas palabras, para estar seguro, pero tal vez sea sugerente.

Somos reflexivos en todo lo que hacemos.

Somos excelentes oyentes-entre nosotros y con todos los miembros de nuestra familia extendida (proveedores, clientes, comunidades, etc.).

Haremos de las dos palabras «¿Qué opinas?» un instinto automático en todas nuestras relaciones internas y externas; por otra parte, «¿Qué opinas? «precederá a la explicación de nuestro propio punto de vista en 99 de cada 100 instancias.

Estamos dedicados a, y medimos nuestro éxito en un grado significativo por nuestro compromiso inquebrantable con el absoluto crecimiento personal de cada uno de nuestros empleados.

Solo estaremos «encantados» con nuestros gerentes si sus empleados se sorprenden universalmente por el nivel de su crecimiento personal y profesional.

Seremos claros en que consideramos el liderazgo en todos los niveles como un deber sagrado y que los líderes son de hecho los servidores de sus empleados, así como el maestro eficaz en el aula es servidor para la vida y el crecimiento de su/sus estudiante/s.

Creemos en el «organigrama invertido», con los «líderes» en el «fondo» de una pirámide inversa.

Construiremos esquemas de incentivos para los líderes de modo que el progreso medible en el desarrollo humano sea tan valioso como el éxito en el mercado.

Seremos líderes en la investigación y el desarrollo en todos los aspectos de nuestro negocio, y trabajaremos principalmente con proveedores que también sean fanáticos de la investigación y el desarrollo; y trabajaremos para atraer a un conjunto de clientes principales dispuestos a jugar en el borde de las cosas y a convertirse en nuestros codesarrolladores.

Trataremos de hacer que nuestros compromisos con los clientes sean aventuras más allá de la zona de confort, o aventuras en el crecimiento, para utilizar una frase menos intimidante; trataremos de agregar valor en formas novedosas que sorprendan y estiren a nuestros clientes y a nosotros mismos.

Utilizaremos las tres palabras «¡Inténtelo! ¡Ahora mismo!», casi tan a menudo como «¿Qué opinas?». Reverenciamos el método experimental, y creemos que el éxito está básicamente correlacionado con el número de cosas que uno intenta.

Reconocemos totalmente el valor del análisis, pero al final nos guiamos por «las acciones hablan más que las palabras».

«Alentamos» y «celebramos» los fracasos; es decir, reconocemos que una devoción casi religiosa a «¡Inténtelo! ¡Ahora mismo!» conduce necesariamente a las fallas que son parte integrante de intentar cosas nuevas.

Veremos con recelo a aquellos cuyos registros incluyan pocos o ningún fracaso; dicho registro impecable sugiere una falta de voluntad para desafiar lo desconocido.

Para resumir los últimos puntos, todos nos consideramos como exploradores-aventureros, avanzando hacia el crecimiento individual y colectivo, al participar activamente en el borde de las cosas; creemos de manera infatigable que nuestros clientes obtendrán un enorme valor por nuestro compromiso con nuestra constante exploración inquieta.

Alentaremos, e insistiremos en, los desacuerdos constantes y vehementes, pero somos absolutamente intolerantes con los desacuerdos que terminan en ataques personales.

Reduciremos los «gastos generales» a cero; más bien, cada «departamento» tendrá como objetivo ser el mejor de su clase en su campo, y será por lo tanto un participante a gran escala en nuestro esfuerzo concertado para añadir valor en todo lo que hacemos.

Exudaremos y modelaremos la integridad individual y colectivamente.

Ejemplificaremos la palabra «transparencia» en todas nuestras relaciones internas y externas, y haremos todo lo posible para dar un nuevo significado y amplitud a la expresión «intercambio de información».

Aceptaremos individual y colectivamente la culpa por nuestros errores, o incluso nuestra pequeña contribución a los errores ajenos, y pediremos disculpas en consecuencia y con prontitud.

Haremos hincapié en la fuerza abrumadora, inmediata y colectiva para corregir cualquier problema del cliente, real o imaginario.

Bajo ninguna circunstancia hablaremos mal de un competidor.

Nuestro objetivo será convertir cada contacto con el cliente en una experiencia memorable, recordando que toda la vida es de hecho una etapa.

Honramos la palabra «diseño» en todo lo que hacemos, en cada rincón y en cada grieta de nuestra organización; cada sistema, cada página Web, cada cliente factura, cada baño para los empleados es parte de nuestra «firma diseñada» a propósito, y tenemos la intención de destacar y exudar la excepcionalidad de una forma u otra.

Entendemos que se deben tomar decisiones difíciles, pero haremos lo imposible para aplicar dichas decisiones con bondad y gracia; la dignidad del individuo siempre estará en nuestras mentes.

No nos inmiscuiremos en la vida de nuestros empleados, pero estamos comprometidos con la ayuda de lleno a los empleados para lograr un estilo de vida saludable.

Dominaremos el arte de la apreciación y utilizaremos profusamente la palabra «gracias» para honrar la ayuda incluso del tipo más leve.

Reconoceremos a través de la celebración, incluso los pequeños éxitos, y lanzaremos una amplia red en nuestros «agradecimientos» para incluir actores secundarios, en especial en otras funciones.

Nuestro objetivo es que los demás se sorprendan siempre por nuestra «energía» y «vitalidad». Vemos el entusiasmo como la clave para el éxito en cualquier cosa, y tenemos especial cuidado en la selección de líderes, para asegurarnos de que cada uno de ellos sea un «portador» «notable» de entusiasmo en las buenas y, sobre todo, en las malas.

Dejaremos lo que estemos haciendo y nos apresuraremos a ayudar a quienes estén involucrados en actividades con plazos apretados, incluso si los implicados causaron algunos de sus propios problemas.

Seremos meticulosos en nuestra planeación, pero también entendemos que nada sale según lo previsto; por lo tanto, seremos conocidos por nuestra capacidad para aunar recursos en un instante, sin problemas y de todas partes, con el fin de abordar lo inesperado; participar *ad hoc* en estas actividades de respuesta no será visto como una distracción de nuestro «trabajo real», sino como una parte significativa de nuestro «trabajo real» y como una oportunidad de contribuir a los demás y construir nuestras propias habilidades de formas que no podríamos haber imaginado.

Reconocemos plenamente que otras unidades-departamentos-funciones tienen puntos de vista diferentes a los nuestros, pero haremos lo imposible para desarrollar conexiones sociales con los de otras funciones, para que las negociaciones con respecto a perspectivas opuestas se transformen en tratos entre amigos.

Reconocemos que los plazos acordados son letra sagrada, e intentaremos equilibrar la urgencia requerida con el realismo requerido en todos nuestros compromisos.

Lucharemos a brazo partido para minimizar los estragos de la hipercomplejidad que «necesariamente» viene con el crecimiento y el mero paso del tiempo.

Declararemos la guerra total a nuestros propios sistemas para asegurarnos de que no nos estrangule.

Con mucho gusto reconocemos que cualquier persona en la organización tiene el deber, así como el derecho, de desafiar a cualquier otra persona cuando él o ella crean tener una perspectiva válida y útil para ofrecer; esto es particularmente cierto con respecto a cualquier tema relacionado con la seguridad, la calidad, o con cumplir plazos previamente acordados; estos desafíos pueden ser firmes, pero no desagradables.

Seremos corteses en todas nuestras relaciones con los otros.

Haremos lo imposible para limitar realmente (y no superficialmente) diversas opiniones de todo tipo imaginable para generar planes y decisiones de toda índole.

Perseguiremos la «diversidad», en parte, de modo que la composición de nuestra fuerza de trabajo y el liderazgo de arriba a abajo sea una reflexión «muy acertada» sobre la demografía de los mercados que servimos o tenemos la intención de servir.

Utilizaremos nuevas herramientas tecnológicas para ampliar la definición de «nuestra familia» a todos los rincones del globo; daremos la bienvenida a las ideas y a la participación en nuestros asuntos por parte de todos y de cada uno.

Apuntaremos a un equilibrio de género en todo lo que hagamos y desde arriba hacia abajo por razones comerciales más que morales.

No comprometer nunca, ni de ninguna manera, la calidad de nuestros productos o servicios, independientemente de las dificultades en nuestro mercado y en la economía.

Reconocemos totalmente que en el corto plazo (y, obviamente, a largo plazo) debemos ser rentables y exhibir mostrar un desempeño financiero estelar que sea consistente con esfuerzos audaces para servir a nuestra gente y a nuestros clientes como se ha descrito anteriormente.

Nuestro objetivo es ser vistos por otros como «conservadores» en nuestras prácticas financieras.

Hablaremos constantemente sobre la EXCELENCIA.

Debemos apuntar indefectiblemente a la EXCELENCIA en todo lo que hagamos.

Utilizaremos la EXCELENCIA como el principal punto de referencia en la evaluación de nosotros mismos, en nuestro trabajo y en nuestra comunidad.

Nunca olvidaremos que la base de la EXCELENCIA es el compromiso constante con el crecimiento de la totalidad de nuestros empleados y, de hecho, de todos aquellos con los que tengamos contacto.

1. 2. 3. 4. 5. 6. 7. 8. 9. 10. 11. 12. 13. 14.

15. 16. 17. 18. 19. 20. 21. 22. 23. 24. 25.

26. 27. 28. 29. 30. 31. 32. 33. 34. 35. 36.

37. 38. 39. 40. 41. 42. 43. 44. 45. 46. 47.

48. 49. 50. 51. 52. 53. 54. 55. 56. 57.

58. 59. 60. 61. 62. 63. 64. 65. 66. 67.

68. 69. 70. 71. 72. 73. 74. 75. 76. 77. 78.

79. 80. 81. 82. 83. 84. 85. 86. 87. 88.

89. 90. 91. 92. 93. 94. 95. 96. 97. 98. 99.

100. 101. 102. 103. 104. 105. 106. 107.

108. 109. 110. 111. 112. 113. 114. 115.

116. 117. 118. 119. 120. 121. 122. 123.

124. 125. 126. 127. 128. 129. 130. 131.

132. 133. 134. 135. 136. 137. 138. 139.

140. 141. 142. 143. 144. 145. 146. 147.

148. 149. 150. 151. 152. 153. 154. 155.

156. **157. 158. 159. 160.** 161. 162. 163.

Éxito

157. El «modelo 3H» del éxito.

Los 3Hs:
Howard.
Hilton.
Herb.

Tres hombres, tres principios.
(Una gran cantidad de «vida»/«éxito» explicados).

1. Starbucks ha llegado a un momento difícil, pero como dicen «ellos», todos debemos tener problemas como los de **Howard** Schultz, quien tomó una taza de café java y forjó un negocio de más de 10.000 tiendas icónicas en todo el mundo. (Y la que visité en Al Khobar, Arabia Saudita, estaba tan concurrida como la de Charles Street, en Boston).

No hay duda de que dirigir un «espectáculo» internacional tan grande como Starbucks es una tarea titánica, y el personal es de lo mejor, y hay toneladas de datos. Sin embargo, el jefe, el señor Schultz, tiene por objetivo (y por lo general lo hace con éxito) visitar –quítense el sombrero– **25 tiendas por semana.**

Él cree que uno tiene que ver el verdadero negocio de cerca y con todos los sentidos (a fin de cuentas, Starbucks vende una «experiencia» de todos los sentidos), ¡para saber cómo son las cosas!

2. Si ha habido un hotelero más prominente y exitoso que Conrad **Hilton**, me gustaría saber quién es. Una anécdota de Hilton: La historia cuenta que, al concluir una gala en honor a su carrera, el Sr. Hilton fue llamado al estrado para «compartir sus secretos del éxito». Se dirigió a la parte delantera, permaneció en el podio, y dijo...

«Recuerden que hay que meter la cortina de la ducha dentro de la bañera».

Y eso fue todo, y luego regresó a su asiento.
(Dios mío, ¡cómo me encanta esa cita!).

3. En 2009, American Airlines y Southwest Airlines celebraron sus reuniones anuales el mismo día en Dallas, sede de las dos empresas. APA, la Asociación de Pilotos Aliados, piqueteó la reunión de American. La reunión de Southwest marcó el retiro del fundador **Herb** Kelleher después de 37 años. Al igual que al Sr. Hilton, al señor Herb le pidieron que revelara el conjunto completo de sus secretos, y, al igual que el Sr. Hilton, limitó severamente sus observaciones:

«Tienes que tratar a tus empleados como si fueran clientes».

Al parecer, al señor Kelleher le han pedido que responda a todas esas preguntas una serie de veces, probablemente miles de veces, y siempre ha contestado con la misma frase de una sola línea de 10 palabras. Y no más.

(¡Caramba, se me olvidó mencionar que el mismo día en que la APA piqueteó a American, el sindicato de pilotos de Southwest pagó una pequeña fortuna para publicar anuncios a toda página en periódicos como USA Today, *agradeciendo a Herb por sus años de servicio, y apoyando al sindicato y a sus pilotos! Todo un contraste, ¿verdad?).*

Lo esencial de los 3Hs:

(1) ¡Manténgase en contacto! (Howard).
(2) ¡Preocúpese por los detalles! (Hilton).
(3) ¡Las personas primero! (Herb).

Deténgase.
Ahora mismo.

Suelte el libro.
Evalúe *apenas* las *últimas* 24 horas.

(No estoy interesado en sus grandilocuentes «preocupaciones de toda la vida». Solo en las últimas 24 horas. Punto).
En una escala de 1-10, ¿cómo valora usted... **en las últimas 24 horas***... cada uno de los elementos 3H?*

158. Un «manifiesto de la Excelencia» completo, de cinco palabras y cinco puntos.

Mi aparente obsesión por resumir cosas tal vez sea una «cosa de la edad». O tal vez se deba a la pasión de un ingeniero por las listas.
Lo que sea.
Este es mi «resumen de todo»... en cinco palabras, generado para un seminario en el que quería dejar un mensaje verdaderamente contundente:

Causa.
Espacio.
Decencia.
Servicio.
Excelencia.

Causa: Un objetivo digno de nuestro compromiso. Un objetivo que reemplaza la necesidad de un reloj de alarma, y del que podemos presumir con nuestros amigos, nuestra familia y nuestro espejo.

Espacio: Espacio para moverse. Aliento constante e insistente para tomar la iniciativa. La expectativa de que todo el mundo se perciba a sí mismo como un agente-empresario del cambio.

Decencia: Reflexión excesiva en todo lo que hacemos. Justicia excesiva en todo lo que hacemos. Respeto absoluto por cada persona con la que tenemos contacto.

Servicio: Indefectiblemente tenemos como objetivo «estar al servicio». Nuestros líderes en todos los niveles «sirven» a su personal. Cada miembro del personal está «al servicio» de sus compañeros y clientes internos y externos.

Excelencia: Nuestro objetivo final es siempre la... Excelencia. Nada menos. En nuestro tratamiento mutuo. En los productos y servicios que desarrollamos. En nuestras relaciones con los clientes-proveedores en la comunidad.

¡Amén!

(Al menos en lo que a mí respecta).

(Y si usted está de acuerdo... ¿Cómo le va, en cada uno de los cinco puntos, en su firma de seguros de seis personas en Main Street, en algún pueblo? ¿En su unidad de desarrollo ejecutivo de tres personas en una compañía grande?).

(«¿Cómo le va?» I: ¿Cómo le va en cada punto en general?

«¿Cómo le va?» II: ¿Cómo le ha ido en cada uno de los cinco... *hoy*?).

159. Nelson completo. O: 13 Lecciones para «navegar» por la Excelencia.

Lord Horatio Nelson, para mí, un marino anciano y ávido estudiante de la historia naval, ejemplifica la EXCELENCIA. Y, cerca del 200 aniversario de su singular victoria en Trafalgar, me encontré con una nueva biografía (probablemente he leído una docena en los últimos años) escrita por Andrew Lambert, *Nelson: Britannia's God of War.* [Nelson: Dios de la Guerra de Britannia]. Parecía valer la pena; y, dicho sea de paso, yo iba a dar una charla sobre el liderazgo en Dubai 48 horas después. Así que hice la compra, devoré el libro durante las seis horas de vuelo desde Heathrow, donde había comprado el libro... extraído 13 Lecciones... *y* endosado a mis amigos en EAU. (Que no son grandes amigos de los británicos; lo siento. Pero me pareció que era una lista tremendamente útil).

Después de esta serie de lecciones, es obviamente mucho más fácil decirlo que hacerlo. Aun así, ofrecen un modelo interesante y digno de nuestro examen si la Excelencia es su aspiración o la mía. Por otra parte, es particularmente interesante considerar la forma en que cada una de las 13 refuerza las otras 12. El liderazgo eficaz y el logro de la Excelencia (en este caso raro, el «logro de», en lugar de la «aspiración de lograr» es merecido) son el resultado de la interacción entre un conjunto complejo de características:

1. *Esquema simple.* Las órdenes de batalla de Nelson eran dechados de simplicidad y claridad; entre otras cosas, era un escritor muy bueno. **(¿Factible para usted o para mí? Sí, así es).**

2. *Propósito Elevado/Noble/Audaz.* Nelson persiguió la victoria total. Muchos de sus compañeros estaban dispuestos, esencialmente, a evaluar la supervivencia como una victoria suficiente. Aunque asustadoras, las metas audaces son tremendamente motivadoras, incluso si usted es un marinero involuntario, al menos si su comandante es alguien como Nelson. **(¿Factible para usted o para mí? Sí. No en una escala nelsoniana, por supuesto, sino en el contexto de nuestras actividades más comunes).**

3. *Involucre a otros.* Nelson hizo a sus capitanes socios de pleno derecho en el proceso mientras él elaboraba los planes, algo insólito en aquellos días. (**¿Factible para usted o para mí? Sí, así es**).

4. *Encuentre grandes talentos, a cualquier edad, ¡y deje que se eleven!* Nelson les dio a sus mejores capitanes, jóvenes o viejos, mucho más margen de maniobra que a sus almirantes homólogos, y evitó la edad como la principal medida para asignar responsabilidades; si su estrella había brillado brillantemente, él le habría dado una asignación de su elección independientemente de la antigüedad. (**¿Factible para usted o para mí? Sí, así es**).

5. *¡Lidere con Amor!* Los marineros, y cada biógrafo está de acuerdo, querían a Nelson, y él a ellos. (La última cláusula en la frase es crucial). Su preocupación por el bienestar de estos, independientemente de la naturaleza áspera de la vida de los marineros en aquellos días, era legendaria. (**¿Factible para usted o para mí? Sí, así es. Básicamente. Asumiendo que usted se «aparte» de la gente que hace el trabajo real**).

6. *¡Aproveche el momento!* El sexto sentido de Nelson sobre la debilidad del enemigo era notable. Pasaba al «plan B» en un instante si las circunstancias cambiantes lo ameritaban. (**¿Factible para usted o para mí? Sí, así es. Más o menos; los «buenos instintos» son el producto indirecto del trabajo increíblemente duro. Y por desgracia, la capacidad de adaptación no es un rasgo universal**).

7 *¡Vigor!* ¡Su energía era palpable! (**¿Factible para usted o para mí? Sí. Básicamente. Las personas con poca energía probablemente no son las mejores opciones para posiciones de liderazgo en general; pero al menos podemos mejorar en términos de nuestra proyección consciente de esta dimensión**).

8. *Domine su oficio.* Nelson fue el mejor navegante de la armada real; los oficiales y marineros apreciaban eso más allá de cualquier medida. (**¿Factible para usted o para mí? Sí, así es. No todos fuimos creados iguales, pero a menudo «el mejor» no es el que encabeza las listas de talento en bruto**).

9. *Trabaje más duro-duro-duro que la persona de al lado.* Las explicaciones son innecesarias. (**¿Factible para usted o para mí? Sí, así es**).

10. *¡Muestre el camino, predique con el ejemplo, exude confianza! ¡Inicie una Epidemia de pasión!* Nelson lideró desde la parte frontal y visible, en uniforme de gala mientras los cañones rugían. (**¿Factible para usted o para mí? Sí, así es. ¡Con la práctica! ¿Pasión «práctica»? Sí, en el sentido de una disposición a expresar lo que usted tiene adentro y que a menudo trata de**

ocultar o suprimir. **Los Churchills y los Roosevelts y los Nelsons expresan emociones; por supuesto, esto comienza por tener cuidado con lo que haga; es algo que no se puede fingir. Nota: ¡«Expresar emociones» no significa gritar!).**

11. *Cambie las reglas. ¡Cree su propio juego!* Nelson *siempre* tomó la iniciativa, obligando así a rivales, desde el principio y en todas las maniobras durante la batalla, a estar constantemente en un modo reactivo. De regreso al N.º 1, sus esquemas simples y la autonomía que les concedió a sus comandantes hizo que tomar y mantener la iniciativa fuera mucho más fácil de lo que habría sido de otro modo. **(¿Factible para usted o para mí? Sí. Básicamente; si usted puede medir varios de los puntos anteriores; como dije, todo está conectado).**

12. *¡Suerte!* ¡Créalo! ¡Siempre es necesaria! No es «deseable», pero es necesaria. **(¿Factible para usted o para mí? ¿Alguien puede tener suerte, y la preparación aumenta las posibilidades de tener suerte. Pero, a decir verdad, la suerte es la suerte).**

13. *Manténgase decidido a llegar a la cima, ¡llueva, truene y/o relampaguee!* Lambert:

«Otros almirantes estaban más temerosos de perder que ansiosos por ganar».

Esto último es un muy importante, y pertenece al #1 o al #13. **(Factible para usted y para mí? Sí, así es).**

Como se ha indicado, el valor de este conjunto de rasgos nelsonianos va más allá de los datos; es la totalidad, las piezas que se refuerzan entre sí, lo que importa. Mi sugerencia de «acción» es simplemente revisar el conjunto, y tal vez tratar de exponer su propia filosofía, en su conjunto. Dicho ejercicio, me parece, es invaluable, al menos puede hacer que usted o yo nos demos cuenta y luego hacer hincapié en los eslabones que faltan; a lo sumo, podría hacer que usted o yo volvamos a pensar qué diablos estamos haciendo con nuestra vida; por ejemplo, ¿estamos tratando de evitar echar a perder (evitar perder), o estamos decididos a personificar la aspiración proactiva y positiva de la Excelencia en nuestro campo elegido (tratar de ganar)?

▷ EL MELLIZO DE NELSON: GRANT

Como un muchacho criado casi en el Sur de Estados Unidos, me enseñaron la grandeza del general confederado Robert E. Lee, y también, desestimar al hombre que cosechó victorias iniciales del Ejército de la Unión y que luego condujo a su ejército a la victoria definitiva: el General Ulysses S. Grant.

Por lo tanto, fue solo hasta hace poco que me convertí en un fanático decidido de Grant. Aunque no estoy sugiriendo que sea un estudiante profundo de la historia militar, ahora sitúo a Grant en un pedestal, en el mismo que a Horatio Nelson. Para mí, los dos tienen pocos iguales.

(Nota: Theodore Roosevelt llamó a Grant uno de los tres estadounidenses más grandes; Washington y Lincoln fueron los otros dos).

La obsesión de Grant con la acción y la simplicidad del plan, y su afecto genuino por sus tropas (y viceversa), son, de hecho, en mi mente, inigualables, y están a la par de Nelson. Considere estas citas que he extraído de varias biografías.

Acción. Ejecución. Ofensa. Implacable. Oportunista.

«La única manera de derrotar a un ejército es salir y luchar contra él». (Grant)

«Grant tenía una aversión por enterrarse».

«El que ataca primero será victorioso». (Grant)

«Obstinado».

«Sencillez y determinación».

«Rapidez mental que le permitió hacer ajustes puntuales... sus batallas no eran formaciones elegantes de operaciones fijas».

«[Otros generales de la Unión] preferían la preparación a la ejecución».

«Si alguien distinto a Grant hubiera estado al mando, el ejército de la Unión sin duda se habría retirado».

Lincoln (instado a despedir a Grant): «No puedo prescindir de este hombre; él pelea».

«El reconocimiento instintivo de que la victoria descansa en perseguir implacablemente a un ejército derrotado para que se rinda».

«El arte de la guerra es bastante simple. Averigüe dónde está su enemigo. Atáquelo tan pronto como sea posible. Golpéelo tan duro como sea posible y tan a menudo como sea posible, y siga avanzando». (Grant)

«Una de mis supersticiones siempre fue, cuando empecé a ir a alguna parte o a hacer cualquier cosa, no volver atrás, o parar, hasta llevar a cabo la cosa que pretendía». (Grant)

«Grant tenía una aversión extrema, casi fóbica, a regresar y volver sobre sus pasos. Si se encaminaba a algún lugar, se las arreglaba para llegar allá, sin importar las dificultades que se interpusieran en su camino. Esta idiosincrasia llegaría a ser uno de los factores que hicieron de él un general tan formidable. Grant siempre, siempre presionaba; retroceder no era una opción para él».

Sencillez. Claridad. Espacio para la iniciativa de otros.

«El genio del estilo de mando de Grant reside en su simplicidad. Nunca agobió a sus comandantes de división con detalles excesivos... conferencias elaboradas de personal, órdenes escritas prescribiendo el despliegue... Grant reconoció que el campo de batalla estaba en proceso de cambio. Al no especificar movimientos en detalle, dejó a sus subordinados en libertad de explotar todas las oportunidades que se presentaran».

«El coraje moral de Grant, su voluntad para elegir un camino del cual no era posible el retorno, lo distinguen de la mayoría de los comandantes...

[Grant y Lee] estaban singularmente expuestos a asumir toda la responsabilidad por su comportamiento».

Vínculo con los soldados

«Ante todo, las tropas apreciaban la modestia de Grant. La mayoría de los generales se mantenían con un séquito de oficiales inmaculados. Grant solía cabalgar solo, a excepción de una ordenanza o dos para llevar mensajes en caso de necesidad. Un soldado dijo que estos veían a Grant "como un socio amistoso, no como un comandante arbitrario". En lugar de aclamarlo mientras cabalgaba, ellos lo saludaban como si se dirigieran a uno de sus vecinos del barrio. "Buenos días, general", "Que tenga un buen día, General"...».

Después de la victoria de Grant en Chattanooga:

«Los oficiales [de la Unión] pasaron frente a los Confederados con suficiencia y sin ninguna señal de reconocimiento, salvo por una. "Cuando el general Grant llegó a la fila de presos harapientos, sucios, sangrando y desesperados, encadenados a cada lado del puente, se quitó el sombrero y lo sostuvo sobre su cabeza hasta que pasó frente al último hombre de ese cortejo fúnebre viviente. Fue el único oficial en todo ese tren que reconoció que estábamos sobre la faz de la tierra"».* [*Cita del diario de un soldado confederado].

(Nota: Esto no es para desestimar de ninguna manera las cualidades de liderazgo militar del General Lee. Y aunque sé que algunos de mis grandes amigos nunca me perdonarán, debo reconocer que me he convertido realmente en un admirador incondicional del hombre de Galena, Illinois).

160. Una hoja de trucos para tiempos difíciles (y, también, para otros tiempos).

En medio de todos los consejos que hay «por ahí» para hacer frente a las circunstancias difíciles, ¿cómo... reducirlos un poco? Algunos pensamientos:

(1) Sea consciente en el sentido zen, es decir, aprenda y **demuestre una sensibilidad extrema por el entorno inmediato de alguien.** Considere cuidadosamente, mucho más de lo que normalmente podría, cómo se proyecta usted: ¿Su enfoque «enérgico», por ejemplo, se parece más al pánico? ¿Su sonrisa está en su lugar? Los tiempos económicos difíciles no tienen nada de divertido, pero una actitud permanentemente sombría, aunque esté justificada, desmotiva sin duda alguna.

(2) **Reúnase... todos los días, a primera hora**... con su equipo de liderazgo para discutir lo que sea, o comprobar hipótesis. Podría reunirse de nuevo por la tarde. Reuniones de máximo 30 minutos, tal vez de 15.

(3) Si usted es un «gran jefe» utilice una **caja de resonancia** confiable y privada al 100 %, y asista todos los días, ya sea que «deba hacerlo»... o no.

(4) Cree escenarios a granel, pruébelos, juegue con ellos, a corto plazo, a largo plazo, sean razonables o irrazonables. (No necesariamente un ejercicio formal, pero un ejercicio «lúdico» y constante).

(5) GD (Gerenciar Deambulando). Deambule. Muestre actitudes. Visibles, pero no frenéticas. Visibles... **VISIBLES**... visibles.

(6) Use el teléfono, converse con expertos, con *no* expertos **(!)**, con clientes, con vendedores. Busque una enorme **(!!)** diversidad de opiniones. (Nota: ¡Los grandes jefes invariablemente pasan demasiado tiempo con «expertos»! Expertos = Anteojeras = Particularmente malo en tiempos de incertidumbre/ambiguos).

(7) **¡¡¡¡Comunique excesivamente!!!!!**

(8) **¡¡¡¡Comunique excesivamente!!!!!**

(9) Ejercítese, anime a su equipo de liderazgo a duplicar su ejercicio físico; el acondicionamiento físico es increíblemente importante para el sosiego mental.

(10) ¡Resalte la «**Excelencia** en *cada* transacción»! **(¡Ahora más que nunca!)**.

1. 2. 3. 4. 5. 6. 7. 8. 9. 10. 11. 12. 13. 14.

15. 16. 17. 18. 19. 20. 21. 22. 23. 24. 25.

26. 27. 28. 29. 30. 31. 32. 33. 34. 35. 36.

37. 38. 39. 40. 41. 42. 43. 44. 45. 46. 47.

48. 49. 50. 51. 52. 53. 54. 55. 56. 57.

58. 59. 60. 61. 62. 63. 64. 65. 66. 67.

68. 69. 70. 71. 72. 73. 74. 75. 76. 77. 78.

79. 80. 81. 82. 83. 84. 85. 86. 87. 88.

89. 90. 91. 92. 93. 94. 95. 96. 97. 98. 99.

100. 101. 102. 103. 104. 105. 106. 107.

108. 109. 110. 111. 112. 113. 114. 115.

116. 117. 118. 119. 120. 121. 122. 123.

124. 125. 126. 127. 128. 129. 130. 131.

132. 133. 134. 135. 136. 137. 138. 139.

140. 141. 142. 143. 144. 145. 146. 147.

148. 149. 150. 151. 152. 153. 154. 155.

156. 157. 158. 159. 160. **161. 162. 163.**

Importante

Mis compañeros de la asociación universitaria tienen un ritual maravilloso, un boletín anual al que contribuimos todos. Hace algunos años (cuando yo tenía 62), hablé sobre el tema del «retiro», que parecía estar en la mente de muchos:

«Todos ustedes han escuchado, sin duda, la anécdota de Churchill. El viejo estaba transitando por el Atlántico en barco. Un asesor hizo un cálculo mental y recurrió a él, "Sir Winston, he calculado la cantidad de brandy que ha tomado usted. Llega hasta acá", dijo, señalando un punto a mitad de camino por la pared del salón de baile cavernos en el que estaban sentados. Churchill se inclinó hacia el capitán, señaló su marca *de facto* sobre la pared, y dijo supuestamente: "Tan poco tiempo, y tanto por hacer".

»Tengo 62 años y me siento atribulado. ¿Por qué?

»Tan poco tiempo, y tanto por hacer.

»No tengo ni idea de si esta breve misiva suscitará desprecio o mera indiferencia. Déjenme decir simplemente que me horroriza la idea de la jubilación... o la ralentización de alguna manera, forma o sentido. Escribo desde

Nueva Orleans. Son las 5 a. m. Llevo tres horas despierto, trabajando en el discurso de hoy.

»Soy bendecido. Tengo una oportunidad (en tan solo 4 horas) de influir en 3.500 vidas. Me atrevo a no meter la pata.

»Me canso con frecuencia (tengo 62, no 22), pero me encanta y aprecio las oportunidades que me han concedido para tomar parte en el diálogo universal sobre el significado del trabajo y la vida y el propósito nacional.

»En pocas palabras, el "retiro" para mí significa ser arrastrado fuera de una etapa, y ser colocado en sencillo ataúd de pino, con estas palabras inscritas: "Le importaba un comino"».

¡Permanezca enojado!
¡Cambie el mundo!

¡Nunca se rinda!
¡Nunca ceda!

¡Muera intentando!
¡Literalmente!

162. ¡Piense en su legado!

«*Mi vida es mi mensaje*».
–Gandhi

¡LEGADO!
¡Puede ser una palabra hermosa!

(¿Por qué usted/yo fuimos importantes?).

(¿Qué dejamos usted/yo que perdurara?).

Pero lo invito también a pensar en esto como en un objetivo de toda la vida. Y a considerar su cargo actual como jefe de una división de siete personas en un departamento de IS/TI. (O lo que sea). Supongamos que usted lo es por 6 o 12 o 18 (o 21) meses: ¿Cuál... **frase**... resumirá su «término»?

¡Por favor!

¡Tómese este ejercicio en serio!

Considere esto como una variación de un debate en tompeters.com sobre el número de prioridades que una persona puede tener una vez. Bien, estoy tratando de averiguarlo.

¡Una!

Esta es la lógica. Mientras escribo, tengo un día repleto de actividades variadas (¡esa palabra temida!) por delante, que terminan con un vuelo de Boston/Logan a Londres/Heathrow. Pero la... LA... pregunta es:

¿Cómo habrá sido el (una frase) legado de este día para mí?

Sí, creo que un Solo Día puede tener tanto de un «legado» como toda la vida. De hecho, ¡espero que este sea el caso! ¿Por qué? Debido a que este día... que se extiende ante mí... está lleno (por el momento) de oportunidades ilimitadas... y es... **¡todo lo que tengo!**

¿Verdad?

¿Solo otro día?

¡Escasamente!

ESTO ES... ¡Todo!

Todas esas cosas... lo grandioso y lo mundano... que quiero hacer con mi vida, ya sean instigadas o frustradas o desanimadas o aplazadas, ignoradas en el curso de...

Este.
Día.
Desplegado.

Por lo tanto: ¿Cuál será el Legado de Hoy... ¿para Usted?

Mi respuesta (esperada)...

A pesar de todas las «cosas» que tengo que hacer en preparación para mi viaje, me aseguraré de tener los libros y los papeles que necesito para trabajar en algún «proyecto de aprendizaje», más allá de mis seminarios, que me hagan avanzar, agotado o no, un octavo de paso por algún camino novedoso que creo que es importante; y también, sin importar lo ocupado que esté, pasaré una hora afuera absorbiendo y apreciando, sin distracciones, el mundo a mi alrededor.

(Esa es una tarea descomunal; muchos días, tal vez incluso la mayoría, fracaso o saco apenas la aterradora «c de caballero». Sin embargo, al sostener y al menos echar un vistazo al... **«espejo del legado»...** **diariamente...** al menos estoy examinándome, y tratando de permanecer alineado con mis aspiraciones a largo plazo).

Es su turno...

▶ ARTE: ¡POR EL BIEN SUYO!

«Haz una obra maestra de cada día».
–John Wooden, extraordinario entrenador de baloncesto

(Esto suena tan miserablemente «motivacional», la cosa más desagradable que puedo decir; pero, para repetirlo, este día es, de hecho, y al final... *todo lo que tenemos*).

163. ¡No olvide por qué está aquí!

Estaba hablando con una joven abogada de Harvard, que dedicaba su tiempo a una gran empresa. Ella reconoció que su vida en la firma era básicamente un torbellino de actividades triviales. Por un lado, eso es muy normal, y parte del proceso de aprendizaje de larga tradición. Pero también es cierto que, en medio de toda la basura, uno pierde gradualmente de vista por qué ha decidido seguir este camino valioso (como usted lo vio y sintió pasión por él), y, por desgracia, es posible que si no se tiene cuidado, nunca más podrá captar el maravilloso e ingenuo (¡una palabra muy bonita!) entusiasmo de su juventud.

He oído a médicos y a otros profesionales decir lo mismo que mi amiga abogada. En la parte superior de la pirámide, el exsecretario de Estado George Schultz, reflexionó, y lo parafraseo, sobre cómo se llega al servicio público con los más altos ideales, pero «terminas tan atrapado en el juego, que te olvidas de por qué llegaste en primer lugar, y te olvidas de tus grandes aspiraciones».

(Por desgracia, muchos CEO ejemplifican esto. Quedan tan atrapados por el juego del crecimiento por el crecimiento, y de las ganancias por las ganancias, que se olvidan del hecho de que están destinados a «servir» algún objetivo olímpico; es decir, desarrollar el equivalente de su industria del próximo iPod o iPhone, droga milagrosa o combustible sintético. Los jefes de GM son un caso clásico. En algún lugar, ¡y de alguna manera, olvidaron a lo largo del camino de cómo hacer grandes autos!

Tengo un pequeño ritual que hago para encarrilarme de nuevo, cuando siento que me estoy alejando de esas aspiraciones «ingenuas» de antaño. Me tomo un momento o cinco, repaso *En busca de la excelencia*, y recuerdo lo que tuve como objetivo en primer lugar. Y hasta qué punto me extravío en ciertas ocasiones; esto me ayuda a mantenerme centrado o recentrado. (No es una cuestión de tratar de revivir el pasado; se trata de intentar recuperar el *espíritu* de apoderarse de todo el mundo mientras gritamos, «al diablo con los torpedos, vamos a toda velocidad»).

Le sugerí a la abogada recién conocida que inventara un ritual, que volviera a leer quizá una vez al mes sus respuestas al ensayo que había ofrecido en el formulario de inscripción para alumnos. Y sugiero lo mismo para usted:

«¿Por qué acepté este cargo, o elegí esta profesión? ¿Estoy haciendo todo lo posible en mi proyecto actual para mantenerme fiel a los principios que me metieron en todo esto? ¿Puedo renovarme? ¿Puedo recuperar el espíritu de "un llamado glorioso" que tenía cuando empecé?».

O algo así.

Mi sugerencia: Haga un ejercicio similar de su propia invención cada noventa días. *Mejor aún, ¡una versión reducida todas las noches!* O, tal vez, una vez por semana, intentando dar una respuesta honesta y completa a la pregunta de su cónyuge: «¿Cómo te fue el día?». Entonces, ¿cómo *le fue* su día? ¿Es esto lo que usted pensó que podría ser hace diez años cuando empezó este viaje supuestamente virtuoso?

▶ «¡EL MUNDO ES UN GRAN MENTIROSO!»

«En cierto modo, el mundo es un gran mentiroso. Te muestra que adora y admira el dinero, pero al final del día no lo hace. Dice que adora la fama y celebridad, pero no es así, en realidad no. El mundo admira y quiere aferrarse a, y no perder, la bondad. Admira la virtud. Al final da sus mayores tributos a la generosidad, la honestidad, el coraje, la misericordia, a los talentos bien utilizados, talentos que, introducidos en el mundo, lo hacen mejor. Eso es lo que realmente admira. Eso es lo que decimos en los panegíricos, porque eso es lo que es importante. No decimos: "Lo que pasa con Joe es que era rico". Decimos, si es que podemos: "Lo que pasa con Joe es que le importaba la gente"».
–Peggy Noonan, «La lección de una vida», en la respuesta asombrosa al fallecimiento de Tim Russert, *Wall Street Journal*, junio 21-22, 2008

Les deseo una larga vida, pero si la tragedia los hubiera golpeado ayer, ¿qué creen ustedes que podrían decir «ellos» en su funeral? Esta cuestión sensiblera no se debería abordar «24/7». Sin embargo, vale la pena considerarla sobre una base irregularmente regular.

Amén.
Y buena suerte.

Dedicatoria

Uno (yo) escasamente denigraría la importancia de la obra de Peter Drucker en el desarrollo de prácticas modernas de gestión. Para bien, y a veces para mal, Drucker y Frederick Taylor nos dieron la superestructura, más o menos en su totalidad, para reflexionar sobre la gestión empresarial tal como la conocemos hoy en día. Pero, mientras me sentaba a escribir esta dedicatoria, recordé un ejercicio de títeres con los dedos, que hacía cuando era niño: «Esta es la iglesia, este es el campanario; abre las puertas y mira a todas las personas». Si Drucker y Taylor nos dieron la iglesia, Warren Bennis y su mentor y compañero Doug McGregor nos dieron las personas. Ellos añadieron la sangre, el sudor y las lágrimas, ese «último 99 %» sumamente importante, como llamo yo a la grandiosa producción llamada organización humana.

Warren es un humanista.
Warren es un gran pensador.
Warren es un erudito en el sentido grandioso y clásico del término.
Warren es un combatiente principal en la historia de las ideas que moldean la humanidad.
Warren es un maestro sin par.
Warren es un mentor sin par.
Warren es un amigo sin par.

Creo sin duda que una historia incluyente de las ideas sobre la naturaleza de la humanidad y de nuestros esfuerzos incesantes para organizar y para gobernarnos, destacaría las contribuciones singulares de Warren. Pero los esfuerzos inigualables de Warren en el campo en que yo también he elegido incursionar no es la razón principal por la que le he dedicado este libro. He dedicado este libro a Warren Bennis principalmente por razones egoístas; a saber, porque ha sido un gran amigo en el sentido más verdadero y profundo de la palabra. Él ha «estado presente ahí» intelectual y emocionalmente, sin descanso, durante los últimos treinta años de mi vida.

Tuve la suerte agradable y peculiar de escribir (coescribir) un libro popular de gestión en un momento muy importante en la historia empresarial de EE. UU. Decir que no estaba preparado para lo que sucedería posteriormente sería un eufemismo. Después de unos momentos alegres de hurras ensordecedores, llegaron décadas de ataques maliciosos y profundos. Para aclarar, me he puesto (y mantenido) deliberadamente en situaciones de peligro; no he sido ningún timorato. No obstante, uno no puede estar preparado para la virulencia de la embestida o los barriles de sangre que salpican el campo de la batalla intelectual.

Es ahí donde Warren entra en escena.

Él era muy bien visto en casi todas las esferas, y, por razones que aún no son claras, intercedió ante el mundo en mi nombre y se convirtió en mi roca-tutor-compañero del alma intelectual y emocional. Su declaración expresa y repetida de que yo estaba siguiendo una pista útil, y que debería persistir contra viento y marea, me dio el sentido común para mantener el rumbo. Sinceramente, no estoy seguro de que hubiera sobrevivido sin él. Así de sencillo.

En efecto, Warren me ofreció la garantía firme y cálida, a partir de su condición olímpica, de que yo necesitaba seguir adelante. Y de que necesitaba proteger lo mío. Y para bien o para mal, lo hice y hago exactamente eso.

Estoy admirado por las contribuciones de Warren a nuestro mundo en general.

Y me siento verdaderamente honrado por su amistad y apoyo.

Gracias, querido amigo.

Agradecimientos

En primer lugar, a Justin Hall. Este libro se deriva de mi blog, tompeters. com; y Justin Hall es, según Wikipedia, árbitro conocedor de dichos temas, tal vez el primer blogger «moderno». Su weblog vio sus inicios en la habitación de su dormitorio de Swarthmore College, en 1994. (Usenet y BBS, y similares, fueron los progenitores, y el linaje general es, no hace falta decirlo, turbio).

A continuación, a Bob Miller. Bob es mi editor (HarperStudio), a quien estoy eternamente agradecido; pero en este caso, Bob también tiene la distinción inusual de haberme informado que yo había escrito un libro, sin que yo lo supiera. Es decir, en la antropología de la naturaleza de las comunicaciones actuales, Bob era un visitante ocasional en tompeters.com, y leía algunos de los «consejos de éxito» que he publicado de vez en cuando. Él me escribía por correo electrónico, diciéndome que él pensaba que había un libro en tp.com que ya estaba escrito en gran parte, y que le gustaría publicarlo.

(El material «a modo de libro», como yo podía o debía haber supuesto, se encontraba, de hecho, apenas en un 10 % del camino hacia un manuscrito publicable, pero esa es otra historia. El hecho es que Bob me ofreció, acepté, y aquí estamos).

A Carolann Zaccara y a Jon Miller. Comenzamos con una historia de baños limpios en Gill, Massachusetts, en Wagon Wheel Country Drive-in. Los héroes de este libro son las personas cuyas historias escribo. Mis agradecimientos sinceros a los propietarios de Wagon Wheel, Zacarra y Miller, y al resto de los de su estirpe que aparecen en estas páginas.

A Dave Wheeler. Varias de las tácticas exitosas en este documento empezaron con comentarios en tompeters.com. Por ejemplo: «Las dos palabras más importantes en cualquier organización son "¿Qué opinas?"», de Dave

Wheeler. Permitiré que Dave actúe como sustituto en esta sección de reconocimientos para aquellos comentaristas a cuyo trabajo me he referido; espero que citando la fuente en cada caso.

A David O. Stewart. David es un abogado constitucional radicado en D.C. Su Libro de 2007, *The Summer of 1787* [El verano de 1787], fue en muchos sentidos la principal inspiración para la idea de *«Detalles IMPORTANTES»*. Sorprendentemente, y a primera vista, resulta que muchas –probablemente la mayoría– de las decisiones críticas en la Convención Constitucional de EE. UU. estuvieran determinadas por cosas tan livianas como el hecho de «asistir». (La delegación del pequeño estado de Delaware estuvo invariablemente presente, y sus esfuerzos fueron decisivos una y otra vez, a pesar de estar representado por personas más bien corrientes). En el mismo sentido, uno difícilmente podría expresarlo mejor que John Carlin en su libro *El factor humano: Nelson Mandela y el partido que salvó a una nación*; el entonces presidente Mandela utilizó un partido de la Copa del Mundo de Rugby, en 1995, como un teatro político de la forma más extraordinaria. Este par y una multitud de otros, así como una relectura del magnífico libro de Barbara Tuchman *Los cañones de agosto*, ofrecieron abono para este esfuerzo modesto.

A Erik Hansen. No tengo idea de cuál sea la «descripción de trabajo» de Erik, porque él no la tiene. Hablo mucho, y escribo mucho y hago videos y similares. Erik hace que se materialicen todas esas «cosas» que no son charlas en mi vida. Hemos trabajado juntos en libros desde 1994, y este es nuestro duodécimo libro. (Sí, acostumbramos terminar las frases el uno del otro). Erik trabaja con editores y consigue diseñadores y ediciones y ha realizado cerca de 150 entrevistas excelentes en «Cool Friend» para tompeters. com, además corre de acá para allá y hace un trabajo maravilloso de una u otra manera, haciendo cada cosa que pueda imaginarse y más y más; y todo ello con una gran habilidad y un sentido del humor que no tienen precio. (Excepto cuando está enojado; se ha sabido que sucede).

A Cathy Mosca y a Shelley Dolley. Cathy y Shelley no están del todo en su duodécimo libro conmigo, ¡pero están acercándose! Este dúo meticuloso, y creativo y cuidadoso es nuestro gerente-editor Web, etc., del día a día. Y muchísimo más. Cathy, por ejemplo, tiene la ingrata, pero sumamente importante labor (!!) de comprobar los hechos; ninguna cantidad de súplicas de mi parte en el departamento de recortes influyen en absoluto. ¡Gracias a Dios! También, una parte integral de nuestro «equipo de casa» web y ahora libro, es Joy Panos Stauber. He pasado más de 20 años gritando, inicialmente a contraviento, sobre la importancia del diseño. Hacemos todo lo posible para vivir ese mensaje en nuestro trabajo y el toque mágico de Joy es una gran parte de ello.

(Para su información: Erik y Cathy han revisado este manuscrito tantas veces como yo, con el mismo esmero. Por lo tanto, los errores que pudiera haber son de ellos. Disculpen; es una broma. Todas las metidas de pata, que esperamos que sean escasas si las hay, son, por supuesto, en última instancia, ¡culpa mía y solo mía! Pero es cierto que C & E, ¡probablemente podrían recitar todo el manuscrito de memoria!).

A Sarah Rainone y a Michael Slind. Si los editores son lo más importante, entonces somos afortunados más allá de toda medida. Sarah se encargó de la primera grieta de mi desorden incipiente. Además de hacer un buen trabajo en general, fue ella quien nos dio nuestro título. No sé si el libro estará a la altura o no, pero empieza con una ventaja en el juego gracias a su título fenomenal. ¡Gracias, Sarah! Mike fue el editor de mi libro *Re-imagine!* en 2003. Fue una tarea descomunal, y en mi opinión, hizo un trabajo magnífico. En particular, jugamos con un formato completamente nuevo para un libro, que afectó drásticamente el texto. Mike fue el héroe que lo inventó sobre la marcha, haciendo que todo funcionara. En un panorama ligeramente más pequeño, él lo hizo materializar. No nos gustaba la lógica del libro. Mike hizo una gran edición general, pero fue su reorganización del material en fragmentos más pequeños y coherentes lo que se dintinguió. Mike lo comparó con una partitura musical, y creo que eso es exactamente acertado.

A Harry. Mi fuente continua de ideas —y banco de prueba de ideas— son mis varias docenas de seminarios cada año. Por estos días, paso el 80 % de mi tiempo por fuera de EE. UU. (Angola y Arabia Saudita y Ecuador y la India en una excursión en otoño de 2009). Las oportunidades de discursos son cortesía de mis amigos de tres décadas en el inigualable (palabra merecida, sin exageración) Washington Speakers Bureau en Alexandria, Virginia. En particular, entre las muchas personas que han sido de gran ayuda, el cofundador Harry Rhoads, tal vez mi mejor amigo, y Georgene Savikas y Christine Farrell y Bernie Swain. Un paso más allá a lo largo de la cadena están mis creadores de seminarios más frecuentes: HSM de Sao Paulo, Brasil, y el Instituto para la Investigación Internacional, una división de Informa con sede en Londres. José Salibi Neto de HSM y yo nos conocemos desde hace 25 años. Y Eduardo Braun de HSM y Peter Rigby y Jessica Sutherland de Informa/IIR y yo también tenemos una gran cantidad de historias agradables.

Al equipo de Harper y amigos. ¡Es bueno estar en «casa»! Como algunos de ustedes lo saben sin duda, Harper & Row publicó *En busca de la excelencia*, escrito por Bob Waterman y por mí en 1982 [La edición en español fue publicada en 2014]. Pasé a Random House-Knopf-Vintage, y luego a Dorling Kindersley. Y ahora, más de un cuarto de siglo después, Harper, en la modalidad del nuevo HarperStudio, es mi casa editorial, cortesía de Bob Miller, mencionado (y agradecido) anteriormente. ¡Bob ha recibido por supuesto una gran cantidad de ayuda de sus amigos! Entre ellos: Kim Lewis, Nikki Cutler, Helen Song, Leah Carlson-Stanisic, Eric Butler, Mary Schuck y Katie Salisbury.

Luego está la parte de «la vida». Me siento afortunado cada día en mis asuntos profesionales (¡una buena selección de palabras!) por la dedicación y la excelencia de Abbey Bishop y de Charlie Macomber. Abbey tiene un cargo laboral, Director Ejecutivo de Eventos, pero es tan engañoso como la ausencia de título de Erik. Es decir, ella es la reina de los eventos y hace un trabajo increíble al lidiar con todas las personas, desde los expertos audiovisuales en Ucrania a los CEO de Silicon Valley. Y luego está «el resto», una mezcolanza de cualquier cosa que puedan imaginar y más. (En el último año, su eficacia se ha visto aún más ampliada, ya que ella ha hecho su trabajo mientras que su marido, Keith Bishop, sargento de primera clase de EE. UU., ha sido desplegado a Afganistán). Charlie es nuestro jefe operativo –aunque soy el «gurú de la gestión» (Dios nos ayude a todos)–, Charlie gestiona cada maldita cosa que recibe el título de «dirigir el negocio». Él, nativo de Nueva Hampshire, tiene una vena de pragmatismo-conservadurismo sensato que complementa mis vuelos irregularmente regulares que rayan en la fantasía descabellada. No es casualidad, hablando de cordura y de locura, que también yo recibido la ayuda inmensa para sobrevivir de alguna manera a mi vida-en-el-camino-aproximadamente-en-todas-partes de Nancy Paul, mi amiga y diosa-hacedora de milagros. de viajes.

Y a continuación, el fundamento debajo del fundamento. Mi socia y mejor amiga y esposa, Susan Sargent. Susan es una artista textil brillantemente exitosa. Y una empresaria del hogar-mobiliario cuyo enfoque único en el color del hogar ha cambiado literalmente el estilo de vida de Estados Unidos. Soy un poco conocido por mi ajetreo e intensidad. Ella me hace avergonzar en estos dos aspectos. «No espero» es su lema siempre tan acertado. Adicionalmente, ella ha transformado nuestra granja Grey Meadow de tamaño considerable en Tinmouth, Vermont, en un lugar simplemente increíble; algunos cuadros han aparecido de vez en cuando en tompeters.com. No sé qué más decir; ya sean 10.000 palabras o un simple «¡Gracias por todo, y algo más!».

Y luego están mis dos hijastros sorprendentes, Max y Ben Cooper. Aunque la situación es precaria, trato más o menos de mantenerme al día con el mundo nuevo y loco de la tecnología que surge a mi alrededor. Entre otras cosas, «Multimedia Ben» es, sin duda, indirectamente responsable de mis esfuerzos en materia de blogs-tuits; y Max, el artista, me estimula, al igual que Susan, en todas las cosas estéticas.

(También en la categoría de «cimientos» está nuestro vecino y jefe de todas las cosas relacionadas con la granja, Gary Gras. Si el mundo llega a su fin, Gary sobrevivirá; aún me falta descubrir algo que él no sea capaz de hacer. Su familia maravillosa –su esposa Jane y su hija Emma y el futuro campeón de motocross Austin–, son también parte de nuestra afable-cuadrilla-en-la-cima-de-la-montaña-en-Tinmouth-Vermont).

Por último, a Frank Galioto, Lisa Galioto y a Steve Hersh. Ellos saben por qué están en esta lista. Y yo sé por qué están en esta lista. Y sé que ellos saben que probablemente no habría ningún libro sin ellos.

Índice

A

A.A. (Adictos a la Acción) 207

Abrashoff, Mike 151

AbtElectronics 422

aceptación del usuario 163

acción 201-209

atención centrada en el paciente 77-79,
117, 203-5

«aventurando mi ¡respuesta
condenadamente más incorrecta!»
201-3

Capitán «Día» y Capitán «Noche» 205-7

perforación de pozos 207-9, 392-93

acoso 259

«actitud de acción» 207

Active Listening(Hoppe) 318

actitud 6, 103-11, 276

agradable, atento y comprometido 105-7

alegría 107-8

«Factor de brillo en los ojos» 103-5

guardavía 108-10

«Actitud Rápida de Prototipos» 306

Adams, John Quincy 329

Adams, Marilee 318

Adams, Scott 51

adhocracia 297-298

adictos a la Acción (A.A.) 207

ADMDR (acto de mejora deliberada en
las relaciones) 100-1

afabilidad 100-1

agresividad contra «energía» 116

ahora 152-54

desperdiciando su vida 154, 434-35

gestión metabólica 431

paredes de los «Mañanas» y de los
«ayeres» 433-34

Ailes, Roger 116-18

alborotadores 213, 446

alegría 135, 150, 212, 327, 390

Alinsky, Saul 228-29

Allen, Woody 136

Allende, Isabel 328

almorzar73, 203-6, 480-81

Altman, Robert 173-74

amabilidad 34, 35, 84-87, 107-8

amar a sus competidores 396-97

Amazon.com 329

ambientalismo (construcciones
ecológicas) 39, 40

Ambrose, Stephen 209

American Airlines 466

amigos, hacer 95-96

Anderson, Dick 205-6

Andretti, Mario 328

animación 117

Anixter, Julie 52

Annis, Barbara 284

Anthony, Susan B. 289

aprendizaje 338, 367

currículo educativo 343-45

escribir 341-42

estudiar 337-40, 448

leer 340-41

toda la vida, como declaración de la misión 337-38

aprendizaje para toda la vida 337

aprovechar los momentos 241-42

aptitud física 68

aptitud mental 68-69

aptitud

mental 68-9

física 68

apreciación. *Véase* «gracias»

Armas de Creación Masiva (WMC) 450

Arden, Paul 326

¿Are You Really Listening? (Donoghue y Siegel) 318

Armstrong, Neal 424

Art of Asking, The (Fadem) 318

Asentir 323

asistentes ejecutivos 166, 179

asistir 136-37, 190, 486

Asking the Right Questions (Browne y Keeley) 318

asociación *networker*-hacedor 228

aspecto contra «sustancias» xvii-xx

asuntos de género. *Véase también* mujeres 258, 281-83, 455-57

«atención plena en el diseño» 355-57, 364

atmosféricos de salida 119

autoconocimiento 46, 344

autodesprecio 121, 312

automotivación 66

autoritarismo 29, 220

aventurando mi… condenadamente 201

Avrakotos, Gust 227, 232-33

Axelrod, Susan 373

axioma del entusiasmo 279

«axioma de pasar el rato» 311, 451-52

B

baños, limpieza de 1-2,

Barack, Inc. (Faulk y Libert) 151

Barbosa, Gerson 337

Bartz, Carol 143,

Basement Systems, Inc. 34-36

basura 33, 377, 382-84, 481

costo de la rigidez 377-78

descentralización 47, 379-83

despejando un mundo de «bazofia» 385

juego de remoción 384

sentido común, 221, 387-89

Batten, Frank 300

BDF (Balanza de Favores) 229

becas de investigación

multidisciplinaria 5

Beckett, Samuel 53

Bennis, Warren 67, 262, 337

Ben-Shahar, Tal 446

Bernanke, Ben 28-29

Best Buy 275, 393

Birchard, Bill 191

BlackBerry 349

Black Swan, The (Taleb) 45-47

Blohm, Olle94, 145

Bloomberg, Michael 54, 307

BMW 356, 359, 427

Boeing 308

Bogle, John 27-28

Bommelje, Richard 318

Boomer/50 más, mercado potencial 22, 39, 345, 457

Botones Rojos 384-85

Boyatzis, Richard 237

Brafman, Ori 4

Brafman, Romanos 4

Branson, Richard 148, 184-86, 321-22

Bratton, William J. 6

Bread Loaf Construction 372

Bronner's Christmas Wonderland 422

Brookhiser, Richard 80

Brooks, David 377

Brown, John Seely 72

Browne, Neil 318

Buckingham, Marcus 143, 264, 327,

Buffett, Warren 223, 331

Built to Win (Movius y Susskind) 95

Burley-Allen, Madelyn 318

Burn, Harry 288

Buscadores contra Planificadores
    254, 311

Buse, H. W., Jr. 201-2

BusinessWeek 209, 371, 392-93

C

cadena de mando 46, 206, 232

cadenas de suministro 296, 393,

calidad 14, 40, 77-79

    de la fuerza laboral 271-75

cambio significativo 216-17

    todo de una vez 217-18

    en poco tiempo 219

calma 46, 49, 178

cambio. *Véase también* demostraciones de

    cambios significativos 214-15

    implementación de 222-24

    zen y el arte de lograr 211-13

cambio sistémico 211

Canadian Broadcasting Corporation
    (CBC) 284

canal de Panamá 70, 308, 445

capital de riesgo 296

Capitán «Día» y Capitán «Noche» 207

cara en el escenario 58

caramelos de dos centavos 367, 369, 426

Career Warfare (D'Alessandro) 113

Carlzon, Jan 241-42

Carnegie, Dale 83, 96

Carrigan, Pat 252

Carver, Raymond 159

«catedral», creando una 409-11

Catmull, Ed 55

Catt, Carrie Chapman 288-89, 291

centralización contra descentralización 380

Centros de Excelencia 303, 344

Century of Struggle (Flexner y
    Fitzpatrick) 290

Chandon, William 318

Change Your Questions, Change Your Life
    (Adams) 318

Chapman, Leonard 201

Charles, Ray 413-15

Charlie Wilson's War (Crile) 227-34

Charmel, Patrick 78

Chez Panisse 296

China 30-31, 140, 271-73, 367, 424

chismes (chismear) 334-35

chispa 104-5

Choosing Civility (Forni) 79

Chopra, Deepak 367

Christopher's Ghosts (McCarry) 320

Churchill, Winston 54, 73, 202, 205,
    207, 288, 329, 477,

Cialdini, Robert 95

Circuit City 275

«Círculo Virtuoso de la Disculpa» 158

Cisco Systems 298

Cisnes negros 45

Citigroup 26

Clase Anciana. *Véase Boomer/*50-Más 38-39, 457

Potencial de mercado 39

clientes 195-98

clientes enojados 197-98

clientes internos contra externos 167-69, 394, 402

satisfacción del cliente 170-71, 369-70, 402, 423

clientes furiosos. *Véase también* disculpas 198, 309, 446,

cliente, servicio al, xxvii, 20, 195-99

atención a los detalles 389-91

Clinton, Bill 449

Coaches 135

coinventar con personas de afuera 311

colaboración, multifuncional 173-74

Coleridge, Samuel Taylor 328

Collins, Jim 220

Commerce Bank 383-84

Cómo ganar amigos e influir en las personas 83, 96

(Carnegie)

compañero de calendario 459

«Competencia fundamental» escuchar 315-17

competidores

«enemigo» dirigiendo su vida 394-96

amar a sus 396-98

compromiso

compromiso con el trabajo 109-11

comunicación. *Véase* comunicación instantánea; 20

comunicación excesiva, 29

comunicación instantánea. *Véase*

también correo electrónico;

llamadas telefónicas; 20, 242

comunicar en exceso 198-99

Twitter 133-35, 178, 195, 342, 458

conciencia 81-82

condescendencia 257

conductismo 65, 148, 442

conexiones 93-101, 180

actos deliberados de mejora en las relaciones 100-1

hacer amigos 95-96

haciendo que sea personal 97-98

importancia de las relaciones 93-94

conexiones emocionales 180

actos deliberados de mejora en las relaciones 100-1

importancia de las relaciones 93-94

hacer amigos 95-96

haciendo que sea personal 97-98

confianza 94, 95, l46, 470

confianza mutua 95-96

confianza sagrada y liderazgo 146-48

consideración 85-87

consideración

«estar ahí» 83-84

consideración dogmática 89-91

construcción ecológica 39-41

consulta 168-69

consumo de energía 41

correo electrónico19, 246

contabilidad 238, 355, 378, 395

contacto visual 114, 116,

Container Store 273, 277

Contratación

abordando con un fanatismo flagrante 261-62

criterios para 446-48

ecuaciones 180

Convención Constitucional, EE. UU. 486

Convención Nacional Demócrata (2004)121

Conway, Jill Ker 212

Corea 218, 273, 303

Cornog, Evan 73

cortesía. *Véase también* amabilidad; 60, 80-82, 113, 344,

consideración 85-7

cosas triviales 2, 3, 47, 252

Covey, Stephen R. M. 94, 452

CQHSB (cosas que han salido bien) 370

CQHSM (cosas que han salido mal) 369-70

Craigslist 299

Crane, Frank 239-40

creación de valor, frenesí dramático de, 438

credibilidad 30

credo 460-63

Crile, George 227

crisis 25

China e India 30, 281, 283, 424

las cosas buenas llegan de a tres 28-30

«crítico» y «campeón», distancia entre 161-62

crisis financiera de 2007-2008 25-26, 33-34

crowdsourcing 311, 450

Crownover, Jim 99

Cruikshank, Jeffery 300

«cuadrilla de hermanos-hermanas» 186

cuentas de jubilación optativas 6

cuidado xiii, 64, 105-07, 374-75

cultura de «intentarlo» 207, 457

cumplidos. *Véase también* «gracias» 148-51

cuota de mercado 22, 396

curiosidad 345-49, 455

chismes 334-35

hacer preguntas 331-33

recompensar el NS (No Sé) 333-34

Customer Comes Second (Rosenbluth y McFerrin Peters) 94

D

D'Alessandro, David 113-15

Daniels, Phil 53

Danko, William 36

Darwin, Charles 328

D'Aveni, Rich 400

DCI (Derivación Centralista Inherente) 381

DDPI (Director de Primeras impresiones) 118

deambular 141, 245-47

deambular sin rumbo 247

de Beauvoir, Simone 439

decencia, xxiii, 34, 81-84, 88, 94, 180, 449, 467, 468

Decency of Conversation Among Men 80-82

Decimonovena Enmienda 290-92

De Geus, Arie 438

Delaware xxi, xxii, 138, 486,

Dell 296

Demostraciones 214-16, 256

De Pree, Max 72

Derivados 27

derivados financieros 27

desarrollo del talento 261-69

Descentralización 47, 310, 380-83

Descortesía 80, 212

desempeño 113-23

   primeras impresiones 116-18

   últimas impresiones 119-20

   habilidades de presentación 121-23

   hora del espectáculo 113-15

desperdiciando su vida 434-35

detalles 367-75

   atención a 59, 289, 370-72, 466

   desarrollo de marca 71-72

   preocuparse por 374-75

   limpieza de baños, 1-2

   flores 3-4, 49, 60, 168, 179, 365

   caramelos de dos centavos 367, 369

DI (Detectores de Idioteces) 382

digno de un jadeo 356, 425-26

diferenciación 74-75

Dilbert 51, 186-87

dinero. *Véase* finanzas

dinero para «jugar» 296, 298

Director de Primeras Impresiones (DDPI) 118

directoras de junta, las mujeres como 285, 455

disculpas (disculparse) 125, 155-60, 163, 179, 467

diseño xxviii, 355-65, 452

   Centros de Excelencia 303-4

   como «lamible» 359-60

   emociones y 363-65

   está en todas partes 355-58

diseño amable con el usuario 360-63

Disney 55, 118

dispensadores de desinfectante para las manos 6

disuasión, la pasión como 231

diversidad 48, 311, 406, 450

diversión 184-87, 315

divirtiéndose 184-87

DNK (no sé) 333

Donoghue, Paul 318

Dorling, Kindersley 358, 488

Dream Manager, The (Kelly), 455

Drucker, Peter 232, 235, 409, 483

Dry Basement Science (Janesky) 35

Dunbar, Robin 334

E

Easterly, William 253-55, 258, 311

eBay 58, 299

ecuaciones 177-81

educación 31, 302

Effective Apology (Kador) 156-58

Effective Listening Skills (Kratz) 318

egoísmo 29, 65-66

Eisenhower, Dwight David 95-96, 209, 225, 445

Ejecución 15, 47, 116, 181

El aviador (película) 307

«ellos» en «nosotros»98

Embárrela vigorosamente (E.V.) 304-5

   emociones. *Véase también* conexiones emocionales; pasión,180

   diseño y 363-65

empacadores 118

empatía 46, 87-88, 255

empleados. *Véase* gente; talento como posibilitador de sueños 411-12

empleados de primera línea 22, 401

   empleo de por vida 50-51

empresa xxv, 17-21, 389-91

   amar a sus competidores 396-98

   «enemigo» dirigiendo su vida 394-96

   Mandato PSF «personas sirviendo a

personas» 392-94

En busca de la excelencia (Waterman y Peters) xix, 207, 245, 343, 426, 457

«enemigo» dirigiendo su vida

enfoque de «hacerlo todo» 216-19

«Enfoque de nosotros somos poder» 98-99

enfoque de «primero yo» 65

Enough (Bogle) 27-28

Enron xx

ensayo y error 29, 254, 256

entrevistas (entrevistando) 320-23, 439, 452-53

entropía 313, 458

entusiasmo 63, 146, 279, 322, 445-47

EpiPen 362-63

equipos de proyectos 298

Era de la Liebre 431

errores, celebrar 457

esclavitud xxii, 156

escribir 341-42

escribir más 341-42

escucha estratégica xxvi, 312

escuchar 315-18, 452

   a los pacientes 78-79

   como «competencia básica» 317-18

   con empatía 255-56

   ecuación 178

   estratégica xxvi, 312

   «gerentes de 18 segundos» 319-20

   interrupciones y 319-20

   libros sobre 318

   obtener la historia 320-22

esfuerzo público 139-41

esperanza 46

espionaje 253

ESPN: The Uncensored History (Freeman) 300

establecer la agenda 129

estancias en el hospital. *Véase* atención 145-46

   centrada en el paciente 77-78, 117, 203-5

Estándar desquiciado 299-300

«estar ahí» 83-84

estética. *Véase* diseño xxviii, 356-65, 452

estudiar 138-39, 337-40, 448

estudiar más

Evans, Harold 307-8

eventos extremos impredecibles

E.V. (Embárrela vigorosamente) 304-5

Excelencia 9-15

   «manejar» 469-71

Éxito 489-98

   «modelo 3H» de 489-91

   hoja de trucos para tiempos difíciles 474-75

   «Manejar» la Excelencia 469-71

   «Manifiesto de la Excelencia» 467-68

   «ir abajo»164-65, 178, 401

   «ir arriba» 165, 178

éxito en la vida 267-69, 454-55

éxitos pequeños 60

Experience Economy, The (Pino y Gilmore) 113

experiencia en mercadeo xxi, 423

externalización 19, 50, 440

extremismo en la defensa del GUAU 428-29

F

«Factor de brillo en los ojos» 103-4

Fadem, Terry 318

Fanatismo 261-62, 432

Farson, Richard 54, 355, 358

Faulk, Rick 151

Favores 178-79, 229

ferretería Hartville 422

Field, Sally 327

Fiery Peace in a Cold War, A (Sheehan) 224

50+: Igniting a Revolution to Reinvent America (Novelli) 37

finanzas (presupuesto) 97, 234, 275-77, 281,
    1 % de perforación (eliminando un mundo de «bazofia») 385-86
    presupuesto para la gente 275-79
    realismo acerca de 415-17
    seguir el dinero 229-31
    todo pasa a través de 126-27

Financial Times 26, 281, 358

Firma de Servicios Profesionales (FSP) 394
    Mandato 392-94

Firmeza 115

First, Break All the Rules (Buckingham) 264

Fitzpatrick, Ellen 290

Flexner, Eleanor 290

Flores 3-4, 60, 365

formación. *Véase* aprendizaje xxv, 337-45

Forni, P. M. 79

Forster, E. M. 93

fracaso, celebrar 52-54, 310

Frampton, Susan 78

Frankl, Viktor 64

Franklin, Benjamin xxi

Freeman, Michael 300

frenesí dramático en la creación de valor 437-40

Friedman, Tom 339

Frito-Lay 6, 252, 392

Frohman, Dov 349, 351

FSP (Firma de Servicios Profesionales) Mandato 392-94

Funky Business (Nordström y Ridderstråle) 438-39

furia e innovación 307-9

G

Gagarin, Yuri 424

Gandhi 65, 207, 478

García, Jerry 421

García, Manny xxvi, xxvii

Gardner, Howard 72

GD (Gerenciar deambulando) 20, 48, 139-41, 245-49, 475

GDMMDV (Gestión de Momentos Memorables de Verdad) 241-43

GEE (Gestión de la Experiencia Emocional) 119

Geek Squad 275, 393

GE Energy 167

Geisinger, Clínica 203-4

Geithner, Tim 28-29

General Motors (GM) 12, 252-53, 377-78

Gente 271-79
    axioma del entusiasmo 279
    calidad de la mano de obra 271-75
    los que van por el último 2 % 277-78
    presupuesto para 275-77

gente grosera e innovación 307-9, 446-47

«gente liderando a la gente» 266-69

gente negativa 60

Gerenciar deambulando (GD) 20, 48, 139-41, 245-49, 475

«gerentes de 18 segundos» 319-20

Gestión de momentos memorables de
Verdad (GPMMDV) 241-43

gestión metabólica 431-33

gestión visible 58

Gilbert, Brad 339

Gilmore, Jim 113

Gilpin, Laura 77-78

GIP (Gestión Integrada de
Proyectos) 393

Gitomer, Jeffrey 3

Giuliani, Rudy 6, 215

Glass, David 54

GlaxoSmithKline 303

Globalización 19-20

Godin, Seth 74

Goldman Sachs 100, 282

Goldsmith, Marshall 65, 155-56, 449

Goleman, Daniel 65, 95, 237

Google 185, 261, 273, 296

Gore, Al 211

«gracias» xxv-xxvi, 151, 154-55, 179,
444-45

Gradualismo 432

Gran Juego de Remoción de Basura
383-85

gran plan 253, 254

Grant, Ulysses S. 222-23, 342, 472-73

Grayling, A. C. 327

Green Architecture (Wines) 40

Green Building A to Z (Yudelson) 40-41

Greenleaf, Robert 144, 272

Gretzky, Wayne 209

Griffin, Elisabeth 289, 292

Griffin, Hospital 78, 117, 204

Groopman, Jerome 319

grupos de apoyo 135

GUAU 441-51

extremismo en la defensa de 428

digno de un jadeo 356, 425-26

lo «único» es mejor que lo «mejor»
421-23

Guardavía 108, 110, 111

Gunnarsson, Jan 94, 145

Gurian, Michael 284

Gurko, Miriam 289

H

habilidad empresarial 409-10

habilidades de presentación. *Véase
también* primeras impresiones; últimas
impresiones 116-22

habilidades políticas e implementación
224-25

hacer preguntas 331-33

Hamilton, Alexander 380-81

50 «Ha» principales 422-29

Harris, Judith Rich 335

Harrison, Steve 88, 94

Hastings, Max 73

Hayek, F. A. 217, 440

«Hazlo simplemente» 206

Heller, Joseph 28

hermanas Grimké 290

Hewlett-Packard (HP) 140, 245

Higgins, Andrew 209

Hilton, Conrad 466-67

Hipotecas 27

historia personal 70-74

historial de desarrollo 266-69

hitos 351-53, 402

Hock, Dee 326

hojas de vida 51-52

HOK Guidebook to Sustainable Design

(Mendler, Odell y Lázaro) 40

holgura, como secreto para la resiliencia 49

Hoppe, Michael 318

hora del espectáculo 113-15

horario. *Véase* tiempo

Hornery, Stuart 42

Hospital de Lexington VA 157

Hospital Johns Hopkins 203

Hostmanship 145-46

Hostmanship(Gunnarsson y Blohm) 94, 145-46

Howard, Robert 349

How Doctors Think (Groopman) 319

How to Ask Great Questions (Lee-Thorp) 318

Hughes, Howard 307

Humor 46, 121

Hunters, The (Masters) 208

I

IBM 392-94, 397

idea del portafolio 429

impacto 437-40

listas «hágalo ahora» 440-42

«frenesí dramático» de 437-40

Implementación xxviii, 221-25

ecuaciones 178-81

impresiones

primeras 116-18

últimas 119-20

impresiones de siete segundos 121-22

incertidumbre 47, 199

incitar 4-5, 7

India 30, 424

industrias geniales 17

Influence (Cialdini) 95

In Her Own Right (Griffin) 289, 292

Iniciativa 47-48, 133-41

asistir 136-38

esfuerzo público 139-41

levantarse temprano 138-39

llamadas de tres minutos 133-35

innovación 295-314

adhocracia 297-98

E.V. (Embárrela vigorosamente) 304-5

Estándar Desquiciado 299

14 ideas para I&D 310-12

Perturbadores de la Paz 307-9

Prototipos 305-6, 310,

trabajos de zorrillos 300-4

integridad 46

Intel 296, 349-50

Inteligencia emocional (Goleman) 65, 95, 237-38

interrupciones y escuchar 319-20

I&D (investigación y desarrollo) 42-43, 272, 295-97, 304, 312, 338, 392

investigación y desarrollo (I &D) 461

GIP (Gestión Integrada de Proyectos) 393

Isaac, Brad 136

I Was Wrong (Smith) 156

J

Jacobs, Jane 440

James, Henry 79

James, William 154, 325

Janesky, Larry 17, 21, 35

Jefe Gurú de Diseño (Oficial) 452

Jefferson, Thomas 80, 380

Jensen, Rolf 73

jerarquía empresarial 19, 227,231, 253, 284

Jim's Group 34-36

Jobs, Steve 55, 328, 358, 426, 434

Joffe, Brian 383

Juan Pablo II, Papa 448

Johnson, Elmer 377

Johnson & Johnson 460

Jordan, Michael 54

jornada laboral, desperdiciando la 434-35

juego de la culpa 445

«juego interior» 170

juegos de guerra 47

jugar 184-186

jugar en serio 216, 306-7

Junkman's Daughter 422

K

Kador, John 156-58

Kahneman, Daniel 4, 119

Keeley, Stuart 318

Kelleher, Herb 209, 279, 466

Keller, Helen 325

Kelley, David 53, 358

Kelly, Matthew 94, 411-12, 455

Kelly, Walt 377

Keyes, Ralph 54

Kibert, Charles 40

King, Martin Luther Jr. 109-10, 437

Komansky, David 26

Kopp, Wendy 217-18

Kratz, Abby Robinson 318

Kratz, Dennis 318

Kraus, Max 140-41

Krugman, Paul 25

Krzyzewski, Mike 87

L

Ladies of Seneca Falls (Gurko) 289

Lafley, A. G. 311

«lamibilidad» 359-60

Lamb, Karen 329

Lambert, Andrew 469-71

Langone, Ken 325

Lasseter, John 55

Lawrence-Lightfoot, Sara 88, 94, 321, 323, 325-26

Lazare, Aaron 156

Lazarus, Mary Ann 40

Leadership the Hard Way (Frohman y Howard) 349

Leading Minds (Gardner) 72

Leading with Questions (Marquardt) 318

Leadership and the Sexes (Gurian y Annis) 283-84

lealtades de marca 38

Lee, Robert E. 472

Lee-Thorp, Karen 318

Leer 340-41

leer más 340-41

legado 478-80

LeMay, Curtis 224

lenguaje de reproche 81

Lewis, Peter 433

Liberation Management (Peters) 220

Libert, Barry 151

Librería Hatchards 340-41

«liderazgo emergente» 297-98

líderes (liderazgo) 143-51, 453

   al servicio de ellos 143

   ayudando a otros a tener éxito 143-144

   bajarse del pedestal, 251-52

   como confianza sagrada 146-47

   como propiciadores de sueños 411-13

deambular 245-58

hostmanship 145-46

«ir abajo» 164-66, 178, 401

«organizadores» contra 228

personas liderando personas 266-69

refuerzo positivo 148-51

Light, Larry 431

Limited Brands 53

Limpieza xxi, 1-2, 372-74

Lincoln, Abraham 156, 472

Liniger, Dave 267-77, 279, 454

listas de «cosas por hacer» 189-90

lista de verificación 203

listas «hágalo ahora» 440-42

listas «me gustaría que fuera» listas «para hacer» 440-42

Listening: The Forgotten Skill (Burley Allen) 318

Listening Leaders (y SteilBommelje) 318

Little Red Book of Selling (Gitomer) 3

Living Company, The (De Geus) 438-39

llamadas telefónicas 133-35, 178, 195-96, 448

llamadas telefónicas de tres minutos 133-35, 178

llamar a los clientes 133-34, 195-96, 448

lo aburrido es hermoso 34-36

«lo blando es duro» xix-xxiv, 240

locos. *Véase* raros 19, 233, 448-49

«lo duro es blando» xix-xxiii, xxvi

Lockheed 300-1

Logística 173, 392, 454

Lombardi, Vince 87

Longevidad 437-39

Lorenz, Chris 358

«los que dicen la verdad» 459

los que van por el 2 % 277-78

«Lo siento» (disculparse) 125, 155-58, 163, 179, 445

Lovemarks (Roberts) 71

LPEAUDLA (Liderazgo por el Ajuste Unilateral de la Actitud) 64

luz del día, La (Swift) 341

M

McCarry, Charles 320

McConnell, John 238-40

McCormack, Mark 139-41

McCue, Mike 395

McEnroe, John 339

Mackay, Harvey 449

McKee, Annie 237

McKinsey and Company 94, 99, 168, 298, 332, 343, 355, 392, 425-26

McMillan, Ron 65, 94

Madison, James xxi-xxii, 129

Madoff, Bernie 115

Madrugadores 138-39

Magazine Luiza 273-74

Manager's Book of Decencies (Harrison) 88, 94

«manejar» la Excelencia 469-71

«Manifiesto de la Excelencia» 467-68

Mandela, Nelson 65, 424, 445

Mann, Howard 395

mano de obra, calidad y carácter de 271-75

manuales, diseño de 360-62

marca (desarrollo de marca) 296, 345

Márquese 50-51

Marland, Carolyn 326

Marquardt, Michael 318

martilloTuf-E-Nuf 359

MasterCard 393

Masters, John 208

mercadeo contra ventas 22

«MBA del Pueblo» (currículo educación)
343-46

MBA (Maestría en administración de
Negocios) 343

Mead, Margaret 326

Mecánico, el 228

medias de compresión 5, 204

mejora deliberada
en las relaciones 100-1

mejores prácticas 381, 439

mensaje del tarro de caramelos 367-69

mensajes de voz 3

mentir 159, 482

Mercado internacional Jungle
Jim 421-22

mesas, redondas contra cuadradas 5

«meter la pata» 6, 52, 457

Mendler, Sandra 40

Merrill Lynch 26

Miller, Bob xxviii, 141

Millionaire Next Door, The (Stanley y
Danko) 36

Minnick, Walt 170

Mlodinow, Leonard 304

Modales 60, 446

«modelo 3H» del éxito 465-67

«momentos de verdad» 241-42

momentos finales (últimas impresiones)
119-20

Momentos Memorables de Verdad
241-42

Montana, Joe 283-85

Morgan, J. P. 202

Morison, Samuel Eliot 291

Mosca, Cathy 136, 486

Motivación 11, 66

Mott, Lucrecia 290

Movimiento por los derechos civiles 424

movimiento sufragista 288

Movius, Hal 95

Mujeres 258, 285-305
como directoras de junta 286
como líderes 283-85
mercado potencial de relaciones y 37,
281-82, 285, 455-57
movimiento sufragista 288

multifuncional,
colaboración 173

«mundo plano» 19

Muro de Berlín 424

Murthy, Narayana 367

N

Nadler, Gerald 318

Napoleón 221-25, 328

narrativa (storytelling) 70-73, 357, 437

Nature Conservancy 191

Nature's Keepers (Birchard) 191

Nelson (Lambert) 469-72

Nelson, Horatio 222, 469-72

Netscape 395, 438-40

Networker, el 228

Networking 50 161-75
clientes externos contra Internos
167-70, 402
durante las recesiones 59-60
fórmula para el éxito 167-69
«ir abajo» 164-66
«juego interior» 170-72
«una línea de código» 161-63

New Leaders, The (Goleman, Boyatzis y
McKee) 65, 237-38

Newton, Isaac 25

Nike 206, 356

«No» 189-193

   listas para «no hacer» 189-91

   «suficientemente bueno» 191-93

Noonan, Peggy 482

Nordström, Kjell 438

No sé (NS) 333-34

«nosotros» contra «nuestros» 17

Nostalgia 58

No Two Alike(Harris) 335

Novelli, Bill 37

95 % invisible 227

Nudge (Thaler y Sunstein) 4

O

Obama, Barack xvii, 49, 115, 121, 151, 195

«océanos azules» 20

Odebrecht, Norberto 377

Odell, William 40

Oficial de Destrucción de Complejidad y Sistemas 312

OJPI (Oficial en Jefe de Primeras Impresiones) 118

Oficial en Jefe de Primeras Impresiones (OJPI) 118

OJDRDB (Oficial en Jefe de Remoción de Basura) 382-84

Oficial en Jefe de Remoción de Basura (OEJDRDB) 382-84

Oficial en Jefe de Remoción de Obstáculos (OEJDRDO) 232

«oír» contra «escuchar» 317

Oliver, Mary 325

Ombudsman con Sentido Común 387

On Apology (Lazare) 156

On Becoming a Leader (Bennis) 67

O'Neal, Stan 26

One Day, All Children (Kopp) 217

One Thing You Need to Know (Buckingham) 143

opción Siberia 390

oportunidad 33-43

   construcción ecológica 39-41

   la clave en las malas épocas 41-43

   lo aburrido es hermoso 34-35

   «viejas» reglas 37

oportunidades inigualables 33-34,

optimismo 27, 33-34, 446

optimismo sin sentido 34, 446

organizaciones resilientes, atributos observables de 47-48

«organizadores» contra «líderes» 228

Otros 77-91

   amabilidad para 77-79

   cortesía con 80-82

   consideración de 81-84

   consideración hacia 88-91

   «estar ahí» 83-84

Oxford History of the American People (Morison) 291

P

palabras. *Véase también*, «lo siento»; «gracias»

   Mentir 159

   «¿qué opinas?» 153-54

palabras de acción 209

PanAm 307

Parcells, Bill 209, 326

   pasión 230-31, 237-38, 470

   aprovechando los momentos 241-42, 470

Patterson, Kerry 65, 94

Patton, George 219

   Pausas 348, 439

pausas de meditación 348

Paulson, Hank 28, 29, 100-1, 337

PDMH (Portadores de Mal Humor)108

Pearson, Andy 252

pedestal, bajarse del 251

Penman, Jim 34

penetración en el mercado 22

pequeñas cosas 1-7

perforar 207-9

«personas sirviendo a personas» 390

PepsiCo 252, 456,

Percepciones 371, 447

perfeccionismo contra «suficientemente
   bueno» 191-93

Perot, Ross 209

personal, haciéndolo 97-99

personas enojadas 197-98

Perturbadores de la paz 307-9

Peters, Diane McFerrin 94

Picardía 184-97, 312

Picker, David 304

   pifias de gurú 16-23

Pine, Joe 113

Pink, Dan 73

Pixar Touch, The (Price) 55

planeación de contingencias 47-49

planificadores contra buscadores 253-54

Platón 85-87

platos para servir 5

Polite Revolutionary (Stone) 211

política de oficina 61

«política local sobre el terreno» 253-59

Power and the Story, The (Cornog) 73

Power of Design, The (Farson) 355, 357

Práctica 135, 317

Oración 61

preguntas «tontas» 331-33

«preocuparse por los detalles» 374-75

Preparación 138-39, 339-40

Presencia 245-49

   bajarse del pedestal 251-53

   con sentido o sin sentido 248-49

   dejar su dinero en casa 250-51

   gerenciar deambulando 245-47

   pequeños pasos 253-55

Press Ganey Associates 77-78

presupuestos. *Véase* finanzas

Price, David 55

primera línea (crecimiento de primera
   línea) 42

primeras impresiones 116-18

Prince, Chuck 26

proceso contra resultado 78

Professional Service Firm 50 (Peters)
   393-94

«profesional» uso del término 125-26

programas de tutoría 59, 148, 308

Progressive Insurance 433

Promociones 266-68

   criterios para 311-12, 453-55

   construir un legado de «dos por año»
      262-63

   ecuación 180

Pronovost, Peter 203

propagadores de tristeza (Portadores del
   mal humor) 60, 108, 110, 114

prototipos (prototipado) 305-6, 310

proximidad 5

Proyecto Ray 413-15

proyectos de una sola vez (Proyectos
   puntuales) 296, 303

Puckett, Allen 332

punto de vista 74-75

   punto de vista positivo 446

puntualidad 118, 347

Putting Patients First (Frampton, Gilpin y Charmel) 77-78

PVN8 (punto de vista notable... en ocho palabras o menos) 74-75

Q

«¿Qué opinas?» 153-55

«qué demonios» 305

R

Ray (película) 413

Raros 19, 233, 448-49

RDLIELR (Retorno de la Inversión en las Relaciones) 94, 234

Realismo 415-17

Recesiones 2, 42, 309

   secretos y estrategias para hacer frente a 58-61

reconocimiento (refuerzo positivo), 148-51, 155

recursos humanos. *Véase* gente; talento reciclaje 6

redundancia 47, 49

Reed, John 26

reforma del sistema de salud 203-5

refuerzo negativo 149, 151

refuerzo positivo 148-50, 155

   Véase también «gracias»

Regla de Oro 239-40

Reimaginar 409-17

   creando una «catedral» 409-11

   lanzamiento del «Proyecto Ray» 413-15

posibilitando sueños 411-13

realismo 415-17

Re-imagine! (Peters) 409-17

«recompense los fracasos excelentes, castigue los éxitos mediocres» 53, 310

Reinemund, Steve 456

Relaciones 21, 93-101, 180

   actos deliberados de mejora en las relaciones 100-1

   diferencias de género en hacer amigos 285-86

   haciéndolo personal 97-99

   importancia de 93-95

RE/MAX 267-68, 279, 454

rendición de cuentas, 47, 234, 454

resiliencia 45-56, 447

   celebrar el fracaso 52-54, 310

   muerte del empleo de por vida, 50-52

   zambullida de cisne 45-49

   personas resilientes, atributos observables de, 46

respeto 88, 154, 320-23

   libros acerca de 94

Respect (Lawrence-Lightfoot), 88, 94, 321, 323-26

respiración (rituales de respiración) 49, 348

Retail Superstars (Whalin) 421-23

resultado contra proceso 78

retiro 477-78

Retorno de la Inversión en las Relaciones (RDLIELR) 94, 234

Richards, Ann 82-83

Ridderstråle, Jonas 438-39

Rigideces 377-79

Roberts, Kevin 71

Roddick, Anita 367

romper las reglas 312, 454
   servicio al cliente y 370-72
Ron Jon Surf Shop 422
Roosevelt, Eleanor 325
Rosenblatt, Roger 163-64
Rosenbluth, Hal 94, 279
Rosenbluth International 164, 279
Rules for Aging (Rosenblatt) 163-64
Rules for Radicals (Alinsky) 229
Rules of Civility (Brookhiser) 80-82
Russell, Paul 261

S
«saber cuándo mantenerlos, saber cuándo
   descartarlos» 54-55
«sacarlo» 321
Samsung 303
Sargent, Joan 183-84
Sargent, Molly 327
satisfacción. *Véase también* satisfacción del
   cliente satisfacerse a sí mismo 66-67
satisfacción del cliente 170-71, 370, 402,
   423
satisfacción personal 66-68
Schembechler, Bo 327-28
Schlumberger 392-93
Schrage, Michael 216, 306-7, 310
Schultz, George 481-82
Schultz, Howard 185, 465
Schulze, Horst 41-42,
Schumpeter, Joseph 440
Schwarzkopf, Norman 251-52, 257
Seis Sigma 14, 125, 460
Sellers, Patricia 100
sentido común 221, 387, 389
sentimientos. *Véase* emociones
señal de diseño 360-363

Serious Play (Schrage) 216, 305-7
Servant Leadership (Greenleaf) 144-45
Servicio 113, 144
Sewell, Carl 373-74
Sewell Village Cadillac 373-74
Shafir, Rebecca 318
Shaw, George Bernard 235, 27
Sheehan, Neil 224
Shreve, Anita 285-86
«Sí» 183-87
Siegel, Mary 318
Simon, Scott 209
Simplicidad 27, 221-25
simplicidad del plan 469, 472-73
simplificar 59, 458
sinergias 21, 26-27
Singapur, caramelos de dos centavos
   367-68, 426
Skilling, Jeff xx,
Skinner, B. F. 65, 148-49, 323, 442
Smart, Geoff 261-62
Smart Questions (Nadler y Chandon) 318
Smith, Al 230
Smith, Alvy Ray 55
Smith, Nick 156
Smith College 212-13
Smoky Mountain Knife Works 422
Snow, John 28-30
Snow, Owen 83-84
sobres, falta de atención a 370-72
sombra «organizaciones de emergencia»
   47
sonrisas (sonreír) 63-65, 445
Sony 303, 356,
soñar despierto 349-51
Southwest Airlines 209, 279, 400, 466
Specter, Michael 184-85

SPEED of Trust (Covey) 94, 452

Stanley, Thomas 36

Stanton, Elizabeth Cady 288-90, 292

Starbucks 185, 356, 368, 370, 445, 465

STDR (Sorprendente Tsunami
   Demográfico y de Riqueza) 39

Steele, Glenn 204

Steil, Lyman 318

Sternin, Jerry 213

Stevenson, Robert Louis 130, 326

Stewart, David xxi-xxii, 137-38

Stewart, James B. 13

Stone, Bob 212-13

Street, Randy 261

sueños (soñar) 411-12

suerte 471

Summer of 1787 (Stewart) xxi, 137, 486

«suficientemente bueno» 192, 391, 426

Sunstein, Cass R. 4

«superioridad interior» 444

supervisores de primera línea 263-66,
   453

Susskind, Lawrence 95

Sustainable Construction (Kibert) 40

«sustancia» contra aspecto xvii-xviii, 1-2

Sutton, Willy 165

Sway (Brafman y Brafman) 4

Swift, Graham 341-42

Swim with the Sharks (Mackay) 449

Switzler, Al 65, 94

Sysco 126-27

T

Taleb, Nassim Nicholas 45

talento. *Véase también* contratación;
   261-69

   desarrollo de 263-65

   personas liderando personas 266-69

   promociones 266-67

   talento para el espectáculo 421-23

tamaño del carrito de compras 5

Tanner, Richard 213

TBWA/Chiat/Day 373

teatro, vida como 447

«tendencia a la acción» 207-9, 457

tendencias demográficas 22, 37-39, 457

«términos creativos» 20,

«Test de estrabismo» 456

Thaler, Richard H. 4

tiempo (gestión del tiempo) 347-53,
   458-59

   «compañero de calendario» 459

   Hitos 351-53, 402

   Puntualidad 118, 347

   soñar despierto 349-51

   tiempo libre 348-50

«tiempo cara a cara» 169

tiempo libre 348-50

tiempo no programado 351

títulos de trabajo 245

«todos los sentidos» 248-49, 465

toma de notas 129, 179, 323

Toro 157

Tortuga y la liebre 431

Trabajo 125-31

   establecer la agenda 128-29

   acerca de ser «profesional» 125-26

   todo pasa a través de las finanzas
      126-27

   importancia de las ventas 130-31

trabajo voluntario 58

trabajos de zorrillos 300-3

trámites burocráticos 232

transparencia 48

Trauner, Keith 433

tres, las cosas buenas llegan de a 28-29

Trío de Talento 266

Trippe, Juan 307-8

trombosis venosa profunda 5

Tversky, Amos 4

Twain, Mark 25, 148

Twitter 342, 458

U

últimas impresiones 119-20

«una línea de código» 161-63

Universidad de Stanford 5, 371

universidades de investigación 296

universidades y I&D 296

universo paralelo 302-3, 311

1 % de perforación 385-86

UPS 393

V

vacaciones 348

vacaciones internas 67-68

valor de una cara 117

Vanguard Mutual Fund Group 27

Van Wagenen, Lola 289

«ventanas rotas» 6

ventas 21, 130-31, 326

verdad 159, 241-42

«viejas» reglas 37-39

visitas de estado 253

visionario, el 228

vivacidad 103-4

Vonnegut, Kurt 28

W

Wagon Wheel Country Drive-in xix, 1

Walmart 5, 54

Walt, Lew 201

Walton, Sam 54

Washington, George xxvi, 80, 137, 347, 446, 472

Washington Post 28-30

Waterman, Robert H.Jr. xix, 207, 245, 343, 457, 488

Watson, Thomas 10, 397, 459

Weather Channel, The (Batten) 300

Wegmans 273

Weight of Water, The (Shreve)

Weill, Sandy 26

Welch, Jack 328

Westmoreland, William 227

Wexner, Les 53

Whalin, George 421

What Got You Here Won't Get You There (Goldsmith) 155-56

Wheeler, Dave 153, 485-86

Whole Foods 370

Wikipedia 450, 85

Wilde, Oscar 326

Wilson, Charlie 227-35

Wines, James 40

Wooden, John 480

Woods, Caspian 383

X

Xerox 55, 72, 302

XFX (Excelencia multifuncional) 343

Y

yo. *Véase también* márquese 50-51
    aptitud física 68
    aptitud mental 69
    divirtiéndose 184-85, 312
    historia personal 69-72

punto de vista 74-75

Yorke, James 328

Young, Bill 10

Your Business Brickyard (Mann) 395-96

Yudelson, Jerry 40-41

Yunus, Muhammad 50, 325

Z

Zabar's 422

zambullida de cisne 45-489

zen 211-13, 474

Zen of Listening (Shafir) 318

Zieseniss de Thuin, Aude 281, 455

Ziplocs 364

Tom Peters es coautor de *En busca de la excelencia*, el libro empresarial que cambió el mundo. Peters sigue escribiendo y hablando acerca de la Excelencia; únase a la conversación en tompeters.com.